U0066884

保母核心課程之訓練教材〔第二版〕

黃明發◎編著

自 序

保母核心課程是依2004年兒童局所訂定的「兒童福利專業人員資格及訓練辦法」之規劃，規定保母專業人員須依法接受126小時，共7學分的課程，其內容包括兒童及少年福利服務及法規導論（1學分，18小時）、嬰幼兒發展（1學分，18小時）、親職教育導論（1學分，18小時）、托育服務概論（1學分，18小時）、嬰幼兒環境規劃及活動設計（1學分，18小時）、嬰幼兒健康照護（1學分，18小時）及嬰幼兒照護技術（1學分，18小時）。其分科又由專家委員規範不同的重要子題。2014年1月17日，兒童及少年福利機構專業人員資格及訓練辦法將以往的保母資格改為托育人員。

2008年為了創造平價托育政策目標，內政部兒童局規劃2歲以下的托育費用補助，但限制以在家庭托育並加入社區保母系統（2014年改名稱為居家托育服務中心）之保母為資格要件。2012年內政部兒童局為了兌現馬總統競選時的爺奶津貼政策，及因應少子化的人口海嘯，加上考量龍年生子將會帶動保母需求，除了補助地方政府辦理社區保母支持系統計6.3億元之外，也動支3億元支持社區祖父母參加保母行動，頓時保母訓練成為各地方政府的重要托育服務項目。

國家的政策發展在社會變遷的需求下，成為消費者選擇與市場競爭的空間。台灣如其他發展國家般，為了確保兒童的權益與品質，開始執行各項管理與輔導制度，以倡導兒童福利與權益。在2008年行政院函頒之「建構友善托育環境——保母托育托育管理與托育費用補助實施計畫」，乃是接合民間NPO組織共同辦理保母在職訓練及考照，以確保家庭托育品質。Gilbert及Terrell（2005）認為，福利服務輸送系統是在以地方社區為基礎的背景下進行，除了是服務提供者及消費者之間的組織安排外，還存在於服務提供者之間的組織安排及連接關係。政府部門為因應人民衆多之需求，必須結合更多資源體系共同解決公共政策議題。

中華民國青少年兒童福利學會乃本著與政府部門的協調合作（collaboration）來達成公共托育服務輸送的手段，有幸參與宜蘭、基隆、台北市、新北市、桃園的保母訓練課程的舉辦；當然，後續還會有相關的政府訓練課程陸續開辦。

有感於爺奶參與保母訓練課程的認眞及其積極參與考照，分科授課老師除了術科操練，各學科也分別提供珍貴的補充講義與教材。爺奶常在上課要專心聽講，同時還要找尋講義資料，本學會鑒於爺奶的用心，除了加強講義內容合乎保母核心課程規範，將各科匯集成冊，以統一的書籍印刷來代替分科的影印講義。此外，由衷的感謝林明寛、黃志成、幸瑾華等三位老師的戮力協助，使得本書能順利完成，在此對老師群所提供的寶貴講義特以申謝。

本書的付梓出版，特別要感謝揚智文化股份有限公司葉總經理忠賢慷慨應允，及編輯們的辛苦與協助，才能使本書順利出版，在此感謝所有為此教材付出心力的所有人員。

中華民國青少年兒童福利學會理事長

黃明發

目 錄

CHAPTER 1

緒言

- 保母（托育人員）成爲兒童福利服務輸送系統之一
- 政府積極建構保母托育管理制度
- 「親屬保母」之推動
- 建構托育管理制度實施計畫（104年～107年）

我國嬰兒托育系統有機構式托育（又稱托嬰中心）及居家托育。1988年由台北市率先開始，爾後台灣省及各縣市政府，也都逐年實施委託民間機構（例如家扶中心、實踐大學、中國文化大學、信誼基金會，之後也由各地方之托育或保母協會），辦理家庭托育保母的專業訓練，使得受訓保母開始結成組織，甚至也要參加社會保母系統，一方面可以讓專業保母有了保障，另一方面也讓受託家長有了認證，這些發展也使得保母成爲兒童福利服務輸送系統中社區化、精緻化的兒童托育系統之一。

第一節　保母（托育人員）成爲兒童福利服務輸送系統之一

保母成爲兒童福利專業人員資格是依1997年「兒童福利機構專業人員資格」，以及2004年修訂「兒童及少年福利機構專業人員資格及訓練辦法」之規定：「保母人員係指於托育機構、安置及教養機構照顧未滿2歲兒童之人員。」此外，爲了因應少子化，內政部在101年提出建構完善育兒體系（以輔導地方政府建立以兒少爲重、家庭爲核心、社區爲基礎的福利服務體系，建構完善育兒體系）爲十大施政亮點之一（內政部，2002）。2014年配合「兒童及少年福利機構專業人員資格及訓練辦法」修訂保母爲托育人員。

依「兒童及少年福利機構專業人員資格及訓練辦法」在2014年1月17日修訂後規定，於第2條將兒童及少年福利機構專業人員定義爲以下七類：

「一、托育人員：指於托嬰中心、安置及教養機構提供教育及保育之人員。

二、早期療育教保人員、早期療育助理教保人員：指於早期療育機構提供發展遲緩兒童教育及保育之人員。

三、保育人員、助理保育人員：指於安置及教養機構提供兒童生活照顧及輔導之人員。

四、生活輔導人員、助理生活輔導人員：指於安置及教養機構提供少年生活輔導之人員。

五、心理輔導人員：指於安置及教養機構、心理輔導或家庭諮詢機構及其他兒童及少年福利機構，提供兒童、少年及其家庭諮詢輔導之人員。

六、社會工作人員：指於早期療育機構、安置及教養機構、心理輔導或家庭諮詢機構及其他兒童及少年福利機構，提供兒童及少年入出院、訪視調查、資源整合等社會工作之人員。

七、主管人員：指於機構綜理業務之人員。

本辦法所稱教保人員、助理教保人員，指本辦法中華民國一百零一年五月三十日修正施行前於托兒所、托嬰中心、課後托育中心提供兒童教育及保育服務者。」

此外，「兒童及少年福利機構專業人員資格及訓練辦法」第3條規定，托育人員應具備下列資格之一：

「一、取得保母人員技術士證。

二、高級中等以上學校幼兒保育、家政、護理相關學院、系、所、學位學程、科畢業。

托育人員修畢托育專業人員訓練課程並領有結業證書者，於本辦法中華民國一百零三年一月十七日修正施行日起一年內，得遴用為托育人員。

具備教保人員、助理教保人員資格者，於本辦法一百零一年五月三十日修正施行日起十年內，得遴用為托育人員。」

保母（nanny）這個概念最早見於18世紀的英國，係指一位在孩童家幫忙看照孩子之人。這個字是由Ann，或Anna的暱稱Nan所轉變而來的。在維多利亞女王時代（Victorian）的英格蘭（England），Nanny是指一般人對保母的稱謂，可與照顧孩子的家庭照顧（nurse）交互使用，而Nanny或nana有可能是來自於幼兒想要發nurse聲音所演變而來。

在中古世紀（Middle Ages）由於兒童被視爲小大人，所以只有嬰兒才由僕人或家中老一輩的成人照顧，到了18世紀中葉，歐洲富有家庭的女主人通常由奶媽（wet nurse）來哺餵嬰兒；工業革命後，由於經濟及社會變遷，財富及人口遽增，嬰兒才由育兒護士或是保母負責看顧。英國一直到1892年由華德夫人（Mrs. Walter Ward）設立了Norland護理訓練大學後，才有了正式的保母及育兒護士（nursery nurse）。1970年代末期，由於婦女出外就業上升，婦女必須兼顧工作與家庭，保母的需求大增，在1994年，英國國家育兒護理檢定局（National Nursery Examination Board, NNEB）和幼兒協會一起合併成立幼兒保育協會（the Council for Awards in Children's Care and Education）。

在美國，早在18世紀由於工業化，使得一些富有的家庭也僱用英國的保母，成爲美國上流社會孩子普遍的生活方式。直到1980年代由於大量婦女進入工作職場，僱用保母開始流行於美國，甚至產生保母運動（nanny movement）。爲了因應社會的需求，美國各大學家政學院、技術學校或職業學校開始設立保母課程。在1985年，Dr. Deborah Davis成立國際保母協會（International Nanny Association, INA），開始推廣國際性的保母訓練課程及國際交流。台灣也在1988年首先由台北市家扶中心開始引進家庭托兒訓練課程。之後，在1995年「兒童福利專業人員資格要點」依1993年「兒童福利法」之規定發布，同時行政院勞委會也於1997年7月19日公告「保母人員技術士技能檢定規範」，以建立保母人員服務所需的「知」、「技」、「情」的基本標準。

2004年「兒童福利專業人員資格及訓練辦法」又依「兒童及少年福

利法」合併，依法修定並規定兒童福利專業人員訓練之保母核心課程內容，共有七學分，126小時（**表1-1**）。此規範讓保母訓練有了法源並全國作了統一規範，其中新北市尚額外規定術科訓練加8小時，爲一共134小時的專業訓練。

表1-1　托育人員專業訓練課程（7學分126小時）

課程名稱	學分數	課程內容
兒童及少年福利服務法及法規導論	1	「兒童及少年福利服務」意涵、社區保母系統等相關政策、兒童人權與保護、兒童教育及照顧相關福利服務法規、福利措施與資源運用的介紹、兒童福利趨勢與未來展望。
嬰幼兒發展	1	嬰幼兒發展的分期與各期特徵，嬰幼兒身體、語言、情緒、性與性別發展概念與影響因素，嬰幼兒「氣質」之介紹與相對應的照顧與保育，嬰幼兒發展評估與量表之使用、發展遲緩兒童認識及性別平等概念。
親職教育與社會資源運用	1	父母的角色、教養態度與方法，認識父母參與社會資源、支持網絡。保母與嬰幼兒父母及與嬰幼兒溝通之技巧、保母與嬰幼兒父母關係之建立與維持、書寫保育日誌的意義與技巧、合作備忘錄事宜、家庭支援與社會資源服務的內容與運用。
托育服務概論及專業倫理	1	托育服務之起源與主要內容、工作的重點、原則。各類教保工作的意義與內容、保母工作之意義、內容。優良保母的特質、保母工作相關法規的認識、保母工作倫理、倫理兩難情境探討。
嬰幼兒照護技術	1	嬰幼兒的生活照顧（餵食、清潔、沐浴等）之實習或模擬練習，保母術科考試講習。
嬰幼兒環境規劃及活動設計	1	嬰幼兒生活規劃：嬰幼兒的生活規律與環境規劃（餵食、清潔、休息、遊戲等之規劃）、環境安全與檢核、家庭與社區資源的介紹與運用、家庭與托嬰中心的環境對嬰幼兒的身心的影響。托育環境的規劃與布置：動線考慮、工作便利、安全性。嬰幼兒年／月齡各階段發展的遊戲與活動設計、適性玩具的選擇與應用。嬰幼兒環境規劃及活動設計應加入性別平等觀念。
嬰幼兒健康照護	1	嬰幼兒的營養與膳食設計、嬰幼兒的常見疾病、用藥常識、預防接種、照顧病童的技巧、事故傷害的預防與急救處理。

註：修畢托育人員專業訓練課程後需通過保母人員技術士技能檢定方可取得技術士證。

第二節　政府積極建構保母托育管理制度

在全球化的影響下，台灣也不免俗，爲了因應家庭經濟需求，台灣婦女逐漸從家庭走向工作職場，政府爲了因應婦女在工作及家庭的衝突下，於2006年的「台灣經濟永續發展會議社會安全組」總結將保母納入管理系統，逐步落實保母證照制度，「保障家庭托育的品質」、「政府應推動非營利、普及化之托教照顧制度，提供平價優質的服務」、「政府應針對受僱員規劃育嬰留職津貼或部分負擔托育費用。針對非受僱者但有托育需求之弱勢家庭，亦應建立機制給予補助」。

2006年9月20日行政院第3007次會議通過「2015年經濟發展願景第一階段三年衝刺計畫（2007～2009）大溫暖社會福利套案」之「普及嬰幼兒照顧體系計畫」。此外，2008年之人口政策白皮書之政策綱領推動：建構平等普及生育及養育優質環境，支持家庭照顧能力，降低家庭負擔成本；增進兒童及少年福利，加強親職教育，維護身心健康及正常發展。2008年，爲了創造平價托育的政策目標，內政部兒童局規劃2歲以下的托育費用補助，但限制以送托加入社區系統之保母爲資格要件。2011年中央挹注地方政府辦理居家式托育服務經費高達6.3億之多。

政府爲推動國家與社會分擔家庭照顧嬰幼兒之責任，積極營造有利生育、養育之環境，保護家庭與就業安全，以利國民婚育，降低少子女化衝擊，維持人口年齡結構之穩定，並避免婦女因婚育離開職場，爰擬具建構友善托育環境——保母托育管理與托育費用補助實施計畫，期能達成以下目標（內政部兒童局，2012）：

1.以「工作、福利」模式，提供平價、可靠的普及托育服務，支持父母兼顧就業和育兒，針對受僱者提供部分托育費用，協助家長解決托兒問題，使能投入就業市場，提高家庭收入，減輕家庭照顧及經濟負擔。

2.以兒童之最佳利益為優先考量，妥善照顧國家未來幼苗。

3.建構保母托育管理制度，落實保母輔導管理制度，提升保母人員照顧嬰幼兒專業知能，提供可近性高且優質之幼托服務，以保障托育品質。

4.提供幼兒自行照顧或祖父母照顧之家庭，臨時托育及親職教育服務，以紓緩其照顧壓力，建構專業友善托育體系。

5.提供非低薪、權益受保障之大量照顧福利服務工作機會，增加各地社區婦女在地就業機會，促進家庭經濟穩定與社區經濟繁榮。

該計畫期程從2008年1月1日至2013年12月31日止，共達五年的計畫。其內容如後（內政部兒童局，2012）。

一、提高保母托育服務之質與量，推動托育制度普及化

1.各地方政府鼓勵轄內社區保母系統或相關團體，依行政院勞工委員會職業訓練局辦理照顧服務職類職業訓練補助要點作業規定，洽各職訓中心申請補助經費，以積極辦理保母人員專業訓練（7學分126小時），協助有意願從事保母服務工作者參與訓練及證照考試，並納入社區保母系統管理，以增加保母人員之數量。

2.督導各地方政府確實掌握轄內之保母人員及其收托意願，並評估轄內幼兒送托需求等資訊，依本計畫之規定，積極分區建構完善之社區保母系統。

3.透過宣導、調查及發函通知等多元管道，引導實際照顧幼兒之保母進入社區保母系統，並接受輔導及管理，並協助其媒合收托幼兒。

4.建構全國保母托育服務資料庫：

(1)將保母人員之基本資料逐步納入內政部兒童局（2013年配合行政院人事改革，其業務移至衛福部社會及家庭署）「全國保母資訊網」。

(2)協助社區保母系統受理轄內保母申請加入事宜。

(3)提供保母人員線上申請加入社區保母系統。

(4)提供家長尋求托育資訊，並聯繫社區保母系統或托嬰中心處理相關事宜。

(5)透過網路平台協助社區保母系統有效管理保母托育，並協助地方政府有效督導社區保母系統及托嬰中心。

5.逐步擴增社區托育服務能量及據點，提升民眾使用托育服務之便利性，進而促進托育服務之普及化。

二、擴增社區保母系統管理費用補助，培訓專業管理人力

1.補助社區保母系統增聘專職督導及訪視輔導人力，並積極進行職前訓練及在職訓練；同時研訂社區保母系統服務標準作業流程及相關表件，協助社區保母系統對所屬保母人員之督導、訓練、訪視管理，能有明確、合理的運作規則，確保其服務能滿足幼兒、家長與保母人員三方之需求。

2.補助對象：社區保母系統之設置由各地方政府視轄區內幼兒送托之需求情形分區規劃，輔導績優之法人團體、法人機構、設有幼兒保育、社會工作相關科系所之學校等承辦。

3.有關各社區保母系統之設置方式、服務內容、應配置專業人力及資格條件、專業人力之業務職掌、管理費用補助項目及基準等，由內政部兒童局會同各地方政府訂定「居家托育管理實施原則」辦理。

三、增加中央及地方政府專案人力，確實推動本項工作

內政部兒童局及各地方政府為推動本計畫相關工作，將增加大量之政策宣導、配套方案規劃、人員訓練、行政督導管理、補助資格及經費審核等工作，需增補專職人力統籌辦理。所需專案工作人力為中央政府5人，地方政府30人。

(一)內政部兒童局應辦事項

1.本計畫之研訂、修正及宣導事宜。
2.規劃辦理社區保母系統評鑑作業。
3.建構嬰幼兒照顧專家學者資料庫。
4.規劃全國保母托育服務資料庫。
5.研訂社區保母系統相關服務之標準作業流程。
6.研訂托兒契約參考範本及托育訪視輔導手冊。
7.研訂地方政府對保母系統之督導指標。
8.研訂保母考核及退出機制之基本原則。
9.審核補助社區保母系統、托嬰中心相關經費。
10.辦理全國性之研討會、聯繫會報及專職督導人員與訪視輔導員研習訓練。
11.聯繫及督導地方政府推動本計畫。
12.其他有關全國一致性的作業。

(二)地方政府應辦事項

1.規劃社區保母系統之分區與命名。
2.自行辦理或輔導績優之法人團體、法人機構、設有嬰幼兒保育、社會工作相關科系所之學校等爲社區保母系統承辦單位，並審核其專職督導人員及訪視輔導員之資格條件。

3.成立轄內保母托育制度管理委員會。

4.審核社區保母系統、托嬰中心彙整家長申請托育費用補助之資格及額度，並抽查與實際收托情形是否覈實。

5.審查社區保母系統、托嬰中心研提之計畫，並統整核轉內政部兒童局申請補助經費及進行核銷作業。

6.督導及支持社區保母系統、托嬰中心執行相關作業。

7.定期召開社區保母系統聯繫會議。

8.社區保母系統承辦單位異動時，輔導相關業務及設備之移交作業。

9.督導與考核社區保母系統承辦單位執行狀況，並研訂其退出機制。

10.督導社區保母系統、托嬰中心登錄全國保母托育服務資料庫，並核對資料正確性。

11.督導協助托育資源中心之設置與運作。

12.辦理優質保母選拔表揚，及辦理社區保母系統區域聯合宣導。

13.擬定托育申訴、危機處理作業流程及新聞事件發言，並接受與處理家長、保母人員對社區保母系統、托嬰中心之相關申訴事宜。

14.處理不適任保母（退出系統保母）後續管理工作。

15.安排社區保母系統專職督導人員及訪視輔導員職前訓練暨研習訓練課程，並定期辦理訪視輔導及個案研討會議。

16.其他有關地方政府一致性的作業。

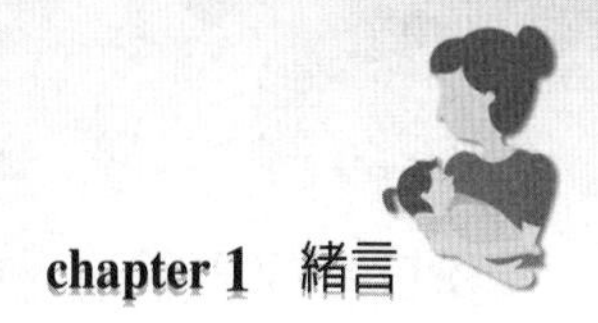

四、辦理就業者家庭部分托育費用補助

(一)補助條件

1.父母（或監護人）雙方或單親一方皆就業，或父母一方就業、另一方因中重度身心障礙、或服義務役、或處一年以上之徒刑或受拘束人身自由之保安處分一年以上且執行，致無法自行照顧家中未滿2歲幼兒，而需送請保母人員照顧者。

2.戶籍登記爲同一母親或父親，有3位以上子女之家庭，其未滿2歲幼兒需送請保母人員照顧者。

(二)申請資格

1.本項補助所稱「就業者」係指：

(1)受僱於政府、學校或公民營事業單位者。

(2)勞動基準法所稱受雇主僱用從事工作者。

(3)依「勞工保險條例」第6條第一項及第8條參加勞工保險者。

(4)依「農民健康保險條例」第5條參加農民健康保險者、或具「漁會法」第15條所定甲類會員身分者。

(5)依所得稅法第4條規定，免納所得稅之現役軍人、中等學校以下教職員。

2.本項補助所稱「保母人員」係指：符合本計畫、參、實施對象、三、保母人員之規定者。

(三)補助標準

1.一般家庭：申請人經稅捐稽徵機關核定之最近一年綜合所得稅總

額合計未達申報標準，或綜合所得稅稅率未達20%者，補助每位幼兒每月2,000～3,000元。

2.中低收入補助每位幼兒每月3,000～4,000元。

3.低收入戶、家有未滿2歲之發展遲緩或身心障礙幼兒之家庭、特殊境遇家庭、高風險家庭，補助每位幼兒每月4,000～5,000元。

4.依各類家庭條件及送托保母資格，其托育補助金額整理如**表1-2**。

5.有3位以上子女之家庭，其未滿2歲幼兒需送請保母人員照顧者，補助對象不受父母（或監護人）雙方或單親一方皆就業，及最近一年綜合所得稅總額合計未達申報標準，或綜合所得稅稅率未達20%限制。

6.本項補助超過半個月、不滿一個月者以一個月計，未達半個月者以半個月計。

表1-2　家庭條件及送托保母資格之托育補助金額

保母人員 / 家庭條件	符合參、三（二）	符合參、三（一）或（三）
一般家庭	2,000	3,000
中低收入戶	3,000	4,000
低收入戶	4,000	5,000
弱勢家庭		

(四)申請程序

1.父母（或監護人）得自行向托育地點所屬之社區保母系統申請媒合轉介或自覓托嬰中心。

2.社區保母系統及托嬰中心需告知父母（或監護人）有關本項補助規定。

3.本項補助之申請方式、應備文件、審核作業、補助款發放方式及

其他相關規定，由內政部兒童局會同各地方政府另訂之。

(五)受補助者之義務

1.受補助者提供審核資料不實，或未實際送托幼兒或知悉保母有違反收托原則仍申請補助者，如經查證屬實，須自負法律責任，並返還補助金額。

2.受補助期間不得同時重複申請育嬰留職停薪津貼、父母未就業家庭育兒津貼及其他政府同性質之補助；如重複請領，應返還補助金額。

五、建構保母托育管理機制，提升幼兒照顧品質

居家式托育服務優勢在於能夠提供符合個別化需求，且易讓兒童、家長和保母之間維持較親近的接觸，但也有其照顧限制，如高度彈性化易因保母個人主觀價值、嬰幼兒本身生理與氣質等種種因素而隨時中止照顧關係，還有保母專業能力的不確定、監督制度不易進入、缺乏持續的訓練等，都是影響托育品質的重要因素。也因保母照顧嬰幼兒的人數少，易讓兒童處於孤立情境，缺少與其他幼兒互動的機會（Owen, 2003: 79-81）。近年來，鑒於居家式托育不當照顧事件頻傳，包括保母虐童、過失導致嬰幼兒窒息死亡、意外事故等，因此社會無不殷切盼望托育品質得以有所把關。

從社會歷史發展的角度來看，早期家長對保母的期待角色與需求僅是照顧功能，家長尋找保母並不以職業訓練、專業證照爲主，而是以保母個人特質與育兒經驗爲送托標準。但隨著父母教養態度與社會對兒童人權的關注，對保母專業與托育品質要求亦隨之高漲，這些可從近年來居家式托育品質探討、品質指標制訂方興未艾的趨勢中窺之（段慧瑩，

2011；Harms & Clifford, 1989; Harms, Cryer, & Clifford, 2007；蔡秋敏，2012：4）。從服務使用者觀點思考，家長爲求就托及價格可近之便，往往尋求社區鄰居提供服務（Hofferth & Kisker, 1992: 29；郭靜晃、黃惠如，2001：27；彭淑華，1995：298），且依賴親友關係的選擇先於對證照專業的選擇（馬祖琳，2005：9；蔡嫦娟、張碧如，2003：150；蔡秋敏，2012：4）。2008年台灣出生世代研究追蹤調查計畫報告顯示，選擇居家式托育的父母自陳，將近七成的保母是不具有證照的（69.14%），主要在於許多家長並無法具體感受到證照保母對於育嬰能力的實際意義（引自馮燕，2008：16-17），這也顯示出政府推動社區保母系統及保母證照制度尚無法全然取得家長認同。當然，可能的原因亦包括加入社區保母系統的保母供給量仍無法滿足家長需求，造成媒合轉介困難。

有鑒於此，政府積極建構制度之管理規範，內容包括：

(一)居家式托育服務管理

1.居家式保母人員之照顧人數、資格條件、應遵守事項等規定，應依居家式托育服務管理實施原則辦理。

2.社區保母系統應辦理系統內保母人員訪視輔導、研習訓練、獎勵表揚管理事項；各地方政府應辦理轄內社區保母系統行政督導事項；內政部兒童局應辦理全國性社區保母系統巡迴輔導或評鑑事項。

(二)托嬰中心托育服務管理

1.托嬰中心之收托對象、人數、設施設備、場地面積、服務人員資格條件等事項，應符合「兒童及少年福利機構設置標準」、「私立兒童及少年機構設立許可及管理辦法」、「兒童及少年福利機構專業人員資格及訓練辦法」等現行法規之規定，及內政部兒童

局會同各地方政府訂定之「托嬰中心托育管理實施原則」辦理。

2.各地方政府應辦理轄內托嬰中心聯合稽查、訪視輔導、專業人員職前及在職訓練、年度評鑑、 勵表揚等管理事項。

(三)縣市保母托育制度管理

由各地方政府成立「保母托育制度管理委員會」，辦理以下事項：

1.參酌轄內家長薪資所得、物價指數及市場價格，分區訂定以下事項，並公告之：

(1)年度居家式保母人員收費項目、退費標準、調漲幅度限制。

(2)托嬰中心服務收費項目、退費基準、管理督導機制。

2.檢視轄內保母托育管理制度之推動與運作情況。

3.研議本縣（市）保母托育相關措施之規劃與推動事項。

4.其他促進保母托育管理之相關事項。

六、辦理保母管理與教保服務相關活動，俾利推動本計畫

(一)補助對象

1.內政部兒童局規劃承辦之團體、機構或大專校院。

2.經地方政府規劃承辦之團體、機構或大專校院（限辦理托育照顧服務人員研習訓練項目）。

(二)補助項目及基準

1.社區保母系統諮詢輔導或觀摩活動：每案最高補助新台幣30萬元，項目為講師鐘點費、出席費、臨時酬勞費、印刷費、場地費

（含布置費）、住宿費、交通費、膳費及專案計畫管理費。

2.全國性或跨區域保母托育服務座談會或研討會：每案最高補助新台幣30萬元，項目為講師鐘點費、出席費、撰稿費、翻譯費、交通費、住宿費、同步翻譯費、印刷費（含材料費）、場地費（含布置費）、膳費及雜支。

3.研訂保母服務參考規定：每案最高補助新台幣30萬元，項目包括出席費、撰稿費、翻譯費、臨時酬勞費、印刷費、交通費、膳費、運費及專案計畫管理費。

4.彙編保母服務、家長育兒參考手冊：項目包括出席費、撰稿費、翻譯費、臨時酬勞費、印刷費（含排版設計）、交通費、膳費、運費及專案計畫管理費。

5.辦理全國性保母相關服務人員研習訓練：每案最高補助新台幣30萬元，項目為專家學者出席費、講師鐘點費、專題演講費、撰稿費、翻譯費、同步翻譯費、印刷費、交通費、住宿費（最多三天二夜）、場地費（含布置費）、膳費及雜支。

6.辦理全國性保母服務宣導：項目含宣導海報、宣導單張、宣導手冊、宣導短片、媒體、網路、光碟影片宣導等。

7.辦理社區保母系統評鑑：評鑑每一單位最高補助新台幣2萬元，包括出席費、場地費、評鑑費、臨時酬勞費、評鑑報告撰稿費、交通費、住宿費、印刷費、膳費、專案計畫管理費。

8.辦理多元居家托育模式試辦方案：項目依實際需要專案簽辦核定。

(三)申請及核銷方式

在申請與核銷方面須依內政部兒童局推展兒童及少年福利服務補助作業要點相關規定辦理。

第三節 「親屬保母」之推動

內政部兒童局2011年挹注地方政府辦理居家式托育服務，包括社區保母系統運作經費、地方政府監管人力費用及家長托育費用之經費已高達6.3億元之多。

此外，2012年內政部爲了兌現馬總統競選時的爺奶津貼政策及少子化之人口海嘯，加上考量龍年生子潮將會帶動保母需求，動支3億元鼓勵祖父母參加保母行列，未來家庭年收入113萬之以下家長，只要將家中2歲以下幼兒，送托給保育相關科系或取得保母結業證書，且加入保母系統的保母，每月可獲得2,000～4,000元補助，即使給祖父母帶，只要符合保母資格，家長一樣可有補助可領，但其身分依考上證照與否，分爲「親屬保母」及「一般專業保母」，且補助及管理採取分流（**表1-3**、**表1-4**）。

表1-3　有證照之一般保母及親屬保母

項目	有證照保母	
名稱	A	B
	一般保母	親屬保母
托育對象	不限	僅可托育三等親內之幼兒
繳件資料	1.保母基本資料表 2.結業證書（相關科系畢業免附） 3.最高學歷畢業證書 4.保母證正反面影本 5.三個月內健康檢查表 6.三個月內全戶戶籍謄本 7.三個月內警察刑事紀錄證明書 8.須附2吋照片1張	1.保母基本資料表 2.結業證書（相關科系畢業免附） 3.最高學歷畢業證書 4.保母證正反面影本 5.三個月內健康檢查表 6.須附2吋照片1張
環境訪查	須按照家庭托育服務環境安全檢核表之內容完成環境檢核	無須環境檢核

（續）表1-3　有證照之一般保母及親屬保母

項目	有證照保母	
權利義務	應依照保母與系統契約書之內容完成權利義務，例如： 1.一年完成在職訓練20小時 2.定期家庭訪視輔導 3.免費兩年一次健康檢查 4.補助保母公共意外責任險	1.一年至少完成兒童照顧類課程8小時 2.須家庭初訪一次 3.無免費兩年一次健康檢查 4.無補助保母公共意外責任險
托育補助	每月補助一般家庭3,000元；特殊情形4,000～5,000元	

註：有證照之一般保母及親屬保母申請托育補助比無證照者多1,000元。

表1-4　無證照之一般保母及親屬保母

項目	無證照保母（具相關科系畢業或具托育人員結業證書）	
名稱	C	D
	一般保母	親屬保母
托育對象	不限	僅可托育三等親內之幼兒
繳件資料	1.保母基本資料表 2.結業證書（幼保、護理及家政科系畢業免附） 3.最高學歷畢業證書 4.三個月內健康檢查表 5.三個月內全戶戶籍謄本 6.三個月內警察刑事紀錄證明書 7.須附2吋照片1張	1.保母基本資料表 2.結業證書（幼保、護理及家政科系畢業免附） 3.最高學歷畢業證書 4.三個月內健康檢查表 5.須附2吋照片1張
環境訪查	須按照家庭托育服務環境安全檢核表之內容完成環境檢核	無須環境檢核
權利義務	應依照保母與系統契約書之內容完成權利義務，例如： 1.一年完成在職訓練20小時 2.定期家庭訪視輔導 3.免費兩年一次健康檢查 4.補助保母公共意外責任險	1.一年至少完成兒童照顧類課程8小時 2.須家庭初訪一次 3.無免費兩年一次健康檢查 4.無補助保母公共意外責任險
托育補助	每月補助一般家庭2,000元；特殊情形3,000～4,000元	

第四節　建構托育管理制度實施計畫（104年～107年）

爲了因應社會變遷導致托育服務需求與負擔增加，以及女性勞動參與率低的困境與挑戰，行政院民國97年核定「建構友善托育環境——保母托育管理與托育費用補助實施計畫」，藉由補助家長部分托育費用減輕家庭與經濟負擔，並鼓勵托育人員加入社區保母系統接受政府輔導管理，提升托育品質。另一方面配合2011年兒童教育及照顧法案之公布，衛福部社會家庭署也在2014年修訂「兒童及少年福利機構專業人員資格及訓練辦法」，除了刪除教保人員資格，將「保母」修正爲「托育人員」，並將「社區保母系統」修正爲「居家托育服務中心」。

行政院有鑒於「建構友善托育環境」計畫歷經多次修正，期間調整托育費用補助經濟條件門檻，並逐步放寬托育人員資格、擴大補助對象範圍，考量計畫期程達六年，且推動至今，對我國托育管理制度已有相當之建構，大致達成階段性任務。配合民國100年11月30日修正的「兒童及少年福利與權益保障法」，民國103年12月1日起實施居家托育登記制度，應爲下一階段推動之政策方向。

一、台灣托育發展之趨勢與問題

(一)托育發展之趨勢

台灣在托育已儼然成爲家長的重要負擔，育兒發展之趨勢爲：

1.少子化衝擊深刻影響國家與社會的永續發展，投資孩子已成爲國際上幼兒照顧的共同發展趨勢。

2.政府資源挹注家庭的公共政策，務必影響家長的育兒模式。

3.關注年幼子女照顧議題，將有助提升已婚女性的勞動參與率。

基於友善職場環境或育兒期間的經濟支持不足，衝擊到傳統的家庭關係，尤其已婚婦女更是面臨工作和家庭的衝突與挑戰。台灣政府致力改善女性的傳統性別角色定位，協助家庭排除育兒階段的各種障礙，促使其得以不因婚育因素退出職場或能重返勞動力市場，盡可能在家庭與工作取得平衡。

(二)托育制度推行面臨之問題

此外，自2008年之人口政策白皮書之政策綱領推動以來，我國托育制度推行面臨之問題有四：

1.托育費用補助引導送托社區社團系統已具成效，卻衍生部分托育人員漲價之藉口。

2.托育人員輔導與管理穩定發展，仍無法予以全國強制納管。

3.居家式托育服務甫法制化，有待穩定發展並建立制度。

4.親屬托育非居家式托育服務法定範疇，相當補助應併入「父母未就業家庭育兒津貼」通盤檢討或與本計畫脫鈎處理。

二、建構托育管理制度實施計畫之目標

為因應不利雙薪家庭育兒與托育服務制度專家發展的諸項因素，建構托育管理制度實施計畫（104～107年）擬調節衛福部相關資源，在既有執行機制下賡續部分費用補助機制，另規劃透過補助同時進行價格管理的模式以健全托育管理制度的發展環境。

本計畫經費需求共計新台幣75億228萬5,811元（衛福部社家署編列66億9,281萬6,183元，地方政府自籌8億946萬9,628元），經費之用途爲：(1)家庭托育費用補助；(2)托育人員管理經費；(3)中央及地方專案人力補助；(4)全國托育人員登記及管理資訊網。

具體而言，本計畫之目標有四：

1.協助雙薪家庭，實踐友善家庭托育政策。

2.管理托育費用價格，協助家庭減輕育兒負擔。

3.鼓勵技術士證人員投入，運用優質人力資源。

4.完善居家托育登記管理制度，確保居家式托育品質。

參考書目

一、中文部分

內政部（2002）。內政概要，http://www.moi.gov.tw/outline/tw-00.htm/。台北：內政部。

內政部兒童局（2012）。「建構友善托育環境——保母托育管理與托育費用補助實施計畫」。台中：內政部兒童局。

邱志鵬、周志宏（2008）。《居家式及托嬰中心照顧服務輔導管理規範之研究》。台中：內政部兒童局委託研究。

段慧瑩（2011）。〈居家式托育品質評估工具及其相關研究探討〉。《輔仁大學社會研究創刊號》，209-241。

馬祖琳（2005）。〈家長視域之家庭托育經驗實相探討〉。《幼兒保育研究集刊》，1（1），2-10。

郭靜晃、黃惠如（2001）。《托育家庭的管理與佈置》。台北：揚智文化。

彭淑華（1995）。〈影響父母二十四小時兒童托育決策相關因素之探討〉。《東吳社會工作學報》，1，275-306。

馮燕（2008）。「從生態觀看幼兒托育與兒童發展」。97學年度保母托育服務研討會。台北：實踐大學家庭研究與兒童發展學系。

蔡秋敏（2012）。《從社會資本觀點探析居家式托育服務輸送之研究》。台中：東海大學社工研究所博士論文。

蔡嫦娟、張碧如（2003）。〈家長對家庭保母之選擇及關係之建立——兼談證照與非證照保母之比較〉。《兒童福利期刊》，4，133-155。

二、英文部分

Harms, T, & Clifford, R. M. (1989). *The Family Day Care Rating Scale*. NY: Teacher College, Columbia University.

Harms, T., Cryer, D., & Clifford, R. M. (2007). *Family Day Care Environment Rating Scale* (revised edition). NY: Teacher College, Columbia University.

Hofferth, S. L., & Kisker, E. E. (1992). The changing demographics of family day care in the United States. In D. L. Peters & A. R. Pence (Eds.), *Family Day Care: Current Research for Informed Public Policy*. NY: Teachers College Press.

Owen, S. (2003). The development of childminding networks in Britain: Sharing the caring. In A. Mooney & J. Statham (Eds.), *Family Day Care: International Perspectives on Policy, Practical and Quality*. London: Jessica Kingsley Publishers.

CHAPTER 2

兒童及少年福利服務與法規

- 兒童及少年福利之淵源
- 兒童人權與保護
- 性別平等議題
- 兒童及少年福利法規與福利行政
- 兒童福利措施與資源運用
- 兒童福利趨勢與未來展望

兒童及少年福利服務與法規導論之課程共18小時，課程內容包括：「兒童及少年福利」的意涵、相關政策、兒童人權與保護、兒童托育相關福利服務法規、福利措施與資源運用的介紹、兒童福利的趨勢與未來展望。

第一節　兒童及少年福利之淵源

不論中西，兒童及少年福利的發展一開始都是以宗教或哲學爲動力，由私人慈善性的服務事業爲主體，以社會中孤苦無依的貧病者與兒童爲服務對象，漸漸朝向由政府接辦，並且法制化其基礎，透過規章化的行政機構作爲福利服務的提供者，並將服務對象拓展至全體國民。

一、近代兒童及少年福利發展期

兒童福利是以兒童爲最佳利益（the best interest）及最少危害替代方案（the least detrimental alternative），採用社會工作專業的技術與方法，維護兒童權益，滿足兒童成長與發展的需求以及保障兒童健康成長的機會（馮燕等，2000）。而兒童福利也是社會福利的一環，是故發揮社會福利功能也是兒童福利所應施展的方針。

兒童及少年福利的定義與內涵說明如下：

(一)兒童及少年年齡的界定

「依『兒童及少年福利與權益保障法』第2條規定：『兒童』係指未滿12歲之人；所謂『少年』係指12歲以上，未滿18歲之人。」由於這階段的兒童及少年尚未成年，無法主張自我權益，因此他們的權利必須被

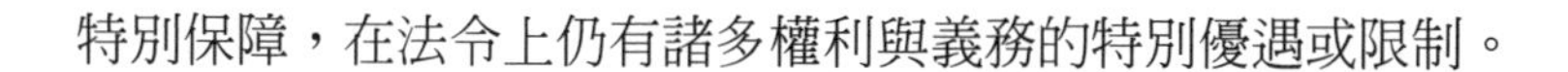
特別保障，在法令上仍有諸多權利與義務的特別優遇或限制。

(二)兒童及少年福利的定義

1.兒童及少年福利是指在社會工作及社會福利中，爲滿足兒童與少年需求而設計並提供的各種服務。
2.兒童及少年福利是指社會工作專業中的一種服務領域。
3.兒童及少年福利是指與兒童及少年有關的社會政策與活動。
4.兒童及少年福利是指兒童及少年的整體福祉。

(三)兒童及少年福利的基本原則

1.兒少最佳利益考量：例如法院裁定收養兒少案時，應優先考量兒少的最佳利益。
2.視兒少與家庭爲一個整體的服務系統：在兒少福利的基本主張中，非常強調家庭生活對兒童及少年的重要性，兒少的最基本需求即是擁有一個功能正常的家庭。
3.預防性工作優先：兒少福利工作在社會福利工作領域中，本身即具有預防性效應。兒童少年獲得適當的成長機會，當可爲日後的正常發展，建立優質的根基。
4.整合性的服務網絡：兒少福利之範疇跨越衆多不同的專業及行政領域，因此必須要以協調整合爲原則，聯絡各種相關資源及單位。

(四)兒少福利社會工作方法

1.任務中心模式：工作者針對兒童及少年的問題（如與父母衝突），與兒少共同擬訂具體的服務計畫與期限，協助兒童及少年解決問題。

2.家庭中心模式：主要是以家庭爲服務提供之所在，以家庭爲服務提供之對象。以早期療育爲例，即是透過專業人員訓練發展遲緩兒童，再由家長在家裡不斷地爲兒童練習，追上同齡兒童的發展進度。

3.學校中心處遇：針對有困難或弱勢的學生，如兒少保案主、中輟生、身心障礙者、原住民、低收入戶等，由社工員在學校整合資源，提供兒少福利服務。

二、我國近代兒童及少年福利發展

(一)體制發展期程

民國62年我國頒布「兒童福利法」，使兒童少年福利工作者有了法源依據。以下是兒少法的發展期程：

◆萌芽期

我國早期農業社會強調「守望相助，貧病相扶」的美德，社區與家族中的互助相當普遍，這說明了中國傳統社會本身就具有福利服務的精神。

◆倡導期

1.民國6年，民間於北平創設「慈幼局」，民國9年改爲「北平香山慈幼院」。

2.民國12年，燕京大學社會系首開「兒童福利課程」。

3.民國17年，成立「中華慈幼協會」。

4.民國23年，舉辦第一次全國兒童福利會議（至民國35年共舉辦五次）。

5.民國27年，成立「戰時兒童保育會」。行政院在非淪陷區設置兒童教養院所。
6.民國29年，中央政府增設「社會部」。
7.民國31年，各省級社會處相繼成立。
8.民國38年，政府遷台，原社會部裁併入內政部成爲社會司。

◆體制的新興期

1.政府遷台，制定「農忙托兒所推行辦法」，於各鄉鎮成立農忙托兒所，是我國政府首創以教育兒童而非收容爲重點的施政作爲。
2.民國48年，修正托兒所設置辦法。
3.民國52年，聯合國兒童基金會援助我國兒童社會服務，撥款支援農忙托兒所，並於彰化設立「台灣省兒童福利工作人員研習中心」。但我國於61年退出聯合國，此項援助終止。
4.民國59年，召開「兒童發展研討會」。

◆拓展期

1.民國62年2月，通過「兒童福利法」；7月，發布「兒童福利法施行細則」；8月，中國文化學院成立「青少年兒童福利系」。
2.民國64年，考試院舉辦「兒童福利工作人員高普考」
3.民國78年，通過「少年福利法」。

◆建制期

1.民國82年，修訂「兒童福利法」。
2.民國84年7月5日內政部頒布「兒童福利專業人員資格要點」，將專業人員分爲四類：(1)保育人員、助理保育人員；(2)社工人員；(3)保母人員；(4)主管人員。

3.民國87年，通過「家庭暴力防治法及其施行細則」。

4.民國88年，成立「內政部兒童局」。

5.民國92年，通過「兒童及少年福利法」。

6.民國93年，內政部頒布「兒童及少年福利機構專業人員資格要點」，將專業人員分爲八類：(1)教保人員、助理教保人員；(2)保母人員；(3)早期療育教保人員、早期療育助理教保人員；(4)保育人員、助理保育人員；(5)生活輔導人員、助理生活輔導人員；(6)心理輔導人員；(7)社會工作人員；(8)主管人員。此階段的特色爲：

- 服務對象：強調兒少福利的服務對象不僅限於兒童本身，對於兒童之父母、養父母、監護人都應提供相關服務。
- 服務範圍：突破傳統僅限於特殊兒少的格局，將兒少福利擴及一般兒童及少年服務。
- 專業化：透過社工教育的專業化及社工師法的施行，建立了福利服務提供者的專業標準。
- 公權力的介入：隨著法規、專業標準與行政體系的確立，意味著公權力逐漸介入家庭的兒少保護體系，使之更爲完備。
- 多元團隊整合：隨著政府與行政團隊的法制化分工，以及民間團體的興起，對兒少的福利服務逐步朝向多專業團隊的整合發展。

(二)非營利組織推動的發展

◆兒童福利與少年福利體制的整合

民國92年以前，「兒童福利」與「少年福利」分途，各自爲政。92年以後，「兒童福利法」與「少年福利法」合併成「兒童及少年福利法」，針對兒童及少年不同的需求分別訂定不同的法律條文，滿足兒童

少年各自的需求。

◆朝向預防性的家庭福利制度的發展

家庭功能是否健全對兒少的發展影響甚鉅，故21世紀的兒少福利已朝向支持家庭的制度發展，包括托育服務、育兒津貼、育嬰假、早期療育、高風險家庭服務方案、喘息服務、親職教育、諮詢服務等，有助於兒少問題的產生，達到預防之效。

◆民間非營利組織與政府合作，發揮福利網絡效益

在未來的發展中，政府若能釋出資源，讓更多民間組織蓬勃發展，參與兒少福利工作，各自運用其特色發展，將可連結成一個兒少福利服務網絡，創造出兒少家庭、政府及民間組織三贏的局面。

◆由婦幼保護取向轉變為童權觀點取向

21世紀邁向福利社會之際，實已超越了對弱者（婦女、兒童）保護的觀點，以更平等的尊重兒少人權取向規劃。故兒少福利政策及制度的走向，將會更注重機會的平等、資源分配的公平，提供兒少更多更好的社會空間及參與管道。

◆運用資訊科技，促進國際交流，接軌世界水準

資訊科技的便捷，減低了許多國際交流的成本，愈來愈多國際非營利、非政府組織的結社，使得專業人士可以超越國籍、政治、宗教、種族等傳統障礙，得到更多更大的互助合作空間。

第二節　兒童人權與保護

一、認識兒童人權

「兒童是國家的主人翁，未來的棟梁。」如果國家不能保護他們，使兒童或少年免於不幸或虐待（child maltreatment），抑或是未能提供機會使其發揮應有的潛能，而導致犯罪，家庭流離失散，又會造成沉痛且複雜的社會問題。兒童不像成人，在生理、思想及行爲上業臻成熟，可以獨立自主的生活，因此他們被合法賦予由成人負擔責任的「依賴」階段（余漢儀，1995），也唯有兒童受到良好的保護，兒童權益受到尊重，兒童福利服務發揮效能，才能落實兒童照顧，避免他們身心受到傷害。

隨著社會的開放與進步，基於人性尊嚴、人道主義，及自由平等的精神，人權的問題廣泛受到世界各國，甚至是聯合國的重視；而國人對於人權的重視，相較於從前，也有更普遍的認知與覺醒。然而，大人爲了自己的權利在爭奪的同時，卻忘了身處水深火熱及沒有能力爲自己權利打拚的兒童，所遭受到的不公平、不尊重的對待（謝友文，1991）。

過去幾年來，報章雜誌以聳動的標題報導，電視公益廣告刊登有關兒童遭綁架撕票、虐待、強暴、猥褻，以及兒童青少年自殺、兒童適應不良、乞丐兒、深夜賣花兒、色情傳播、校園傷害、兒童買賣、強迫兒童爲妓等情形層出不窮，這些事件件件令人觸目驚心，可見兒童生長的權益受到剝削和忽視，甚至是身心受創或遭受凌虐致死。雖然我國經濟成長，兒童在物質上的生活條件並不匱乏，但隨之而來的是社會忽視了兒童的權益，傷害兒童身心安全的危機以及不利兒童健全成長的誘因，潛伏在生活環境中，在號稱「兒童是家庭珍寶」的現代社會中，實是一大諷刺。

「兒童及少年福利與權益保障法」開宗明義地在第1條闡釋：「為促進兒童及少年身心健全發展，保障其權益，增進其福利，特制定本法。」第5條第二項：「兒童及少年之權益受到不法侵害時，政府應予適當之協助及保護。」從立法精神來看，兒童有免於恐懼與接受教育的權利。可是近年來，相關兒童權益的調查報告及兒童覺知生活狀況的調查報告皆指陳兒童人身安全指標不及格，顯示兒童生活危機重重，不但在社會上不安定、在學校不安全，甚至在家裡也不安全。而兒童被遺棄、虐待、遭性侵害、被強迫從事不法行為等案件在社會新聞中也時有所聞，資料顯示更有逐年增加的趨勢，這也顯現我國社會對於兒童人權保障仍不及格。

我國對於兒童福利服務的推廣，政府與民間雖不遺餘力來進行，除了訂頒「兒童及少年福利與權益保障法」，也賡續建立通報制度，補助設置兒童福利服務中心，落實社區化兒童保護工作，加強對遭受性侵害兒童及施虐者心理治療，與後續追蹤輔導工作，並落實兒童「福利與保護」的立法精神，訂定相關法規，例如「菸害防治法」、「特殊教育法」、「少年事件處理法」對菸、酒、麻醉藥品的管制、有關特殊兒童的教育資源，以及對觸法兒童給予尊重，隱私權之保護與公平審議等法也加以制定配合，但卻缺乏平行協調而導致無法保障兒童權益及落實立法精神。諸此種種皆表示我國要達到聯合國「兒童權利公約」的標準，讓兒童能在免於歧視的無障礙空間中，平等享有社會參與，健康安全的成長，是有待兒童福利工作者努力的方向（劉邦富，1999）。

二、兒童人權發展脈絡

國際人權規約的制定開啓了世人對兒童人權的重視，1989年11月20

日聯合國通過的「兒童權利公約」，更是建構了全球兒童人權的保障規範。該公約起源於1924年國際聯盟所通過的日內瓦「兒童權利宣言」，並經由1959年完成的兒童權利宣言的增修而更趨完備。

(一)聯合國兒童權利宣言

聯合國兒童權利公約（U. N. Convention on the Rights of the Child）的訂定起源於1959年的聯合國兒童權利宣言（U. N. Declaration of the Rights of the Child）和1924年國際聯盟所通過的日內瓦兒童權利宣言（Geneva Declaration of the Rights of the Child），並於1989年11月20日通過實施（李園會，2000），此公約1990年9月2日正式生效，成爲一項國際法，並訂每年11月20日爲「國際兒童人權日」。

聯合國兒童權利宣言1946年起草，至1959年完成實施，共歷經十三年的時間。聯合國兒童權利宣言將日內瓦兒童權利宣言時期視兒童爲保護對象的兒童觀，進一步將兒童有生存和成長權利的認知，提升到把兒童定位爲人權的主體，意即是期望將獲得國際認同的世界人權宣言（1948）條款，積極地反映在「兒童權利宣言」上。

圖2-1是該社會委員會制定宣言草案的過程，由此圖可以看出日內瓦兒童權利宣言在第二次世界大戰後，將屬於兒童的權利正式納入兒童權利宣言的過程。

聯合國的各國國民肯定聯合國憲章的基本人權和人性尊嚴的重要性，決心促使人類在自由的環境中，獲得提升生活水準，並使社會更加進步。世界人權宣言（Universal Declaration of Human Rights, 1948）強調，所有的人類不應該由於種族、膚色、性別、語言、宗教、政治或其他理念、國籍、出身、財富、家世及其他與地位等相類似的事由，受到差別的待遇，應使每個人均能共同享受本宣言所列舉的各項權利和自由。又兒童的身心因未臻成熟階段，故無論在出生之前或出生之後，均

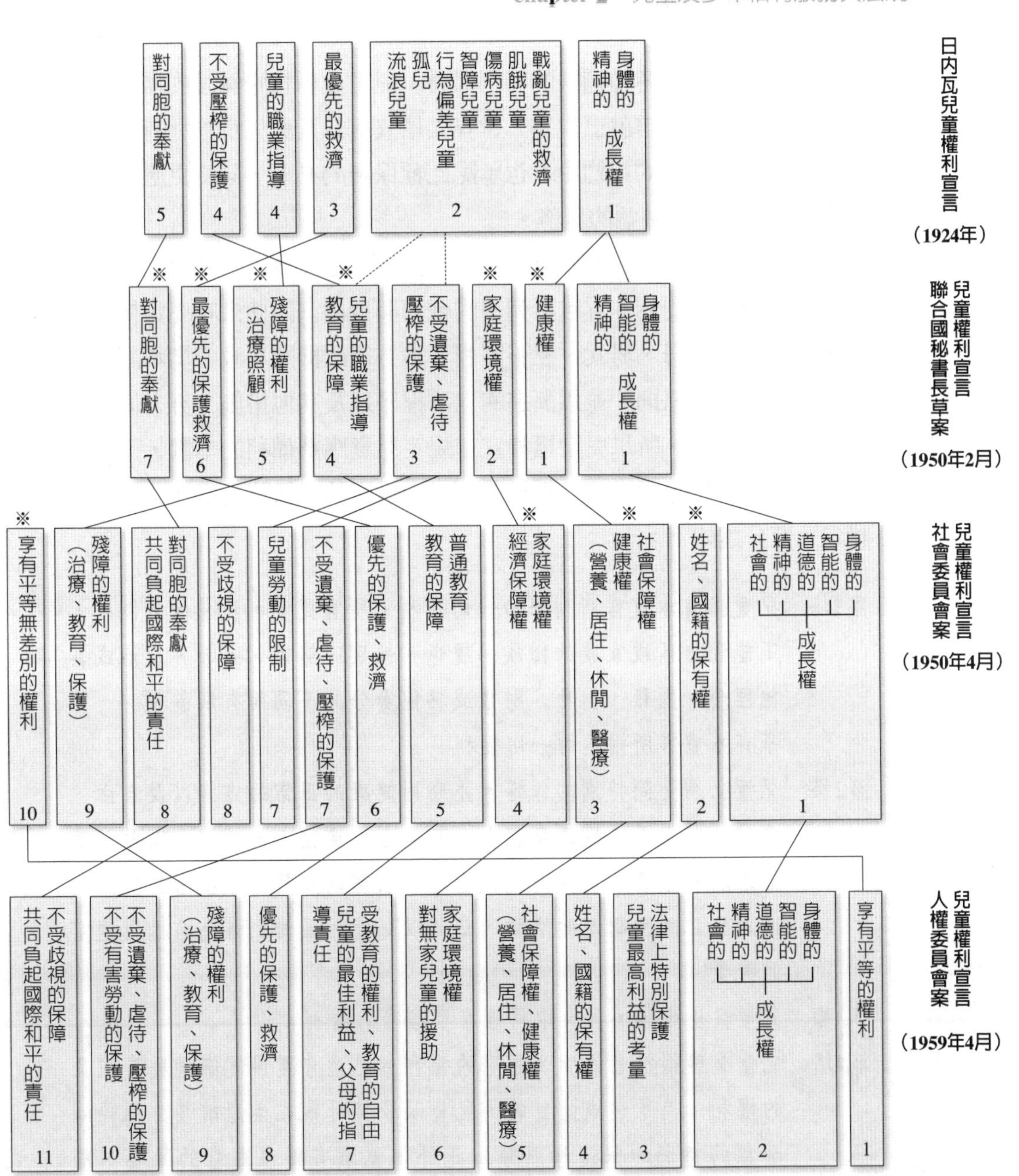

圖2-1 兒童權利的體系發展

註：阿拉伯數字代表各條款，實線代表有直接關係者，虛線代表有間接關係者，※代表新設內容。

資料來源：李園會編著（2000）。

應受到包括法律的各種適當的特別保護。兒童此種特殊保護的需要，在日內瓦兒童權利宣言就已規定，世界人權宣言以及與兒童福利有關的專門機構和國際機構的規約中，也承認此種保護的必要，同時更應瞭解人類有給予兒童最佳利益的義務。

聯合國大會爲使兒童能夠有幸福的生活，顧及個人與社會的福利，以及兒童能夠享受到本宣言所列舉的權利與自由，因此公布兒童權利宣言，務期各國父母、男女、慈善團體、地方行政機關和政府均承認這些權利，遵行下列原則，並以漸進的立法程序以及其他措施，努力使兒童的權利獲得保障。所以兒童權利宣言規定兒童應爲權利的本體，不但與世界人權宣言相呼應，而且更具體地以十條條款來保障兒童在法律上的權益，茲分述如下：

第1條　兒童擁有本宣言所列舉的一切權利。所有兒童，沒有任何例外，不能因自己或家族的種族、膚色、性別、語言、宗教、政治或其他理念、國籍、出身、財富或其他身分的不同而有所差別。一律享有本宣言所揭示的一切權利。

第2條　兒童必須受到特別的保護，並應用健康的正常的方式以及自由、尊嚴的狀況下，獲得身體上、知能上、道德上、精神上以及社會上的成長機會。為保障此機會應以法律以及其他手段來訂定。為達成此目的所制定的法律，必須以兒童的最佳利益為前提做適當的考量。

第3條　兒童從出生後，即有取得姓名及國籍的權利。

第4條　兒童有獲得社會保障之恩惠的權利。兒童有獲得健康地發育成長的權利。為了達成此目的，兒童以及其母親在生產前後，應得到適當的特別的保護和照顧。此外，兒童有獲得適當的營養、居住、娛樂活動與醫療的權利。

第5條　對在身體上、精神上或社會方面有障礙的兒童，應依特殊狀況的需要獲得特別的治療、教育和保護。

第6條 為使兒童在人格上得到完全的和諧的成長，需要給予愛情和理解，並盡可能使在父母親負責任的保護下，使他無論遇到什麼樣的狀況，都能在具有愛情、道德及物質的環境保障下獲得養育。除了特殊的情況下，幼兒不得使其和母親分離。社會及公共機關對無家可歸的兒童與無法維持適當生活的兒童，有給予特別養護的義務。對子女眾多的家庭、國家以及其他有關機關，應該提供經費負擔，做適當的援助。

第7條 兒童有受教育的權利，至少在初等教育階段應該是免費的、義務的。提供兒童接受教育應該是基於提高其教養與教育機會均等為原則，使兒童的能力、判斷力以及道德的與社會的責任感獲得發展，成為社會上有用的一員。負有輔導、教育兒童的責任的人，必須以兒童的最佳利益為其輔導原則。其中兒童的父母是負有最重要的責任者。

兒童有權利獲得充分的遊戲和娛樂活動的機會。而遊戲和娛樂活動必須以具有教育目的為原則。社會及政府機關必須努力促進兒童享有這些權利。

第8條 不論在任何狀況下，兒童應獲得最優先的照顧與救助。

第9條 保護兒童不受任何形式的遺棄、虐待或剝削，亦不得以任何方式買賣兒童。兒童在未達到適當的最低年齡前，不得被僱用。亦不得僱用兒童從事危及其健康、教育或有礙其身心、精神、道德等正常發展的工作。

第10條 保護兒童避免受到種族、宗教或其他形式的差別待遇。讓兒童能夠在理解、寬容、國際間的友愛、和平與世界大同的精神下，獲得正常的發展，並培養他將來願將自己的力量和才能奉獻給全體人類社會的崇高理念。

(二)聯合國兒童權利公約

人權宣言的主張認爲：「對人權及人類尊嚴的尊重是未來世界自由、正義及和平的奠基。」（Joseph, 2003）就此觀點而言，兒童是如同成人一般的平等的社會個體，應享有一樣的權利。但是兒童實際上又要依存社會及成人而生活，加上又沒有選票，故被稱爲「無聲音的團體」，所以其權利必須透過政府的法規、政策或社會運動來倡導及規範，這也是Wringe（1985）所主張，兒童福利的本質爲規範式（normative）的道義權利（moral rights）（馮燕等，2000）。

馮燕指出：「衡諸各項國際兒童權利典章，具有三大特色：一、爲基本權利的強調；二、爲保護弱勢的強調；三、爲隨著兒童權利運動的漸趨成熟，兒童福利法的條文對權利的解釋也愈趨具體務實，而成爲制度式之法令。」基本上，依其主張兒童權利應包括有福利權、社會參與權和特別權（馮燕等，2000）。

◆福利權

福利權（welfare rights）係指所具有之天賦，個體得接受最基本個人生存及醫療照護的權利，也就是最起碼的生存權。當個人及其家庭的努力無法滿足此需求時，有權接受他人或政府給予協助，這也是兒童最基本的人權，例如家庭因貧窮所衍生的生存威脅的基本生活的滿足。

在聯合國兒童權利公約中，對福利權的著墨最多：生存權（第6、27條），擁有國籍姓名等認同權（第7、8條），兒童利益在危機時受公權力保護（第3、9條），健康醫療保健服務的享用（第24、25條），和免受各種歧視的平等權（第2條）。另外，還包括對弱勢兒童的各種保護的權利，如虐待與疏忽（第19、34條），身心障礙兒童保障（第23條），收養時的兒童利益（第21條），禁止誘拐、販賣（第35條）、剝削（第32、34、39條）等有關兒童福利條款，或稱爲兒童保護條款，明訂國家應有的責任。這些兒童權利也揭櫫於我國「兒童及少年福利與權益保障法」的條文之中（如第1、4、5、14、23、49、56條等）。甚至國家更制定國家的責任之明文規定，這也是國家親權主義的宣示。

◆社會參與權

在成人世界中，只要是成熟有理性之人，人人皆享有權利參與民主事務，這也是兒童在社會享有自由的權利。基於兒童是獨立的個體，因成熟度之影響，使得其對公共事務的決定仍不能完全積極的投入。但是在社會上應抱持鼓勵的態度，尤其有關其個人之利益時，應該讓其能獲得完整的資訊，至少可以讓其充分表達個人之意見，這也是兒童基本的自由人權。

在聯合國兒童權利公約中，對兒童（指18歲以下之人）在社會參與的權利（rights of participation）有：「自由意志表達之權利、思想及宗教自由、隱私權益及充分資訊享用權。此外，兒童應獲得機會平等教育的權利（第28、29條），和獲得完整社會化權利（第27條），強調少數民族文化的尊重之認同（第30條），以及明訂兒童應被保障參與社會休閒、文化、藝術活動及得以工作，並獲得合理之待遇的權利（第31、32條）。」我國「兒童及少年福利與權益保障法」第7條即有此精神的倡導。

◆特別權

兒童的權利因其身分有其特殊性，這也是某一種身分權（status rights），例如兒童天生即應接受家庭、社會、國家的保護，而不是透過與社會交流得到的權利；另外，兒童因其成熟度未臻健全，所以其犯法之行爲也要接受國家立法特別保護（如少年事件處理法之規範）。因此，兒童天生需要父母、家庭、社會及國家給予保護及照顧的承諾，加上兒童的角色及身分，在其成長過程中，他們必須學習適應各種社會文化，以便日後貢獻社會，這也是兒童最特別的身分及角色權利。

在聯合國兒童權利公約中，兒童即有：「與其父母團聚、保持接觸，且於不自然的狀況下，獲得政府協助的權利（第10條）；國家應遏止兒童非法被送至國外，令其不得回國之惡行（第11條）；兒童應享有人道對待，不受刑訊或殘忍、羞辱性不人道的處罰（第30條）；戰爭時15歲以下者不直接參戰，對國家仍需依公約尊重兒童人權（第38、39條），以及在觸犯刑法時的特別身分優遇（第40條）。」

(三)人權指標調查報告

兒童是社會成員之一，雖然兒童的身心發展尚未完成，也多半缺乏完全的自主能力，而必須藉由周圍的成人，如父母、師長、長輩等獲得必要的生活資源並授與社會化能力，但這些都無損於兒童是一個獨立個體的事實眞相，他們亦不是父母的私有財產，而是「準公共財」（quasi-public goods）。

社團法人中華人權協會「2012台灣兒童人權指標調查報告」透過45位專家學者進行調查發現，兒童人權的平均數爲3.26，是「普通傾向佳」的程度，所有指標（基本人權、社會權、教育權、健康權）都有進步（**表2-1**），值得社會中每一位成員更加努力。

表2-1　2008～2012年兒童人權指標變化情形

年度＼指標	基本人權	社會權	教育權	健康權	總平均
2008	2.76	2.86	3.07	3.12	2.95
2009	2.74	2.81	3.18	3.25	2.97
2010	2.64	2.95	3.26	3.22	2.98
2011	2.80	3.04	3.00	3.65	3.12
2012	2.88	3.33	3.13	3.69	3.26

資料來源：整理自彭淑華（2012）。

上述調查兒童權利的內容，是由專家學者及社會菁英來加以規範，可包含下列三大項：

1. 生存的權利：如充足的食物、適當的居所、基本的健康照顧。
2. 受保護的權利：如免於受虐待、疏忽、剝奪及在危難緊急、戰爭中優先受到保護。
3. 發展的權利：如擁有身心安全的環境，藉由教育遊戲、良好的健康照顧及社會、文化、宗教的參與，使兒童獲得健全均衡的發展。

(四)聯合國大會及我國法令所規定之兒童人權

國內兒童福利學者謝友文（1991）根據聯合國大會所通過的「世界人權宣言」、「兒童權利宣言」、「兒童權利公約」理念，以及參考我國的「憲法」、「民法」、「刑法」、「兒童福利法」（即今兒童及少年福利與權益保障法）、「國民教育法」及「勞動基準法」等多項法令中的相關規定，並針對兒童身心發展及其所需要的特質，將兒童權利依性質分爲兩類：

1. 基本權利：如生存權、姓名權、國籍權、人身自由權、平等權、人格權、健康權、受教育權、隱私權、消費權、財產權、環境權、繼承權等。
2. 特殊權利：如受撫育權、父母保護權、家庭成長權、優先受助權、遊戲權、減免刑責權、童工工作權等。

再依內容來看，兒童權利可分爲三類：

1. 生存的權利：如充足的食物、居所、清潔的飲水及基本的健康照顧。

2.受保護的權利：如受到虐待、疏忽、剝削及有危難、戰爭中獲得保護。

3.發展的權利：如擁有安全的環境，藉由教育、遊戲、良好的健康照顧及社會、宗教、文化參與的機會，使兒童獲得健全均衡的發展。

總而言之，兒童是國家社會未來的棟梁，亦是未來國家社會的中堅分子，更是國民的一份子，兒童要接受良好保護及伸張其基本生存、保護及發展的權利，無論是基於人道主義或社會主義，兒童的權利一定要受到良好的維護及倡導，這也是社會及國家的責任。保護兒童，期許兒童有一良好、健全的未來，這是社會及國家的共同的責任，更是兒童福利最基本的課題。

第三節　性別平等議題

性別議題主要區辨：性別差異：生理及社會心理之差異；性別表現：個人如何對他人表現出與性別相關行為與人格，例如性別認同；性別角色：男性與女性在「社會態度、行為、權利與責任」之差異；性別角色社會化：在特定文化下，男性或女性表現出符合其性別行為與觀念之過程。

到底性別差異如何形成，從發展學觀點有生物決定論，主要是由染色體的基因組成及荷爾蒙之影響結果；然而在社會工作之應用主要探討社會建構論（Social Construction），係指人們如何將經驗賦予主觀意義並成為其所認知的現實，因而建構社會共有的現實。換言之，個人對性別的社會建構主要是由與他人的互動中學習符合性別行為表現與期待。

一、性別之能力與溝通差異

男女有別，不僅從天生遺傳之因素，大都來自環境及文化所建構，其差異常呈現在能力與溝通上。

(一)能力差異

雖然在智力、智能上男女並沒有差異存在，但男女在能力上卻有一些研究指出男女的能力是有所不同。例如，傳統上男性被認爲有較好的數理、邏輯能力，但女性則在語言能力較爲優異。

Sigelman及Rider（2009）整理文獻中發現：

1.女性在有些領域或某些年紀表現出較佳的語言技巧，但差異過小，不達顯著性差異。

2.男性出現出較佳的空間操作與理解力（Sigelman & Rider, 2009）。

3.男女在數學測驗中得分表現相當，但女生在數學課成績較好（Halpern, 2000）。

4.女性有較佳的記憶力，但僅限於回憶初放東西的位置。

(二)溝通方式

男女在語言及非語言的溝通方式有所不同（Shaw & Lee, 2009; Hyde & DeLamater, 2008）。女性較男性較會提供資訊，即自我揭露（self disclosure）。自我揭露可能會讓人處在一個較脆弱或較低階的位置，同時，也會增加另一方的權力，因爲資訊的接收者可以選擇對揭露者做出批判，或將資訊告訴別人。

女性在解讀非語言的線索及他人情緒上，也比男性來得好（Hyde &

DeLamater, 2008）。一般來說，女性對自己的情緒較瞭解，也較能體會他人的感覺。

雖然這些溝通差異不大，但整體的意義卻很大，尤其是否來自性別歧視以及所延伸的性別角色期待與權力的分配議題。

此外，在利社會行爲（prosocial behavior）和情緒上還尚未發現有任何一致的性別差異，但刻板化印象認爲女生在自我評價中會認爲自己對別人有幫助、合作且友愛上，但實際在行爲上女生與男生相差不多，但女生會比男生更偏好尋求與接受幫助，而且也較容易受他人影響（Eisenberg & Fabes, 1998）。

二、女性不平等議題

女性之差異常受社會及文化所造成呈現方式與學習之不同，因爲不公平，所以造成女性有不當的對待，甚至是歧視，甚至將女性列爲弱勢族群。台灣在加入「一切反對性別歧視」（CEDAW）之國際條約後，由行政院主導各種修法，檢討及去除對婦女任何歧視或不公平的對待。此議題相當廣泛，茲將介紹經濟上的不平等、性騷擾與性侵害等。

(一)經濟上的不平等

一般而言，女性收入較男性低，在美國，女性收入的中數約爲男性收入中數的81%，台灣也差不多，若加上種族或教育程度則會更低。其原因是女性傾向從事薪資較低、輔助性工作，如服務生或助理；男性卻大多數從事薪資較高的工作，如管理人員、技術工作者或專業人員。即便是專業人員其工作性質也有異，例如男性律師從事犯罪法，女性多選擇家事法；男性醫師選擇外科或自行開業，而女性醫師則選擇家醫科、小兒科或從事公共衛生工作，女性專業人員的薪資約爲男性70%。

除此之外，女性在工作也會面臨「玻璃天花板效應」（Glass Ceiling Effect），係指即使有相等的工作經驗與技術，女性遠不及男性可以在職涯爬到頂端或持有股份，同時男性對資深女性員工也抱持較負面的態度，如對女性能力動機、訓練與技巧有較低的接受度。

(二)性騷擾

性騷擾（sexual harrassment）之定義爲「包括了不受歡迎的性接近、性要求或其他具有性意味的言語或肢體動作等，且這些行爲直接或間接影響個人就業或工作表現，或是塑造出威脅、敵意或具攻擊性的工作環境。」（溫如慧等，2012）。

性騷擾幾乎以不平等的權力或施壓因素有關，例如分享私密或打探隱私。

雖然大部分的受害者是女性，但也有近二成左右是男性受害者。因此，性騷擾涉及人權的議題不管任何性別皆可能受害。同時，性騷擾也會發生在男性戀之間，包括不當性接近、威脅及承諾，騷擾者會對同性或是異性提出相關要求。

性騷擾也會出現以語言呈現，通常不當的言論會造成被害者有「不舒服」的感受，尤其在工作環境氛圍上。性騷擾是非常普通的，受下列幾項變項所影響：

1.年齡：愈年輕比年長遭受性騷擾比例高。
2.婚姻狀態：離婚及單身女性比已婚或喪偶的女性來得高。
3.教育程度：性騷擾可能發生在高教育程度的女性，可能是教育程度高的女性更會知覺到性騷擾議題。

性騷擾會造成受害者心理上的負擔，例如害怕關係、害怕不被相信、感受羞愧與侮辱、認爲無法改變，以及不敢爲性騷擾者製造問題。

因此，許多受害者之女性選擇忽視以避免法律訴訟。此外，性騷擾也會帶來財務損失，例如訴訟、受騷擾所導致轉換工作、精神壓力而降低工作效率的損失；而受害者自己及個人在情緒上所造成的損失更大。

(三)性侵害

依「性侵害犯罪防治法」第2條第一項、「刑法」第221條及「刑法」第10條第五項規定：性侵害（sexual assault）係指對於男女以強暴、脅迫、恐嚇、催眠術或其他違反個人意願之方法而爲下列之行爲：

1.以性器進入他人之性器、肛門或口腔，或使之接合之行爲。
2.以性器以外之其他身體部位或器物進入他人之性器、肛門，或使之接合之行爲。

依衛福部統計處（2013）的統計資料指出，加害者的男女比是15.6：1；而被害者男女比爲1：6.7（**表2-2**、**表2-3**）。很明顯地可看出不管是加害者或是被害者，女性仍居大多數，而且又以12～24歲的女性爲最多的年齡層。

表2-2　102年性侵害加害者性別／縣市統計表

縣市	性侵通報表　施暴人數			
	男性	女性	不詳	總計
新北市	1,663	104	180	1,947
臺北市	634	60	72	766
臺南市	618	43	69	730
高雄市	812	97	55	964
基隆市	223	16	20	259
臺中市	1,264	82	115	1,461
桃園縣	1,093	61	90	1,244
新竹縣	304	10	25	339

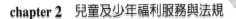

（續）表2-2　102年性侵害加害者性別／縣市統計表

縣市	性侵通報表　施暴人數			
	男性	女性	不詳	總計
新竹市	211	15	26	251
苗栗縣	296	15	16	327
彰化縣	465	19	37	521
南投縣	240	4	19	263
雲林縣	233	11	22	266
嘉義縣	169	2	25	196
嘉義市	110	4	10	124
屏東縣	380	22	38	440
宜蘭縣	305	20	19	344
花蓮縣	327	18	28	373
臺東縣	222	11	25	258
澎湖縣	21	0	1	22
連江縣	3	0	0	3
金門縣	20	0	1	21
總計	9,613	614	892	11,119

資料來源：衛生福利部統計處（2013）。

表2-3　性侵害案件被害人性別×年齡

單位：人數

年份	性別	性侵害案件被害人性別×年齡										
		0～6歲未滿	6～12歲未滿	12～18歲未滿	18～24歲未滿	24～30歲未滿	30～40歲未滿	40～50歲未滿	50～65歲未滿	65歲以上	不詳	總計
102年	男	34	161	860	90	34	24	12	5	2	107	1,329
	女	216	617	4,735	1,144	496	648	318	143	18	824	9,159
	不詳	5	18	138	26	5	6	5	4	0	206	413

註：事實上在該年度內之曾受害人數，同一人在同一年度中，不論通報多少次，均只計1人。

資料來源：衛生福利部統計處（2013）。

◆性侵害犯罪之成因

性侵害犯罪的原因有很多種類，包含生理、心理等，藉以探討性侵害的成因，可以讓我們更瞭解侵害是什麼，並能知道如何預防性侵害犯罪的發生，而對治療的處遇方法也有幫助（侯友宜，2006：20-28）。

①特質成因理論

性侵害者從事性侵害犯罪的主要都是因爲自己本身的生理和心理產生了缺陷。而這些缺陷包括有染色體、智能不足、內分泌異常或人格的偏差等。

1.生理方面：性侵害的行爲是指男人對女人有性行爲的慾望或衝動，所以要以強制性的行爲來防止性侵害的產生，而且會這樣的行爲都是因爲遺傳因素的性慾而讓自己無法克制，或是腦部的組織受傷而導致性犯罪的行爲。
2.心理方面：人格特質是導致性侵害犯罪的最重要因素。而女性在性侵害犯罪者的心目中，會分成他們最敬愛的，如母親、最信任或依賴的女照顧者等，使他們在兒童的時候過度的產生依賴；而另一個是將女性視爲妓女以滿足自己的性慾。

②社會成因理論

這是受到社會和文化的影響，當女性地位高時，不論是男性或女性，都會互相的尊重，很少會出現對女性做出性侵害的事件發生，而通常會出現性侵害、暴力事件，都是在比較低弱的社會裡才會發生，比如說是女性地位較低，會常發生性犯罪等事。

1.家庭因素：如果案主生長在一個生病的家庭中，而讓他的觀念、想法等發生了問題，使得性侵害犯罪發生。家庭的管教態度是非常重要的，會使兒童的成長過程，如果兒童養成了缺乏體諒別人，個性冷酷的人，這容易使他成人時，變成一個性侵害犯罪者。

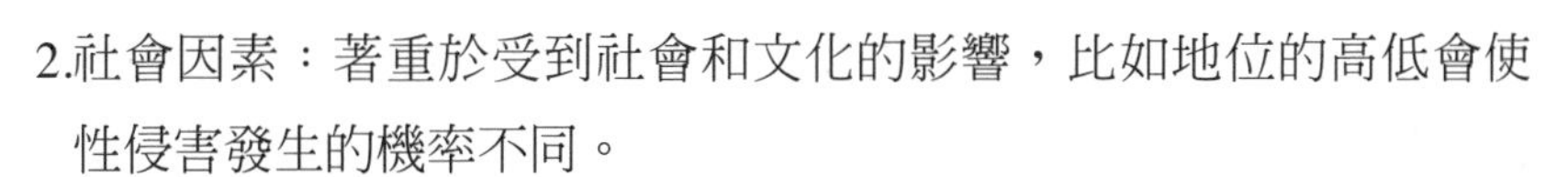

2.社會因素：著重於受到社會和文化的影響，比如地位的高低會使性侵害發生的機率不同。

(1)性別歧視論：在社會中歧視和瞧不起性侵害被害人的觀念，會使性侵害的機率再度增加。因為男人總是喜歡掌管女性的一切，所以很容易就會發生性侵害的行為，所以也把性侵害視為是有「男子氣概」的現象。

(2)色情刊物論：色情的媒介傳播了強暴、性侵害等等。分成兩派說法，一派是「道德汙染說」，大多是指宗教，他們認為色情的媒介傳播會帶壞了男性，使他們的心靈受到汙染，而沒有遵守道德的規範，而使這些男性變得有要性侵害別人的想法；另一派是「戕害女性說」，比較偏向於女性這方面，他們認為色情的傳播會降低女性們在現實中的身分，而另一方面也有表現出男性控制女性的行為，使得社會中的性侵害有了錯誤的觀念而導致性侵害犯罪的產生。

③社會解組論

在高犯罪、自殺率、無家的人和在外流浪的人等現象越嚴重的社會中，越容易發生犯罪，例如性侵害、搶劫等。也就是高犯罪率的社會，犯罪問題會越多。

④暴力容許論

一個贊成暴力的社會中，他們會將暴力融入家庭、學校等或其他生活的層面裡，例如：贊成用體罰的方式來教育小孩，而相對於不贊成用體罰來處罰小孩來說，確實是增加了較多的性暴力行為。

⑤整合成因理論

認為性侵害是學習而來的，它的動機是指占有與控制的強迫，在生物中的競爭，雄性的生物比較會與多個異性從事性行為，而這其中包括強迫和欺騙的行為。雖然不是大部分的男性都會有性犯罪的行為，但大都是從生活中學習來的，這些來自家庭、社會、傳播媒介等，使我們社會中多了許多危險。

◆性侵害犯罪加害人分類

由於性侵害犯罪加害人有許多不同的性質，而再犯的危險性和處遇計畫的擬訂都會有所不同，因此需要進一步的分類。曾經依照受害對象將性侵害犯罪分成以下五類（文榮光等著，2006）：

①一般強制性交（含配偶強制性交）

1.配偶強制性交：這一類個案基本上算是家庭暴力的一種，在父權時代，男性掌管了女性的一切，而在擬訂處遇計畫時，也要預防家庭暴力再犯的處遇擬訂計畫。

2.機會強制性交：包括用迷藥、待在家中遭竊盜闖入強暴、趁搭公車或計程車時的機會強制性交，使一般性交易轉成強制性交（不包括對方未滿16歲的性工作者），而這類型的人，需要根據其人格特質、性衝動與物質使用的各種情形來加以評估，是屬於可治療的個案，除了一般性的基本輔導教育，例如：基本的法律常識、適當的性行為、同理被害人與兩性關係外，還必須包括「衝動控制」課程。

3.連續性強制性交（serial offense）：在一段時間內對兩個人以上的被害人進行非嚴重傷害或無傷害的手段，以滿足自己的性慾，而進行強制性交。治療除了基本輔導教育，還必須包括「再犯預防」與「犯罪路徑的描繪」等治療項目。

4.一般強制性交：這類型的加害人以滿足自己的性慾為主的強暴，或是酒醉後的強暴行為等。而這類型個案的治療可採一般的輔導教育，以及看個案的犯罪情境來增加治療的項目（如戒酒輔導等）。

②暴力凌虐與多人強制性交

兩人以上犯有對男女以強暴、威脅、恐嚇、催眠術或其他違反意願的方法而爲共同輪姦者，這類型個案的治療除了一般的基本輔導教育外，還必須包括「權利與控制權」及「平等論」的原則，以及「對被害人的傷痛與同理心」等治療的項目。

③兒童青少年強制性交（可分戀童症與非戀童症兩類型）

受害者的年齡低於18歲以下，分爲固定型和不固定型，戀童症的對象是固定兒童爲主，而非戀童症的對象則不固定是兒童或成人。例如：強姦幼小的女童、跟未滿16歲的男女性交或猥褻。兩個的治療方法不一樣，如戀童的個案需要再進一步的探索兒時的創傷經驗，和對個案的影響。

④近親強制性交（incest）

主要是指父親對女兒的性交，而通常這類型的被害人除了接受一般治療外，還必須與加害人暫時或永久隔離。

⑤公然猥褻

指在不限定人數下意圖供人觀看的情況下做猥褻的行爲，這個個案的暴力危險程度不高，但再犯的機率非常高，不過只要經過治療，再犯的機率會降低。治療除了一般輔導教育，還須包括「避免進入危險情境」與「衝動控制」等兩項治療。

◆性侵害犯罪加害人的鑑定與評估

性侵害犯罪加害人之衡鑑涉及精神與法律評估，其工作內容包括：

1.完整的法院移送資料，應包括偵訊筆錄（包括證人和被害人的證詞、錄音，如有測謊結果也應該一併移送）、加害人的前科紀錄、與本案相關的就診資料和起訴書的資料，有了越多資料的提供，會越助於鑑定書的撰寫和擬訂處理計畫。

2.評估的地點與人員，因爲加害人具有不定時的危險性，所以地點必須安全。

3.資料的收集，要先進行個案會談，包括個人基本資料、成長背景、創傷經驗，是否有犯罪的前科（指性或其他的行爲）、精神方面等，最後根據收集的資料，再進行加害人再犯的機率和危險性的評估。

4.危險量表的運用，原則是評估再犯的危險性和可治療的方法，所以運用對的危險性量表是很重要的。

5.結語的內容包括精神方面、再犯的危險性、可治療的評估、處遇的計畫。（文榮光等著，2006）

◆性侵害之分類

FBI行爲科學組依據Groth等所設計以權力、憤怒和性行爲等要素，並參考Kafka（1997）將性侵害犯分爲四類：(1)權力確認型（power reassurance），也稱作權力補償型（compensatory rapist）；(2)憤怒報復型（anger retaliation）；(3)權勢強硬型（power assertive）；(4)性虐待型（sadistic），分述如下：

①權力確認型性侵害犯

權力確認型性侵害犯（power reassurance rapist）也稱爲「補償型」性侵害犯，是四種類型中最不具暴力攻擊性，也是最沒有社交能力者，其深受極低的自我肯定感受所困擾。這類性侵害犯異於尋常，大多數（88%）來自於單親家庭，在學期間問題不大。其常是單身、不擅運動，較沉默及被動；朋友很少，沒有性伴侶，通常與具有攻擊性、可能有魅力及支配性的母親居住。權力確認型性侵害犯可能有不一樣的性偏差行爲，例如：有異裝或雜交性行爲、暴露、窺淫、戀物癖或過度手淫等。

②憤怒報復型性侵害犯

憤怒報復型性侵害犯（anger retaliation rapist）傷害婦女有他偏激的目的，他想性侵害所有婦女，以扯平他生平所遭受女性對其眞實或想像的不公，這類型的性侵害犯，通常很有社交能力，經常來自於一個不愉快或不正常的家庭。超過一半（56%）的憤怒報復型性侵害犯，在童年被父親或母親過度生理傷害。大約80%來自父母離異的家庭；而20%是被收養的小孩；53%住過寄養家庭；80%曾在僅有母親或有其他女性主導的家庭中長大。因爲他成長過程與這些女性（母親、繼母、養母或其他）有明顯不愉快經驗，因而對一般女性樹立負面和敵意的情感。憤怒報復型性侵害犯脾氣暴躁。他似乎對性侵害有不能控制的衝動，而且性侵害行爲的發生，常是在與妻子、母親或生活中重要女性的衝突事件之後。這種衝突可能促使他震怒，進而以性侵害行爲來洩恨。

③權勢強硬型性侵害犯

權勢強硬型性侵害犯（power assertive rapist）或稱剝削型性侵害犯，其性侵害行爲只是企圖表達男子氣概和個人的支配。這類型的性侵害犯有股優越感，性侵害是因爲他相信這是男人對女人的權力。對權勢強硬型的性侵害犯而言，性侵害不只是性的舉動，更是掠取的衝動行爲。在性侵害中所展現的攻擊行爲，是意圖使被害人依從。他不會關心被害人的感受或處境，被害人必須按他的慾望去做。權勢強硬型的社會核心的特質如：大約70%是單親家庭，有三分之一住過寄養家庭；約75%在童年時期遭受生理虐待。

④虐待型性侵害犯

虐待型性侵害犯（sadistic rapist）是四種性侵害犯中最危險的，這類性侵害犯的性侵害行爲，主要是出於性侵略的幻想。他的目的是施予被害人生理和心理的痛苦。這類型性侵害犯有很多爲反社會人格，而且具有相當的攻擊性，尤其在追求個人的滿足受到批評或阻礙時。這類性

侵害犯在侵害和性滿足間有重要關聯，換言之，他將攻擊和暴力加以性愛化。虐待型的性侵害犯其社會特質如下：約有60%生長於單親家庭，大多在童年時期有受虐過，而且許多來自於性偏差家庭。這類型性侵害犯曾在青少年階段有性病態，如窺淫、雜交及過度手淫。這類型性侵害犯聰明，可能沒有前科紀錄，能夠逃避偵察，不外是他會仔細策劃性侵害犯罪歷程，並且在策劃的範圍內執行。以他的智能和對警察辦案的瞭解，及反社會性和仔細的計畫及執行，使其特別不容易被逮捕。

◆性侵害之社會環境

①性別權力關係

1.就學校而言：在學齡時期的同儕，雖然沒有明顯的權力關係，但社會中主流價值觀仍然比較重視男性，所以家長對男性有較高的期望，給予兒子較多的資源。大學男生常擁有電腦或交通工具，這是相當普遍的現象。相對地，社會對女性的期待較低，也常因保護的心態而使女生擁有較少的資源及學習機會。校園中，男同學常以機車接送女同學，或幫助修理電腦，從而擁有相對的優勢。當男同學在提供協助後，對女同學另有所求時，往往令女同學不知所措，難以拒絕。

2.就就業而言：玻璃天花板效應是最好解釋的社會現象。女性或是少數族群沒辦法晉升到企業或組織高層，並非是因爲他們的能力或經驗不夠，或是不想要其職位，而是因爲社會賦予女性生養小孩、照顧家庭的使命，而剝奪了女性創造事業高峰的機會；除此之外，男性的刻板印象，讓很多企業在升遷、資源、權力上，都掌握在男性手中，導致間接的上下權力關係。

②上下的權力關係

老師與學生、主管與下屬、教授與助教或學生等都是上與下的權力關係。處於上位的老師掌握學生的成績，主管則掌握下屬的升遷、薪資、考績、獎懲等權力。因此，握有權力的一方往往處於主導的優勢，特別在發生性騷擾／性侵害過程中，加害者有時憑藉權力優勢得以遂行所願，受害者或考量所處的弱勢地位而不敢反抗。

◆性侵害造成的影響

性侵害對受害者影響很大，有生理、心理及人際關係方面，分述如下：

①生理方面的影響

1.頭痛、疲勞、睡眠失調、失眠、作惡夢、被侵害的過程不斷地閃入腦海中。

2.消化系統不適：胃痛、想吐、沒有食慾、沒有味覺。

3.生殖器官的症狀：陰道會因有分泌而覺得癢、小便時燒痛感、長期的陰道感染、普通的疼痛、肛門流血疼痛等。

除上述之外，會因身體遭受攻擊而可能導致外傷，或因性侵害而懷孕、感染性病或愛滋病等。

②心理方面的影響

1.情緒上：通常都會出現一些特徵，例如焦慮、罪惡感、沮喪、憂鬱、悲哀、自責、害怕、生氣、容易受到驚嚇、無助、覺得自己沒有用、覺得生命無意義、有自殺念頭、嘗試將性侵害事件壓抑下來。

2.行為上：通常會莫名其妙害怕某一特定的人事物、自殺、藥物或酒精濫用、侵犯他人行為、行為失控、社交功能障礙、生活習慣改變、害怕獨處、變得沉默等情況出現。

學齡前幼童受到性侵害後，可能出現退化的行為，例如：尿床、過

度黏大人或喪失原有的能力、害怕獨處等。

③人際關係方面的影響

許多人在被侵害之後，對於尋求安全感及支持的需求很大，通常也會變得相當敏感，只要周遭人有意無意的閒談，當事人以為是對其被侵害事件的責難，所以通常不太願意與人有過多的接觸、在與異性或他人相處上會有困難，對他人不容易有信任感、性生活失調等。

◆性侵害之處遇模式

①受害人處遇

性侵害處遇宜將受害人與加害人分別處遇，在受害人處遇方面有：

1.職場性侵害：

(1)職場性侵害是一種就業性別歧視：職場性侵害由於涉及案主的工作權益，使得問題更為複雜，職場性侵害不僅造成案主的身心創傷，更容易因此被迫辭職，或是受不了職場性侵害的陰影而自動請辭，無疑造成案主喪失其應有的工作權益。因此，職場性侵害的本質事實上已經構成就業的性別歧視。

(2)案主受制於職場權力關係的不平等：職場性侵害發生背後隱含職場權力不平等的問題，加害人利用其權勢增加與案主的互動與接觸，進而利用權勢要求案主同意其性要求，案主為維持其工作職位或是工作內容只好同意，甚至加害人在以權勢強迫發生性行為後，續以權勢要求案主不可聲張，更容易增加重複性侵害的可能性，案主因重複性侵害產生更大的創傷反應。

(3)案主的工作權被剝奪：案主以各種策略因應遭加害人以權勢強迫性交的傷害，可能是躲避、主動調職、向公司內部或司法單位申訴，案主即便選擇不申訴的因應策略，案主原應該享有的友善的工作環境都已改變，案主反在恐懼不安的職場中工作，職場性侵害已經嚴重剝奪了案主的工作權。若案主選擇內部申訴或外部報案，將可能面臨敵意的工作環境、被公司調職、被無故解僱的風險，若加害人即爲雇主，案主被解僱的風險更高。

2.性侵害受害人社工之處遇：

性侵害處遇流程包括：求助→接受通報→社工陪同→機構及社工處遇→後續追蹤→結案（**圖2-2**）。其流程分述如下：

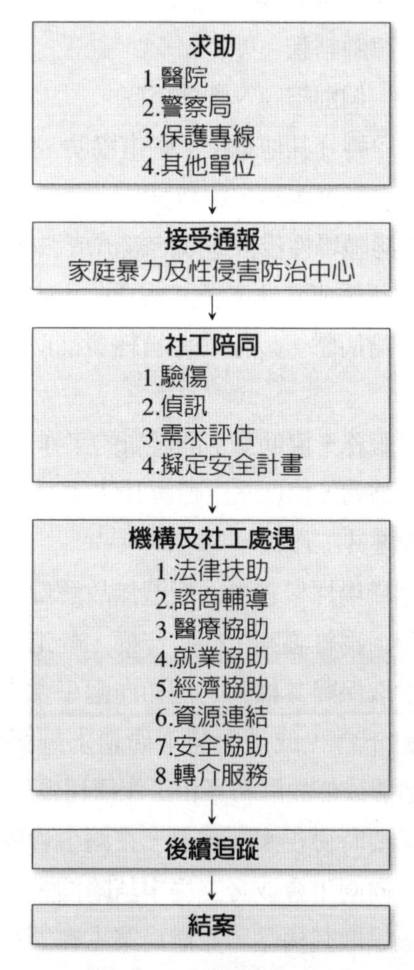

圖2-2　性侵害處遇流程

(1)保護案主及扶助措施：

- 人身安全協助：緊急庇護安置、中長期安置、聲請保護令。
- 經濟協助：緊急生活費用扶助、醫療費用補助、法律訴訟費用補助、心理諮商費用補助、其他政府補助、其他民間補助。
- 醫療協助：陪同驗傷採證、陪同心理衡鑑、其他醫療服務。
- 司法協助：陪同報案／偵訊、陪同出庭、陪同測謊、陪同勘驗現場、律師諮詢。
- 心理協助：個別諮商、團體諮商。
- 轉介協助：轉介其他單位／縣市協助。
- 其他協助：就業服務、連結資源。

(2)協助案主因應職場性侵害造成的經濟或法律訴訟之困境：

- 若案主遭解僱或其他影響其薪資收入的狀況，評估案主因此受到的經濟衝擊，以協助連結經濟補助或失業津貼等相關經濟資源。
- 連結就業服務，協助案主開展新的工作。
- 提供法律諮詢，協助案主瞭解其法律上的權利義務。

(3)協助案主維護其工作權：

- 當案主因職場性侵害事件而遭無故解僱，或其他任何不合理的處置時，爲維護案主的工作權，社工員需協助案主尋求相關資源爭取保障其權利，例如向兩平會申訴雇主忽視案主申訴或處置不當；或是向勞工局請求調解勞資爭議，包括薪資、資遣費或無故解聘等和工作權利喪失有關的事項。
- 社工員必要時得視案主需要，在兩平會或是勞工局調查及調解期間，向兩平會或勞工局申請陪同，以協助案主穩定情緒地陳述或爭取其權益，並避免案主在調查及調解期間遭受二度傷害。

②加害人處遇

在性侵害加害人處遇，文崇光以實務層面提出下列之形式與原則：

1.處遇的形式：團體vs.個別處遇

(1)在團體裡是最好的，有了不好的認知，可以更容易的矯正或處理。

(2)在團體中容易出現互相批評、支持和有互動關係的現象。

(3)個別治療是適用比較嚴重的情形，用支持的方式介入或教導使加害人能夠控制自己的性行爲。

(4)性侵害加害人可以學習更多的技巧或知識。

2.處遇模式的限制：蘇格拉底式問答法（Socratic method）vs.諷刺／激怒治療法（sarcastic/provocative therapy）

(1)蘇格拉底問答法是以問問題和回答的方式爲主，來引導出個案的問題。

(2)加害人不是怪物，他們只是個體發生問題。

(3)諷刺／激怒治療法是比較舊的，而且是針對濫用藥物人的處遇模式而來的。

3.治療的態度：倡導（advocate）、輔導（adversary）、客觀（objective）的治療態度是說專業的治療者要有平等、客觀等等的治療態度，要適度的感情介入，而不能有批評加害人行爲的態度，除非是很嚴重的情況，治療者可以限制加害人的行爲。

4.治療及管控等議題（cure vs. control/management）：

(1)對一邊而言，性侵害加害人是沒有辦法治療這個性行爲的方法，認爲他們會再犯。

(2)這是加害人在自己本身的各個感覺等等，所進行的複雜學習行爲。

(3)加害人可以學習如何控制自己的性行爲等等。

(4)痊癒是指加害人要永遠保持不犯罪的行爲。

5.聚焦於性偏差議題的必要性（needs to focus on sexual deviancy issues）：

(1)性侵害加害人的處遇和一般性的治療不同，前者比較重於性方面事件的探討。

(2)性方面的探討包括性的教育、如何適當發洩性的方式，分別哪些性適當或不適當。

(3)進行性加害者處遇時，雙方權力的差異（power differential）及避免與個案產生權力糾葛。

(4)有許多的加害人，自己本身有很強烈的想控制女性的權力。

(5)加害人本身可能會有暴力現象等行爲，所以專業治療者應避免和加害人起衝突。

(6)跟其他的治療方法比較，這種治療法容易使加害人產生有嘲笑、諷刺對方等情形發生，當有此現象發生時，治療者應該多多的監督。

6.治療界限議題（boundary issues）：自我揭露（self disclosure）、治療師容易脆弱（vulnerability）、依賴（dependency）、移情及反移情（transference-counter-transference）：

(1)自我揭露是指許多的犯罪加害人在處遇的過程中是帶有違反社會倫理的行爲，所以治療師應該要有所限制。

(2)治療師容易脆弱是指有些犯罪加害者（精神有問題或有憤怒傾向行爲）會攻擊治療者的弱點等等，以傷害別人來讓自己開心。

(3)依賴是指在處遇的過程中，有些加害者會產生依賴的現象，治療者應該讓他們學會自己獨立。

(4)移情和反移情對象應受監督，是指犯罪加害人會將自己的某些情緒投射在治療者的身上，而治療者也是如此，治療者行爲稱爲反移情。而加害人會產生一些問題來導致治療者監督他們，並且會運用加害人心中的某種動力來完成處遇。

7.敏感覺察可能的危險（awareness of dangerousness）：指專業的治療者必須要知道加害人是否有高度危險的行爲，但不論是高度或低度危險的行爲，治療者必須要提高警覺，免得讓自己受傷。

(1)保密原則（confidentiality issues）：犯罪加害人如有再犯的行爲發生，跟此有相關的人應立即向警察等等通報。

(2)信任與懷疑的議題（trust vs. skepticism）：治療者不能完全信任加害人，必須要有所程度的懷疑。

8.性犯罪處遇和傳統治療的差異（differences in treatment）：

(1)信任與懷疑是說治療者要對犯罪加害人有一定的懷疑。

(2)直接性、權利與控制是指專業的治療者應對有強烈想控制別人的加害人要有所監督。

第四節　兒童及少年福利法規與福利行政

一、兒童及少年福利法之立法沿革與內涵

(一)兒童及少年福利法之立法沿革與合併

◆兒童福利法

1.民國49年，內政部草擬兒童福利法。

2.民國55年，內政部將兒童福利法草案報請行政院審核。

3.民國60年，行政院院會通過。

4.民國61年，行政院將兒童福利法草案送請立法院審議。

5.民國62年1月25日兒童福利法完成三讀，2月8日總統明令公布施行，適用主要對象爲未滿12歲之人，次要對象規定爲：「在少年福利法未公布前，本法於12歲以上未滿18歲之人暫準用之。」

6.民國75年，內政部社會司著手修改兒童福利法。

7.民國89年，「兒童福利聯盟」成立。

8.民國82年，兒童福利法第一次修訂，2月5日修正公布。修法的理由如下：

(1)家扶中心發現台灣兒童受虐的嚴重性。

(2)馮燕（1992）研究發現，舊法立法匆促，受當時國際及國內政治經濟因素的影響大。政府提供兒童福利的量與質不足，專業人力缺乏、經費不足和組織結構不健全，兒童保護未落實執行，偏遠地區兒童被忽視，各地兒福水準不一。

(3)鑒於當時兒童問題之嚴重，由兒童福利專家學者、律師、法官及立法委員等組成「兒童福利聯盟」，推動修改兒童福利法。

9.民國88年，兒童福利法第二次修訂，11月20日內政部兒童局成立。

10.民國89年，兒童福利法第三次修訂。

11.民國91年，兒童福利法第四次修訂。

◆少年福利法

1.民國78年，少年福利法完成立法，適用對象爲12歲以上未滿18歲之人。

2.民國89年，少年福利法第一次修訂。

3.民國91年，少年福利法第二次修訂。

◆兒童及少年福利法

1.民國86年，民間團體開始研商「兒童福利法」和「少年福利法」二法合併事宜。合併的理由如下：
(1)因應兒童及少年新興的議題與需求。
(2)考量兒童及少年服務之提供皆應以家庭處遇爲基礎。
(3)避免兒童及少年之資源重疊。
(4)加強行政體制資源的整合。
(5)順應先進國家的兒福法及1989年聯合國兒童權利公約，其所指之「兒童」，皆以18歲以下爲規範。
2.民國88年，兒童局成立後，將二法合併列爲工作重點。
3.民國90年，兒童局將「兒童及少年福利法」草案送行政院審查。
4.民國91年，「兒童及少年福利法」草案5案（行政院版、楊麗環委員等、周清玉委員等、秦慧珠委員等、台灣團結聯盟黨團）在立法院審議。
5.民國92年5月2日，立法院三讀通過，5月28日總統明令公布施行。
6.民國97年，兒童及少年福利法第一次修訂，增列任何人不得強迫、引誘、容留或媒介兒童及少年爲自殺行爲（第30條第一項第十四款），提高違反之罰則，並公告其姓名。

◆兒童及少年福利與權益保障法

1.民國100年11月30日更名。
2.民國101年8月8日第一次修正。

(二)兒童及少年福利法合併修法的特色與精神

◆民國92年兒童及少年福利法修法特色

1.整合兒童福利法與少年福利法，服務以家庭處遇爲基礎，兒童與少年一體適用，配合國際趨勢。
2.增列有關兒童少年身分權益專章。
3.加強初期預防與支持家庭之服務。
4.強化對兒童少年之保護措施。
5.提升福利設施與人員之素質與多元功能。

◆民國92年兒童及少年福利法修法精神

1.昭示照顧兒童及少年之責任，加重政府協助父母親管教子女之責任。
2.擴大安置保護對象。
3.禁止行爲擴大。
4.安置期間延長。
5.重視家庭處遇及增加親職教育時數。
6.保護兒少隱私權。
7.父母未盡照顧責任，加重罰則。

◆兒童及少年福利與權益保障法重點

內容要點如下：

第一章　總則
第二章　身分權益
第三章　福利措施

第四章　保護措施
第五章　福利機構
第六章　罰則
第七章　附則

二、涉及兒童及少年權益保障議題之法律規範

(一)兒童及少年人身安全權益保障

◆家庭暴力防治法

家庭暴力防治法設立的主要精神是：

1.讓被害人安居家中。
2.爲加害人及被害人建立特別醫療與輔導制度。
3.保護未成年子女之安全。
4.公權力積極介入家庭。

◆兒童及少年性交易防制條例

1.立法目的：旨在消弭以兒少爲性交易對象事件及救援不幸被賣入火坑強迫從事性交易的少女，安置保護的目的在於提供不幸少女人身安全的保護，以免人口販再搶孩子並推入火坑。
2.規範之行爲：以兒少爲性交易或有性交易之虞（坐檯陪酒、伴遊、伴唱或伴舞或其他涉及色情之適應工作）的行爲。
3.責任通報人：醫師、藥師、護理人員、社會工作人員、臨床心理工作人員、教育人員、保育人員、警察、司法人員、觀光業從業人員、村里幹事、網際網路服務供應商、電信系統業者及其他執

行兒童福利或少年福利業務人員。

◆性侵害犯罪防治法

性侵害犯罪防治法於民國86年制訂，當時的性侵害犯罪屬告訴乃論之罪，其立法源由如下：

1.告訴乃論制度對被害人不利。
2.提高報案率、定罪率。
3.保障被害人之權益，避免制度上「二次強姦」的發生。
4.改變對強姦犯罪錯誤的觀念。

性侵害犯罪防治法重點在於對被害者的保護，包含警察偵訊、醫院驗傷採證、司法審理、媒體隱私權的保密等。

(二)兒童及少年衛生權益保障

◆性教育議題

各級中小學每學年應至少設有4小時以上之性侵害防治教育課程，課程應包括：兩性性器官構造與功能、安全性行爲與自我保護性知識、性別平等之教育、正確性心理之建立、對他人性自由之尊重、性侵害犯罪之認識、性侵害危機之處理、性侵害防範之技巧，或其他與性侵犯有關之教育（「性侵害犯罪防治法」第7條，100.11.09）。

◆未成年人懷孕墮胎議題

依刑法明定，我國有墮胎罪。然依「優生保健法」第9條第一項（98.07.08）所列情事時，如被強制性交、誘姦而受孕者；或因懷孕或生產將影響其心理健康或家庭生活者，得爲人工流產。

◆未成年人自殺議題

對於未成年人自殺之議題，解決之道爲：「針對兒少及其家庭提供諮詢輔導服務、親職教育，提供或引介適當之休閒娛樂與文化活動，期待透過相關諮詢輔導服務之提供，提升家庭的功能、加強親子互動及解決少年適應問題。」

◆未成年毒品、菸酒議題

由於毒品、菸酒對少年的身心傷害頗大，對於未成年毒品、菸酒議題，父母、監護人或其他實際照顧兒少之人，應注意並禁止兒少這些行爲，任何人亦不得提供兒少這些有害其發展之物質、物品。

(三)兒童及少年教育權益保障

教育法規的政策意涵爲使應受教育者強迫入學，使失學者得參與國民補習教育，使有特殊需求者有特別教育權之保障。

(四)少年就業權益保障

對於未成年但想工作的少年，應該有完善之法規保障其工作權。15歲以上未滿16歲之受僱從事工作者爲童工。童工不得從事繁重、危險性或有害之工作、每日工作時間不得超過8小時、例假日不得工作、午後8時至翌晨6時之時間不得工作。

(五)兒童及少年媒體權益保障

對於兒童及少年媒體權益應有所保障，針對色情、暴力等各種訊息，不斷地透過出版品、電腦軟體、電腦網路侵入兒少生活中，故應採分級制度並加強宣導，限制兒少接觸，以免危害其身心發展。

(六)兒童及少年刑事司法權益保障

◆兒童及少年刑事政策

我國少年刑事政策與精神，旨在當少年犯罪情節輕微時，應朝向4D前進，包括：

1.轉向（diversion）：轉介兒少福利或教養機構輔導。

2.除罪化（decriminalization）：非必要情形不需受司法審判，縱經判決裁定部分，也有紀錄抹消之規範，俾利少年之更生。

3.去機構化（deinstitutionalization）：儘量裁定以社區處遇方式輔導少年，如訓誡、假日生活輔導、保護管束、勞動服務等保護處分。

4.正當程序（due process）：依調查、審理、審判不公開原則；如審理應以和藹懇切態度行之、新聞媒體不得公開之原則等。

此外，並針對少年死刑犯予以廢除：「少年犯之科刑，不得科以死刑或無期徒刑，以利少年犯之更生。」

◆兒童及少年中輟與參加不良幫派問題

1.兒少經常逃學或參加不良組織部分，在少年事件處理法中列爲虞犯應加以規範。

2.學生未經請假、不明原因未到校上課達三天以上者，或轉學生未向轉入學校報到者，是爲中輟生。學校應立即通報社政及教育主管機關，社工人員應行調查及採取必要之措施。

(七)兒童及少年身分權益保障

1.子女姓氏從父姓，改爲父母協議：以往，子女姓氏以父姓爲主，當母無兄弟及父母有約定時，才依其約定從母姓。民國96年民法以兼顧男女平等爲原則，父母於子女出生登記前應以書面約定子女從父姓或母姓（民法第1059條）。

2.否認子女之訴：以往提起否認子女之訴的權利人僅有夫妻，且除訴期間僅有一年過短。民國96年民法修訂時，改爲夫妻及子女均可提起否認之訴，且夫妻之一方自知悉該子女非爲婚生子女，或子女自知悉其非爲婚生子女之時起二年內爲之（民法第1063條）。

3.生父死亡，仍得提認領之訴：爲維護非婚子女血緣眞實及認祖歸宗的權益，有事實足認其爲非婚生子女之生父者，非婚生子女或其生母或其他法定代理人，得向生父提認領之訴。前項認領之訴，於生父死亡後，得向生父之繼承人爲之。生父無繼承人者，得向社會福利主管機關爲之（民法第1067條）。

4.父母親分居六個月以上，子女監護權決定：依協議由父母之一方或雙方共同監護，未協議或協議不成者，法院得依夫妻之一方、主管機關、社會福利機構或其他利害關係人之請求，或依職權酌定之（民法1055條）。

5.未成年子女繼承改以限定繼承爲法定原則：以往繼承人在被繼承人死亡後，就其債權及債務一併承受爲概括繼承，民國96年以後，一律改採「限定責任」繼承制度，即「繼承人對於被繼承人之債務，以繼承所得遺產爲限，負連帶責任」（民法1153條）。

三、兒童及少年福利之福利行政體系

(一)兒童及少年福利之行政體系

1.中央之兒童及少年福利行政體系：

(1)民國88年「兒童局」依兒童福利法、內政部組織法、內政部兒童局組織條例成立，爲我國中央兒童福利專責主管機關。

(2)民國92年兒童及少年福利法公布，依該法第6條規定：中央應設兒童及少年局，但迄今仍未設立。惟相關少年福利業務已由兒童局接掌。

2.地方之兒童及少年福利行政體系：分直轄市及縣（市）主管機關兩類。

(二)兒童及少年福利機構之管理

1.機構內設施設備，應符合衛生、消防、建築管理等規定，並考量兒童及少年個別需求。

2.機構內設施設備，應配合兒童及少年之特殊安全需求，妥爲設計，並善盡管理及維護之責。

3.機構內設施設備，應使行動不便之兒童及少年亦有平等之使用機會。

4.機構之環境應保持清潔、衛生，室內之採光及通風應充足。

(三)兒童及少年福利專業制度之規範

主要依民國101年5月30日公布之「兒童及少年福利機構專業人員資格及訓練辦法」來規範。該辦法將專業人員分爲七類：

1.托育人員：指於托嬰中心、安置及教養機構提供教育保育之人員。

2.早期療育教保人員、早期療育助理教保人員：指於早期療育機構提供發展遲緩兒童教育保育服務之人員。

3.保育人員、助理保育人員：指於安置及教養機構提供2歲以上兒童生活照顧之人員。

4.生活輔導人員、助理生活輔導人員：指於安置及教養機構提供少年生活照顧及輔導之人員。

5.心理輔導人員：指於安置及教養機構、心理輔導或家庭諮詢機構和其他兒童及少年福利機構，提供兒童、少年及其家庭諮詢輔導服務之人員。

6.社會工作人員：指於早期療育機構、安置及教養機構、心理輔導或家庭諮詢機構和其他兒童及少年福利機構，提供兒童及少年入出院、訪視調查、資源整合等社會工作服務之人員。

7.主管人員：指於機構綜理業務之人員。

以上七類分別訂立不同之人員資格，訓練時亦有不同之訓練課程與訓練時數。

第五節　兒童福利措施與資源運用

一、社會資源之意涵

在社會福利的領域裡，凡是為了因應社會需要，滿足社會需求之所有足以轉化成具體服務內涵的有形或無形的人、事、物，皆可稱之為社會資源。有效的社會資源盤點應從下列四大面向進行檢視，包括：

1.服務目標群。
2.服務提供者。
3.服務供給內容。
4.服務容量。

(一)有形與無形之社會資源

1.人力資源：人力是推動社會福利工作首要重點，包括相關的專家學者、專業社區社工員、社區領袖、社區居民及社區志工。

2.物力資源：物力是社會福利工作的基礎，包括天然資源、機構團體、社區活動中心、公告欄、公園、社區圖書館、康樂台、守望相助站、寺廟、教堂、學校、醫院，以及各種可供推動社會服務之各種場所。

3.財力資源：財力是推動社會福利工作的工具，包括政府部門的補助、募款與捐款所得、天然資源的收入、基金孳息及財產收入等。

4.人文資源：人文資源是社會福利工作的動力，包括社區倫理、道德觀、傳統精神、參與感、責任感、榮譽感、社區風氣、社區藝術及相關的人文機構。

(二)社會支持系統觀點的社會資源

1.政府部門：政府不僅是金錢的提供者，亦是服務輸送者；例如政府的社會服務部門往往即是社區照顧重要的機構。

2.市場：除了品質的管制外，政府很少介入，市場往往以利潤爲導向，僅提供給那些有錢購買私人照護者。最近的發展趨勢則是政府透過契約向市場購買服務。

3.志願部門：志願部門並非皆爲同質性的，它是由不同程度的正式化、專業化及政府補助的組織所組成。有些組織可能完全無法獲得政府的補助，有些則幾乎是完全由政府提供經費。最近的發展趨勢則是由政府直接向志願組織購買服務。

4.非正式部門：指家屬、親戚、朋友及其他初級關係者的部分。

二、社會資源整合、運用與原則

(一)社會資源的整合

一些有需要但卻不存在的資源，需要透過倡導的機制予以開發，以利服務的推動或執行。資源開發的倡導可區分爲內部倡導和外部倡導：內部倡導即是檢視組織內部的福利提供狀況，進而減少不必要或效能較低的資源，而開辦或增加有需求但資源不足的相關資源；外部倡導則是透過政策、立法或相關策略，提升或開創組織外相關資源的供給量。

(二)社會資源的運用

社會資源的運用即是一種媒合供給與需求的機制，在運用上應注意到相關的原則，包括：

1.要切合案主／社區的需要。
2.要顧及資源的負荷。
3.要重視社會的責信。
4.要與資源提供者建立良好且恆久的關係。
5.要統整和協調資源的使用。

(三)社會資源運用的原則

1.確認所需單位與窗口。
2.瞭解各資源提供的部門服務項目。
3.評估自己是否符合使用資格。

三、社會資源網絡的建構、維繫與運用

(一)社會資源網絡的建構

1.資源網絡建構主導單位的設置：資源網絡的參與者或機構絕大多數皆基於自願的結合，那誰應該扮演主導的角色呢？政府對需要

被照顧的弱勢者有照顧的責任，且政府往往是具有龐大的資源，特別是許多民間部門的服務方案，是由政府方案的補助或委託。

2.從部門的內部整合到外部整合：當各相關單位在強調跨部門與跨專業整合的重要性時，往往最易於忽略的是：「當要著手與其他機構、部門或專業建立外部的連結或整合時，組織往往忽略自己內部的整合問題。」爲讓部門或專業間的網絡建構，不致因欠缺組織內部的協調而流於形式，各部門實有必要先檢視自己內部的整合問題，並從事必要的修正與改善，以爲外部整合奠定良好的基礎。

3.資源網絡的盤點與穩定性的確立：在面對各種需求的環境下，若資源是不穩定性的，將難以提供服務使用者全面及穩定的滿足，甚至網絡間也難以確保發揮互補的作用，特別是在資源匱乏期，可能會導致網絡成員間彼此怨懟，這不僅不利於專業間或部門間的互動，甚至可能波及到對資源網絡存在之必要性的質疑。

4.不斷檢視網絡目標的達成度：網絡建構的主導者與網絡成員應清楚瞭解網絡的存在目的與功能、願景與目的的塑造和釐清，在積極面上將可讓網絡的成員彼此相互尊重與接納，進而提升網絡成員的士氣；消極面上則可避免彼此間的對抗或緊張關係的產生。

5.網絡成員間之夥伴關係的營造：專業間、機構／團體間和部門間，對彼此結合之權力的討論和運用必須是要開放的，且彼此的互動要以一種相互尊重爲基礎，以營造出一種相互合作與支持的夥伴關係。

(二)社會資源網絡的維繫

網絡的維繫是一件不易的事，網絡成員應抱持著一種永續經營的觀點，依個人參與實務的經驗，細心加以維繫。網絡的維繫需注意到下列這些關鍵性的操作要點：

1.網絡成員是參與者（主角）而非搭配者（配角）：在網絡的運作上，方案的領導者應給予網絡成員積極參與的機會，並讓每個機構皆扮演著主要角色，抑或有機會輪流當主角，將可加強維繫相關機構參與網絡運作的意願。

2.網絡成員間非正式關係的重要性並不亞於正式關係：非正式關係的建立有助於建立網絡成員之間的情誼，這種非正式的互動可避免正式互動關係過度僵化的弊端。

3.增進網絡合作實質績效的可見度：爲實際解決個案的問題並滿足其需求，主導單位宜依所設定的目標準則，就網絡的績效指標做必要的檢視，除了可讓網絡成員瞭解到彼此合作的實際成果，也會藉由檢視而增進網絡成員合作的可見性，並進一步激勵與強化網絡成員的合作意願，進而對網絡成員的士氣產生激勵作用。

4.不斷地檢視網絡目標的達成度：在網絡的運作上，主責單位需不斷地藉由網絡成員共同參與擬定的目標，定期或不定期地予以檢視，以確定目標的達成度。

(三)合作備忘錄事宜、家庭與親職外部的支援與運用

1.如何運用家庭支援：

(1)妥善記錄。

(2)善用回饋技巧。

(3)建立關係。

2.社會資源服務的內容：舉凡可以提供協助的各項資源、各服務部門均是。

3.社會資源服務：

(1)教育：如教育單位。

(2)社政：如社會局。

(3)警政：警政機關。

(4)醫療：如醫療院所、健康中心等。

(5)勞政：就業服務單位，如勞工局、勞委會等。

第六節　兒童福利趨勢與未來展望

兒童福利是以兒童爲最佳利益（the best interest）及最少危害替代方案（the least detrimental alternative），採用社會工作專業的技術與方法，維護兒童權益，滿足兒童成長與發展的需求以及保障兒童健康成長的機會（馮燕等，2000）。而兒童福利也是社會福利的一環，是故發揮社會福利功能也是兒童福利所應施展的方針。基本上，社會福利有治療預防和發展等功能（林勝義，2002）。就此觀點來說，兒童福利的未來展望應包括：

1.維護及倡導兒童相關權益。

2.滿足兒童的需求。

3.考量兒童最佳利益最少危害之替代方案，落實支持家庭及兒童之整合性兒童福利服務。

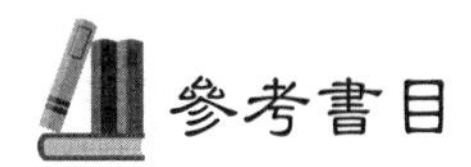

參考書目

一、中文部分

文榮光、朱怡潔、沈勝昂、周煌智、林明傑、林耿樟、孫鳳卿、陳若璋、陳筱萍、湯淑慧、劉素華、蔡景宏、鄭添成、薛克利（2006）。《性侵害犯罪防治學——理論與臨床實務應用》。台北：五南圖書公司。

余漢儀（1995）。〈受虐兒童通報法：兒童保護之迷思〉。《社區發展季刊》，69，5-20。

李園會編著（2000）。《兒童權利公約》。台中：內政部兒童局。

林勝義（2002）。《兒童福利》。台北：五南圖書公司。

侯友宜（2006）。《性侵害殺人犯罪之研究——透視本土眞實案例》。台北：五南圖書公司。

馮燕、李淑娟、謝友文、劉秀娟、彭淑華編著（2000）。《兒童福利》。台北：國立空中大學。

劉邦富（1999）。〈迎接千禧年兒童福利之展望〉。《社區發展季刊》，88，97-103。

衛生福利部統計處（2013）。《性侵害案件》。台北：衛生福利部統計處。

謝友文（1991）。《給孩子一個安全童年》。台北：牛頓出版公司。

二、外文部分

Eisenberg, N., & Fabes, R. A. (1998). Prosocial development. In D. Damon & N. Eisenberg (Eds.). *Handbook of Child Psychology: Vol. 3. Social, Emotional and Personality Development* (pp. 701-718). NY: Wiley.

Halpern, D. F. (2000). *Sex Differences in Cognitive Abilities* (3rd ed.). Hillsdale, NJ: Erlbaum.

Hyde, J. S., & DeLamater, J. D. (2008). *Understanding Human Sexuality*. Boston:

McGraw-Hill Higher Education.

Kafka, M. P. (1997). A monoamine hypothesis for the pathophysiology of paraphilic disorder. *Archiver of Sexual Behavior, 26*(4), 343-358.

Shaw, S. M., & Lee. J. (2009). *Women's Voices, Feminist Visions: Classic and Contemporary Readings*. Boston: McGraw-Hill Higher Education.

Sigelman, C., & Rider, E. (2009). *Life-Span Human Development* (6th ed.). Belmont, CA: Wadsworth.

三、網站部分

彭淑華（2012）。「2012台灣兒童人權指標調查報告」，取自http://www.cahr.org.tw/eweb/uploadfile/20121204154540417.pdf。台北：社團法人中華人權協會編印。

CHAPTER 3

嬰幼兒發展

- 嬰幼兒發展之分期
- 嬰幼兒各期身心發展特徵及其影響因素
- 嬰幼兒氣質介紹及其相對應之照顧與保育
- 嬰幼兒發展評估與量表之使用
- 發展遲緩兒童之認識與早期療育之因應

嬰幼兒發展之課程共18小時，課程內容包括：嬰幼兒發展之分期與各期特徵；嬰幼兒身體、語言、情緒的發展與影響因素；嬰幼兒氣質之介紹與相對應之照顧與保育、嬰幼兒發展評估與量表之使用；發展遲緩兒童之認識與早期療育之因應。

第一節　嬰幼兒發展之分期

發展（development）係指個體自有生命開始，其生理上（如身高、體重）與心理上（如語言、行為）的改變，其改變的過程是連續的、緩慢的，其改變的方向係由簡單到複雜，由籠統到分化、到統整，而其改變的條件，乃受成熟與學習，以及兩者交互作用之影響。皮亞傑（Piaget）、柯爾柏格（Kohlberg）等人對兒童發展及兒童教育領域有廣大的影響，而他們皆認為兒童隨年齡成長，機體成熟有其不同階段的發展特徵及任務（**表3-1**）。

一般而言，生長是指量的增加，而發展則是指質的增加。嬰幼兒發展約可粗略分期如下：

1. 產前期（prenatal period）：從受精至出生前為止，約266天，此期受精卵發育為胚胎，而後胎兒除了承受先人之遺傳特質外，子宮內環境亦可影響胎兒之成長。
2. 嬰兒期（infancy）：從出生至滿週歲，為人類適應外界環境的第一年，營養與衛生保健是促進生長與發展最重要的因素。
3. 幼兒期（early childhood）：又稱學齡前兒童期，或兒童前期。約從1～6歲，為使幼兒有正常發展，營養、衛生保健及福利服務是值得重視的。

生長與發展的一般原則如下：

表3-1　各理論的發展階段對照表

生理年齡及分期		性心理階段（S. Freud）	心理社會階段（E. Erikson）	認知階段（J. Piaget）	道德發展階段（L. Kohlberg）
乳兒期	0歲	口腔期	信任⇔不信任	感覺動作期	
嬰兒期	1歲				避免懲罰
	2歲	肛門期	活潑好動⇔羞愧懷疑		服從權威
嬰幼兒期	3歲			前運思期	
幼兒期	4歲	性器期	積極主動⇔退縮內疚		
	5歲				
	6歲				現實的個人取向
學齡兒童期	7歲	潛伏期	勤奮進取⇔自貶自卑		
	8歲			具體運思期	
	9歲				
	10歲				
	11歲				和諧人際的取向
	12歲			形式運思期	
青少年前期	13歲	兩性期	自我認同⇔角色混淆		
	14歲				
	15歲				
	16歲				
	17歲				社會體制與制度取向
青少年後期	18～22歲	*		*	

*代表著與青少年期相同的發展階段。

資料來源：郭靜晃（2005），頁27。

1.早期的發展是後期發展的基礎：人類的發展，以愈早期愈重要，若在早期發展得好，則對日後有好的影響，反之則不然。

2.發展依賴成熟與學習：幼兒的發展，一方面要靠身體的成熟，另

一方面則需靠學習，兩者相輔相成。

3.發展的模式是相似的：幼兒的發展模式具有相似性，例如嬰幼兒的動作發展順序為翻滾、坐、爬、站、走、跑，次序不會顛倒。

4.在發展中存有個別差異：由於個體遺傳互異，生長環境亦不同，故常存有個別差異。

5.社會對每一發展階段都有些期望：一般人對嬰兒、幼兒或兒童的身心發展，都期望有一定的模式出現。

6.發展是連續的過程：個體身心的發展是日以繼夜，夜以繼日，不斷的、緩慢的變化，整個過程完全是連續的。

7.發展過程的速率有所不同：個體發展，在某些時期的某些特質較快，而另外一些特質可能在不同的時期發展得較快。總體而言，呈現先快後慢的狀態。

第二節　嬰幼兒各期身心發展特徵及其影響因素

由人類發展的涵義來看，它包括四個重要觀念：

1.從受孕到老年，生命每一時期的各個層面都在成長。

2.在發展的連續變化時程裡，個體的生活表現出連續性和變化性；要瞭解人類發展，必須要瞭解何種因素導致連續性和變化性的過程。

3.發展的範疇包含身心各方面的功能，例如身體、社會、情緒和認知能力的發展，以及它們相互的關係。我們要瞭解人類，必須要瞭解個體的各個層面發展，因為個人是以整體方式來生存。

4.人的任何一種行為必須在其相對的環境和人際關係的脈絡中予以

分析，因爲人的行爲與其所處的脈絡情境有關；也就是說，人的行爲是從其社會脈絡情境中呈現（human behavior nested in the social environment）。故一種特定行爲模式或改變的涵義，必須根據它所發生的物理及社會環境來加以解釋。

而影響幼兒發展的因素有：

1.遺傳：胚胎接受受精作用時，精子卵子結合爲一，許多父母之生理、心理特質會傳遞予子女，構成一個具有父母特質的下一代，此爲遺傳因素。
2.環境：人類自受孕開始，即在母胎環境內成長，身心特質常受到母親的身心狀況所影響。出生以後，幼兒成長亦受地理、溫度、物產、家人關係、社區環境及教育文化因素所影響。此爲環境因素，華生（J. B. Watson）即爲主張發展環境論最有名的學者。
3.成熟：即個體的成熟。幼兒發展必須以身體的成熟爲基礎，而身體之成熟，有賴營養、衛生保健的重視，個體之機能才能生長而達成熟。
4.學習：即外在經驗的接受。幼兒發展必須靠外界不斷地刺激，經由不斷地吸收，才能習得各種獨立之技能。

以下針對嬰幼兒身體、語言、情緒等等的發展與影響因素加以說明。

一、嬰幼兒的身體發展

(一)嬰幼兒的生理特徵

1.頭部：新生兒頭部特大，約占身長的四分之一，頭蓋骨尚未完全接合，尤其頭頂上的一個空隙，特別容易看到，稱爲囟門。囟

門分為兩部分：一在頭頂上前方，呈菱形狀，稱前囟（或大囟門），約在嬰兒長至十二至十八個月時閉合；另一在頭頂後下部，呈三角形，稱後囟（或小囟門），約於嬰兒出生後六至八個星期閉合。正常出生的新生兒，其頭圍大於胸圍。

2.體溫：新生兒出生後，體溫會下降約攝氏1.1～2.8度，約八小時後，才又回升到正常體溫約37℃。

3.心跳：嬰兒出生以後，心臟跳動速率顯著增加，而後又慢慢遞減，新生兒的心跳平均每分鐘約120～160次。

4.呼吸系統：正常新生兒第一次呼吸約在出生後十秒鐘，其呼吸速度比成人快1倍以上，最初的呼吸是不完全的，或不規則的。嬰兒採腹式呼吸，1歲後採胸式呼吸。當新生嬰兒自行呼吸的功能未能運作正常時，可能會引起缺氧的現象。

5.消化系統：主要的器官為胃和大小腸，新生兒的胃近於圓形，且呈水平位置，胃的容量快速增加中。嬰兒因幽門與賁門的作用未完全，因此乳汁常逆流於食道上，而常造成溢乳或吐奶，且胃容量小，消化快，故宜少量多餐。

6.排泄系統：新生兒每天平均排尿約二十次左右，與每天進食之乳汁及開水有關。初次大便叫胎便，出生後一、兩天內排出，呈黑褐色富黏性，無臭味。幼兒的括約肌約在1歲半以後逐漸成熟，此後即可開始做大小便訓練。而幼兒如廁的訓練應注意事項為：

(1)提供幼兒專用的便盆。

(2)應耐心地教導幼兒自己解尿。

(3)適時地引導幼兒自行解大小便，但不可揠苗助長，提早訓練。

(二)嬰幼兒身高、體重的發展

1.身高：出生嬰兒身高平均約50公分，1週歲約75公分，2歲約85公分，4歲約100公分，6歲約115公分。

2.體重：出生嬰兒體重約3～3.2公斤，至第三個月末約為6公斤，滿週歲約10公斤，2歲約12公斤，4歲約15公斤。

一般而言，身高與體重之發展，均為男嬰（幼兒）較女童占優勢，且與遺傳、母親的健康營養有關。

(三)嬰幼兒的感官發展

1.視覺：嬰兒剛出生時只能分辨明暗，約四週大時，視覺廣度可以看到90度範圍內的東西，視力約在0.2以內，3歲約0.6，最佳視覺距離在20～30公分，視覺機能發展要到6歲才會完全成熟。

2.聽覺：胎兒在七個月左右對外界較大的刺激會有反應，但剛出生的嬰兒大部分聽不到聲音，因產前生長在羊水中，中耳充滿了黏液，待清理後即可聽到聲音。

3.味覺：嬰兒出生時，滿嘴味蕾，是味覺的主要器官，長大後，味蕾漸減。

4.嗅覺：在剛出生或出生後幾天內，就已經發展得很好，已經能分辨氣味，且嬰兒是以嗅覺來尋找母親的乳房。

(四)影響嬰幼兒身體發展的因素

1.遺傳：受精作用發生之時，父母的特徵（包括生理與心理的）傳遞給子女的一種生理變化的歷程，由於遺傳基因的組合，因而在個體生命一開始，就承襲了父母的特質，其身體發展也大大地受上一代的影響。人類的特質，如體重、精神疾病、個性、智力等，均與遺傳有關。

2.環境：個體自受精卵開始以至老死，無時不存在於某種環境，並和環境發生密切的互動。此環境包括懷孕期的母胎內環境、母體的健康、孕期營養、母親的情緒及藥物的影響，例如懷孕婦女吸食嗎啡、海洛因、可代因及古柯鹼時，可能會造成嬰兒出生後會有身心發展遲緩的現象等，以及出生後的外界環境，均可左右幼兒身體發展。

3.遺傳與環境交互作用的影響：遺傳與環境對個體發展均有重要的影響，但也有其限制，故單執「遺傳論」或「環境論」者，都失之偏頗。事實上，遺傳基因的發揮，有賴良好的生長環境促成，而提供有利個體身體發展的環境，仍須仰賴優良的遺傳品質，得以發展得淋漓盡致。

(五)促進幼兒身體發展的途徑

1.營養：營養是促使幼兒發展最重要的途徑，不但要有足夠的營養，而且還要均衡攝取，並要注意勿過量，以免導致過胖兒。

2.活動與運動：要提供合適的空間和時間，讓幼兒有活動和運動的機會，如此可促進身體發展。

3.衣著：要合適舒適、行動方便，避免妨礙身體發展。

4.睡眠與休息：每天在活動以後，有休息的機會，夜晚並應有充足的睡眠時間。

5.衛生保健：注意幼兒身體、居家、社區的衛生，預防疾病產生。

6.避免意外傷害：防止因食物、藥物、遊戲、交通等意外傷害，確保幼兒身體正常發展。

7.健康檢查：幼兒應每半年健康檢查一次，確保身體正常發展。

(六)嬰幼兒感覺統合的發展

◆定義

感覺系統包括視覺、本體感受覺、前庭平衡覺、聽覺、觸覺、味覺、嗅覺等。感覺統合是指把籠罩在全身的觸覺、內耳前庭平衡感覺、空間型態視覺、聽覺，以及肌肉關節動覺的本體感受覺等訊息輸入大腦，在大腦加以統整組合起來，以供充分運用於身體內外知覺、順應反應、學習的過程。若腦幹未能發揮統整各項感覺輸入的功能，則吾人會產生感覺統合失調的現象。例如當小嬰兒聽到媽媽說「ㄋㄟ ㄋㄟ」，看到媽媽拿著奶瓶過來，同時他也聞到奶味，結合這幾種刺激，嬰兒得到一個訊息：「有奶可以喝了」，於是嬰兒一方面伸出雙手去接取，另一方面嘴巴也出現吸吮動作，並能及時接住奶瓶吸奶。也就是說嬰兒整合了聽覺、視覺、嗅覺、味覺、觸覺及本體覺，建立了他對於「ㄋㄟ ㄋㄟ」的概念，包括它的名稱、形體、氣味和味道等等，並能做出一個適當的反應（吸吮）。

◆感覺統合失調的種類

1.前庭平衡覺失調：源自於內耳前庭和雙側大腦分化失常，較常見的失常現象如特別喜歡旋轉、常跌跤、不停的跑上跑下、閱讀抄寫時常漏行跳字、左右方向混淆不清、排隊或參加遊戲有困難等。

2.觸覺防禦失調：由於大腦分化未完全，因此嬰幼兒不知道觸覺刺激的位置，也無法辨別刺激的性質。主要症狀包括不喜歡洗臉、洗澡、洗頭髮或理頭髮，對溫度的變化過度敏感、不喜歡別人碰觸、脾氣暴躁、易激動等。到處碰、觸、摸不停，容易分心、好動，對皮膚表面碰觸過度敏感，例如：(1)滑板時，只要前方有小朋友，他會在大老遠的地方就停下來，不再前進，直到小朋友離開，他才會滑過去；(2)不願意別人拉他的手、搭他的肩、抱住他或壓住他的身體。幼兒有這些現象時可於洗澡時用海綿擦拭他的身體，平時常則用軟毛刷刷他的四肢，或讓他躺在有顆粒的大龍球上，藉以降低皮膚表面的敏感度。

3.本體感受覺失調：所謂「本體感受覺」就是來自肌肉、肌腱、關節、韌帶、骨骼等深層組織的感覺。若這些感覺無法發揮功能，嬰幼兒會出現的症狀如動作慢、動作笨拙（走、跑、跳、平衡等）、攀爬和盪鞦韆有困難、穿衣服有困難、吃飯時飯粒菜渣掉落滿地，進入學校後，出現寫功課很慢，在美勞方面的表現也不佳的現象。

4.視覺失調：視覺運用欠佳，以至於引起視知覺缺陷，並造成以視覺爲主的學習活動有障礙。輔導方法如給予適合他程度的拼圖、常常練習走迷宮、給各式各樣的積木玩、多讓其辨識相似的文字或圖片。

5.重力不安全症：前庭平衡系統對地心引力或加速度過度敏感的情形，如坐在溜滑梯的滑板上滑動時會感到害怕。輔導方法如：(1)以漸進的方式由高而低往下跳，如5公分、10公分、15公分、20公分……類推上去；(2)常在床上或草地上玩翻滾、翻筋斗的遊戲。

二、嬰幼兒的動作發展

(一)嬰幼兒的動作發展過程

1.全身的活動：新生嬰兒身體上任何一部分受到刺激時，往往會引起整個身體的運動。有些嬰兒的基本動作技能是不需要教導就會的，如吸吮、抓握等。

2.坐：嬰兒由仰臥姿勢被拉至坐姿時，常有頭部後仰而無法與軀幹成一直線之現象，此種情形一般約三個月大時會消失；而在嬰兒七、八個月時，不需有人扶持即可坐好。

3.爬：約八、九個月的嬰兒，可以自己爬行。此外，使用嬰兒學步車可以幫助嬰兒較早學會爬行。

4.站：約十到十一個月的嬰兒可以不憑藉支柱獨自站起來，而坐、爬、站的行爲，大都基於嬰兒成熟的因素發展而來。

5.行走：約1歲左右，嬰兒可逐漸獨行。

6.嬰幼兒粗動作的發展過程：

(1)俯臥抬胸（二個月時）。

(2)伸手抓物（三個月時）。

(3)可扶坐，已能抓住物品（四個月時）。

(4)俯臥時能以手掌而非前臂支撐，讓胸部離地（四個月時）。

(5)自行翻身（五個月時）。

(6)靠物坐著、能拿起物品、不需支撐可坐一會兒（六個月時）。

(7)有明顯咀嚼的動作，能雙手握物，並自行食用餅乾（六個月時）。

(8)輕易翻身（七個月時）。

(9)扶住站立、靠腹部力量爬行（八個月時）。

(10)扶物自行站立（九個月時）。

(11)靠四肢力量爬行（十個月時）。

(12)扶著嬰兒床的欄杆站立（十一個月時）。

(13)自行扶物行走（十二個月時）。

(14)自己行走（十三個月時）。

(15)爬行上樓梯（十四個月時）。

(16)輕鬆地在嬰兒床欄圈內走動（十五個月時）。

(17)開門（2歲時）。

(18)扶欄杆下樓梯（2歲時）。

(19)快步走路（2歲以後）。

(20)單腳站（3歲以後）。

(21)堆六層積木（4歲以後）。

(22)將嬰兒欄內的一切玩具排得整齊（4歲以後）。

(23)雙腳跳躍（4歲以後）。

7.幼兒玩球類遊戲時的動作順序：滾球→擲球→接球→運球。

(二)嬰幼兒動作發展的原則

◆發展的方向

1.頭尾定律：從頭到尾的發展，頭部為先，下肢在後，頭部的器官，如眼、口等，初生時已有適當的活動，一年之後始有足部走路的動作。

2.近遠定律：從中心到邊緣的發展，軀幹發展在先，四肢發展在後；愈近軀幹的部分，動作發展愈早，愈遠則愈晚。

◆成熟與學習

成熟是學習的基礎，也是學習的準備。沒有適當的成熟基礎，學習會事倍功半，甚至徒勞無功。但適當的學習，也可以促進成熟。葛塞爾（A. Gesell）曾以同卵雙生子做動作活動的實驗，最後證實對嬰兒動作能力的影響上，訓練不如成熟的影響大。

(三)影響動作發展的因素

◆幼兒本身的因素

1.健康狀況：健康的幼兒，精神愉快，體力充沛，可以學習很多動作技能；反之，健康狀況欠佳的幼兒則不然。

2.性別：男童通常喜歡從事粗獷的活動，粗動作發展較好；女童通常從事細緻的活動，細動作發展較好。

3.智力：智力高的幼兒動作發展比智力低者為佳。

4.動機：活動動機強的幼兒，能學到較多的動作技能，反之則不然。

5.期望：幼兒對其動作有適當、合理的期望時，動作發展較佳，如果期望太高或沒有期望，則動作發展較差。

6.錯誤的動作習慣：錯誤的動作形成習慣，如慣用左手以後，非但改變困難，而且妨礙進步。

◆環境因素

1.父母的管教態度：父母對幼兒過分保護或過分嚴格，都有礙動作發展。

2.活動空間：居家、社區環境或學校環境是否提供足夠的活動場所，足以影響幼兒動作發展。

3.器材：父母或老師如果提供足夠的遊戲器材，則有助於幼兒之動作發展。

4.指導：父母或老師隨時提供幼兒正確的指導，可使幼兒免於「嘗試錯誤學習」，使動作迅速正確發展。

5.練習：練習的次數愈多，動作的建立或純熟愈快。

6.同伴：愈多同伴，愈能提供更多動作學習的機會。

(四)嬰幼兒動作發展的輔導

學習動作應注意的事項有：

1.掌握各種動作發展的關鍵期：幼兒各種動作發展均有一學習上的關鍵期，若能及時給予學習的機會，必有事半功倍之效。

2.提供良好的環境及空間：幼兒學習各種動作，有賴適當的環境及空間，如此才能發揮得淋漓盡致。

3.衣著：幼兒衣著宜寬鬆，不要給他太大的束縛，以免限制他的行動，妨礙動作發展。

4.親子遊戲：父母親宜常和子女一起遊戲，一則以提供幼兒強烈的學習動機，一則隨時給予動作上的指導。

5.提供更多的刺激物：給予更多的玩具及遊戲材料，激發活動力與動機，使幼兒在遊戲活動中，實際去觸摸、把玩，促進動作發展。

6.促進動作敏捷的運動：如爬行、踩踏活動、跳躍活動等。

(五)嬰幼兒大小肌肉的動作區別

1.大肌肉（粗）動作：翻身、走路、爬行、擲（投）球、接球、拍球、跑步、拔河、滾輪胎、跳繩、跳高、球池、騎三輪車。

2.小肌肉（細）動作：穿珠、拉拉鏈、解鈕扣、剪貼、握筆、剪紙、揉黏土、寫字、畫圖、使用筷子、使用湯匙等。

三、嬰幼兒的智力發展

(一)智力與智力商數

1.廣義的智力（intelligence）：

(1)智力是個體適應環境的能力。

(2)智力是個體學習的能力。

(3)智力是個體抽象思考的能力。

2.狹義的智力：

(1)智力是智力測驗所要測量的能力。

(2)智力是表現在學業上、工作上的能力。

3.智力商數（Intelligence Quotient, IQ）：以心理年齡除以實足年齡之商數，再乘以100爲智力商數。公式如下：

IQ＝心理年齡（M.A.）÷實足年齡（C.A.）×100

(二)智力理論的分類

◆智力群因論

智力群因論（Group-Factor Theory），又稱爲基本心能論（Primary Mental Abilities），由美國測驗學家塞斯通（L. L. Thurstone）所提出，他認爲智力是一些心理能力的組合，並認爲智力實包含七種能力：語文理解、語詞流暢、數字運算、空間關係、記憶、知覺速度、一般推理。

◆多元智能論

多元智能論（Theory of Multiple Intelligence）是由美國哈佛大學教育研究院的心理發展學家加德納（Howard Gardner）於1983年提出。加德納從研究腦部受創傷的病人發覺到他們在學習能力上的差異，他認爲人需要多元智力來因應社會需求，而提出多元智能論，包含八個因素：

1.邏輯—數學智能（logical-mathematical intelligence）：指能有效的運用數字及推理能力，包括邏輯關係（因果關係）、抽象符號（如數字和幾何圖形）等之認知能力。

2.語言智能（linguistic intelligence）：指能有效地運用口語或書寫文字的能力。

3.音樂智能（musical intelligence）：指能享受音樂節奏、演出、作曲的能力，包括對樂曲之韻律、音調、音色的敏銳感覺。

4.空間智能（spatial intelligence）：指對視覺環境的體認能力，包括對色彩、線條、形式和空間關係的敏感性，以及在一個空間矩陣中可以很快地找出方向的能力。

5.肢體運作智能（bodily-kinesthetic intelligence）：指在運動、表演藝術方面施展的能力。

6.自知能力（intrapersonal intelligence）：指瞭解自己內在感受、夢想和觀念，並能自省、自制的能力。

7.人際智能（interpersonal intelligence）：指能察覺並區分他人的心情、感情、動機、意向的認知能力，及以此認知爲根據而做適當反應的能力。

8.自然觀察智能（naturalistic intelligence）：指能辨識自然環境變化、關懷及照顧動植物的能力，瞭解自然現象與生活中關係的能力。

(三)智商的分布與差異

人類智商是常態分布的，各類別之百分比大致如**表3-2**所示。

表3-2　智商的常態分布

分類	智商區間	百分比
極優異	IQ＝140以上	1.3%
優異	IQ＝120～139	11.3%
中上	IQ＝110～119	18.1%
中等	IQ＝90～109	46.5%
中下	IQ＝80～89	14.5%
臨界智能不足	IQ＝70～79	5.6%
智能不足	IQ＝69以下	2.7%

人類因種族、性別等不同而有智商上的爭論存在，其間的刻板印象約可概略說明如下：

1.男女智商的差異就全體而言，大體上是相等的，也就是性別因素

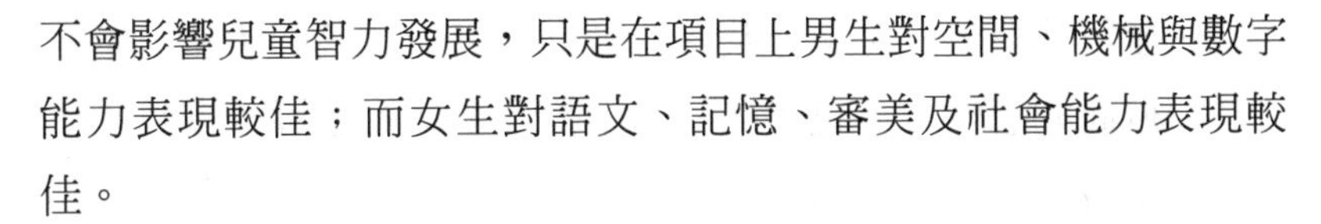

不會影響兒童智力發展，只是在項目上男生對空間、機械與數字能力表現較佳；而女生對語文、記憶、審美及社會能力表現較佳。

2.種族間的智力到底有沒有差異，一直是爭論不休的，但許多智力測驗結果均發現不一致，而此不一致實為文化環境因素造成的居多。

(四)影響智力發展的因素

1.遺傳：幼兒智力發展，大致受遺傳的影響最大，研究遺傳與智力的影響大都以「同卵雙生子、異卵雙生子、一般兄弟姐妹及無血緣的人」為對象，研究其智商的相關係數。

2.環境：

(1)母胎內環境：胎兒之智力發展與母體之營養，是否感染某些疾病、放射線照射、情緒等有關。

(2)外在環境：即出生以後之環境，例如：

・家庭方面：包括父母的教育程度、父母職業、社會地位、家庭經濟、家人關係、家庭空間、家庭教育。

・學校方面：教師教學方式、教學態度、教材內容、學校設備等。

・社區環境：社區社經水準、社區可供學習設施。

(五)如何啓發幼兒智力發展

1.均衡的營養：幼兒智力發展首需注意充足、均衡的營養，如此可促進腦細胞的正常發展。

2.提供適當的刺激：從出生以後，即按不同年齡幼兒的心理需要，提供足夠、適當的刺激，以利智能發展。

3.參與幼兒活動：父母及保育員應多與幼兒共同活動，如此可增進彼此的感情外，更可在活動中給予適切的指導，以激發幼兒智能發展。

4.給予更廣的學習環境：擴展幼兒家庭生活空間、社區環境，並隨時提供旅遊、參觀等活動，增加幼兒知識。

四、嬰幼兒的認知發展

認知（cognition）係指人類如何「獲取知識的歷程」，亦即「從無知識到懂事的歷程」；而嬰幼兒的認知發展（cognition development）是指幼兒如何從簡單的思想活動逐漸複雜化，並經過分化的過程，對內在和外在的事物，做更深入的領悟，而有客觀、系統化的認知之歷程。

(一)認知發展的概念

認知概念係指對事物的特質及其相互關係等之抽象共通性的意念或意象，例如「馬」的概念，包括顏色、形態、性別功能特質等。要促進幼兒概念形成最好的方法就是提供「實物」的刺激，例如操作實物會有利於幼兒對數字的理解。

◆空間概念

剛出生的嬰兒最先與空間概念有關的感覺便是膚覺（即觸覺），如用嘴巴尋找母親的乳房。六個月時，視覺與觸覺互相協調，故可看見物品進而抓取。會爬以後，更能控制自己的身體，想到哪便爬往哪，有了遠的空間概念。會走以後，空間概念發展就更上一層。幼兒認識身邊周圍的空間，最好的道具是感覺，而最先與空間概念有關的感覺爲觸覺。

(二)皮亞傑的認知發展理論

皮亞傑（Jean Piaget, 1896-1980）爲認知發展建構理論的先驅，他長期蒐集一些不同年齡層的兒童解決問題、傳達夢境、道德判斷及建構其他心智活動之方法與資訊。皮亞傑主張兒童的思考系統是透過一連串階段發展而來，而且這些發展階段在各種文化中適用於所有的兒童。皮亞傑的發展理論有三個重要概念：

◆基模（schema）

認知是獲得知識的過程，其組成的基本單位即爲基模，對嬰幼兒而言，基模即行動的模式，在相似的情境當中會重複出現，而不同年齡的兒童會有不同的行爲基模，例如在感覺動作期最主要的基模是抓握基模和吸吮基模：

1.看的基模：眼睛注視、眼球移動。
2.吸吮基模：吸吮的基本行爲模式。

◆適應（adaptation）

是兒童用以調整自己以適應環境要求的傾向，如原來的認知架構是「四條腿的動物叫貓」，調整自我而去適應新情境的改變：「四條腿的動物有貓、狗……」，亦即：

1.幼兒改變自身以迎合環境之要求。
2.幼兒改變其認知架構，以處理新物體和新情境的過程。

◆同化

同化是依據已有的基模解釋新經驗，也是個體與外在環境互動造成過去基模的改變，如「舊認知架構：杯子是喝水的」、「吸收新知識：杯子有許多用途」：

1.幼兒將新經驗或概念納入既有的認知架構。

2.幼兒以既有的認知結構去認識外在事物與世界的歷程。

(三)皮亞傑的認知發展階段

皮亞傑的興趣在於理解人是如何獲得知識，他對兒童如何瞭解問題的答案，比對答案本身更感興趣。基於這個觀點，他不斷觀察兒童如何獲知問題的答案過程，而創立了認知發展的基本階段理論，共分爲四個階段：

◆感覺動作期

又稱實用智慧期，約自出生到2歲，幼兒靠身體的動作及由動作獲得感覺，去認識他周圍的世界。這時期口的吸吮和手的抓取是幼兒用以探索世界的主要動作。此期的嬰幼兒具有下列之特徵：

1.具物體恆存（守恆）概念：一般而言，嬰幼兒在第四至第八個月開始發展「物體恆存概念」（部分物體具恆存概念），而在第八至第十二個月時，物體恆存概念發展完成；對八個月大的嬰兒來說，玩「躲貓貓」將有助其認知發展。

2.反應由外界所引導。

3.透過各感官來學習。

◆前運思期

又稱前操作期，約2～7歲。此時期的幼兒是以直覺來瞭解世界，往往只知其一而不知其二，故亦稱爲直覺智慧期。此期幼兒開始運用語言、圖形或符號代表他們經驗的事物，具萬物有靈觀。這個時期的特徵是：

1.自我中心：即以自我爲中心所做的理解。例如小明送一個電動玩具給爸爸當做生日禮物。

2.直接推理：例如小明有一天沒有午睡，就說「我沒有午睡，所以沒有下午」。
3.記號功能。

◆具體運思期

又稱具體操作期，約從7～11歲，此期兒童已能以具體的經驗或具體物件作邏輯思考，故又稱具體智慧期。

◆形式運思期

約從11～15歲，此期兒童思考能力漸趨成熟，能運用概念的、抽象的，純屬形式邏輯的方式去推理。

(四)影響認知發展的因素

◆個體因素

1.年齡：認知能力是逐漸發展的，在某範圍內與年齡成直線函數關係。
2.成熟：指個體遵照其遺傳基礎而自然生長發展的歷程，此對認知的發展頗具影響力。
3.經驗：幼兒透過各種活動，可發現各種物體本身的性質，如物體之顏色、形狀、大小等。

◆社會文化因素

1.社經地位：高社經地位的家庭，可提供較多的刺激給幼兒，有利於認知發展；反之則不然。
2.文化差異：不同文化提供不同刺激給幼兒，故其認知發展會不同。
3.學習：提供較多的學習機會給幼兒，有利於認知發展；反之則不然。

五、嬰幼兒的情緒發展

(一)情緒的概念

◆情緒的意義

情緒是嬰幼兒的一種溝通方式，猶如無聲的語言。情緒是個體受到某種刺激後所產生的一種激動狀態，此種狀態雖為個體自我意識所經驗，但不為其所控制，因此對個體行為具有干擾或促動作用，並導致其生理上與行為上的變化。

◆情緒的反應

1.情緒的生理反應：心跳速度增加、呼吸速度增快、瞳孔擴大、血糖增高、血凝較快、腸胃蠕動減緩。
2.情緒的外顯行為：情緒反應除了依主觀感受的語言陳述外，其他的外顯行為如高興地拍手、傷心地哭泣等，吾人可由兒童的面部表情、聲音表現、動作行為等來推測嬰兒的情緒。

(二)嬰幼兒期的情緒及其對身心的影響

◆嬰幼兒期常見的情緒

1.憤怒：幼兒由於身體的活動受了約束，需求或慾望遭到拒絕或受到挫折、受到攻擊時，內心常會產生一種不平和、不愉快的情緒，而引起憤怒。幼兒在憤怒時，常會顯現攻擊行為。
2.厭惡：幼兒會對自己所不喜歡吃的東西感到厭惡而吐出，也會對自己所不喜歡的人感到厭惡而拒絕接近，或對自己所不喜歡的事感到厭惡而逃避。

3.恐懼：最初幼兒的懼怕只限於直接環境的具體事物，如怕狗；漸漸地會產生想像的恐懼，如怕鬼；有了競爭的社會行爲後，又會產生怕失敗的心理，父母過度保護、權威管教等。合理的恐懼可培養幼兒警覺、謹慎的態度。

4.嫉妒：嫉妒行爲最早出現約在1歲半的幼兒，多半由於母親生第二個孩子而疏忽了對年長兒的照顧。此後幼兒常爲爭取愛、關懷，而對兄弟姐妹或同伴嫉妒。嫉妒可能會使幼兒產生退化行爲。

5.害羞：害羞有時也是恐懼的一種形式。害羞年齡（shy age）或稱爲認生期，嬰兒從出生後的六個月，開始分化有懼怕的情緒，此時嬰兒對於陌生人感到懼怕或害羞，是爲害羞年齡。

6.分離焦慮：嬰幼兒期，有一段時間當其依附對象（如母親）離開他時，會感到特別恐懼，稱爲分離焦慮。分離焦慮約始於六個月，在2歲半以前爲高峰期。

◆情緒對嬰幼兒身心產生的影響

1.情緒會影響智能的發展。
2.情緒會影響身體發展。
3.情緒會影響社會行爲的發展。

(三)影響情緒發展的因素

◆成熟因素

1.神經系統的成熟：神經系統成熟後方能控制面部肌肉、發音器官以及身體的各部分，使情緒能反應出來。

2.內分泌腺的成熟：內分泌腺的成熟可支持緊急的生理反應，腎上腺對於情緒的發展尤其重要。

◆學習因素

1.直接經驗：有些情緒是由於直接經驗的結果，例如幼兒原不怕火，一次燙傷後，見火就怕。
2.制約反應：以懼怕爲例，一種本來並不引起恐懼的刺激，因常和另一種引起恐懼的刺激同時出現，便逐漸變成引起恐懼的刺激。
3.類化作用：讓幼兒在學習時，舊經驗及新經驗產生同化作用而稱之。例如一個人有害怕蛇的經驗，以後凡事見到類似蛇的東西都會害怕。
4.成人的暗示：別人直接或間接的暗示，也可造成情緒反應。例如幼兒本來不怕「黑暗」，後來別人暗示黑暗中有鬼會出現，於是幼兒便開始害怕黑暗了。

◆其他因素

幼兒因飢餓、口渴、睡眠不足等因素，往往也會引起情緒的變化。

(四)嬰幼兒情緒的輔導

◆父母與師長的因應與調適

1.提供和諧的家庭生活：幼兒期的生活以家庭爲重心，是故愉快和諧的家庭生活經驗、親情的給予，對嬰幼兒的情緒發展都有莫大的影響。
2.情緒的適度宣洩：每一位幼兒在生活中都可能遭到衝突、挫折，而表現出不良的情緒反應，成人應給予幼兒發洩情緒的機會，以免積壓產生更嚴重的困擾。例如幼兒受委屈想哭，父母、教師可以對他說：「你想哭就哭出來吧！」

3.注意嬰幼兒的身體健康：健康的身體，間接可以促進良好的情緒發展；反之，不健康的身體可能會導致幼兒發怒、恐懼、退縮等不良情緒反應。

4.成人良好的情緒示範：幼兒的模仿力強，若成人常顯示出不良情緒反應時，會讓幼兒有學習的機會，造成不良後果，故成人應給予良好的情緒示範。

5.父母與師長良好的管教態度：父母與師長應有公正、一致的管教態度，對於幼兒不可過於嚴厲，應給予合理、合適的管教態度。

6.注意新情境的調適：如遇搬家、上幼稚園、上小學、家中新添弟妹時幼兒面對此新環境，可能產生恐懼或其他適應不良的狀況，父母及保育員應即時予以安慰、疏導。

7.情緒的調整：當幼兒接受情緒方面的指導後，成人應給予調整情緒的時間，亦即留給幼兒考慮「反應方式」的時間。

◆嬰幼兒期重點情緒的輔導

1.恐懼的原因：

(1)直接經驗：火災、水災、地震等。

(2)制約學習：被針刺痛，而害怕醫生。

(3)類化作用。

(4)成人暗示及恐嚇。

(5)模仿：怕狗的母親，孩子也怕狗。

(6)其他：突然來的刺激、害怕被遺棄、身體病痛、想像的生物、性別、社會接觸多寡、身體健康程度等。

2.恐懼的解決（矯正）途徑：

(1)講一些笑話，一面笑，一面表示該物不可怕，以減低幼兒恐懼的情緒。

(2)直接接觸幼兒恐懼的事物，並解釋不值得怕的道理，以消除恐懼，此法必須以漸進方式。

(3)利用說故事的方法：把幼兒害怕的事物編成故事，由故事中說明該事物並不可怕。

(4)利用社會學習的方法：例如把怕貓的幼兒，帶到不怕貓的童群中玩，使其因模仿而漸漸不害怕貓。

3.幼兒嫉妒弟妹行為的處理：

(1)為將出世的嬰兒預作準備，所有可能變動的事物，最好在嬰兒未出世前幾個月就開始實施。

(2)最初幾個星期不要顯得太注意剛出生的嬰兒，尤其不要在他的面前餵母乳。

(3)讓幼兒參與照顧嬰兒，使其有參與感。

(4)當幼兒打弟妹時，便已產生嫉妒情緒，此時父母除了保護嬰兒不受到傷害外，更要對大孩子表示父母親對他的愛。

(5)父母對待孩子應公平，避免有偏愛的現象。

4.分離焦慮：處理分離焦慮時，應讓幼兒和新的照顧者（如保母、托兒所保育員、幼稚園老師）熟悉，父母應先短暫離開，再拉長離開時間，亦即採漸進方式。

六、嬰幼兒的語言發展

所謂的語言是指傳達思想、情感，或在他人身上喚起反應的任何方法，其範圍包括啼哭、手勢、顏面部表情、態度、呼喊、感嘆、有音節含字義的說話和書寫、繪畫等。研究兒童語言的發展，一般分為語言、語意及語法等三個層面，其中以語法與語意最為重要。

(一)嬰幼兒語言發展的分期

◆準備期

從出生至約1歲左右，又稱「先聲時期」，主要是發音的練習和對別人語言的瞭解。此期嬰兒的語言發展，由無意義到有意義，由無目的到有目的，由發聲遊戲至牙牙學語。

◆單字句期

大約從1歲到1歲半，爲眞正語言的開始，是語言發展的關鍵期。這個時期幼兒語言發展有三個特點：

1.以單字表示整句的意思。
2.以物的聲音作爲其名稱。
3.常發重疊的單音。

◆多字句期

大約從1歲半到2歲，此期幼兒語言漸由雙字語句發展爲多字語句，此期幼兒語言發展有兩個特點：

1.句中以名詞最多，漸漸增加動詞，而後增加形容詞。
2.由於隨想隨說，句子的結構鬆散，不顧及語法。

◆文法期

大約從2歲到2歲半，這一時期語言的發展是注意文法和語氣的模仿，在語言方面已較能說出一個完整的句子。

◆複句期

大約從2歲半到3歲半，此期發展的特徵有二：

1.複句：語言發展由簡單句到複合句，亦即能講兩個平行的句子。

2.好問：此期幼兒由於因果的思想萌芽了，對於一切不熟悉的事物，都喜歡問其所以然，故又稱「好問期」。

(二)影響幼兒語言發展的因素

◆智力因素

1.智力高的幼兒開始學說話的時間較早，反之則較晚。

2.智力高的幼兒使用的語句較長，反之則較短。

3.智力高的幼兒，在語言使用的品質較好，反之則較差。

◆性別因素

1.女童的字彙優於男童。

2.女童的語言品質優於男童。

3.女童語言障礙的比率比男童低。

◆年齡因素

1.幼兒的字彙、語彙總數隨年齡而增加。

2.幼兒使用語句的長度隨年齡而增加。

3.隨年齡的增加，自我中心語言愈少，而社會化語言漸多。

◆家庭因素

1.家庭社經地位高者，語言發展較好，反之則較差。

2.父母教育程度高者，語言發展較好，反之則較差。

3.親子互動較頻繁者，語言發展較好，反之則較差。

4.兄姊及年長之友伴愈多者，學習語言的機會愈多。

◆社會環境因素

嬰幼兒生長在高社經社區環境，有利於語言發展；反之則不然。

(三)兒童語言發展的功能及其特徵

皮亞傑認為幼兒語言可分為「自我中心語言」及「社會化語言」二者，其特徵分述如下：

◆自我中心語言

是一種自我言語的形式，幼兒往往為了自己想說而說，不管有無聽眾，或雖有聽眾，也不會去注意對方是否有在注意傾聽，自我中心的語言在用詞上，以第一人稱「我」或「我的」等代名詞最多，其特徵為：

1.語多重複，一遍又一遍地重複自己的話。
2.獨語：即自言自語。
3.集體的獨語：在團體中彼此交談時，誰也不注意對方的談話內容。

◆社會化語言

幼兒由於社會化的結果，逐漸懂得注意別人的觀念和態度，於是開始嘗試運用社會化語言，其特徵為：

1.適應性地述說，順應聽者，敘述己言。
2.批評別人的缺點或指責別人的過失。
3.命令或請求，例如王小弟對張小妹說：「我跟你一起玩好不好？」
4.問話與答話（對話）。

(四)嬰幼兒語言內容的發展

1.語彙的增加：幼兒隨年齡的增加，生活經驗的擴大，語彙也不斷地增加，根據研究，幼兒語彙增加最快的時期約在2～4歲。

2.詞類的分化：隨著年齡的增加，幼兒的詞類也不停地分化，開始學說話的幼兒，以名詞出現最多，由於學習的結果，慢慢分化更多的動詞、代名詞、形容詞、副詞等。史登（William Stern）關於語言發展階段的研究便指出，嬰幼兒期的名詞發展最多的年齡層爲1歲半到2歲。

3.語句的加長：幼兒的語言，由最初的單字句進而發展爲雙字句、多字句，最後進入複句期，均顯示語句的加長。

(五)嬰幼兒語言發展的輔導

1.注意發音器官的保護：舉凡與發音有關的器官，如聽覺、牙齒咬合、喉嚨、聲帶等，均應善加保護，以利發音。

2.提供良好的學習機會：自嬰幼兒期，即應提供語言上的刺激，並掌握學習語言的關鍵期，父母應給予良好的示範。

3.愼選玩伴：爲幼兒注意玩伴的選擇，一方面使其有更多學習語言的機會，二方面避免學習到不正確或不文雅的語句。

4.給予幼兒充分說話的機會：採取民主的方式教育幼兒，多和幼兒說話，讓幼兒有發表意見的機會，如此有利語言發展。此外，多和嬰幼兒一起唱遊、觀看故事書並講解故事涵義，也有利幼兒語言發展。此外，日常語言的互動會比背誦兒歌、聽故事、看電視更能刺激幼兒語言能力的發展。

5.提供輔助語言教材：如錄音帶、優良電視節目、讀物等，使其學到更多的語句及正確的發音。對於少數語言障礙的幼兒，如口吃、構音異常等，應隨時予以糾正，必要時，得請語言治療師及早予以矯正。因為口吃會影響幼兒的自信心和社會關係的發展，所以須有耐心地引導幼兒的發音練習，或及早轉介早期療育通報中心。

七、嬰幼兒圖畫能力的發展

(一)圖畫的教育價值

1.滿足本能的需求：幼兒喜歡塗塗畫畫，提供紙和筆給幼兒畫畫，可以滿足其需求。

2.滿足想像空間：幼兒的想像力很豐富，可以藉由繪畫表達出，如此可滿足其想像空間。

3.培養創造力：幼兒常想到什麼就畫什麼，因此繪畫活動可以培養其創造力。

4.可以培養幼兒的思考力：幼兒畫畫時，必須動腦筋思考，想畫什麼？如何畫？如此可以培養其思考力。

5.幫助心理疾病的診斷與治療：幼兒將心理所感表現於繪畫上，因此吾人可以從幼兒畫中診斷出其心理特質，而後加以治療。

6.抒發情緒：幼兒在畫畫時，盡情塗抹，揮動手臂，可以抒發情緒；且在畫畫時，可將潛意識中的衝突表現於圖畫中，故可抒發幼兒的情緒。

(二)幼兒繪畫的發展分期

1.塗鴉期：約從出生至2歲半。所謂「塗鴉」係指嬰幼兒使用的線條、點或是像圓的圖形彼此縱橫交錯的圖畫。此時為沒有意義的畫線時期，嬰幼兒以純運動感覺爲樂，是一種大肌肉和手眼協調的運動。

2.象徵期：約2～3歲。幼兒的想像力逐漸發達，而以動作表現於紙上，畫出一些無意義的點、線、圈等，然後根據所想予以意義化，也稱「命名期」，如幼兒會畫個大圓圈說：「這是爸爸。」

3.前圖式期：約3～5歲。此時幼兒畫由塗鴉漸轉變爲心像的符號表現，已漸能看出所畫爲何，對於日常生活中，所接觸到的人物、玩具、動物等，漸能畫出其形體的形象來，但還不是很確實，所畫之東西，都以一定的圖式加以表現，故稱前圖式期。

4.圖式期：約5～8歲。所謂「圖式」係指畫什麼都有一種特定形體來表現所畫的東西，例如圓形表現頭、線條代表手臂、腿等，此一階段的圖畫已漸能看出幼兒所畫爲何。

(三)幼兒繪畫的輔導

◆正確的方式

1.提供紙筆滿足其塗鴉的慾望。

2.增進幼兒生活體驗。

3.供給幼兒豐富的視覺刺激物。

4.合適的繪畫教學：手指畫、版畫、故事畫、自由畫。

5.介紹不同的繪畫方法以觸發幼兒畫圖的興趣。

6.以遊戲的方式引起繪畫的動機。

7.提供多樣素材，讓幼兒主動表現創造力。

8.提供幼兒圖畫書滿足下列之功能：提供幼兒語言學習機會、培養幼兒審美的能力、增進親子關係。

◆不適當的方式

1.提供著色（塡色）畫冊、靜物寫生（實物素描）、臨摹畫。
2.提供固定繪畫材料。
3.告訴幼兒「畫得很像」或「畫得不像」。
4.做出圖樣，讓幼兒模仿。
5.挑選班上部分幼兒作品，張貼示範。

八、幼兒的遊戲發展

凡能促進幼兒身心發展的一切活動，均可稱爲幼兒遊戲。幼兒遊戲可增進身體的發育、人格和情緒的塑造、生活的調劑，是幼兒期生活中最重要的活動之一。

(一)幼兒遊戲發展的分期

幼兒遊戲的發展一般可分爲下列五個階段：

1.單獨遊戲：2歲以前的幼兒，在發展上自我中心很強，所以在遊戲活動中，均以自我爲基礎，既無意與其他幼兒玩耍，也不想接納其他友伴。
2.平行遊戲：從2歲到3歲的幼兒，遊戲已進入群體，然而大都各玩各的，彼此間沒有溝通，稱爲平行遊戲期。
3.聯合遊戲：兩位幼兒在同一空間一起玩，彼此有互動且有共同話題，但沒有共同的遊戲目標，此階段稱爲聯合遊戲。
4.團體遊戲：5歲到6歲的幼兒，此期的遊戲開始變得複雜，由無組織變爲有組織，例如騎馬打仗，遊戲已能分組，展開活動，遊戲的結構亦隨年齡的增加，漸漸分化。此時幼兒的遊戲、興趣較偏向運動式的遊戲。

5.合作遊戲：7歲到8歲的幼兒，開始有分工合作的遊戲，而且每個參加份子都有一定的任務。其組織更嚴密、規則更嚴謹，均屬競爭性質，從中可培養幼兒守法的精神。

◆皮亞傑的遊戲三階段說

1.實踐（或功能）性遊戲：是無目的、無主題自然發生的練習活動。如在感覺動作期中的嬰兒，拿到手搖鈴，會一再重複地搖動它、操弄它。八個月的嬰兒玩鑲嵌盒亦屬功能性遊戲。

2.象徵性遊戲：象徵性遊戲是虛構的、假裝的、想像的、戲劇的遊戲。例如扮演媽媽、白雪公主、把掃帚當馬騎、椅子當車子開、假裝生病等等。象徵性遊戲幼兒必須要有舊經驗，才能喚起此類的遊戲。

3.規則性遊戲：捉迷藏、跳棋、打棒球等均屬於規則性遊戲。其特徵乃是遊戲訂有規則。

◆幼兒的社會性遊戲行為的發展

Parten（1932）觀察日本幼兒園幼兒在自由遊戲行爲與幼兒間互動行爲可分爲下列六類：

1.無所事事行爲：意指東看看、西摸摸，在等待有興趣的事物出現。

2.旁觀行爲：在一旁觀看其他幼兒在玩什麼。

3.獨自遊戲：幼兒獨自一個人在玩遊戲，例如堆樂高。

4.平行遊戲：指幼兒們一起玩遊戲，但個人各自玩自己的玩物或主體。

5.協同遊戲：指幼兒們一起玩共同主體的遊戲，兩人有協同關係。

6.合作遊戲：幼兒們一起透過協調，討論後再玩共同主題的遊戲，例如扮家家酒。

(二)幼兒遊戲的特徵

1.具創造性：幼兒思考空間無限，可創造出各種遊戲。
2.隨著年齡的增加而有變化：幼兒隨著年齡的增加，其遊戲在內容上的質和量都會有所變化。
3.幼兒遊戲是快樂的：幼兒喜歡遊戲，遊戲時展現出快樂的情緒。
4.活動是重複的：幼兒遊戲常是一再的重複，如溜滑梯，雖無變化，但樂此不疲。
5.遊戲發展是社會適應的指標：幼兒常藉遊戲來滿足自己的需欲，如喜歡當媽媽，就在扮家家酒的遊戲中扮媽媽的角色。
6.遊戲發展具有個別差異：生活在各種不同文化的幼兒，其遊戲內容也有所不同，如迎神廟會的遊戲常在台灣的幼兒出現。
7.主動性：幼兒遊戲是自發性的、主動的。
8.遊戲發展和性別有關：例如男孩喜歡玩刀槍，女孩喜歡玩洋娃娃。

(三)玩具在教育上的價值

1.可鍛鍊幼兒的各種感覺：玩具的種類很多，有可以用手去觸摸者、用耳去聆聽者、用眼去觀察者等，如此可鍛鍊幼兒的感覺。
2.可以培養幼兒的好奇心：幼兒對於各種新奇的、構造複雜的玩具，總想去探個究竟，如此可以培養其好奇心。
3.可以培養記憶力：有許多玩具，如七巧板、數字遊戲等，幼兒在遊戲時，必須反覆練習、記憶，如此可培養記憶力。
4.可以培養想像力：在遊戲中，幼兒常將玩具想像成各種事物，如此可以培養其想像力。如積木能啓發幼兒的創造力與想像力。

(四)幼兒遊戲的輔導

1.鼓勵幼兒多與同伴遊戲：如此可以培養社會行爲發展，養成團結合作的精神，並需注意玩伴的選擇，以免學到不良習性。

2.和嬰幼兒一起玩，並打成一片。

3.和嬰幼兒一起玩，並應選擇適合該年齡層的遊戲方式。

4.鼓勵幼兒多做休閒性的遊戲：如此可增進幼兒見聞，調劑身心，使幼兒心胸更爲開朗。

5.多爲幼兒充實遊戲設備：不論家中或學校，多方面的充實遊戲設備，可以增加幼兒遊戲的機會，享受遊戲之樂趣。

6.成人參與指導：父母和老師應適度的參與幼兒遊戲（但需適時介入，不做過多干涉），共享親子師生之樂與感情的增進，並適時的指導幼兒遊戲，使遊戲的功能可完全發揮。

九、嬰幼兒社會行爲的發展

嬰幼兒的社會化，係指嬰幼兒從出生開始便接受群體的影響，一種從「自然人」進入「社會人」的過程通稱爲「社會化行爲」。一個人與外界的社會環境接觸時，一方面影響別人，一方面也受別人的影響，所產生的人與人之間在生理上或心理上的交互作用，就是社會行爲，而培養嬰幼兒在生活上與人相處時的適當行爲，是屬於社會行爲發展階段。

(一)嬰幼兒社會行爲的發展特徵與需要（兒童社會化之過程）

◆嬰幼兒時期（出生至2歲）的發展特徵與需要

1.自發性行爲：剛出生一天的嬰兒，在睡眠中會微笑，是一種自發性行為，並非眞正社會交往的形式，約自出生兩個月以後慢慢發展出社會性笑容，最後再發展出選擇性社會微笑，例如只對照顧者或熟人微笑。

2.自我中心：自我中心強，並不關心別人的存在，需要成人予以個別關懷。

3.富於模仿：模仿性強，許多成人或幼兒的社會行為均為其模仿的範圍，故應給予良好的示範。

4.缺乏道德意識：道德意識尚未形成，無分辨是非善惡之能力，是成人所應理解的。

◆兒童早期（2～6歲）的發展特徵與需要

1.連合遊戲：玩伴已由成人轉向同齡幼兒，因組織能力差，故玩伴少，良好玩伴的選擇是最重要者。

2.個性的發展：3歲以後的幼兒開始發展個性，亦對成人的權威產生反抗，是為人生的第一反抗期，成人在可能的範圍之內，不應給予太多的限制，使其個性能發揮。

3.社會的認可：此期幼兒需要社會的認可，尤其是社會讚許，幼兒最先需要成人認可，其次要求友伴認可。

4.同情心：如看見別人跌倒時，會去安慰他。

(二)影響嬰幼兒社會行為發展的因素

◆個人因素

1.智力：智力高者，社會行為發展較好，反之則較差。

2.健康：健康狀況良好者，富活力，社會行為發展較好，反之則較差。

3.社會技巧：社會技巧良好的幼兒，社會行為發展較佳，反之則較差。

◆家庭因素

影響嬰幼兒社會行為發展的環境因素中最重要的是家庭因素，例如：

1.父母的感情：父母感情良好者，相敬如賓，可為幼兒良好示範，有助其社會行為發展。
2.手足關係：父母管教合宜，手足關係自然良好，有利於幼兒社會行為發展，反之則不然。
3.家庭經濟：家境優渥的幼兒，如自小嬌生慣養，易養成依賴性格，缺乏耐勞及獨立自主能力，長大後較有享受別人的服務，不知服務他人的傾向，而貧苦家庭，憂衣憂食，往往過早面對現實，易養成冷酷人生態度，同時較自卑。

◆學校因素

1.教師的管教方式：採民主的教育方式，幼兒較能表現自我，發展社會行為，嚴格或專制的教育方式則否。
2.教師本身的態度：教師之人格、情緒發展良好，對幼兒之親和力高，給幼兒良好的示範，有利於幼兒之社會行為發展。
3.同學情誼：同學友情深厚，不作惡性競爭，較易發展社會行為，反之則不然。

◆社會環境

1.社會活動機會：幼兒如生長在較嚴厲的家庭，兄弟姐妹少，友伴亦少的話，難以發展社會行為，反之如和其他人接觸的機會多，無形中學會了許多待人處世的方法，因此適應較好。

2.行爲的社會效果：幼兒對受到他人讚美的行爲願意一再重複。受到別人拒絕時，下一次便表現退縮不前。

(三)嬰幼兒社會行爲發展的輔導

◆父母的行為

父母會採用幾種方式來吸引嬰兒的注意。例如父母本能上會將臉擺在嬰兒視覺範圍可及之處，離嬰兒的臉約22.5公分的範圍之內，嬰兒的確也只能夠看到30公分範圍以內的東西，所以能和父母有所接觸。此外，父母也會做出一系列的表情，稱爲「致意回應」（greeting response），以便引起嬰兒的注意，例如他們會將頭部後仰、嘴巴半開、眉毛上揚，以及使用「兒語」（baby talk）。研究顯示，父母似乎知道嬰兒喜歡什麼就能做出正確的回應，這些行爲並非完全出自意識的覺知，乃是來自本能的驅動。

◆嬰兒的依附行為

嬰兒在依附過程中最大的貢獻是看起來可愛，成人不但無法抗拒嬰兒圓圓胖胖的稚嫩外表，也被他們嬰兒式的回應所吸引，爲人父母者同時也希望被嬰兒認定和被需要，嬰兒似乎也有能力滿足父母被需要的需求。嬰兒最喜愛的是人的臉，會對人微笑的發出聲音。嬰兒一出生便能夠辨識母親的聲音，新生兒也能夠模仿他人臉部的表情。

嬰兒的反射動作，如抓取、吸吮、呼叫與翻滾，都是對父母照顧的一些回應，這些回應增強了父母和他們互動的行爲，讓後者深覺自己被需要。此外，嬰兒因爲能夠很快地辨認出誰是主要照顧者，對主要照顧者的特別回應也強化了父母的付出。例如出生之後三天內，母親以哺育姿勢抱起嬰兒時，寶寶會面對母親、轉向乳頭，並將嘴張開。

嬰兒的依戀行爲，又稱依附行爲，是嬰幼兒與人的互動方式，會隨著年齡的增長而改變。未滿三個月大的嬰兒，會接近你，對你微笑，和你有目光上的接觸。四個月左右，他可能見到你就皺眉，看了母親才會靠近你。八個月大，一看到你可能會縮到母親懷中，必須以玩具或其他獎賞的方式來引誘他，但也不必太有把握，他可能會拒絕，令你覺得他不再喜歡你。一段時間之後再見面，他卻又開心地對著你笑，拉著你的手，想要離開母親跟你回家去（**表3-3**）。

表3-3　Bowlby的依附階段

階段	年齡	行為
1	出生到2至3個月	隨意微笑、讓任何人擁抱。
2	2、3個月至6、7個月	選擇性互動，對所喜愛的人微笑；比較陌生人和主要照顧者的臉。
3	6、7個月至1歲	依附主要照顧者，此人不在時會哭，試圖跟隨；對陌生人懷著戒心。
4	1至2歲	具完整記憶力，知道照顧者雖不在眼前也不會消失。開始和他人交往。

資料來源：Bowlby (1958).

這就是依附過程的寫照，或是嬰兒和照顧者形成強烈感情關係的情形。長久以來，研究者對於引發嬰兒和照顧者建立這種強烈關係的背後動機一直很感興趣，早期的理論認爲依附是爲了滿足需要，嬰兒愛母親是因爲母親能夠照顧他，但Harlow從獼猴的研究發現早期理論不正確之處，他將剛出生的幼猴和母猴分離，用鐵絲或布做成的代理母猴來哺育牠們；需要進食時，有些由鐵絲假猴哺乳，有些由布做的假猴哺乳，當幼猴需要擁抱時，牠們只會接近布做的母猴，避開鐵絲母猴，即使後者參與餵食，牠們也不會接近。

現今流行的依附理論以英國精神科醫生John Bowlby（1958）的觀點最具代表性，他認爲依附具有生物和演化的基礎。從演化的觀點看來，當掠食者接近時，幼兒必須得到保護，當人人奔跑逃命時，總要有人記得抱起脆弱的嬰兒，這種生存的本能促使嬰兒和照顧者形成親近的關係。Bowlby的理論因此強調，生理或基因是促成父母和孩子之間的依附關係的主要因素，兩者都展現出特定的舉動催化了關係的連結。

Bowlby（1958）認爲親子依戀有下列四個階段：

1.無特定對象的社會反應：由出生至二個月，嬰兒所發出的訊號（啼哭、微笑）並沒有特定對象，但訊號有社會功能。
2.對特定對象的社會反應：由二個月至七個月，嬰兒能分辨親人、陌生人的差別，也對親人有明顯的偏好；他的微笑、啼哭也有特定對象。
3.依戀的建立：約從七個月至2歲，嬰兒十分明顯的只要「媽媽」，別人無法替代。此時會有「分離抗議」，擔心依戀對象是否會再回來。
4.相似目標的建立：約從2歲或2歲半開始，嬰兒開始能逐漸忍受與親人暫時的分離，並且和同儕建立起關係。

◆依附行為的模型

Ainsworth等人（1978）爲依附理論添加許多資訊，她認爲嬰兒會將主要照顧者視爲基地，需要探索環境時候離開，需要安慰和安全感的時候返回。以這個觀點爲基礎，Ainsworth發展出陌生情境程序（strange situation procedure），觀察嬰兒在陌生的場合中對不同事件的反應，以衡量依附的模式。這類實驗包含以下八個階段，整個過程約需21分30秒（第一步驟30秒，其餘各3分鐘）：

1.第一步驟：介紹（母＋子）：母親和嬰兒進入遊戲室。
2.第二步驟：暖身（母＋子）：母親和嬰兒一同探索遊戲室內的事物。
3.第三步驟：陌生人加入（母＋子＋陌生人）：一位陌生女性進入

遊戲室內。

4.第四步驟：母親離開（子＋陌生人）：母親離開房間，陌生女性試圖跟嬰兒玩。

5.第五步驟：母與子重聚（母＋子）：母親回到遊戲室。

6.第六步驟：母親再度離開（子）：嬰兒獨自一個人留在遊戲室內。

7.第七步驟：陌生人加入（子＋陌生人）：陌生女性返回遊戲室。

8.第八步驟：母與子再重聚（母＋子）：母親返回遊戲室。

實驗之後，Ainsworth將嬰兒的反應分爲以下三種依附模型：

1.安全依附型：這類嬰兒和媽媽待在陌生的環境時，能自己玩玩具，和陌生人接觸。但媽媽離開時，會有不安的反應，甚至哭鬧，不過媽媽一回來，會趨前擁抱並安靜下來玩玩具。安全依戀的幼兒較富同理心。

2.不安全依附型：這類嬰兒在陌生環境中，較缺少探索和遊戲行爲，緊黏著媽媽哭鬧。當媽媽離開時，情緒更激烈，但媽媽回來後，卻一方面要媽媽抱，一方面又掙扎著下來。

3.逃避依附型：這類型嬰兒在陌生環境中，不論媽媽在不在場都沒有很強烈的情緒反應。只有獨處時才會顯得不安，但只要有人（陌生人）陪伴，也可安撫他們的情緒。

◆造成依附失敗的危險因素

嬰兒、母親和家庭因素都有可能影響依附關係的形成。首先，嬰兒的特質可能會影響母子關係。例如早產兒可能會有依附上的問題，他們不似正常兒童般的「可愛」，不太和照顧者互動，對周遭事物少有回應，母親的動作也無法吸引他們。其他影響嬰兒依附關係形成的因素，包括毒品寶寶的問題和困難型性格特質。

在父母親方面，未成年母親可能會影響依附的形成，因爲她們不善與孩子溝通或交流，對孩子行爲線索的解讀和回應也有不足之處，以及父母所用的管教態度和行爲（Maccoby & Martin, 1983）。此外，母親的憂鬱也影響依附關係的形成，因爲患有憂鬱症的母親往往會沉溺於自己的情緒，或過度集中在自己的痛苦之中，對孩子需求和舉動少有回應，忽略了孩子發出的社交線索；嬰兒的情緒又容易受到母親情緒的感染，即使母親不表現出憂鬱的樣子，對孩子情緒的影響也會持續下去。其他與父母有關的問題包括壓力、酗酒、兒童時期受虐和意外懷孕等，這些都會影響依附關係的形成。

家庭因素也會影響依附關係的形成。子女太多，會削弱母親和新生嬰兒之間的互動機會。婚姻關係會影響主要照顧者和嬰兒之間的互動，伴侶的支持使得母親對嬰兒的需求比較有回應，母親對嬰兒的付出也比較感性。此外，社會支持體系能有助於緩和許多壓力，特別是家中有一位性情暴躁的嬰兒時，對母親將格外重要；充分的社會支持也能使安全型依附關係的發展比較容易（Crockenberg & Litman, 1990）。環境的壓力也會影響母子的互動（Radke-Yarrow & Zahn-Waxler, 1984），母親若疲於處理生活壓力，如貧窮和家庭暴力等問題，將沒有餘力照顧嬰兒，影響兩方的依附關係。

Main和Hesse（1990）提出除了Ainsworth三種依附模式的類型外，有些嬰兒在陌生情境中的表現難以分類，雖然在研究中，實驗者總是將他們歸類，讓這些嬰兒採取某種特定的固定模式，面對母親的重新出現，Main及Hesse將其稱爲無組織或無定向依附（disorganized/disoriented attachment），也就是依附失敗的例子。嬰兒會表現出不清楚、不確定或是矛盾的依附關係，這類嬰兒通常是來自上述有問題的家庭。學者Zeanah、Mammen及Lieberman（1993）也提出兒童依附失敗常見之行爲現象，如**表3-4**。

表3-4　評估兒童依附問題

行為	依附失調的現象
情感表達	與人互動時缺乏溫暖與親切的交流，輕易親近陌生人。
尋求安慰	受到傷害、驚嚇，或生病時不會尋求安撫。即使尋求安慰，通常會使用奇怪或矛盾的方法。
依賴他人	不是過度依賴，就是需要時不去尋求可依附的照顧者。
合作	不順從照顧者的要求，或過度服從。
探索行為	在陌生的場合裡不會察看照顧者是否同在，或者不願離開照顧者探索環境。
控制行為	過分討好照顧者，或過分控制支配照顧者。
重聚時反應	分離後團聚，無法重建互動，行為表現包括忽視、迴避或強烈憤怒。

資料來源：Zeanah, Mammen & Lieberman (1993).

◆其他社會行為模式

1.角色取代：要瞭解一個人，必須能假想他人觀點並瞭解他人思想與感受，此稱爲角色取代。3、4歲的幼兒由於自我中心強，比較不會出現角色取代的社會行爲，但6歲以後的兒童漸漸能知道他人可能有不同的觀點，也較能站在別人的立場著想。

2.反社會行爲：明知社會規範爲何卻故意違反的行爲，如偷竊。

◆社會行為發展的輔導

1.成人的示範：成人在日常生活中，隨時表現互助、關愛、合作的社會行爲，幼兒自然能加以學習及模仿。

2.滿足幼兒對友伴的需要：讓幼兒有更多的玩伴，在經常與友伴的活動中，社會行爲自然有所增進。

3.和諧的親子關係：父母對子女的愛，本乎天性，自然流露，幼兒享受親情，社會行爲亦能有所發展。

4.和睦的手足之情：手足之間，每日相處，是兄弟，亦是友伴，因此和睦的手足之情，可促進社會行爲發展。

5.指導幼兒社會技巧：指導幼兒受歡迎的態度與行爲，並糾正其不良的社會行爲。

十、嬰幼兒的人格發展

人格乃是個人在對己、對人、對事物等各方面適應時，於其行爲上所顯示的獨特個性；此種獨特個性，係由個人在其遺傳、環境、成熟、學習等因素交互作用下，表現於身心各方面的特質所組成，而該等特質又具有相當的統整性與持久性。

(一)人格發展的理論

◆佛洛伊德的心理分析論

佛洛伊德（Sigmund Freud）認爲人格發展的動力是「性」，所以他以性爲基礎，把人格發展分爲五個時期：

1.口腔期：初生到週歲的嬰兒，以口腔一帶的活動爲主，嬰兒從吸吮、吞嚥、咀嚼等口腔活動，獲得快感。若嬰兒口腔的活動得不到滿足時，將來會發展成悲觀、依賴、被動、退縮、仇視等性格。

2.肛門期：從1歲到3歲左右的幼兒，對肛門內糞便的存留與排泄，均感到愉快與滿足。若是父母對幼兒大小便訓練過於嚴格，容易導致冷酷、無情、頑固、吝嗇、暴躁等性格。此期與個人對清潔的關切最爲有關。

3.性器期：約3歲到6歲的幼兒，性器官變爲獲取快感的中心，幼兒常有自慰的行爲。此時在行爲上最顯著的現象是：一方面開始模擬父母中之同性別者，另一方面以父母中之異性者爲愛戀的對象。說明如下：

(1)戀父情結：此期之女童愛戀自己的父親，產生陽具妒羨，而排斥自己的母親。但在此期之後期（5、6歲）終會覺得自己不是母親的對手，而開始認同母親。

(2)戀母情結（又稱伊底帕斯情結，Oedipus Complex）：此期之男童愛戀自己的母親，排斥自己的父親，產生閹割恐懼。但在此期之後期（5、6歲）終會覺得自己不是父親的對手，而開始認同父親。

4.潛伏期：兒童到6歲以後，其性的衝動進入潛伏期，此期一方面是人格的超自我部分的發展，另一方面由於其活動範圍的擴大，終而把父母的性衝動，轉向讀書、交友、遊玩等活動。

5.兩性期：進入青春期後，由於生理的成熟，常有性的衝動，在心理上開始對異性產生愛慕的現象。

◆艾力克森的心理社會發展論

艾力克森（Erik Erikson, 1902-1994），出生於德國的心理分析家，拓展了佛洛伊德的精神分析論，並修正佛洛伊德的性心理發展，是以社會化之概念解釋一般人（不限於病態人格），並擴及人一生的生命歷程發展的心理社會發展理論（Psychosocial Theory）：

1.嬰兒期：此期相當於幼兒出生後的第一年，稱「信任vs.不信任」期。嬰兒如能獲得各種需要的滿足，得到成人的關愛，必有安全感，就會發展出對人的信任感，否則會向另一極端，發展爲不信任感。

2.幼兒期：此期相當於生命中的第二、三年，稱「活潑好動vs.羞愧懷疑」期。幼兒在此期已具有行走、攀爬、推拉等動作能力，這些動作有助於幼兒建立自我控制的自主能力，使其願意自己從事

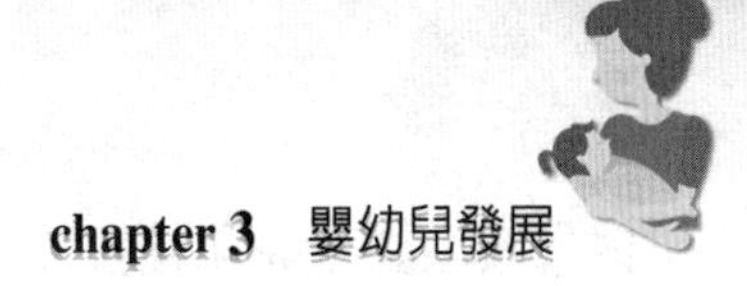

每一件事情。若成人不給幼兒表現能力的機會，就會懷疑自己的能力，並產生羞愧無能感。

3.遊戲期：相當於幼兒4～5歲，稱「積極主動vs.退縮內疚」期。此期幼兒自己會主動從事各種活動，如騎腳踏車、溜滑梯等。幼兒有機會自主活動，就會建立自動自發的主動性（進取），否則會發展成內疚感（罪惡感）。

4.學齡期：相當於兒童6～11歲，稱「勤奮進取vs.自貶自卑」期，此期兒童會服從遊戲的規則，會興趣濃厚的製造玩具，建立勤奮學習的責任感。若成人未給予機會，甚至加以責罰，兒童會趨向自卑感的方向發展。

5.青春期：是自我認同vs.角色混淆。

6.成年初期：是親密vs.孤立。

7.中年期：是自我實現vs.停滯不前。

8.老年期：是統整vs.失望。

(二)影響人格發展的因素

◆個人因素

1.遺傳：研究人格的遺傳因素，常以精神病患為例，證實病發率與血統間有密切的關係。

2.健康：健康的幼兒比較開朗、活潑、富活力；健康不良者，常表現出退縮、社會適應不良、依賴等人格。

◆家庭因素

為影響嬰幼兒人格發展最重要的因素，茲分述如下：

1.早期經驗：幼兒早期如能得到較多的關懷與照顧，對其人格情緒有良好的影響，反之則不然。

2.家庭氣氛：若父母感情良好，親子關係親密，兄弟姐妹間關係和諧，則幼兒人格發展較好，反之則不然。

3.父母管教態度：父母的管教態度有民主的、專制的、放任的等等，對幼兒人格發展均有不同的影響。

◆學校因素

1.教師人格：教師是幼兒認同及模仿的對象，故其人格特質直接影響幼兒人格發展。

2.教學態度：教師之教學態度（如熱忱的、拒絕的等）及教學方式（如民主、權威、放任等），均會影響幼兒人格發展。

(三)人格發展的輔導

◆嬰幼兒人格發展的適應不良作用

1.退化作用：幼兒遇到挫折、生病、打擊或其他不愉快的經驗時，會出現退化性行爲，以掩飾或彌補此一心理危機，是爲退化作用，例如幼兒有弟、妹出生時，常因嫉妒或覺得不被關懷，而表現出退化性行爲（如尿床）。

2.轉移作用：指幼兒的需求無法直接獲得滿足時，轉而以別的方式得到滿足，例如幼兒搶不到喜歡的玩具，心裡懊惱，只好轉移到別的玩具去。

3.昇華作用：指幼兒將社會不能接受的衝動、慾念轉變爲以社會可接受的方式出現，例如喜歡打人的幼兒改以打沙包的行爲呈現。

◆嬰幼兒人格發展的輔導

1.提供早期良好的生活經驗：人格發展奠基於嬰兒期，故在嬰兒期應有良好的餵哺方式、足夠的親情及合理的大小便訓練等。
2.培養獨立的性格：務使幼兒不依賴、培養生活上的自理能力及獨立自主的個性。
3.建立自信心：為使幼兒人格健全發展，父母須培養幼兒覺知自己有能力，故父母須建立其自信心。
4.適當的管教態度：父母及老師要採取合理的管教方式，子女在良好的教育薰陶下，人格自然會有良好的發展。
5.提供良好的示範：父母及老師要提供良好的人格示範，例如溫文有禮、誠實、仁慈、善良等，如此方能成為幼兒可加以學習的對象。

◆自我概念的建立及輔導

人甫出生時並無自我概念，及至幼兒期才因成熟與學習之過程，慢慢發展自我概念，而自我概念為幼兒期人格發展的核心。其過程如下：

1.具體的：近1歲的幼兒，漸漸地可以從鏡中發現自己的存在，對於玩具或吃的東西，會有獨占慾，認為這是「我的」，爾後慢慢發展會認識自己的五官、衣服等等。
2.抽象的：1歲以前的幼兒開始慢慢認識自己的名字，成人喚他，他會有所反應，爾後則會認識自己是誰、是誰的兒子，還有自己幾歲，尤其到了3歲以後的個性發展期，更會有自己獨特的看法與意見；到了兒童期，更能瞭解自己的行為準則、價值標準等。

第三節　嬰幼兒氣質介紹及其相對應之照顧與保育

一、嬰幼兒的氣質與類型

嬰幼兒的氣質（temperament）是指孩子與生俱來的特質，包括情緒反應之敏感度、速度與強度等，也就是對反應刺激的感受力、情緒本質等，心理學家稱之為「氣質」。從出生的第一天開始，每一個孩子就展現出其不同的特質，有的孩子很安靜，有些卻動個不停，這些包括嬰兒的活動量、睡覺的規律性以及情緒等等。

(一)嬰幼兒的氣質類型

1.活動量（activity level）：指幼兒是文靜型或活動量大型。前者較能安靜的聽講，做些靜態的活動，後者則傾向於精力過剩，很難坐定。

2.注意力長度及堅持度（attention span and persistence）：堅持度強的幼兒較有耐性，能持續做一件事情；反之，堅持度低的幼兒缺乏耐性，常無法完成一件事情。

3.注意力分散度（distractibility）：或稱「散漫性」，散漫性高的幼兒注意力不集中，易分心；反之，散漫性低的幼兒注意力較集中，能專心聽講。要讓幼兒集中注意力的方法有：(1)教材設計生動、有趣；(2)配合偶戲的方式引起幼兒學習動機；(3)利用錄影帶。

4.適應性（adaptability）：適應性強的幼兒很容易適應新環境、新的教學方式與新的遊戲方法，易與陌生幼兒相處；反之則不然。

5.趨避性（approach or withdrawal）：趨避性強的幼兒在陌生人面前易感害羞，不願嘗試新的玩具或遊戲；反之則幼兒易投入新的活動或情境，很快地被新的學習情境所吸引。

6.情緒本質（quality of mood）：情緒本質好的幼兒能和老師、幼兒相處融洽；反之則容易生氣、與人爭吵、常告狀。

7.反應閾（threshold of responsiveness）：引起幼兒反應所需要的刺激量稱爲反應閾。反應閾強的幼兒無論在嗅覺、溫覺、觸覺、聽覺、味覺等表現得靈敏，而且很容易注意到環境上新的變化；反之則不然。例如睡午覺時，只要房間裡有一點點的聲音就會醒過來，此爲聽覺反應閾強的表現。

8.反應強度（intensity of reaction）：反應強度大的幼兒遇事易熱烈參與，大聲叫好，強烈的表示興趣或不滿；反之則表現不當一回事、不在乎、不緊張、臉部少有變化等。

9.規律性（rhythmic regularity）：規律性好的幼兒，在飲食、睡眠、靜息及日常生活的一切事情表現得有規律；反之則呈現較散漫的生活作息。

(二)Thomas和Chess的氣質三類型

Thomas和Chess（1977）更進一步依據每位嬰兒在各向度的得分，將其訪問的嬰兒分成三大類：

1.安樂型：此類嬰幼兒對環境的改變適應性高，能接受新環境，在日常生活中表現愉悅的態度。

2.慢吞吞型：此類嬰幼兒對新情境採取退縮反應，並且需要很長的時間才能適應新的環境。此外，嬰幼兒活動量低，反應強度弱，會有負向情緒反應。

3.磨娘精型：又稱養育困難型，此類嬰幼兒生理機能表現不規則，面對新刺激時，經常是採取退縮的最初反應，而且情緒反應激烈，對環境的改變適應性低；此外，堅持度高、有個性，情緒表現多為負向。

近來研究朝向早期氣質是如何與環境互動，尤其是什麼樣的環境因子能緩衝困難氣質的幼兒對未來性格發展所造成的影響，「最適配合」（goodness of fit）就是此種研究的主要概念與發現。「最適配合」係指個體是否能健全成長，並不單只在乎其遺傳來的氣質，或是單受環境影響，而是個體的氣質是否能與環境相互配合。例如，一位嬰兒在家庭資源匱乏的情形下，因為其困難的氣質使得他哭得大聲，不易被安撫，反而得到父母的注意，故從保育的觀點，教導（育）父母的親職教育在貧窮等不利家庭中或受虐家庭中有其重要性，以避免嬰兒透過氣質所塑成的氛圍環境，持續地影響其日後性格的發展（雷庚玲，2001）。

持平而論，性格是天生特質也是環境塑造的結果，而由於先天氣質與後天環境之不斷互動，也使個體在發展中充滿了不可預測的變異性。

二、不同類型氣質嬰幼兒的照護輔導原則

嬰兒時期在身體發展之速率是所有發展階段中最迅速的一個時期，除此之外，在生命中前兩年，也常常被稱為可怕的兩歲期，這意味著個體的機體成熟，其腦神經的分化可促使嬰兒認識某些事物及概念，其主要是透過感官和動作來認識此世界，以建立其因果關係的基模。之後，嬰幼兒的語言也透過其發音系統瞭解語言的定義，並能表達其內心需求。在此時期，嬰兒也經歷了艾力克森的發展危機中的前兩個，「信任vs.不信任」及「活潑好動vs.羞愧懷疑」，而此時期最重要之社會化是家庭，尤其是父母之主要照顧者。

隨著個人天生之氣質，加上與父母（或主要照顧者）之互動，進而影響個體之社會和情緒發展，尤其在1960年代對嬰兒與父母分離之研究，在猴子實驗及育幼機構之研究也皆指出，環境之豐富化（enrichment）及和父母之親密互動，將有助於幼兒日後的情緒與智能之發展。然而，相關兒童疏忽與虐待也對成長後之社會及人格發生影響，是故嬰兒儼然已從生物人發展成社會人。職是之故，成人在照顧嬰兒時，應注意下列輔導之原則：

1.注意提供嬰兒之聽力刺激，並加強其感官訓練。
2.正確的語言示範，尤其是出生後幾個月，嬰兒已能接受語言刺激，並從中培養媽媽話之第一國（本國）語言。
3.營造閱讀環境，利用圖畫書及親子共讀，以萌發嬰兒之讀寫概念。
4.利用親子互動及遊戲來回應嬰兒之問題，刺激其好奇心，並掌握良好（高品質）之親子互動，以建立彼此之依戀及引發學習興趣。
5.破除性別化之教養方式，尤其在遊戲互動、玩物提供，甚至房間擺設等家庭生活經驗，以及教育機構的老師（或保育員）對幼兒遊戲之介入。
6.尊重嬰兒之氣質及性格傾向，利用遊戲幫助嬰幼兒發揮自我建構功能，以減輕焦慮，抒發個人情緒感受，透過遊戲之角色反轉，以強化嬰幼兒之自主性及自我擴展（self-expansion）。
7.提供溫暖且有一致性之教養策略，瞭解孩子之能力、需求，採高凝聚力及民主威權式之教養風格，以培養嬰幼兒有自主及健康之自我。
8.儘量讓孩子接觸各種與智力有關的刺激，圖書與遊戲是很好的選擇，能幫助孩子發展其自然天生的理解力、表達力及創造性，並

促進個人玩性之發揮。

9.依附關係雖與兒童日後社會行爲有關，照顧者並不是唯一決定孩子依戀品質的唯一要素。孩子本身的氣質以及外在環境的變化亦會影響孩子的依附關係。

10.情緒對嬰兒具有重要生存價值和社會適應意義，照顧者要敏感嬰兒的負向情緒，提供正向積極態度的社會參照以消除嬰兒的負向情緒反應，以幫助嬰兒發展正向的情緒反應。

第四節　嬰幼兒發展評估與量表之使用

嬰幼兒發展評估主要是著眼於孩童的智能狀況、語言、動作、認知等各方面的發展程度，目前台灣較常使用的評估量表是丹佛嬰幼兒發展篩檢測驗（Denver Developmental Screening Test, DDST），同時此種測驗也可應用於評估是否發展遲緩的可靠量表，以便早期發現遲緩的小孩，使其進一步接受正確詳細的診斷，一方面可增加有效治療的機會，一方面也可以給予早期的特殊訓練。

一、嬰幼兒發展評估量表

丹佛嬰幼兒發展篩檢測驗（DDST）是嬰幼兒最常使用的發展測驗，適用於出生到6歲的兒童，發展篩檢測驗共分爲四個單元：粗動作、精細動作、語言及適應能力、身邊處理與社會性。在每一測驗單元中，設計多個長條形的項目，長條形上分別標示百分比25、50、75及90（**圖3-1**）。

根據**圖3-1**的測驗，若受測兒童無法通過90%同年齡之兒童能通過的項目，則表示該兒童可能疑似有「發展延遲」的情形，分類如下：

1.正常：能通過90%同年齡兒童可通過的項目。

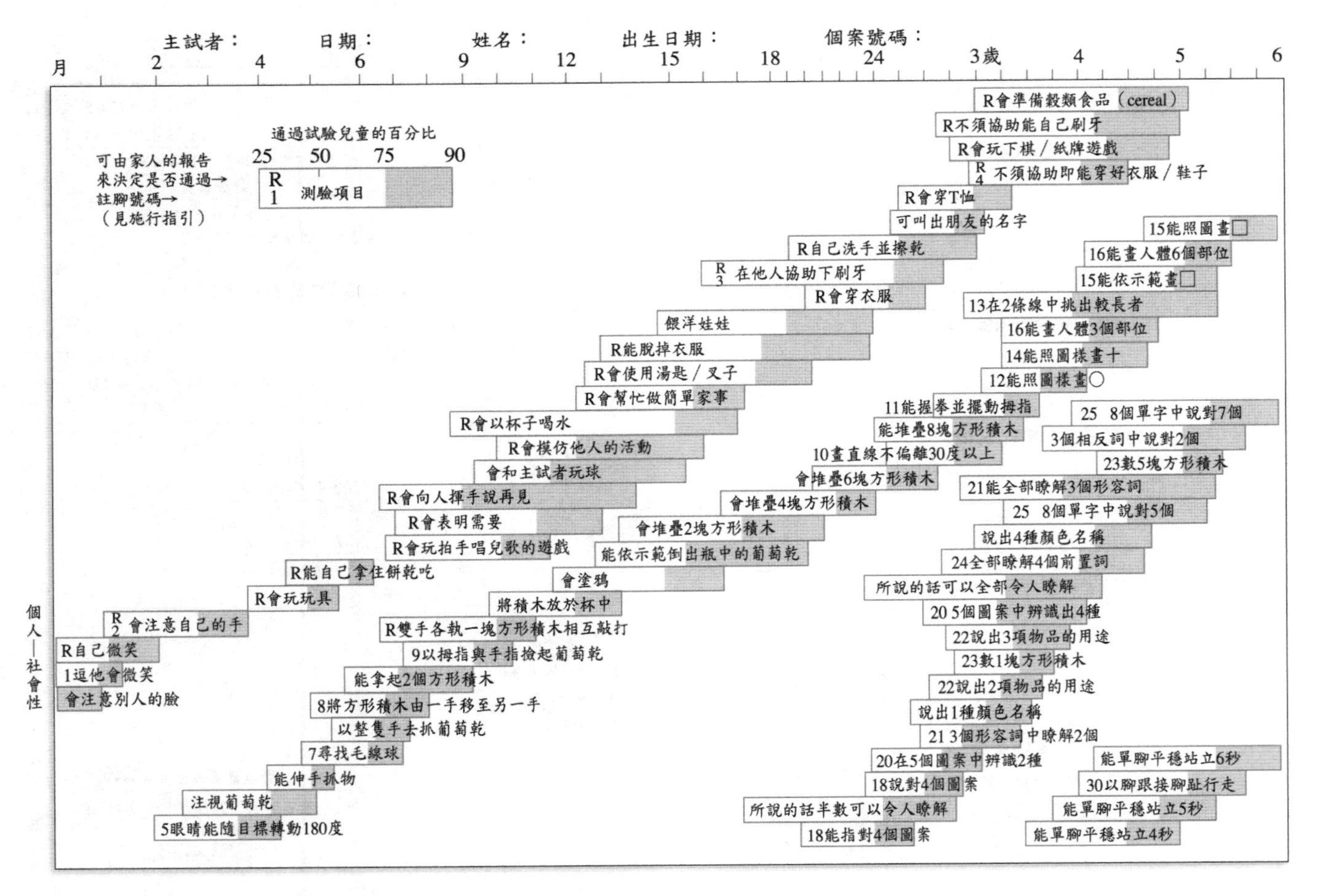

圖3-1　丹佛II嬰幼兒發展篩檢測驗量表（DDST）

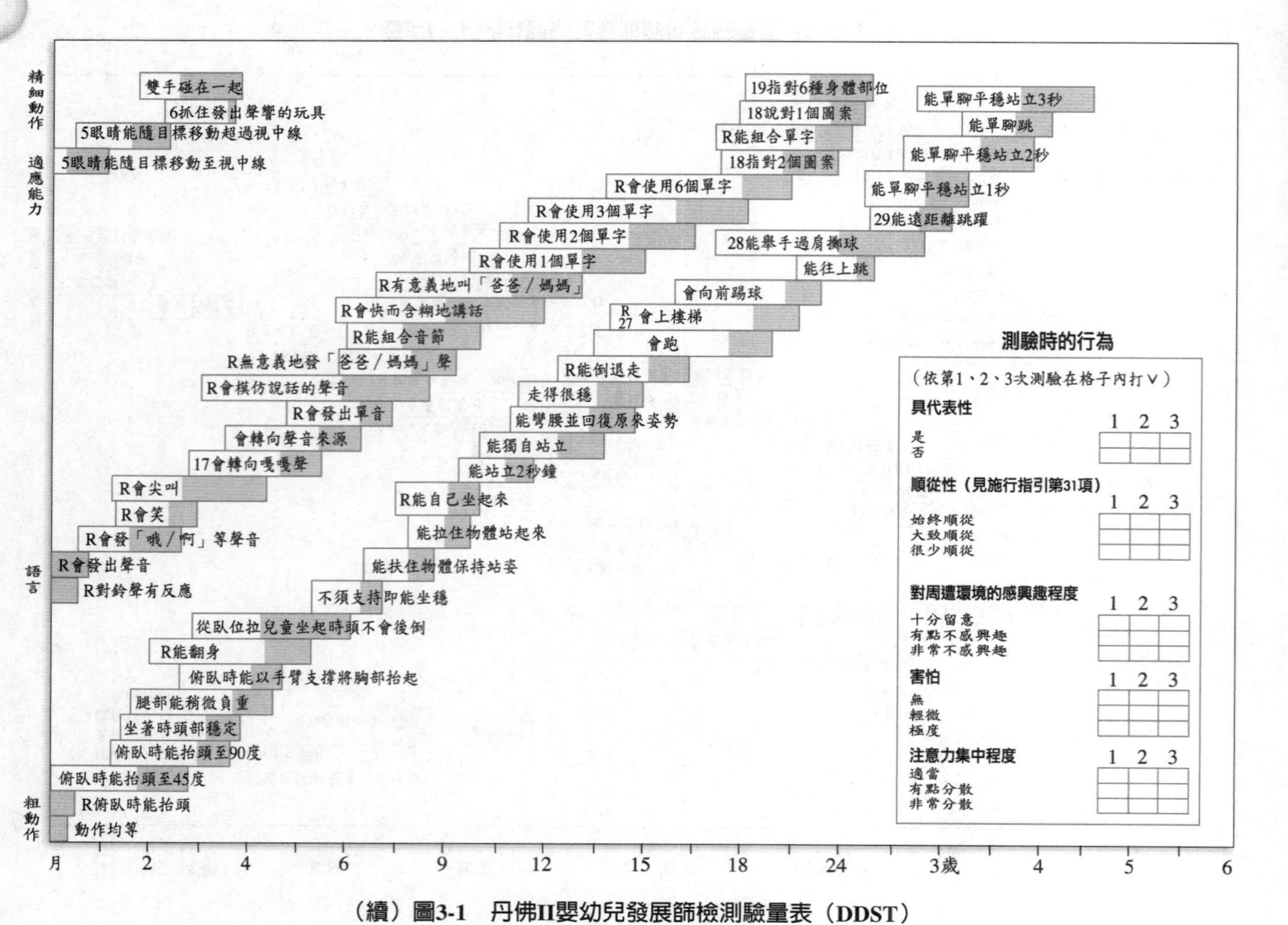

（續）圖3-1　丹佛II嬰幼兒發展篩檢測驗量表（DDST）

2.可疑：指一個單元有兩個（含）以上的延遲。

3.異常：指兩個（含）以上的單元各有兩個（含）以上的延遲；或某一單元有兩個（含）以上的延遲，而另一單元有一個延遲。

施測者在施行時須參考測驗施行指引（**表3-5**）。

表3-5 丹佛II嬰幼兒發展篩檢測驗施行指引

1.試以微笑、說話或揮手的方式來逗兒童笑，不要碰觸他。
2.兒童必須注視手部數秒鐘。
3.父母可以協助指導牙刷的操作方法以及將牙膏擠在牙刷上。
4.兒童並不需要繫好鞋帶或扣背後的扣子／拉背後的拉鍊。
5.將毛線球緩慢地依弧形路線由一側移往另一側，毛線球的位置須距離兒童臉部上方8英寸。
6.當會出聲響的玩具碰觸到兒童的指背或指尖時，兒童會抓住它，便算通過（正常）。
7.如果兒童試圖察看毛線球的去向，便算通過。主試者在丟下毛線球時必須快速，且不可移動手臂。
8.兒童必須在沒有身體、嘴巴或桌子的協助下，將方形積木由一手移至另一手。
9.如果兒童能以拇指與手指的任何部分撿起葡萄乾便算通過。
10.兒童所畫的線只能偏離主試者所畫的線30度或30度以內。
11.握拳、拇指往上指，而且只有拇指可以擺動。如果兒童能模仿此動作，且除了拇指之外其他手指均不動，即算通過。

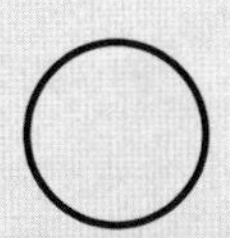

12.若能將圓圈畫好無缺口，就算通過，若只能畫成連續迴旋狀，就不算通過。

13.哪條線比較長（非較大）？將紙張上下顛倒再重複此測驗（三次測驗中全對或六次測驗中有五次對，就算通過）。

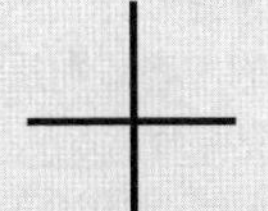

14.近中點畫出任何交叉線即算通過。

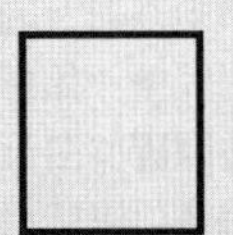

15.畫出完整圖形就算通過。注意直線的交叉。

測試第12、14、15項時不要說出其形狀名稱，測試第12及14項時不要示範

16.計分時，成雙的身體部位（例如：兩隻手臂、兩條腿等）只能算作是一個部位。

（續）表3-5　丹佛II嬰幼兒發展篩檢測驗施行指引

17.將一個骰子放於杯中，靠近兒童耳朵輕輕搖晃，但不要讓兒童看見。對另一個耳朵重複此項測驗。
18.指著圖案，讓兒童說出該圖案的名稱（如只能模仿其聲音，則不予計分）。如果兒童命名正確的圖案少於四項，則由主試者模仿圖案的聲音來讓兒童指出該圖案。

19.使用洋娃娃，要求兒童指出哪裡是鼻子、眼睛、耳朵、嘴巴、手、腳、肚子、頭髮，八項中對了六項就算通過。
20.使用圖片，問兒童：「哪一個會飛？」「哪一個會叫『喵』？」「哪一個會說話？」「哪一個會吠？」「哪一個會奔馳？」五項中對二項，就算通過。
21.問兒童：「當你寒冷時怎麼辦？」「當你累了時怎麼辦？」「當你餓了時怎麼辦？」三項中對二項，三項全對就算通過。
22.問兒童：「你可以用杯子來做什麼？」「椅子可以用來做什麼？」「鉛筆可以用來做什麼？」動作字眼必須在回答之中。
23.如果兒童能夠正確地放置並說出紙上的積木數目便算通過（1,5）。
24.告訴兒童：將積木放在桌上；放在桌下；放在我的面前；放在我的後面，四項全對便算通過（不可用手指、移動頭部或目光來協助兒童）。
25.問兒童：什麼是球？湖？桌子？房子？香蕉？窗簾？圍籬？天花板？如果兒童能說出用途、形狀、構成成分或一般分類（像是香蕉是水果，而不只是黃色）便算通過，八項中答對五項，便算通過。
26.問兒童：如果馬是大的，老鼠則是____的？如果火是熱的，冰塊則是____的？如果太陽照耀於白天，則月亮照耀於____？三項中答對二項便算通過。
27.兒童可以扶牆或欄杆，但不可以扶人，也不可以用爬的。
28.兒童必須舉手過肩丟球3呎，並且在主試者伸手可及範圍之內。
29.兒童必須站立跳過測驗紙之寬度（8.5英寸）。
30.告訴兒童向前走，腳跟與腳尖間距少於1英寸。主試者可以示範，兒童必須連續走4步。
31.在2歲的兒童中，半數的正常兒童是不順從的。
記錄觀察結果：

資料來源：郭靜晃（2013），頁201-204。

二、玩性評量表

遊戲行爲是一種兒童發展現象，發展的變化意味著遊戲行爲會在長時間（如嬰幼兒的各個發展階段）中有些改變，嬰幼兒會由依賴玩物遊戲（object-dependent play）進展到對玩物減少依賴，研究者認爲玩性似乎是孩子基本的人格特質。某些兒童在其身上可以散發好玩的特性，此種特性可以幫助他在各種情境中展現遊戲（Barnett, 1990）。但是，其他的兒童則在很豐富的遊戲情境也甚少有遊戲行爲。

Barnett（1990）發展一玩性量表以幫助研究者及教師輕易評量兒童在各種不同遊戲情境中的遊戲特質。此量表應用Lieberman（1977）原先玩性之五種向度來加以延伸與發展，此向度爲：

1.身體自發性。
2.社會自發性。
3.認知自發性。
4.呈現歡樂。
5.幽默感。

基於Barnett之前的研究，她在每一向度發展四至五個題項用於操作地描述此向度的特質。她用五點評分量表來評量每一題項行爲之程度（**表3-6**）。

老師可以用此量表來評量學生之玩性。如果在此量表評分較低，這意謂著兒童需要額外的幫助，尤其提供成人參與或同儕當作遊戲的鷹架，以幫助孩子從遊戲課程之活動中獲得遊戲之正面效果與益處。

表3-6　Barnett's玩性量表

	符合孩子行為之程度				
	1 幾乎沒有	2 偶爾是	3 多少是	4 大都是	5 幾乎總是
身體自發性					
兒童行動協調良好	1	2	3	4	5
兒童在遊戲時，身體是自動自發	1	2	3	4	5
兒童比較喜歡動，不喜歡安靜	1	2	3	4	5
兒童可以跳、滑步、跳及單腳踏步，而且表現良好	1	2	3	4	5
社會自發性					
兒童容易趨近別人且對別人的接近有所回應	1	2	3	4	5
兒童可以主動與別人玩遊戲	1	2	3	4	5
兒童可以與別人一起合作地玩	1	2	3	4	5
兒童願意與別人分享玩物	1	2	3	4	5
兒童在遊戲時常扮演領導者角色	1	2	3	4	5
認知自發性					
兒童獨自發明遊戲	1	2	3	4	5
在遊戲時，兒童可用不尋常的方式來玩	1	2	3	4	5
兒童可扮演不同角色	1	2	3	4	5
在遊戲時，兒童常改變活動	1	2	3	4	5
呈現歡樂					
在遊戲時，呈現歡樂狀	1	2	3	4	5
在遊戲時，表情豐富、華麗	1	2	3	4	5
在遊戲時，展現熱忱	1	2	3	4	5
在遊戲時，有情感表現呈現	1	2	3	4	5
在遊戲時，有說有唱	1	2	3	4	5
幽默感					
兒童喜歡與別人開玩笑	1	2	3	4	5
兒童會溫和嘲弄別人	1	2	3	4	5
兒童會說好笑的故事	1	2	3	4	5
兒童對幽默的故事大笑	1	2	3	4	5
兒童喜歡扮丑角，逗別人笑	1	2	3	4	5

第五節　發展遲緩兒童之認識與早期療育之因應

一、發展遲緩兒童的定義

根據「身心障礙及資賦優異學生鑑定標準」第13條對發展遲緩幼兒所下的定義爲：「未滿6歲之兒童，因生理、心理或社會環境因素，在知覺、認知、動作、溝通、社會情緒或自理能力等方面之發展較同年齡者顯著遲緩，且其障礙類別無法確定者；其鑑定依兒童發展及養育環境評估等資料，綜合研判之。」具體言之，上述各類發展有部分或全面成熟速度延緩或異常的情形，以至於影響生活適應及學習成效之學齡前兒童均屬之。換言之，兒童發展遲緩係泛指兒童在器官功能、感覺統合、感官知覺、動作平衡、語言溝通、認知學習、社會心理、情緒等發展項目上，有一種、數種或全面的發展速度遲緩、落後的異常。

二、兒童發展遲緩的成因、類型與鑑定

不是所有的發展遲緩兒童都會是身心障礙兒童。我們必須知道，有部分發展遲緩兒童是因爲有身心障礙的事實，而顯現出發展遲緩的情形，又有一些則是因發展遲緩現象未獲改善，而成爲身心障礙兒童，這是必須予以區分的。由於發展遲緩現象一旦未獲改善，往往會造成社會成本的負擔，因而各國對於早期發現、早期通報與早期治療往往會積極的採取介入，以下是發展遲緩兒童的現況：

1.世界衛生組織研究發現：每100位兒童中，就有6～8位是發展遲緩兒童（發現率6～8%左右）。

2.民國101年12月底止，新北市早療篩檢兒童人數：完成篩檢178,762人，篩檢率達77.4%，疑似異常發現率為1.21%。

3.新北市通報（疑似）發展遲緩兒童人數：據推估應有13,852～18,469人，自民國88年至101年12月底止，累積通報個案達24,364人，中心在案量為8,382人，推估至少有5,470人尚未被發現通報。

(一)兒童發展遲緩的成因

大多數發展遲緩的成因是未知的，目前能夠被瞭解的原因僅25%左右，例如：

1.生產前因素：

(1)先天性：遺傳、染色體基因異常等。

(2)其他：孕婦抽菸、酗酒、年齡過輕或過高、營養不足、藥物使用不當、吸毒等。

2.周產期因素：早產兒、體重過輕、產程缺氧、顱內出血、感染等。

3.生產後因素：生理疾病、腦部疾病、意外傷害、營養問題等。

4.社會心理文化因素：教養方式、家庭狀況、教育、情緒行為問題等。

5.其他因素：子宮內發育遲緩、有發展遲緩家族病史等。

6.不明原因：發展遲緩兒童的成因，有三分之二原因不明。

(二)發展遲緩兒童的類型

發展遲緩的現象有無法辨認物品、不會說話、沒有語詞、視力模糊、無法爬行站立、不會穿脫衣服、不會自行飲食、無法融入群體生活、自閉症、唐氏症、智障、肢障、聽障、視障等等，但必須注意的是，不是所有的發展遲緩兒童都會是身心障礙兒童。發展遲緩兒童的類型有：

1.認知發展遲緩：指認知發展跟不上同年齡平均之認知發展狀態，如概念、推理思考等。
2.生理發展遲緩：指身高、體重、感覺系統等發展與同齡兒童比較嚴重落後。
3.語言發展遲緩：指兒童在語言的表達與語言的理解能力與同齡兒童比較嚴重落後。
4.動作發展遲緩：指兒童在粗大動作與精細動作的發展與同齡兒童比較嚴重落後。
5.社會適應發展遲緩：指兒童在人際互動、情緒、行為與人格特質、環境適應等方面的發展與同齡兒童比較嚴重落後。

(三)發展遲緩兒童的鑑定程序

如果發現幼兒有疑似發展遲緩現象，保母應該提醒父母帶孩子去檢查，柯平順（1997）認為鑑定的程序應針對發展遲緩幼兒本身的特色與需求，掌握幼兒的現有能力狀況，蒐集各種相關資訊，藉以瞭解幼兒，選擇適當介入與療育的模式，以協助幼兒順利發展。

1.鑑定的內容應包含：
(1)認知領域。
(2)動作技能。
(3)語言與溝通技能。
(4)遊戲與社會技能。

(5)自理能力。

(6)家庭特點。

(7)家庭需要。

2.診斷過程應有家長參與。

3.運用多重評量蒐集多重資料：

(1)直接測試：運用各種標準化測驗工具直接施測，如智力測驗、語言發展評量、粗細動作發展評量、感覺統合評量等。

(2)直接觀察：利用標準化測驗工具施測過程或教學訓練環境中對幼兒相關能力進行觀察。

(3)自然觀察：在自然生活情境下對幼兒行為觀察其表現。

(4)家長晤談：可取得幼兒在家庭中的相關表現。

(5)家長評估：由家長完成有關的量表或檢核表，再由專業人員做進一步的解析。

4.鑑定單位及程序：

(1)醫院：發展遲緩幼兒的鑑定通常在醫院實施，鑑定的單位包括兒童心智科、小兒科及復健科等，鑑定成員應是一個團隊，包括小兒科醫師、兒童心智科醫師、復健科醫師、心理師、語言治療師、物理治療師、社會工作師、職能治療師等等。

(2)轉介各縣市教育局（處）的特殊教育學生鑑定及就學輔導委員會（簡稱鑑輔會）。

(3)師範院校、教育大學特殊教育中心諮詢專線，洽詢學者意見。

三、早期療育的介入與因應

(一)早期療育的定義與內涵

早期療育是指由社會福利、衛生、教育等專業人員以團隊合作方式，依未滿6歲之發展遲緩兒童及其家庭之個別需求，提供必要之治療、教育、諮詢、轉介、安置與其他服務及照顧。其主要的內涵有：

1.以學齡前身心障礙與發展遲緩兒童及其家庭為服務對象。
2.採用專業團隊合作方式提供服務。
3.掌握6歲之前兒童發展的治療黃金期。
4.以家庭為服務重點。
5.重視身心障礙與發展遲緩兒童及其家庭的個別性需求。

(二)早期療育服務的重要性

早期療育不但可以減少社會成本，也能幫助有困難的家庭，降低社會問題，故有其重要性，因為嬰幼兒在3歲以前每花1元的療育成本，足可節省3元的教育與社會成本。以下舉美國在早期療育上所訂定的適法原則，說明政府與社會應有的認知，例如：

1.零拒絕：學校不得拒絕任何身心障礙兒童。
2.無歧視評估：兒童在接受特殊教育前應接受依其個別文化及語言適當之評估。
3.個別化教育計畫（Individualized Education Program, IEP）：特教老師必須為特殊兒童撰寫IEP，且每年應依教育計畫之內容作評估及修訂。

4.最小環境限制：即安排兒童在家庭或社區內接受療育，而非使其與社會隔離。

5.法律程序保障。

6.家長參與：父母應參與兒童個別化教育計畫評估會議，及取得兒童教育相關紀錄及資源的權利。

此外，尚應訂定個別化家庭服務計畫（Individualized Family Service Plan, IFSP），其主要的內容有：

1.兒童目前生理、認知、社會情緒、溝通與適應能力的發展評估。

2.兒童家庭狀況與資源。

3.預期達到服務的目標。

4.早期療育服務模式內容次數等的說明與解釋。

5.早期療育安置場所及預期服務時間。

6.轉銜計畫擬定。

7.個案負責人。

8.每年檢討兩次及評鑑一次。

以下是國家、社會乃至個人提倡早期療育的重要性：

1.就經濟面而言，減少政府及家庭的成本支出：早期療育不但可以減少社會成本，也可減少未來醫療成本、教育成本、機構成本，同時也可提升未來社會公民的素質。

2.可以提升其發展潛能：倘家長儘早讓孩子接受早期療育，必能增進其生理、認知、語言發展、社會適應與生活自理能力，其障礙將獲得改善，甚至痊癒，並激發其發展上的潛能。

3.對家庭而言，將能減輕家長在照顧上的負擔：發展遲緩兒童愈早接受療育與機能訓練，則效果愈好，生活自理能力愈好，則愈能減輕家長在照顧上的負擔；IFSP（個別化家庭服務計畫）的介入，更能提供家庭所需的服務資源，紓解家庭壓力，減輕家庭負擔與社會成本。

4.對國家而言，早期療育服務是展現國家照顧兒童的責任：早期療育維護兒童的就醫權，更保護兒童人權，提升人民素質、國家公共責任之展現。

(三)早期療育的通報與輔導

◆早期療育的對象

早期療育的對象是經兒童聯合評估中心診斷評估，爲有發展遲緩或疑似發展遲緩之6歲以下兒童，包含發展遲緩兒童、障礙兒童、生理狀況危險群兒童、環境危險群兒童等。根據台北市政府教育局（2002）所認定的早期療育對象有下列三者：

1.發展遲緩幼兒及其家庭：早期療育的介入，可以激發幼兒的潛能，輔導幼兒的障礙，糾正幼兒異常的行爲；同時可以協助家庭做必要的措施，如親職教育、居家護理、心理及行爲輔導等。

2.經診斷其生理或心智狀況有極大可能會導致發展障礙之兒童及其家庭。

3.若未接受早期療育，可能會導致相當的發展障礙兒童及其家庭。

◆早期療育的內容

根據台北市政府教育局（2002）所提供的早期療育內容，可分爲下列四個方面：

1.復健與治療：主要由醫院或相關心理輔導機構協助治療，包括相關醫療、行爲心理治療、認知訓練、語言治療、職能治療、物理治療、家族治療。

2.居家教養諮詢：主要由醫院、各師範院校特殊教育中心及社會福利諮詢中心協助，包括認知能力訓練、語言能力訓練、行為心理處理、感覺動作能力訓練、生活自理能力訓練。

3.特殊教育：依「特殊教育法」第10條規定，學前教育階段應在醫院、家庭、幼稚園、托兒所、社會福利機構、特殊教育學校幼稚部或其他適當場所辦理。

4.資源轉介：主要針對發展遲緩幼兒的特殊需要，作資源轉介，例如需要裝配助聽器的幼兒，推介助聽器公司；需要裝義肢者，推介義肢裝配公司；需要做語言治療者，推介至醫院復健科。

◆早期療育的發現

1.發展遲緩兒童的發現時機通常會在：

(1)婦產科醫生、小兒科醫生或其他科別醫生在醫院、診所、衛生所的產前檢查、新生兒的篩檢、健兒門診發現。

(2)公共衛生護士在新生兒訪視過程中初步篩檢時發現。

(3)嬰幼兒的家長在照顧過程中發現可疑情況，主動求助醫護人員。

(4)保母或幼兒園教保人員觀察幼兒的情況，告知家長或通報。

(5)兒童福利機構專業人員在照顧兒童過程中，發現兒童發展異狀，告知家長或通報。

2.篩檢的程序通常有下列兩項：

(1)初篩：目的在初步釐清疑慮與發現，可設計簡易、題數少、填答容易、填答時間短的篩檢表，所以初篩所需的人力少費用也較低。

(2)正式鑑定：當初篩有疑慮時，即進入正式鑑定，故評量工具自然題數多、費時及成本高，需由不同專業人士及家長共同執行，專業度及準確度亦較高。

◆早期療育的通報

通常一旦家中發現發展遲緩兒童，家長往往不願孩子被通報與接受鑑定，一來否定孩子遲緩的事實，排斥接受及無法面對這樣的事實，再者心存「大雞慢啼、大器晚成」的老舊想法，而認爲沒有就醫療育的必要，或是因爲礙於現實的經濟及照顧之困境，無法讓孩子接受長期治療。只是根據「兒童及少年福利與權益保障法」第23條：「直轄市、縣（市）政府，應建立發展遲緩兒童早期通報系統，並提供早期療育服務……」，與「兒童及少年福利與權益保障法」第32條：「各類社會福利、教育及醫療機構，發現有疑似發展遲緩兒童，應通報直轄市、縣（市）主管機關。直轄市、縣（市）主管機關應將接獲資料，建立檔案管理，並視其需要提供、轉介適當之服務。」或「兒童及少年福利與權益保障法」第31條：「政府對發展遲緩兒童，應按其需要，給予早期療育、醫療、就學及家庭支持方面之特殊照顧。父母、監護人或其他實際照顧兒童之人，應配合政府對發展遲緩兒童所提供之各項特殊照顧。」等規定，一經發現家中有發展遲緩兒童相關人員即應進行轉介服務，內容重點如下：

1.發展遲緩兒童被通報後，最重要的是轉介到適當的服務單位，使其能夠儘快得到醫療、教育訓練等協助。
2.「發展遲緩兒童早期療育服務通報轉介中心」服務項目：受理通報、個案諮詢、宣導服務、資源轉介、協助評估、親職教育、成長團體、研習訓練、費用補助、轉銜服務、巡迴輔導、家庭訪視、個案初篩、安置追蹤、到宅服務、建立通報網絡、建置網頁與資料庫系統、行政協調等。
3.「發展遲緩兒童早期療育服務個案管理中心」服務項目：個案訪視、資源轉介、追蹤輔導、安排與陪同醫療評估、擬定服務計畫

（IEP、IFSP）、需求評估、研習訓練、親職教育、初步評量、轉銜服務、諮詢服務、宣導服務、巡迴輔導、社區融合服務等。

◆早期療育的服務內容

療育服務進行評估的目的是確認兒童是否有發展遲緩現象，這些評估是委由專業的團隊進行，例如：(1)臨床心理師：評估兒童心智發展；(2)物理治療師：評估兒童運動功能；(3)職能治療師：評估兒童認知及精細動作發展；(4)語言治療師：評估兒童語言溝通能力；(5)特教老師：評估兒童的學習能力與特殊需求；(6)社工師：連結社會資源，提供兒童及家庭支持服務。以下是各專責機構所提供的服務內容：

1.醫療復健的提供：

(1)服務模式：時段制療育、日間留院。

(2)服務內容：一般或特殊醫療、藥物治療、物理治療、職能治療、語言治療、行為治療、音樂治療、感覺統合治療等。

2.社會福利機構提供之療育服務：

(1)服務模式：時段制療育、日間托育服務、住宿教養、在宅服務等。

(2)服務內容：動作訓練、溝通訓練、社會能力訓練、親職教育。

3.教育服務的提供：

(1)服務模式：在幼托園所採融合教育、專業團隊巡迴輔導。

(2)服務內容：特殊教育、認知、動作、溝通表達、社會能力、遊戲等訓練及親職教育。

4.家庭服務的提供：經濟支持、交通服務、臨時托育服務、喘息服務、家庭功能重建、社會支持網路建構等。

◆追蹤與結案

個管中心定期追蹤療育服務的提供情形，及家庭使用資源情形，待至兒童上小學前，應做好轉銜工作，並進行結案後的追蹤工作。

四、早期療育的發展與未來展望

◆早期療育的努力方向

1.加強早期療育服務人員的專業知能訓練。
2.增加專業人員的培植。
3.推進社會倡導工作及擴大早期療育的資源聯結。

◆社會倡導的三級預防

1.運用親職教育、遺傳諮詢、社區宣導等預防性方案，將發展遲緩兒童之發生率及日後形成的障礙率盡可能降至最低。
2.在教育協助部分，加強發展遲緩兒童在進入幼兒園所，或進入小學階段的轉銜服務工作，以強化其基本能力、增加家長的參與、提升機構間的協調溝通與合作。
3.早期療育專業團隊在整體合作部分，未來應朝向加強跨專業、跨領域、跨局處的合作模式，建構更完善的早期療育服務網絡，並應建置早期療育機構服務評鑑標準，以提升早期療育機構服務品質。

參考書目

一、中文部分

台北市政府教育局（2002）。發展遲緩兒童早期療育服務實施方案，http://www.edunet.taipei.gov.tw/ct.asp?xItem=57413484&ctNode=27377&mp=104001，檢索日期：2013年9月5日。

柯平順（1997）。《嬰幼兒特殊教育》。台北：心理。

郭靜晃（2005）。《兒童發展與保育》。台北：威仕曼。

郭靜晃（2013）。《兒童發展與輔導》。台北：揚智文化，頁201-204。

雷庚玲（2001）。〈情緒及家庭中社會關係的發展〉。輯於張欣戊等著，《發展心理學》（修訂三版）。台北：國立空中大學。

二、英文部分

Ainsworth, M. D. S., Blehar, M. C., Waters, E., & Wall, S. (1978). *Patterns of Attachment: A Psychological Study of the Strange Situation*. Hillsdale, NJ: Erlbaum.

Barnett, L. A. (1990). Playfulness: Definition, design, and measurement. *Play and Culture, 3*(4), 323-324.

Bowlby, J. (1958). The nature of the child's tie to his mother. *International Journal of Psychoanalysis, 39*, 1-23.

Buss, A. H., & Plomin, R. (1975). *A Temperament Theory of Personality Development*. New York: Wiley.

Crockenberg, S. B., & Litman, D. (1990). Autonomy as competence in 2-year-olds: Maternal correlates of child defiance, compliance and self-assertion. *Developmental Psychology, 26*, 961-971.

Lieberman, J. (1977). *Playfulness: Its Relationship to Imagination and Creativity*.

New York: Academic Press.

Maccoby, E. E., & Martin, J. A. (1983). Socialization in the context of the family. In E. M. Hetherington (Ed.), *Handbook of Child Psychology: Socialization Personality and Social Development* (Vol. 4). New York: Wiley.

Main, M., & Hesse, E. (1990). The insecure disorganized disoriented attachment pattern in infancy: Precursors and squealed. In M. Greenberg, D. Cicchetti, & E. M. Cummings (Eds.), *Attachment During the Preschool Years: Theory, Research and Intervention*. Chicago, IL: University of Chicago Press.

Parten, M. B. (1932). Social participation among preschool children. *Journal of Abnormal and Social Psychology*, *27*, 243-269.

Radke-Yarrow, M., & Zahn-Waxler, C. (1984). Roots, motives and patterns in children's prosocial behavior. In E. Stanb, D. Bartal, J. Karlowski, & J. Keykowski (Eds.), *The Development and Maintenance of Prosocial Behavior*. New York: Plenum.

Thomas, A., & Chess, S. (1977). *Temperament and Development*. New York: Brunner/Mazel.

Zeanah, C. H., Mammen O., & Lieberman, A. (1993). Disorders of attachment. In C. H. Zeanah (Ed.), *Handbook of Infant Mental Health* (pp. 332-349). New York: Guilford Press.

CHAPTER 4

親職教育導論

- 父母的角色、教養態度與方法
- 父母參與社區資源及支持網絡之認識
- 托育人員與嬰兒父母及與嬰幼兒溝通之技巧
- 托育人員與嬰兒父母關係之建立與維持
- 托育人員聘僱合約與日誌記錄

兒童福利專業人員訓練之保母核心課程中親職教育概論，訓練時數18小時（計1學分），其課程內容應包括：父母的角色、教養態度與方法、認識父母參與社區資源、支持網路、保母與嬰幼兒父母及與嬰幼兒溝通之技巧，保母與嬰幼兒之間關係之建立與維持，及書寫保育日誌的意義與技巧。

第一節　父母的角色、教養態度與方法

在2歲以前，母親（或其他主要照顧者）一直是嬰兒最主要的守護神、養育者及照顧者。到了2歲以後，孩子的社會化擴大了，父母、祖父母或托育機構遂成爲孩子社會化的主要代理人（social agents）。在1990年代之前，大部分研究指出，親子互動品質良好，可促進孩子性別角色認同，傳遞社會文化所認同的道德觀，增加彼此親密的依戀品質，促進孩子玩性（playfulness）發展，亦有助孩子日後與同儕互動的基礎。在1990年代之後，由於母親走出家庭，進入工作職場，於是孩子進入托育機構或由保母照顧比例日益增多。因此，托育機構的照顧品質或師生互動變成影響兒童社會化的重要影響因子。現代的家庭伴隨太多的不穩定性，例如婚姻失調（離婚、親密暴力）、貧窮、壓力，加上社會支持不夠，終究衍生了許多社會問題。此外，社會變遷，如人口結構改變、家庭人口數減少、家庭結構以次核心家庭爲主；又如因教育水準提升、個人主義抬頭等，致婦女前往就業市場，兩性平等造成家庭夫妻關係與權利義務分配日趨均權；其三，社會經濟結構改變，使得需要大量勞力工作的機會降低，取而代之的是服務，及不需太多勞力的工作機會提增，更刺激了婦女的就業意願；其四，經濟所得的增加，加上通貨膨脹上升，婦女爲求家庭經濟生活的充裕，必須外出工作，以提升家庭的物質生活品質，亦造就了婦女成爲就業市場的主力，甚至衍生了雙生涯家庭

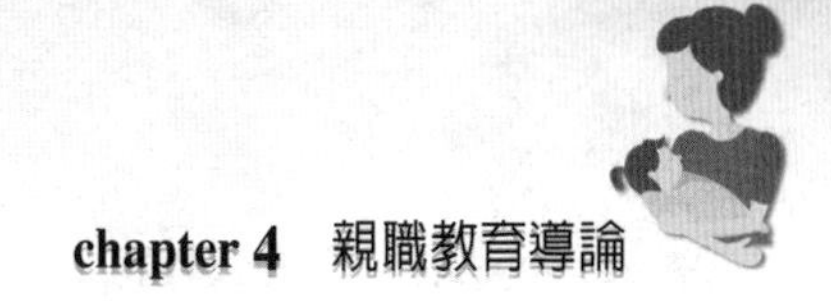

（目前約有48.6%的婦女勞動參與率）。

一、親職教育的緣由與目的

家庭本身並無生命，家庭組織成員賦予生命。在家庭中，家人關係是互動的動態系統，不是固定不變，它隨時都在改變與調整。家庭更是人類精神與物質所寄託的重心，雖然家庭功能會隨時代變遷而改變，但有些基本的功能是不會因時代與社會的不同而改變。Burgess等（1971）將家庭功能分爲固有的功能和歷史的功能：

1.固有的功能：包括愛情、生殖和教養。

2.歷史的功能：包括教育、保護、娛樂、經濟和宗教。

因爲時代的變遷，原有屬於家庭的功能也逐漸被政府及民間等組織制度所取代，例如托兒所、幼稚園的托育機構，或學校之教育機構等。

(一)親職教育的緣由

由於父母的親職角色功能不足，加上父母的錯誤認知，認爲托（教）育機構不但是「訓練機器」，而且也是代管「孩子」這物品的場所，是孩子應「及早」且「待愈久愈好」的主要社會化的機構。問題是一旦托（教）育人員與父母的教養方式不同，孩子會增加適應上的不安與焦慮，反而讓孩子在父母及托（教）育機構的雙重忽略下，延滯孩童身心發展的重要時機。

在以往的社會裡，老師是罕見的，家長與老師的關係並不密切。雖然昔日孩子在生活上過得相當困苦，但孩子至少有一簡單、安定及嚴格的限制（教養），生活方式彈性較小，親職教育就不太需要；時至今日，在這全球化的世界中，家庭和社會形貌已與往昔大不相同，老師和

家長更處於一個複雜、快速變遷的世界，他們有許多的立場及責任要分工與協調，甚至更要合作，才能共同積極幫助孩子謀取最佳福祉，這也是親職教育的概念緣由。

(二)親職教育的目的與功能

兒童及少年的問題始於家庭、顯現於學校、彰顯於社會。故親職教育即在指導父母克盡角色、發揮父母及家庭功能，以預防其日後不良行爲的產生。

親職教育的重要性在於強化家庭功能，預防兒童及少年產生不適應之行爲，接合學校及社會資源，支持家庭發揮功能，消弭社會問題，去除不適合孩子成長的環境因素。因而其實施應包括教育及導引家庭與父母之功能。以下分述家庭的七項主要功能（黃堅厚，1996）：

◆生養育的功能

家庭主要的功能乃在透過婚姻關係，傳宗接代以延續香火，故家庭除了重視優生保健以提升下一代的品質外，並應瞭解子女在不同階段的生、心理需求與發展，提供安全、溫暖及適齡、適性的成長環境與教養方法，以協助其健全成長與發展。

◆照顧保護的功能

父母的責任要在子女成長過程中，給予合理（不放縱）的保護子女，使孩子免於恐懼與傷害，並時時給予關懷、支持及指導，以確保孩子的安全，強化其獨立性、適應能力與問題解決能力，以朝向獨立自主的成人作準備。然而現代家庭因社會變遷造成傳統照顧兒童功能式微，所以家庭之外的正式與非正式社會支持體系應運而生。

◆教育的功能

家庭是孩子社會化的第一個機構，也是待最久的機構；家庭更是孩子人格、行爲塑化學習的場合，尤其是個體的早年經驗。隨著子女的年齡成長，父母除了照顧、養護子女之外，也應對子女的道德、行爲、價值觀及心智發展負起責任，透過過濾、協助、示範、規範、講解、引導與鼓勵，逐漸社會化成爲能適應社會之獨立個體，故家庭使孩子從「生物個體」成爲「社會個體」。

兒童透過與家人一起生活、遊戲、工作，達到性別角色的認同與學習，行爲由他律而自律，形塑個人之道德、價值觀及良知，以及習得社會能力與技巧；同時，家庭也具有獨特的文化及精神價值，所以家庭能形塑人，也可以傷害人。

現代家庭以核心家庭爲主，但由於社會變遷，造成少子化、隔代家庭、單親家庭或外籍配偶家庭，教養子女的功能也由其他專業化的機構，如托兒所、幼稚園或托育中心，以及電視和電腦取代了部分教養子女的功能。

◆情感與愛的功能

家庭是個人情感的避風港，家庭予人安全及歸屬感，同時也是提供愛與溫暖的場所，尤其在工業社會中人際關係愈來愈冷漠，彼此間競爭激烈，疏離的社會更需要伴侶的分享及親子關係的情感交流。

家庭透過婚姻關係提供夫妻之間的親密關係，也是個人尋求情緒的滿足與支持之所在，但是家庭也是最容易傷害人的場合，例如家庭暴力。因此，父母需對子女傳輸愛的訊息，對孩子合理期望，讓孩子得到外在衝突及挫折的庇護，同時也傳輸如何以親密及正向情緒對待別人，以發揮家庭最重要的功能。

◆娛樂的功能

傳統社會所有的活動均發生在家庭之中，娛樂休閒活動也不例外，如拜拜、過年、節慶等，而在現代的社會，此種功能漸漸爲家庭之外的休閒娛樂行業所取代，如主題公園、電影院、KTV等。雖然如此，家中也隨著科技的進步，各種設置於家中的娛樂設備也較以往充足，如電視、VCD／DVD錄影機、卡拉OK、電腦等，也成爲個人選擇的休閒娛樂方式之一。在充滿壓力、緊張、時間緊縮的時代中，家庭休閒娛樂不可或缺，它可提供在共同時間中，有共同興趣、共同目標、從事共同的活動的人，透過互助、溝通來凝聚家庭成員，形塑共同價值，也可以增加彼此瞭解及傳輸關愛的親密感。

◆宗教信仰的功能

宗教信仰是家庭中共同價值及人生觀的表徵，同時也是一種家庭的凝聚力量，表達對天、地、人、事物的看法，它亦是凝聚家庭成員表達愛、分享、體恤別人或遵循社會規範的具體行爲。傳統的中國社會重家庭，祭祠祖先，擴展家庭各種宗親、社會組織以確保家庭及社會之權威結構，及維繫家庭與社會的組織行爲（謝高橋，1994）。

現代社會宗教信仰趨向多元化、個人化，因此家庭宗教信仰功能日漸式微，甚至已消失此種功能。

◆經濟的功能

往昔在農業社會時代，家庭是兼具生產與消費的場合，家庭成爲一種自給自足的經濟組織。工業化之後，社會愈加分工，家庭的生產工作逐漸由另外的生產單位（如工廠、公司）所取代，但家庭仍在消費單位中扮演著主要的經濟功能（蘇雪玉，1998）。現代家庭也愈趨向雙工作及雙生涯的家庭，造成許多家務工作可能要找人幫忙，即使是專職的母職角色，不出去工作也要處理家務工作，雖然不給薪，但是其仍有經濟的活動，這也是「家務有給制」的觀念，只是家庭的經濟活動未如往昔農業社會那般明顯。

家庭的經濟功能是家庭成員相互之間的經濟活動，透過互助互持以保障家庭人員的生活。現代社會透過賦稅、保險，除了家庭的經濟自給自足之外，其餘可以配合社會的支持與福利，來維持個人的生活，家庭

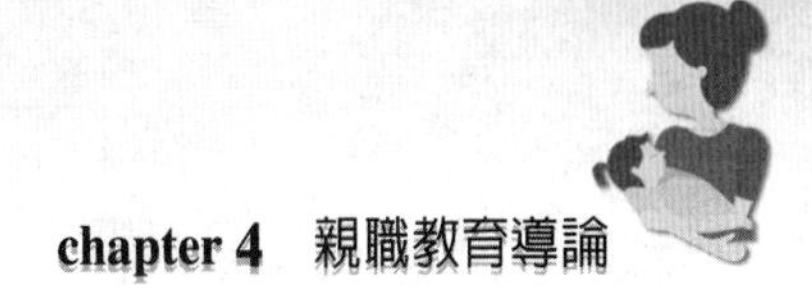

不再是獨立自給自足的經濟單位，而必須要配合社會的支持。

二、父母的角色與家人的溝通

家庭是培育個人成長的一個重要媒介，其對於個人身心的健康發展也有非常重大的影響。以下介紹家庭成員角色的扮演以及成員間的溝通，瞭解個人與家庭間的互動影響，並增進與家人溝通的能力。

(一)家人角色

角色的意義來自社會或文化對個體行爲或態度的期望（Strong & DeVault, 1992）。Kadushin及Martin（1988）在其《兒童福利》著作中，更以家庭系統互動爲目的，以父母角色功能爲主，將兒童福利服務分爲三類：支持性服務、補充性服務及替代性服務。親職教育即屬於支持性兒童福利服務，爲因應兒童所處家庭因社會變遷所產生之緊張狀態，雖其結構完整，但若不即時因應家庭危機，仍會導致家庭發生變數，影響兒童，因此需即時提供支持性兒童福利服務，充權增能（empower）家庭功能（郭靜晃，2004：23）。

這種來自社會或文化的期望，更因個體性別、社經地位、年齡、職務、能力、責任或其他因素而定。社會上最主要的期望更會受年齡及性別所影響，這種期望會爲規範做統一及一致性的要求，是謂刻板化角色（stereotypical roles）。一般說來，小家庭中的成員組成爲父母、子女、夫妻、手足或姻親血緣關係，進而擴大爲大家庭之角色。

在傳統的農業社會中，父親的角色是賺錢養家，母親則照顧子女，以迎合「男主外，女主內」之傳統角色，而子女則好好唸書，兄友弟恭，好好做人及孝順父母。此外，農業社會中，工作與家庭也分不開，所有生老病死的事皆發生在家中，成爲家務事。工業化之後，不僅劃分工作與家庭的場合，社會中更結合各行各業的專業，例如托兒、托老、市場、學校等，以取代過去傳統家中的照顧與經濟功能角色。隨著勞動市場結構的改變——女性就業率的提高，人們對性別角色期望也產生改變，以及工作結構的變遷等，也使得家庭的角色產生改變，例如雙生涯家庭。此外，婚姻的穩定性也隨著社會變遷變成較不穩固而形成單親家庭。單親家庭又以女性爲戶長的比例較高，也就是母親獨立帶著子女自成一戶的比例高過父親帶著子女的家庭。台灣近十年單親（尤其是女性戶長）之比例也上升不少（郭靜晃，2004）。而這些單親家庭，不論是父親或母親多半同時扮演家庭經濟及家務的角色，因此這類家庭更需外力的支援，不論是家務或是管教子女的任務均是。

面對多元性、選擇性、包容性的現代社會特質，人們對個人及家庭需求的適應，以及個人對不同生活模式的自由選擇，現代化的家庭概念不再是單一模式，而是有選擇性的生活模式，例如核心家庭、主幹家庭、擴展家庭、同性戀家庭、單親家庭、繼親家庭、重組家庭、雙生涯家庭、新三代同堂家庭、外籍配偶家庭等（蘇雪玉，1998）。縱觀社會變遷造成家庭功能的改變，家庭中角色的功能仍有：

1.賺錢者：賺進金錢以供家人衣、食、住、行等基本生活花費。
2.照顧三餐及主要家務管理者：照顧家人膳食、營養及其他生活需要之總監。
3.精神鼓舞者：在平時或家人需要時，以其睿智提供精神引導與鼓勵者。
4.情感支柱者：在家人受挫沮喪時，提供安慰、聆聽與情感支持。
5.醫療照顧者：負責照顧家人疾病、意外事故、日常保健衛生照顧及諮詢者。
6.決定裁量者：遇有困難或需決定情況，提供意見、方向、經驗及智慧。

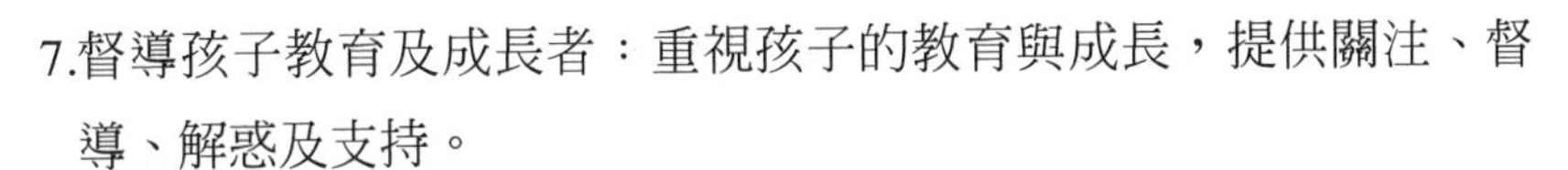

7.督導孩子教育及成長者：重視孩子的教育與成長，提供關注、督導、解惑及支持。

8.娛樂休閒提供者：提供娛樂休閒的意見、籌劃及執行。

家庭經歷不同階段，例如初組成家庭時、新婚夫婦的協助階段、在生第一個孩子前的儲備階段，接下來子女陸續誕生、成長、接受教育等，每個階段都有不同的經歷；之後是子女離家的空巢階段（或稱復原階段）和最後的退休階段（Strong & DeVault, 1992）。不同階段的家庭任務及家人的角色也有不同。如第一個孩子誕生時，夫妻加添了爲人父母的角色，他們的職責包含照顧小生命的健康與身心發展（高慧芬，1998）。

(二)家人溝通

溝通是指一方經由一些語言或非語言的管道，將意見、態度、知識、觀念、情感等訊息，傳達給對方的歷程。家人溝通即家人中成員將訊息傳給其他成員的歷程（**圖4-1**）。

個人在溝通歷程中，除了溝通內容之外，也有溝通情緒，如果溝通訊息不清楚，彼此之間容易形成障礙。因此，在家庭中應著重在如何溝通以及避免溝通阻礙的產生。換言之，如何溝通也是重氣氛的溝通（高慧芬，1998）。氣氛溝通反映出溝通品質，亦是家人關係親疏與好壞的良窳（吳就君、鄭玉英，1987）。溝通不僅在語言內容中要加以注意，也要重視非語言的溝通（例如溝通中彼此的距離、臉色、眼神、表情、姿勢、肌肉緊張），這些要素皆會影響溝通氣氛是否和緩、溫暖，或是否有不安與緊張。

通常父母與子女溝通時，雖然很願意瞭解孩子的內心感受，接受孩子的情緒，卻常常在無意中流露出某些傳統的角色，造成親子溝通的障礙，扼殺了孩子情緒表達的勇氣。內政部統計處針對台閩地區少年狀況

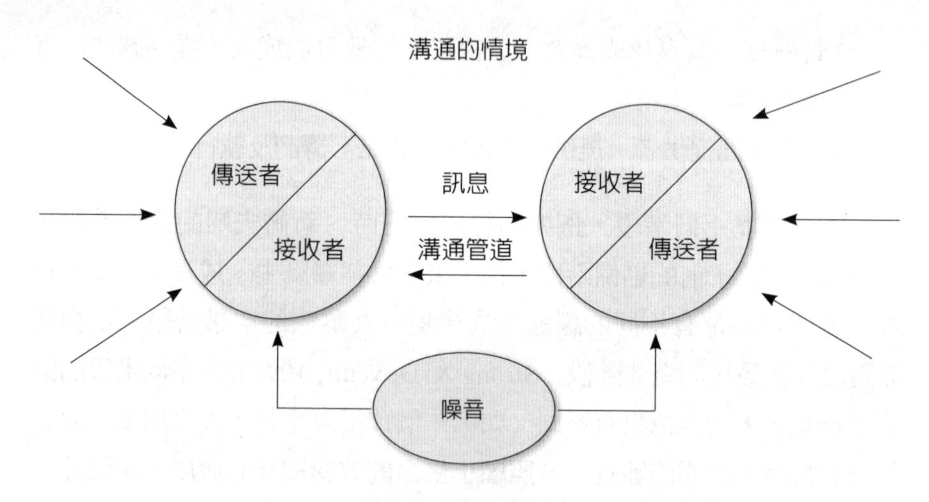

圖4-1 溝通的歷程

資料來源：Devito (1994), p.9.

進行調查，結果發現，我國青少年覺得家人容易發脾氣，且青少年自己很難自在地在家人面前說出心中的感受。此外，青少年卻最常與家人在一起的活動是看電視、吃東西聊天，至少有40%的青少年表示，與父母在一起做此類家庭活動是負向；相對地，與同儕在一起做一些活動就顯得正向多了（內政部統計處，1999）。

◆父母經常扮演的角色

鍾思嘉（2004）就指出，一般父母通常會扮演七種傳統角色，以致於影響親子溝通之順暢，茲分述如下：

1.指揮官的角色：有些父母會在孩子有負向情緒困擾時，採用命令的語氣，企圖消除孩子的負向情緒，此種角色往往會造成孩子心靈的威脅，甚至扼殺了孩子表達的勇氣。

2.道德家的角色：有些父母會對困擾或沮喪中的孩子採取說教的方式，讓子女覺得父母很嘮叨。

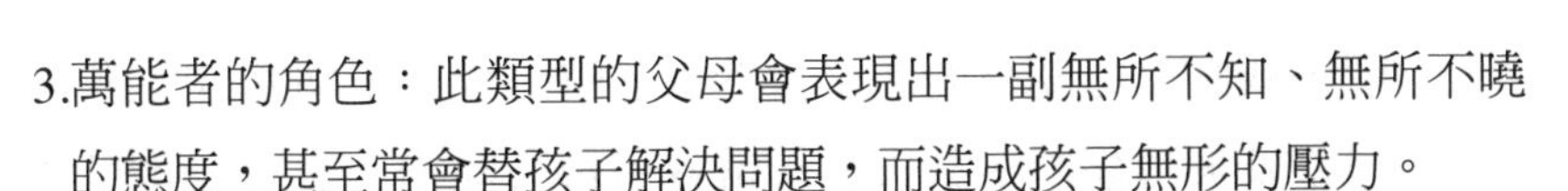

3.萬能者的角色：此類型的父母會表現出一副無所不知、無所不曉的態度，甚至常會替孩子解決問題，而造成孩子無形的壓力。

4.法官的角色：此類型的父母會仲裁是非，評價孩子的行爲，甚至批判孩子的情緒。

5.批評者的角色：此類型之父母與道德家、萬能者及法官類型的父母相似，都是標榜父母是對的、正確的，只是此類型的父母會用嘲笑、諷刺、開玩笑、予以標籤化的方式來表達，造成親子間形成很大的鴻溝與隔閡，無形中更傷害了孩子的自尊。

6.安慰者的角色：此類型的父母只幫助孩子宣洩情緒，並不參與孩子困擾問題的處理。

7.心理學家的角色：扮演一位心理學家的父母善於發覺孩子的問題，並加以分析、診斷，常告訴孩子問題所在，但常將問題歸因於孩子身上。

◆有效的親子溝通方式

綜合上述之親子互動中，父母會反覆地指出問題的來源來自孩子，並企圖灌輸孩子正確的觀念，但不幸的是，父母採取此種方法，卻常常導致親子溝通的障礙（鍾思嘉，2004）。鍾思嘉（2004）針對孩子溝通的障礙，提出有效的親子溝通，其內容有：

1.反映傾聽：傾聽是瞭解的開始，但是一般人皆認爲溝通就是「談」、「說」、「講」而已，其實「聽」才是最重要的環節，傾聽別人是表示尊重他、相信他所說的內容是有價值的，是值得注意的，於是彼此無形中就建立了關係。除了傾聽之外，父母仍要對子女有所「回饋」，要反映孩子感受的方式，以充實表達父母能瞭解孩子的眞正意思。

2.我的訊息（I-message）：我的訊息是強調對子女「行爲」本身的感受，而非對自己或子女「個人」的感受。當父母視爲一種權威時，或當父母認爲問題來自於孩子時，或當子女的行爲讓父母覺得不安與憤怒時，爲人父母常會用帶有貶損子女的「你的訊息」來與子女溝通，而這些訊息會使子女產生氣憤、受傷、不安或無價值感。

3.問題所有權：現在父母也是當代的「孝子」（孝順子女），少子化之後，父母對孩子的照顧更是無微不至，甚至讓孩子當王，孩子無形中享受這種無微不至的「服務」，又缺乏適當的規範與管教，也就潛移默化地讓孩子養成一些不良習慣與行爲。所以，讓孩子明瞭問題的所有權在誰身上，讓孩子處理屬於他自己的問題，也是一種機會學習；但父母也不能因此就停止對子女的照顧、關懷與愛，而是更要肯定孩子處理問題的能力，給予積極的增強，以強化這種因應及處理問題的行爲能力。

4.開放式的反應：開放式的反應（溝通）是一種父母與孩子的訊息交換，而不是增加孩子所傳遞的訊息去做推論，也不是縮短其訊息，更不是爲訊息做評價與判斷。相對地，父母採取開放式的反應會令孩子產生一種被瞭解與尊重的感覺，覺得父母瞭解他所表達的一切，也會增加其與父母溝通的意願。

5.尋求問題解決方法：透過討論、溝通，共同辨認問題及所有權。一方面可增加良好親子互動，另一面可從共同尋求解決的方法中，彼此之間學習相互配合與合作。而且，子女在學習解決問題的歷程當中，也學到如何處理自己的問題及從父母中模塑並習得一些與人衝突時如何做決定及解決技巧。

三、家庭環境與父母教養態度及方法

(一)家庭環境

家庭環境對兒童之影響可分爲物理和社會環境，前者是指除了人之外的物質條件及其組織和安排，例如玩具、圖書、電視、房間布置及遊戲的空間；後者是指人與人之間的關係，例如，家中成人與兒童、兄弟姊妹與兒童之間的關係。內政部兒童局（2005）針對台閩地區3,000位兒童生活進行調查，研究指出，學齡前兒童最常使用的遊戲設施是「在住家內空間玩耍」，占91.91%，其次爲「在鄰近社區的公園」玩，平均每天遊戲時間以「2至未滿4小時」最多，占33.2%，「2小時以內」次之，占22.09%。學齡兒童平時所參與的休閒活動以「視聽型活動」（看電視及玩電腦），占72.62%，平均以「2小時以內」爲最多，占60.66%，「2至未滿4小時」次之，占27.50%。此外，學齡前兒童最主要是與父母親互動，而學齡兒童則與手足互動最爲頻繁。

除了物質環境之刺激外，家庭是否有安靜的情境、空間是否寬敞，也對兒童心理及學習有所影響。父母親不僅是兒童社會刺激的主要來源，也是物理環境的中介物，更是物理環境的提供者和組織者，此種環境安排是否規律，也與兒童認知發展有關，因此父母要爲兒童創建一個充滿吸引力環境、主動引導兒童探索及遊戲；此外，溫暖的親子互動更有助於兒童具有玩性、良好的人際關係及對人的信任與依戀。除了家庭之外，社區更是塑造兒童未來生活適應、擴展人際互動及探索的場域，如社區遊戲場及設施，社區安全、社區中的人際互動模式，健康照護服務和福利服務的可近性、娛樂活動、環境品質、社區的社經水準等等，皆對兒童及其家庭的身心與社會層面有重大的影響。貧窮的環境會使家

庭面臨更大的壓力，也使得兒童帶有情緒壓力。此外，在面臨搬家、失去同儕和熟悉的環境，甚至照顧者的變動時，也會為兒童帶來生活上的壓力。

(二)父母管教方式

社會化是個體掌握社會文化知識學習、行為習慣和價值體系塑化的過程。父母則依據自己對社會化目標的理解，運用各種教養技術促使兒童社會化。孩子在2至3歲之前，父母親通常會儘量容忍他們幼稚且不合理的行為，隨著年齡成長，孩子認知能力和溝通技巧增進，父母也會開始「管教」（discipline）孩子，並對他們的行為多加干涉與限制（雷庚玲，1994）。至於父母應如何管教孩子，會隨著家庭的經驗及文化的價值而不同，如何期望孩子成為一個環境所接受的「社會人」也有所不同，這是所有父母不能完全參得透的問題，更誠如美國一位知名的小兒科醫生兼兒童心理學家所云：這世界上根本就沒有一種「最好」的教養方法，也沒有人在教養孩子時從沒有犯過錯。倒是另一位有名的人格發展心理學家提醒我們，管教孩子時應讓孩子漸漸學會自我控制，切不可做得太過火而抹殺孩子的自主性、好奇心，以及失去自我能力的信心（雷庚玲，1994）。

美國加州大學發展心理學家Baumrind曾訪問134位父母，並對父母教養行為如何影響兒童社會行為進行三十年的三次研究。第一次研究是觀察幼兒園兒童，並依其社會行為（獨立性、自信、探索、自我控制、人際互動等）分為三類：

1.活力且友善（energetic-friendly）：其特質包括獨立、可靠、自我控制、興高采烈而友善的，能忍耐壓力、好奇心強、有成就等。
2.衝突且易被激怒的（conflicted-irritable）：其特質包括害怕、懷疑、情緒化、不快樂、易被激怒的、有敵意、無法承受壓力、彆扭等。

3.衝動且富攻擊性（impulsive-aggressive）：其特質包括叛逆、自我控制力弱、衝動、富攻擊性等。

然後Baumrind以控制、成熟的要求、親子互動及教養方式，來評定父母的教養方式，依據這些資料，Baumrind將父母的管教方式分爲三種：

1.威權專制型（authoritarian parenting）：這一類型的父母對孩子的一舉一動皆嚴加限制，並要求孩子絕對的服從。此類型的父母很少對孩子解釋嚴格規定的原因，並常常以高壓手段要求孩子服從。
2.權威開明型（authoritative parenting）：這一類型的父母也對孩子要求嚴格，且要求孩子務必做到，但父母會對孩子解釋父母的用心及理由，並關心孩子的需要，也讓孩子能有表達意見的機會。
3.放任嬌寵型（permissive parenting）：這一類型的父母對孩子很少有要求或限制，他們除了鼓勵孩子表達自己的感受外，也鼓勵孩子照著自己既有的感覺或衝動行事。

在第二、三次的研究中，Baumrind採取與第一次相反的程序，並採取縱貫研究方法，針對父母的管教方式對學齡前幼兒的影響作社會行爲評量，並到了兒童9歲時，再評定一次。結果發現，權威開明型父母的兩性別之子女在認知及社會能力發展方面，皆高於威權專制型及放任嬌寵型的父母；放任嬌寵型的父母之女孩在認知能力和社會能力的發展較低，男孩的認知能力最低；威權專制型的父母之男女童的發展居於中間。這些早期發展的能力會一直持續到青春期。

此外，心理學家也常運用家庭訪問、觀察法或問卷調查方法，試圖瞭解父母如何影響子女發展。研究指出，威權專制型父母，控制太多，愛心不足；放任嬌寵型父母，愛得不理智，控制不足；冷漠或拒絕型的父母，在教養方法及態度上都形成問題；唯有權威開明型是較理想的父母，當然這端賴兒童所在社會的社會化目標和兒童自身的特點，以及兒童與父母的互動匹配程度（Maccoby & Martin, 1983）。心理學家認爲：孩子的行爲之所以與父母教養方式有關，其實是父母尊重孩子的行爲會在孩子與父母互動時採用比較成熟的方式，例如，母親與孩子遊戲時如願意給孩子較多空間決定他想玩什麼及如何玩，那之後母親要求孩子完成其他工作（如收拾），孩子會比較願意採取合作及利社會態度。

影響兒童發展之因素，除了父母本身之因素（如父母的性格、是否有精神疾病、家庭變動、父母幼時的經驗等）會影響孩子外，孩子的因素（如需求過度、氣質或有困難的孩子）也會影響父母與孩子的互動。Belsky等（1984）用生態觀點將親子互動稱爲循環性影響（circular influence）。他們認爲，夫妻關係可能影響孩子的態度與行爲，進而影響孩子的適應功能；當然，孩子的因素也將再次循環地影響夫妻的婚姻關係。Belsky等（1984）對嬰兒研究時亦發現，父親較常與孩子們一起閱讀和看電視，母親則花較多時間在養育和照顧孩子。這不表示父親無法成爲細心和具感性的照顧者，其實較常與孩子在一起的父親也如同母親般可敏銳的解讀孩子所送出的訊息和線索。Belsky等（1984）針對影響父母的育兒行爲，歸納有個人特徵和信仰、婚姻關係、社會網絡、工作、兒童特徵及兒童發展情形（**圖4-2**）。上列因素可再歸納爲三點：

1.父母本身的個性特徵：如社會化目標的看法和對孩子的期望、對孩子的評估能力。

2.兒童本身的特徵：如氣質、性格和能力。

3.社會環境：如家庭內部環境（如婚姻關係）及外部環境（如工作、社會網絡、社區文化及次文化等）。

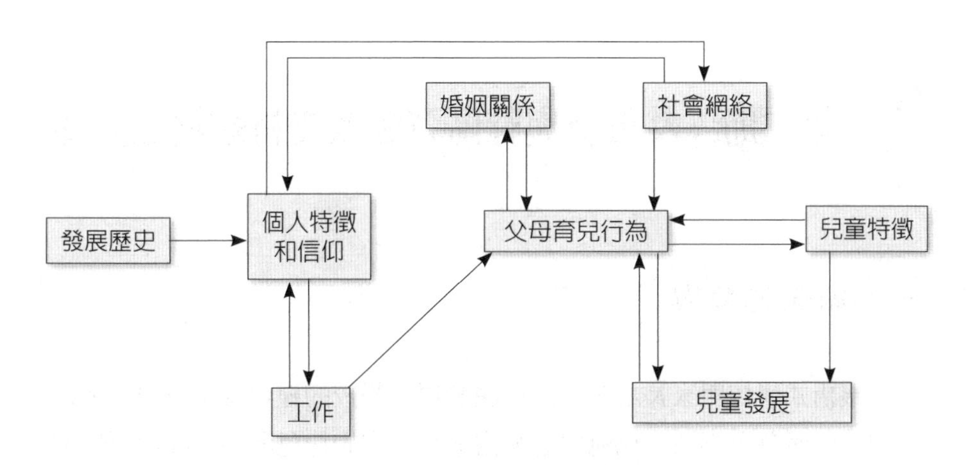

圖4-2 決定父母育兒行為之因素

資料來源：Belsky et al. (1984).

研究顯示，家長創造養育的環境，而且家長的教育行爲也具有影響兒童的功能作用。Schaefer和Edgerton（1985）、Swick（1987）也發現，有效能的家長比缺乏自信的家長參與更多的活動。根據White（1988）的研究，家長的品性、行爲與建設性的參與模式具有關聯性，例如高度教養的行爲、支持性的語言活動、明確而一致的紀律、支持性的家長態度、設計家庭學習的技巧，以及運用社區支援的豐富資源。研究同時也顯示，家長的參與會影響兒童人格特質的品質，例如正向的自我形象、樂觀的態度、建設性的社會關係取向（Swick, 1987）及語言的獲得、動作技能的學習、概念的獲取，以及問題解決的能力等（Pittman, 1987; Schaefer & Edgerton, 1985; Swick, 1987）。

第二節　父母參與社區資源及支持網絡之認識

一、家長的參與

機構式學校與家長之間的關係隨著現今學校的種類及學校學區所擁有的人口而有所不同，托兒中心與由家長合作的托兒所兩者在面對家庭與學校的關係時顯著不同；同樣地，公立小學和私立學校的低年級在學校與家庭方面的關係也不相同。每一種幼兒教育課程及每一所特殊學校均具有他們自己的家長參與方式，以及選擇他們自己所關注的活動。

(一)家長參與的定義

家長的參與應廣泛地視爲是一種選擇，而判斷什麼是最合宜的，最好也留給家長斟酌。Peterson（1987）爲家長參與提供了一個實用的定義：

> 家長的融入或參與可視爲帶領家長接觸下述各項的過程：(1)以教育性介入爲目的，並有責任爲幼兒和家長提供服務之教職員；(2)參與和兒童有關課程活動，此一活動之目的在於提供父母資訊及協助父母扮演自身的角色。參與意謂著因課程而變得多樣化選擇性的活動，可供選擇的活動之間的差異性受到每個課程的獨特性、硬體設施、學區中家長與兒童人口數，以及可得資源等方面的影響（pp. 434-435）。

(二)家長參與的類型

家長的參與含括某些可能的服務及活動，可廣義地區分為以下四類：

1.專業人員為父母做的或是提供給父母的事物：服務、資訊、情感支持及建議。
2.家長為該計畫或為專業人員所做的事：籌募基金、宣傳、提倡或是蒐集資訊。
3.家長與老師合作可被視為課程延伸的事物：在家中或在學校中教導或個別指導兒童。
4.家長與教職員共同執行與課程有關的一般性活動：聯合活動的計畫、評估與執行、以訓練者和受訓者的身分合作、討論兒童共同興趣的活動主題，或是作為兒童的協同治療師（Peterson, 1987）。

這四種廣義的家長參與類型，從父母親完全被動到積極主動的角色不等，因為家長的需求各不相同，所以學校必須評估、判斷何種參與是其課程最需要的。

(三)家長參與的基本要素與目標

◆家長參與的基本要素

建立這種參與歷程的基本要素應包含：

1.允許隨時改變家長參與的層次及型態。
2.個人化的風格以及參與的次數應符合父母、兒童、家庭及課程的所需。

3.爲了達成有建設性及有意義的結果，提供父母可選擇的活動及選擇的權利。

◆家長參與的目標

提供家長參與的活動，一般而言應將焦點放在以下一個或多個目標之上：

1.個別的接觸及互動：這是提供一個達成家長和教職員之間、家長之間，及家長與正在進行的服務活動之間溝通的方法。

2.訊息分享及交換：爲提供正在進行的活動訊息與分享傳達訊息的媒介，建構親師關係、友誼及相互的瞭解。

3.社會、情感、個人的支持：目的係建構教職員與家長、家長與家長之間一種相互合作的系統，並設立家長們可以尋求鼓勵、瞭解、諮商及單純友誼的支持系統。

4.協同關係：是爲教職員和家長創造可以攜手合作朝向同一目標的方法，如此一來，在教育及訓練幼兒的持續性可被家長及教職員所維持。協同關係增進有效團隊工作的機會，並避免家長和教職員最後相互對抗的結局。

5.強化家長角色：使家長增強他們角色的服務，提供兒童直接的服務，並以強化一般家庭系統的方式來協助。

6.教育及訓練：提供家長資訊、特別的訓練或是兩者兼具，來幫助家長獲得對他們孩子的瞭解，以及使父母習得在家中如何管教孩子的技巧，並提供合宜照顧及支持孩子的方法，以及作爲他們孩子的優良教師。

(四)家長的權利

不僅是在美國文化中，台灣文化亦然，表面上父母親有權利以任何他們覺得合適的方式來養育他們的孩子，然而事實上，家長的權利很明顯是被剝奪的。沒有任何家長有權利對他們的孩子施以身體上或情感上的傷害，家長必須送他們的孩子上學一段時間或是提供一個合理的選擇，這種要求多來自於維持社會秩序的文化需求及兒童和家長的個人需求。

如此一來，家長對於孩子的擁有關係絕非我們這個社會所能允許，然而在許多學校中，教師覺得他們決定提供何種經驗的權利是不可侵犯的，是社會重視他們的特殊知識所賦予的權利。直到最近，人們才開始認清兒童的權利，並成立倡導兒童權利的團體或立法，來保護兒童被父母或社會機構侵犯的權利。

現今教育所面臨的主要問題是，家長希望及要求在某種程度上應該擬定出一套合法約束教師行爲的條文。傳統上，學校在做決策時，家長是被排除在外的，會至學校會見老師的家長都是來接受通知、聽訴、接受安撫及接受諮商的，教師的確很少將家長視爲有關班級課程決定時的來源之一。

另外，與失能兒童的家長一起合作的重要性益增，自從美國公法第94-142號條款，也就是殘障兒童教育法案通過之後，這些兒童在接受評鑑前必須先得到家長同意；此外，他們有權檢視有關安置他們孩子的所有紀錄，也有權參與同意他們孩子的個別教育計畫（IEP）的發展。除此之外，他們有權依據他們孩子的教育提出意見。這條法案的要求範圍經由公法第99-457號條款，即上述法案之修正案而擴延至幼兒。

(五)親師之間的關係

衝突常常成爲「學校和家庭」、「學校和社區」之間關係的特色，尤其是在較貧窮或少數民族的社區之中。這種衝突可視爲對學校的一種回應，藉以傳達壓抑及表達自由解放與互動的工具（Lightfoot, 1978）。

無論觀點如何，學校必須找出方法來超越各種既存的衝突，並且依兒童的最佳利益加以運用。

許多家長相信，學校在提供兒童合宜的教育這方面是失敗的，他們是根據學生在學業領域缺乏成就及高輟學率來證明此一信念。遺憾的是，此一態度是依據美國學生教育成就日漸低落的事實而來，然而我們也該比較美國國內及比較美國和其他國家之間的差異。許多標準化測驗分數都受到所謂的「烏比岡湖效應」（Lake Wobegon effect），也就是說大多數兒童的測驗分數都超越平均數。此外，以相同方式得自於不同國家的測驗分數不能證明其他人口類型都是相同的。

就如同家長可能會對教師和學校有錯誤的概念，教師對家長和家庭可能也會有錯誤的概念。教師也許會低估家長的技巧，他們也可能低估了家長生活中各種不同的壓力。

二、社區資源及支持網絡的認識

機構式幼兒園在經營時有其地緣性，且與其經營策略之方便性（available）、可近性（accessible）、可負擔性（affordable）以及責信（accountable）有關。因此，園所經營必須要瞭解其社區有哪些資源可以幫助園所達到經營之目標，其首要之務即是展開社區資源之調查。

社區資源指的是以協助社區解決其問題、滿足其需求、促進其成長的所有動力因素。社區資源可分爲：

(一)人力資源

人力資源指的是有助於營造者用來協助社區解決其問題或滿足其需求的個人。例如社區內的人士，包括親戚朋友、學校師生、社團幹部、社區領袖人物、藝文人士，或工廠和企業內的負責人和從業人員等，皆是社區營造的重要人力資源。

(二)物力資源

物力資源指的是有助於營造者用來協助社區解決其問題或滿足其需求的物質。例如活動時所需的工具、器材和物料；或是營造者推動工作所需的設備、房舍、物件等。

(三)財力資源

財力資源指的是有助於營造者用來協助社區解決其問題或滿足其需求的金錢。例如活動時所需的經費，以及營造者工作需要的花費等，一般皆是以金錢作爲財力資源的代表。活動經費可以來自政府的補助，也可以是活動的收費，或是熱心人士和團體的捐獻。

(四)組織資源

組織資源指的是有助於營造者用來協助社區解決其問題或滿足其需求的機構和組織，例如各社區內的社團、工商企業團體、藝文團體、基金會等，皆是社區營造最常使用的組織資源；除此之外，一些學校的輔導室或社會上的非營利機構亦常協助社區舉辦活動，這些皆是從事社區營造時，不能忽視的組織資源。

(五)文獻古蹟資源

文獻古蹟資源指的是有助於營造者用來協助社區解決其問題，或滿足其需求的文獻古蹟資料。例如有助於社區居民瞭解自己祖先遺產或生活變遷的古物、典籍、舊照片、手稿、建築物等，皆是從事社區營造時不能忽視的古蹟資源。

(六)自然環境資源

指的是有助於營造者用來協助社區解決其問題，或滿足其需求的自然景觀和環境。例如有助於社區居民認同的特殊景觀，及社區居民共同遊憩特殊場所，這些有助於居民共同保護海灘地形等自然資源，更是從事社區營造時不能忽視的自然環境資源。

第三節　托育人員與嬰兒父母及與嬰幼兒溝通之技巧

嬰兒時期在身體發展之速率是所有發展階段中最迅速的一個時期。除此之外，在生命中的前兩年，也常常被稱爲可怕的2歲期，這意味著個體的機體成熟，其腦神經的分化可促使嬰兒認識某些事物及概念，其主要是透過感官和動作來認識此世界，以建立其因果關係的基模。之後，嬰幼兒的語言也透過其發音系統瞭解語言的定義，並能表達其內心需求。在此時期，嬰兒也經歷了艾力克森的發展危機中的前兩個，「信任vs.不信任」及「活潑好動vs.羞愧懷疑」，而此時期最重要之社會化的是家庭，尤其是父母等主要照顧者。

隨著個人天生之氣質，加上與父母（或主要照顧者）之互動，進而影響個體之社會和情緒發展，尤其在1960年代對嬰兒與父母分離之研究，在猴子實驗及育幼機構之研究也皆指出，環境之豐富化（enrichment）及與父母之親密互動，將有助於幼兒日後的情緒與智能之發展。然而，相關兒童疏忽與虐待也對嬰幼兒成長後之社會及人格發生影響，是故嬰兒儼然已從生物人發展成社會人。職是之故，成人在照顧嬰兒時，應注意下列溝通技巧與輔導之原則：

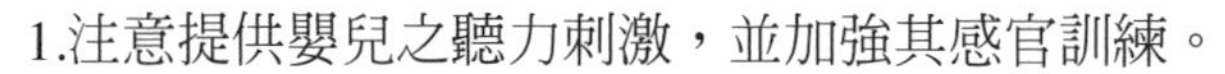

1.注意提供嬰兒之聽力刺激，並加強其感官訓練。

2.正確的語言示範，尤其是出生後幾個月，嬰兒已能接受語言刺激，並從中培養媽媽話之第一國（本國）語言。

3.營造閱讀環境，利用圖畫書及親子共讀，以萌發嬰兒之讀寫概念。

4.利用親子互動及遊戲來回應嬰兒之問題，刺激其好奇心，並掌握良好（高品質）之親子互動，以建立彼此之依戀及引發學習興趣。

5.破除性別化之教養方式，尤其在遊戲互動、玩物提供，甚至房間擺設等家庭生活經驗，以及教育機構的老師（或保育員）對幼兒遊戲之介入。

6.尊重嬰兒之氣質及性格傾向，利用遊戲幫助嬰幼兒發揮自我建構功能，以減輕焦慮，抒發個人情緒感受，透過遊戲之角色反轉，以強化嬰幼兒之自主性及自我擴展（self-expansion）。

7.提供溫暖且一致性之教養策略，瞭解孩子之能力、需求，採高凝聚力及民主威權式之教養風格，以培養嬰幼兒擁有自主及健康之自我。

8.儘量讓孩子接觸各種與智力有關的刺激，圖書與遊戲是很好的選擇，能幫助孩子發展其自然天生的理解力、表達力及創造性，並促進個人玩性之發揮。

9.依附關係雖與兒童日後社會行為有關，照顧者並不是唯一決定孩子依戀品質的唯一要素。孩子本身的氣質以及外在環境的變化亦會影響孩子的依附關係。

10.情緒對嬰兒具有重要生存價值和社會適應意義，照顧者要敏感嬰兒的負向情緒，提供正向積極態度的社會參與以消除嬰兒的負向情緒反應，以幫助嬰兒發展正向的情緒反應。

第四節　托育人員與嬰兒父母關係之建立與維持

一、托育人員與孩子及父母之關係

每一個提供服務的專業人士都需要與其客戶建立關係，從事幼兒看護的工作人員則必須同時與孩子及其父母雙方建立起關係。

(一)托育人員與孩子的關係

在托育人員與孩子之間的重點是建立起幼兒對照顧者的感情。感情是在育兒的互動中發展出來的，這包括與孩子的親密接觸及回應他的需求。它可讓孩子感到真正受到照顧。不過，托育人員絕不可以侵犯到孩子與父母的關係，並且切記父母永遠是孩子們最主要的照顧者及指導老師。以下的指導方針可以幫助托育人員在協助父母及孩子建立關係時，與孩子發展一份親密又有責任的關係。

◆建立信任的關係

當孩子的生理及心理上的需求都被滿足及回應時，他們就會信任照顧他的人，並且開始放心地探索、找尋及學習。幼兒在最初的時候都會依戀著他們的母親，若父親參與其生活也很多，則幼兒對父親也會產生依賴。當小孩子大部分白天的時間是由父母以外的人負責看顧時，則次要的依賴者在其情緒上的發展就變得格外地重要。

◆切記托育人員的關係只是短暫的

這是很重要的想法，托育人員也許在孩子的生命中扮演著很重要的角色，但是孩子對托育人員的情感仍然與對父母的感情不同。最大的不同點是孩子對父母的感情是永久的，從孩子出生開始，父母親在孩子的生命中就是一份永久的力量。開始每一份工作，托育人員就必須瞭解對於每個受他照顧的孩子，終有一天會長大成人，所以一定會有結束的時候。就算托育人員離職後仍努力維持這份關係，但還是會變。這種可預期的時間關係，很明顯的顯示出托育人員與父母的不同。

◆對父母及孩子的關係給予協助

讓父母知道你在孩子身上發現特質、才能及其他力量，會讓父母感到很高興，因爲還有其他人很喜歡他的孩子，而且也可以增強孩子的認知，並且提供爲人父母者一個積極的感覺。同時讓孩子自然而然以自己的父母爲榮。托育人員無論任何時間都不可以在孩子面前說出或做出任何損及父母形象的事情。當父母下班回家時，協助父母及孩子快樂的重聚，安排平順的交接，讓父母有充分的時間可以調適及接掌孩子的照顧工作。

(二)托育人員與父母的關係

若托育人員與父母建立出一個有效的關係，每個人都可因此而獲利。當孩子感受到其生活中重要的人不斷地給予照顧時，一定會更茁壯成長。而托育人員與父母的關係良好時，則父母對托育人員的信任度也會增加。擁有一份和諧的關係對托育人員而言是很重要的，因爲不但可以促進孩子們的相關福利，自己也會對這份工作感到滿意。以下的指導方針是給予托育人員與父母建立良好的關係的建議：

◆瞭解你在家中的地位

清楚地瞭解自己之所以選擇照顧別人孩子爲工作的原因。托育人員與父母的角色絕不可以混淆。托育人員應是父母的互補，而非替代。有些父母會對於將孩子留在家中給其他人照顧一事感到罪惡感，他們會擔心以後孩子可能會與照顧他的托育人員較爲親近而不要他們了。不管是否發生，一旦產生了疑心，父母與托育人員間的關係就會逐漸地被破壞。托育人員絕不可存有競爭的心理，或是表現出任何要與父母爭取孩子的樣子。

托育人員永遠支持父母與孩子的關係，同時需要與將雇主家庭的關係及自己家庭的關係區分清楚。托育人員必須能夠分擔其在私人家中所遇到的一些專業無法解決的問題及觀念。雖然托育人員經常可以感受到雇主家的喜和憂，但是必須以超然的立場來面對。假如個人與父母、其他家人或是父母的朋友建立了私交，將很容易讓父母與托育人員的關係變得複雜，同時也會讓孩子覺得困惑，所以並不合適。

撫養孩子需要花費許多年的時間，擔負責任、犧牲及約束。所以父母在養兒育女上應該得到尊重。在促進孩子的健康上他們是主角，他們同時也是孩子們的養育者及老師。對於幫別人照顧孩子的看護者而言，批評孩子父母的養育方法非常容易產生問題。不管這樣的批評是有聲的還是無聲的，對父母評判的態度一定會影響父母與托育人員間的合作關係。托育人員應該避免將自己看得比父母的地位高，或是因爲父母無法照顧孩子而把自己當成他們的救星；相反地，托育人員應該認爲自己是父母在增強孩子福利上的支援者。當在撫育孩子的議題上意見不一的時候，托育人員應該努力瞭解父母的價值觀、需求及想法，不可以用專家強勢的方式要求父母，而應與父母一起努力，取得一個合理的解決方法。

◆與父母建立合作的關係

托育人員與父母以合作的方式建立雙方的關係，可以讓孩子感覺托育人員與父母間前後一致的關係。當父母與托育人員在建立互相支援系統時，若發現在紀律及決定上有所衝突時，應該小心地避開孩子再討論。因為當孩子同時由托育人員及父母分別得到不同的指示時，會讓他們感到相當困惑。托育人員及父母應該在事情發生之前即先討論其應對方法。若托育人員是設定在負責處理日常工作及活動時，則父母親就可能要負責決定孩子可不可以帶朋友回來晚餐，或是如何使用撲滿的錢。

當托育人員及父母同時參與孩子教養時，那麼，一人為主、一人為輔的角色扮演將變得非常重要。例如，孩子向托育人員要求要吃餅乾，但托育人員認為用餐時間快到了所以予以拒絕，此時母親剛好進來，孩子又向母親提出相同的要求，而母親答應了。這樣的結果將導致托育人員的權威被破壞，而且也鼓勵了孩子愚弄父母及托育人員。未來如果他想要什麼東西時，則又會使用同樣的伎倆。所以如果孩子有任何要求，父母與托育人員應該先互相確認才回答孩子，而且在孩子面前應該支持對方所做的決定，即使有不同意見的地方，也應該等孩子不在場時再討論。

◆運作應得體

雖然托育人員在工作的時候參與了很多家庭中的活動，但是當雇主家人正處於他們自己私人的時間時，就應該機靈的適時離開。例如，你發現雇主夫妻正在聊天或發生口角，或是正在與孩子進行一些互動的活動，此時除非有急事否則絕不要打擾他們。機靈的托育人員都知道此時應是離開的時候，即使你經常與他們共進晚餐或是留下來一起看電視。

二、托育人員與父母關係之建立與維持

如何與雇主建立一個良好工作關係，在前面大致已有討論，而托育人員與雇主家庭間有效且不斷的溝通（communication）是這個關係的基本要素，因為溝通是藉由給予或是交換訊息，來表達想法及感覺的方法。本段將探討托育人員與雇主之間的溝通法則。

(一)與父母做有效的溝通

良好的溝通是所有關係的中心，經由良好的溝通可以發現有很多促進托育人員與父母關係的方法。溝通是一個複雜的過程。想要成功地溝通，需要有效的感情及想法的表達，用心傾聽，和注意一些非語言及情緒的複合傳達。當我們對別人的態度及理念都已有了先入爲主的觀念時，就會影響我們與他人溝通的效能，這是托育人員在與父母溝通時必須特別注意到的。

良好的溝通技巧對於專業工作人員是必要的，托育人員爲了提供最好的專業服務，必須與雇主之間取得協調。以下的指導方針可以提供托育人員一些實際的建議，避免一些在溝通上常見的錯誤，同時也學習一些有用的技巧。

◆對於自己關切的事要公開且誠實

有很多理由會讓托育人員遲疑而不敢向雇主開誠布公。也許是囿於職業守則，怕自己的工作將不保；也或許是托育人員與父母之間的年齡差距及社會經濟（socioeconomic）不同，這些因素都會讓托育人員不想向雇主說明太多原因。不過，托育人員有義務必須向他服務的家庭開誠布公，故父母與托育人員若有著共同的目標，那麼對於共同分擔促進孩子福利將會是正向的發展。

托育人員應該作爲與父母間良好溝通的基石。雖然雇主可能在他個人的專業生活上很成功，但並不一定保證他們在談論受僱孩子及家庭的時候觀念或方向一致，此時托育人員應作爲居間溝通的角色，此時誠懇與開誠布公是良方。

◆針對特定重要事情進行溝通，勿旁生枝節

要抓住問題的重點，並將它清楚地表達出來。有時這是困難的事，尤其是無法清楚並明確表達的時候，這時托育人員一定要避免籠統的概括說法。如果雇主是一個不公平的人或是一個貧窮的父母，會因為你所表達的特殊情況而自覺受攻擊，或是為了保護自己而不肯說出實情，進而演變成更大的問題。此外，避免誇張與推諉卸責也是很重要的。例如，「我從沒擁有過自己的時間」或是「我為你們做這麼多事，你們卻一點都不感激」等的陳述，這對於問題的瞭解及解決是完全沒有幫助的。

當問題已經產生時，與雇主商談前應確認到底是什麼事情在困擾你。不管是因為雇主經常晚歸而導致你必須延後下班，或是孩子因為前一天晚睡而導致隔天早上起不來，趕不上育兒學校的課程。仔細分析事實的眞相，然後考慮清楚你該如何表達這些情況，並想像這些問題可能的情況，如此一來將知道什麼樣的協議，是你可以接受與執行的。

將你所看到的依實際情形陳述出來，並且以「我」的訊息來表達對這些事的看法。例如，「我原先計劃工作到六點鐘，但是我發現必須留到七點或是更晚。我們該如何解決這件事情呢？」當問題已經清楚明瞭的表達給雇主時，雇主便會開始思考這問題。

(二)做一個積極的聽眾

有效溝通的另一個重點是用心傾聽他人在說什麼。包括注意傳送進來的訊息，不僅要注意說話者說出的字句，還要聽其聲調、面部表情、姿勢及手的動作。這就是所謂的「身體語言」（body language），透過觀察說話者的肢體動作，你可以知道更多說話者的心態及感情。用心的聆聽及觀察可以瞭解這些訊息背面更深層的意義及涵義。

積極的聽眾需要客觀的聆聽，避免有情緒的反應，像「你全都搞錯了」或是「你絕對無法想像」等情緒的反應都將會阻礙溝通的順暢。相反地，積極的聽眾不應做任何評斷，並且在未聽到另一個人談論此相同話題前，絕不再傳給其他的人。聆聽要避免誤解，保持溝通的流暢、確認主題，可以使問題更容易解決。

用心的傾聽不是天生就會的。我們大部分的人都是直接對所聽到的言語做出反應，而非瞭解隱藏在這些訊息背後的眞義。而且大部分的時間都是未等到說話者說完他想說的話，即插嘴表達自己的意見。觀察一個人目前的溝通方式，然後建立用心傾聽的技術，是需要一段時間的自我練習。

傾聽可以幫助托育人員瞭解父母在養育子女上所在意的重點，以及他們爲何要將孩子托給其他人代爲照顧。透過傾聽可以知曉父母期望你如何照顧他們的孩子。同樣地，這些技巧也可以用在孩子的身上，成爲一個用心的傾聽者，將可以鼓勵孩子表達他們的想法及感情，並發現他們自己本身解決問題的能力。

第五節　托育人員聘僱合約與日誌記錄

一、書面聘僱合約

清楚的瞭解受僱者與僱用者之間的權利義務，對於建立一個良好的工作關係是不可或缺的重點。這些理解通常都應該清楚的以書面聘僱合約的方式寫下，有時也稱爲締約（contract）。書面合約可以讓托育人員與父母的關係正式建立於一個專業的立場，它讓雙方都可以很清楚地表達各自對這個聘僱關係的期望。而且書面合約可以避免誤會，當有問題時亦可較輕易的解決。

在工作之前應該有正式的書面合約及一份合約副本。而這份合約應該定時的提出來檢討，並且在經過雙方同意後，可在任何時間修改合約（**表4-1**）。

表4-1 托育人員聘僱合約書範例

本合約是由托育人員：________；與雇主：________雙方共同簽署
托育人員身分證號碼：________；雇主身分證號碼：________
托育人員地址：________
雇主地址：________

雇主依此聘僱托育人員作為（小孩姓名）全天候全職的看護者，下述各項條文，經雙方同意後可於不定期檢討中修正：

1.合約期限

A.本合約自____年____月____日起生效，若需終止合約，則需經雙方同意確認始成立，本合約經雙方謹慎考慮後將持續一年的有效期。

B.本合約自開始後之4週內為試用期，試用期完成後，雙方應該確認最初議定之工作內容是否符合雙方所需。

托育人員：________；日期：________
雇主：________；日期：________

2.托育人員的責任

A.每週提供____天，每天提供____小時的看護時間。看護內容如：規劃並參與孩子每天的活動及提供日常的身心、社交及智力成長所需的要求；注意孩子們個人的衛生習慣及打扮；為孩子規劃並準備營養的餐點；觀察孩子的健康及成長，並且每天向雇主報告；當孩子生病時必須擔負起照顧孩子的責任。

B.保持每天記錄每個孩子生活日誌的習慣，並且如果有任何關於孩子或工作上的任何問題，或是需要注意的事項時，都必須即刻與雇主溝通。

C.遵從雇主要求的紀律及教養原則。

D.執行輕鬆的家事責任，如：幫孩子洗衣服及簡單的修補或修改；清潔及整理孩子們的臥室／浴室／遊戲室；幫孩子鋪床及保持床鋪的乾淨，以及清洗孩子們房間中的床單／床罩／毛毯；保持孩子們使用的設備與玩具乾淨，以及隨時在安全使用的狀態；保持孩子們的櫃子／抽屜／架子的整齊；每次使用完廚房後要整理乾淨；若雇主有要求需幫孩子購買食物／衣服／雜物；不定時的協助雇主整理孩子們的房間／衣服／其他物品。

E.當雇主要求時要幫孩子與其他專業人士（如醫生、牙醫、美髮師等）約定會面時間。

F.有需要時，必須負責接送小孩外出及回家的責任。

G.旅遊時要擔負照顧孩子的責任。

H.成為孩子優良行為的身教示範者。

I.與家中其他成員和諧相處並適度互相協助工作。

J.與其他和孩子福利有關的人士合作（例如：家人、老師、保健專家）。

K.對於緊急事情或是不平常的情況時要具有適當的適應性。

（續）表4-1　托育人員聘僱合約書範例

3.工作行程表

托育人員應該依照下列工作指南每週工作______小時：

A.一般正常狀況下，每週上班5天，每天由______開始到______結束。

B.正常狀況下，托育人員放假日為______及______。

C.偶發性的24小時全天的工作，需要經過雙方互相同意後始執行。

D.加班時間需經雙方同意；不過仍應儘量避免，以免托育人員身心狀態過於疲累。

E.若雙方有個別的需求，可做適度的調整。

F.上班時間及天數或是有緊急事件時，可經雙方同意後做適度的調整及改變。

G.與孩子們一同旅遊期間的工作時間及天數可依個人需求而定。

4.報酬

雇主同意支付托育人員每週基本薪資______元，於每月______日支付，因為________，所以每週除了基本薪資外，另增加_______元為津貼。基本薪資應包括第3項中所述的每週工作時數，若是因為被預定的計畫，或孩子與父母在一起的時間所占，或是其他個人的假期、假日或是已經同意的理由而導致的時數不足，亦視為正常。加班費以正常薪資的1.5倍計算之，每小時_______元。每個月擁有支薪假期，但這些假期必須事先與雇主協商排定。支薪假日包括：新年假期、國定紀念日、獨立紀念日、勞動節、感恩節、聖誕節、其他等，共_______日。上班時托育人員要負責準備適當的餐點。上班時若因為照顧孩子而有任何個人費用支出時，可向雇主索回。當托育人員的旅遊是其中工作的一部分時，則其旅遊費用將由雇主負責支付，同時原有的薪水及加班費（如果有的話），仍應如實照原有約定支付。福利應該包括（例如：健康保險、教育進行）：

____。

5.政府要求

雇主應該遵守社會安全／醫藥及稅金要求（聯邦、州郡及地區）及代扣繳托育人員適當的薪資作為社會安全／醫藥稅金。雇主將遵從合適的勞工補償法、失業補償法及公平勞工法。

6.接送（確認A或B，哪一種較合適）

□A.雇主應提供托育人員一部工作專用車，並包括給付該車之交通費、保險、保養、停車、通行費及加油費等。托育人員要負責車內的整齊及乾淨。

□B.托育人員上班應提供孩子所需的接送服務。雇主則應支付其交通費包括停車費、通行費及其他應該補償托育人員的哩程費，每哩以________元計之。托育人員同時應可獲得其車子之商業用車的保險項目，且托育人員應該補償這項保險項目之額外費用。

7.生活安排（確認A或B，哪一種較合適）

□A.托育人員與雇主同住，且雇主需提供如下之房間及伙食：

（續）表4-1 托育人員聘僱合約書範例

(1)全日的餐點（三餐、點心及其他托育人員所需的食物）包括特殊要求的項目，每週________元。

(2)雇主同意每週提供________天的膳宿。

(3)托育人員私人住處活動範圍如：

地區未特別經雇主同意可／不可提供給任何托育人員的客人使用。托育人員應保持這些使用地區乾淨，這些區域由□托育人員／□管家負責清理：托育人員的個人使用區域如下：

____。

(4)「一般區域」指定如下：____

____。

這些區域托育人員：

□可隨時使用

□當雇主或雇主的客人不使用時，當雇主不在家時

□只有當托育人員是在工作時

(5)一般區域可提供給托育人員招待其客人：

□任何時間

□當雇主不使用時，或是雇主不在家時

□經由雇主同意後

□不提供給托育人員招待其客人

□其他：____。

□B.托育人員住在外面，其連絡電話為：________________________。

8.尊重私人區域及財產

A.雙方在進入對方的區域時都應該敲門尊重對方的隱私，等到有回應時才可進入。這包括孩子們進入托育人員的私人區域。

B.一方的私人財物另一方不得未經對方同意即隨意取用，必須在得到指示後才可取用。

9.會議及評估

A.托育人員與雇主每週必須舉行至少一次與孩子或工作有關的討論。

B.在工作三個月或六個月後，雇主應提供托育人員一份書面的績效評估及薪資檢討。之後，每六個月再依照書面的評估及薪資檢討定期舉行會議。

10.合約終止

A.正式工作後的前四週中，雙方中有任何一方欲終止合約，必須於終止前一週提出通知，否則雇主應該支付托育人員一週資遣費。

B.在正式工作後的四星期後，雇主若要終止合約，必須於終止前四週提出，否則需支付托育人員四週的資遣費。

（續）表4-1　托育人員聘僱合約書範例

C.在正式工作四週後，托育人員若決定要離職，則必須於四週前提出辭呈。假如托育人員於提出辭呈後四週內離職，則無法取得任何資遣費。
D.如果托育人員被終止合約的原因是因為不檢點或是行為不端正，則雇主可以不顧上述的要求即可即時終止合約，但是還是要支付托育人員一週的遣散費。
E.托育人員離職時，若有任何積欠雇主的債務，雇主可由支付托育人員的薪資中扣除。

11.其他條款
（例如：游泳的監督、寵物的照顧、電話的使用、雇主的車作為私用時、病假、家中其他員工的監督、其他的家中規則及政策等等。）
（如果正面不敷使用，則可使用反面。）

合約日期：________________________

托育人員簽名：____________________

雇主簽名：________________________

在任何聘僱合約中皆有一些特定的基本範圍需要納入，這些特定範圍可在「托育人員聘僱合約書範例」（**表4-1**）中依需要列入。書面合約書的細節部分將因每個托育人員工作職務不同而有所差異。**表4-1**係依適合每個人情況所列的建議格式。一份書面聘僱合約書的重點需要包括詳細的工作說明，不可誇張不實，每個托育人員都應該依托育人員聘僱合約書確定自己擁有何種保障後才開始工作。

二、日誌記錄

有許多理由可以說明日誌在托育人員與雇主之間扮演著多麼重要的角色。父母們全天都不在家，所以需要知道他們孩子在白天的一些表現、健康及成長的資訊。寫日誌可以讓托育人員有條理的整理這些資訊，並且保證一定可以讓父母看到。父母們也會因爲知道這些特殊的過程而感到欣悅，例如孩子看到彩虹的反應或是嘗試了一種新食物。而對於後續的照顧，父母也可以參考托育人員下班後留下的日誌繼續工作。有些時候，日誌還可以提供孩子們的健康及成長中有趣記錄，而且可以早期發現一些可能發生的問題。

日誌是托育人員照顧及觀察孩子的重要文件，它表示托育人員在父母親不在時仍克盡其職，而父母也可以透過日誌表示一些特別的指示，另一方面托育人員也可確認消息已經傳達出去了。如果在托育人員工作期間還需要餵孩子服藥或是其他任何特殊照顧，則日誌就更加重要了。托育人員通常都會記錄任何意外事情或是對於孩子要注意的事項，即使有時候只是微不足道的事。父母也應該知道在他們不在的期間內，家中發生的任何不平或是需要注意到的訊息。

日誌同時也可以提醒雇主應該知道的一些事情，例如需要維修或是更換的家庭用品項目，或是正在成長的孩子需要新的安全措施或是設備。

日誌的形式範例大致有兩個：一個是使用於嬰兒照顧；另一個則是對於學步時期的小孩，及學齡前的孩童，而這些全都收錄於每日保育記錄中（**表4-2**）。托育人員及父母應該將這些範本打孔後裝訂成冊，然後放在一個安全且方便雙方查詢的地方。日誌需要每天記錄，若有任何資訊都應立刻記錄。每一個小孩應有各別一本日誌記錄，內容包括正餐及點心的內容、不喜歡的事物、室內及室外活動、個人衛生（personal hygiene）及休息情況，並且依實際情況描述整個事件及觀察結果。例如不要使用「吃得很好」這樣籠統的說法，應該將孩子吃了什麼，而拒絕吃什麼描述清楚。寫的時候力求簡潔、明瞭，而且要以鋼筆或原子筆書寫。修正時應該在該字底下畫線更正。

表4-2　每日保育記錄

一、每日保育記錄（嬰兒）			
孩子姓名	日期	開始（AM/PM）	結束（AM/PM）
1.父母的指示：			
2.餵食： 液體食物時間（樣式及數量）　　固體食物時間（樣式及數量） 備註：			
3.換尿布時間（排洩物中有任何不正常須加註）：			
4.活動（時間及型式）：			
5.戶外活動（時間及地點）：			
6.其他作息：　時間　　備註 洗澡 午睡 就寢時間			
7.觀察及評論（成長、健康、習慣上）：			
二、每日保育記錄（學步或學齡前孩童）			
孩子姓名	日期	開始（AM/PM）	結束（AM/PM）
1.父母的指示：			

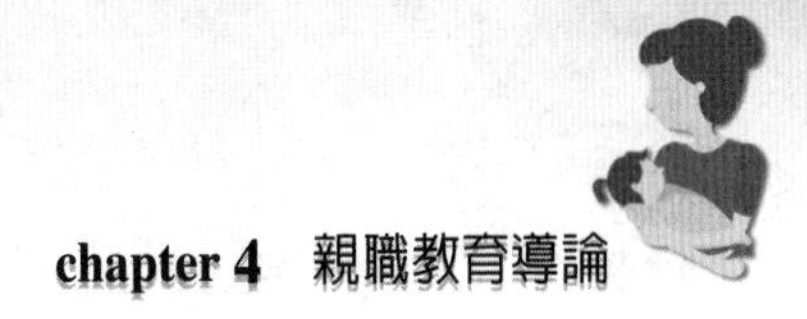

（續）表4-2　每日保育記錄

2.餐點（時間及吃什麼）：		
早餐		飲料＿＿＿＿盎司
中餐		飲料＿＿＿＿盎司
晚餐		飲料＿＿＿＿盎司
點心		飲料＿＿＿＿盎司
備註：		
3.換尿布／上廁所時間（適當的加註）：		
4.活動（時間及型式）：		
5.戶外活動（時間及地點）：		
6.其他作息：	時間	備註
洗澡		
午睡		
就寢時間		
7.觀察及評論（成長、健康、習慣上）：		

三、每日報告及交接

不管什麼時候，在父母將照顧孩子的責任轉交給托育人員，或是由托育人員轉交給父母時，都應該有一段平順和樂的移交時間，包括一些簡單的口頭上的意見交換。通常一天應該有兩次交接的機會，早上父母

要出去上班及傍晚他們回家時。就像日誌一樣，口頭的報告可以讓父母及托育人員確認何者對孩子是較好的照顧方式。

當托育人員在下班前以簡短的話語向父母報告孩子在白天的表現時，應該趁此機會熱忱地分享孩子的成就及表現，並且說明一些在日誌中沒有提供，但對孩子有利的觀念。父母想知道托育人員是非常樂於照顧他們的孩子，也想確認托育人員在他們出去又回來時，有專心的幫忙處理一些情事。

只要父母可以在托育人員下班前抵達家中，就可以有充裕的時間可以讓剛回來的父母容易交接上手。電話留言，必須在接聽的同時就將其記錄清楚，然後交給當事人。任何迫切要求的家庭事件，例如有任何設備需要維修，即使已經記在日誌上，仍應該以口頭再提醒一次。

父母必須告訴托育人員關於孩子的事，以及家中所有由托育人員使用的相關設備之有關資訊。例如告訴托育人員孩子沒有像平常一樣的睡覺或是小孩最後一次吃奶的時間，對托育人員而言，這些都是很重要的訊息。假如發現孩子有生病的徵兆或是受傷了，父母應該在托育人員上班時立即知會；而托育人員應該在日誌上記錄任何有關孩子不正常的訊息，然後在其背面記上資訊是由誰提供，及正確的日期、時間。仔細聆聽父母訴說所有關於孩子的資料，當對安全及適宜的照顧有任何疑問時，務必馬上問清楚或是立刻記下來。

四、雙親與托育人員之間定期的會談

托育人員與父母之間的每天報告的時間通常都相當短暫，所以雙方都儘量就目前會影響孩子的訊息，及如何讓家事順利推行加以討論。由於受到每天工作開始及結束時間的緊迫及限制，通常無法針對需要討論的議題進行深入的溝通，所以最好訂定一個定期的會議。如在會議後仍然有未能解決的問題，而且是讓托育人員及父母感到不舒服且無法忍受的問題，則需要另外召開緊急會議來解決。一星期一次或是兩個星期一次，爲時約半個小時或是一個小時的會議，應該足夠討論所有的問題了。

設計溝通時的一些限制以防止討論時離題，不斷地溝通可以幫助托育人員及父母建立工作的關係。當溝通的管道通暢無阻時，雙方都有機會表達自己關切的事，則問題似乎可以較友善且有建設性的方式討論，而不會變成爆發點，嚴重危及雙方的關係。

討論的主題會因各個家庭不同，而每個家庭也會因爲每個星期而有不同的主題。孩子的成長及福利是每次會議的重要主題。檢討每天的日誌可協助討論的內容。在各式各樣的時間中，假期、假日或是特別的紀念日，都需要去安排，或是可能要討論到責任、工作時數，或是與工作有關的事項。當問題在會議中被提出時，托育人員與父母應該利用這段一起的時間給予正面積極的回應。當雙方都表現出感激及尊重的時候，則雙方的關係就會更成功。

有時候因爲需要而會安排較長時間的會議。例如假如家中想要再增加一個小孩，勢必會影響現在的工作安排，因此所有的變動都必須經事先的討論。即使沒有任何跡象顯示家中將有新成員增加，但托育人員的工作仍必須每六個月檢討一次，檢討這段時間中托育人員及雇主雙方是否滿意目前的情況，或是有需要變動與更改的需要。

如果是有計畫的會議則其生產力及效率將更明顯，托育人員及父母雙方都需明瞭會議的主題爲何。特別是議程內容是包括日常資訊及關注事項的分享時。當父母要求召開一次緊急或是特別的會議時，應該問清楚他們想要知道的事情，才可以做到最好的準備。同樣地，當你要求父母在某些特定事項上配合時，你也應該告訴他們想要知道的事情。通常每週一次或二週一次的會議，會更有效率。假如有書面記錄的格式，則所有的需要都將會被涵蓋且不會產生離題的討論。

五、工作績效檢討

工作績效檢討是另一種在托育人員與父母之間維持良好溝通的測試方法。它提供了討論過去工作績效的機會，同時也可以計劃未來的目標及成就。它不僅包括雇主給予托育人員的評估，而且還包括托育人員自身的自我評估。假如父母與托育人員之間的溝通是良好的，則績效檢討將毫無疑慮的順利進行，因爲與工作有關的問題都在其發生時就已經說明清楚了。

非正式的檢討可以在托育人員與父母的定期會談中進行。對於托育人員及雇主而言，在正式上班後的最初的幾個星期內，即應先決定哪些事項需要改變，這是一個不錯的想法。正式的評估，通常都會以書面的方式在聘僱合約實施滿六個月後舉行，然後每六個月進行一次。薪資的檢討應與包括托育人員工作內容的聘僱合約一起討論，這些都是書面式檢討的一部分。給予托育人員一個書面的工作績效檢討應該包括進書面的聘僱合約書中。建議的工作績效檢討評估格式列在**表4-3**中。

績效檢討應該以學習新經驗的方式來面對它，並且把它當成一個工作成長的機會。托育人員績效評估大部分包括了技能的使用及托育人員本身獲得這份工作的態度。孩童看護的技術及對這個工作的專業態度是雇主找尋托育人員很重要的因素，而這也是未來評估的重點。評估工作的標準應該以托育人員的書面所述的工作內容爲主。

向托育人員協會索取一份績效評估表的副本參考，並和雇主一起設計一份屬於雙方同意的評估表，並在雇主評估你之前即使用同樣的格式先自我評估。避免對自己太過嚴苛或是太過寬容，記得雇主曾經給你的一些讚美或是批評。利用自我評量可以建立自己的力量並且改進不足的地方。你想怎麼做的意見，將是你的雇主給予你績效檢討時需要瞭解的部分，所以你一定要事先準備。

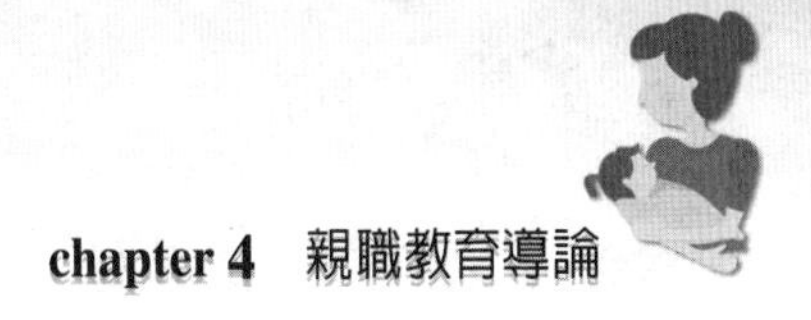

表4-3 托育人員工作績效評估表

托育人員：＿＿＿＿＿＿＿＿＿＿　　日期：＿＿＿＿＿＿＿＿

一、兒童保育				
	優	好	普通	不好
1.提供並保持孩子自己尊重及具安全感的環境				
2.與孩子有效率的溝通				
3.提供適當的指導及紀律				
4.規劃及提供適當的成長活動				
5.維持孩子一個安全，健康及舒適的環境				
6.提供安全嫻熟的身體照顧				
7.當提供身體照顧時與孩子的互動				
二、孩子看護（內容）				
	優	好	普通	不好
1.適當地維修孩子的衣服（送洗、修補、保持櫃子及抽屜整齊）				
2.為孩子規劃及準備營養的餐點				
3.適當處理緊急事件				
4.對病童提供適當的照顧				
三、專業技術				
	優	好	普通	不好
1.表現出喜歡與孩子在一起工作				
2.有組織的完成工作				
3.在沒有監看者的情況下亦可表現工作能力				
4.可以與父母及其他與兒童福利有關的人一起工作				
5.與其他家中的工作人員相處愉快並可適時給予別人協助				
6.與父母定期的溝通並且在與孩子及其工作有關的主題上皆有具效率的觀點				
7.積極的解決問題				
8.有效率的掌握新環境				
9.表現得體，尊重雇主的隱私				
四、專業技術（內容）				
	優	好	普通	不好
1.準時上班				
2.為孩子提供一個正面積極的模範角色				
五、評語				

日期：＿＿＿＿＿＿　托育人員簽名：＿＿＿＿＿＿　雇主簽名：＿＿＿＿＿＿

假如雇主在某些方面給予的評分，比你想像或是想要的還要低，你要保持冷靜，然後問清楚詳情。假設這些觀點都是正確的，要求雇主更具體的說明。記得一定要有禮貌，這個時候絕不是責怪雇主經常晚歸而讓你無法準時下班的時機。對於這些情況時，托育人員應給予雇主一個合理的說明，這可能會說服你的雇主，且調高你的分數。再一次提醒，問題發生時就應該馬上處理，這是最佳的處理方式。假如你很在意雇主晚歸，應該在每週的會議中提出。同樣地，雇主如果對托育人員有任何不滿的地方，應該馬上告訴托育人員，如此在績效評估前所有的事情就會全部改善了。利用這些評論作爲一個學習的方法，對於你的雇主是很重要的。任何需求要順從雇主的喜好即可。

參考書目

一、中文部分

內政部兒童局（2005）。「中華民國九十二年台閩地區兒童生活狀況調查報告」。台中：內政部兒童局。

內政部統計處（1999）。「中華民國八十六年台閩地區少年狀況調查報告」。台北：內政部統計處。

吳就君、鄭玉英（1987）。《家庭與婚姻諮商》。台北：空中大學印行。

高慧芬等（1998）。〈親職教育內涵〉。《親職教育與實務》。台北：永大書局。

郭靜晃（2004）。《兒童少年福利與服務》。台北：揚智文化。

黃堅厚（1996）。《我國家庭現代化的途徑》。台中：中華民國家庭幸福促進協會。

雷庚玲（1994）。〈性格與自我概念發展〉。輯於張欣戊等著，《發展心理學》。台北：空大。

謝高橋（1994）。〈家庭組織和型態的變遷〉。《婚姻與家庭》，8(3)，42-58。

蘇雪玉（1998）。〈家庭功能〉。《家庭概論》。台北：空大。

鍾思嘉（2004）。《親職教育》。台北：桂冠圖書。

二、英文部分

Belsky, J., Lerner, R. M., Spanier, B. G. (1984). *The Child in the Family*. NY: Random House.

Burgess, E. W., Locke, H. J., & Thomes, M. M. (1971). *The Family from Institution to Companionship*. NY: American Book Co.

Crockenberg, S. B., & Litman, C. (1990). Autonomy as competence in 2-year-olds: Maternal correlates of child defiance, compliance and self-assertion. *Developmental Psychology, 26*(6), 961-971.

Devito, J. A. (1994). *Human Communication: The Basic Course* (6th ed). NY: Harper College Publishers.

Donovan, W. A., Leavitt, L. A., & Ballings, J. D. (1978). Maternal Physiological response to infant signals. *Psychophysiology, 15*, 68-74.

Kadushin, A., & Martin, J. A. (1988). *Child Welfare Service* (4th ed.). NY: MacMillan.

Lightfoot, S. L. (1978). *Worlds Apart: Relationship Between Families and Schools*. NY: Basic Book.

Maccoby, E. E. & Martin, J. A. (1983). Socialization in the context of the family: Parent-child interaction. In P. H. Mussen & E. M. Hetherington (Eds.), *Handbook of Child Psychology, 4*, 1-102. NY: Wiley & Sons.

Main, M., & Hesse, E. (1990). Parents' unresolved traumatic experiences are related to infant disorganized states: Is frightened and/or fightening parental behavior the linking mechanism? In M. Greenberg, D. Cicehetti & E. M. Cammings (Eds.), *Attachment in the Preschool Years: Theory, Research and Intervention*. Chicago, IC: Universig of Chicago Press.

Peterson, N. (1987). *Early Intervention for Handicapped and At-Risk Children: An Introduction to Early Childhood Special Education*. Denver: Love Publishing.

Pittman, F. (1987). *Turning Points: Treating Families in Transition and Crisis*. NY: Norton.

Radke-Yarrow, M., & Zahn-Waxler, C. (1984). Roots, motives and pattering in children's prosorial behavior. In E. Staub, D. Bar-Tel, J. Karlowski & J. Keykowski (Eds.), *The Development and Maintenance of Prosocial Behavior*. NY: Plenum, Press.

Schaefer, E. S., & Edgerton, M. (1985). Parent and child correlates of parental modernity. In E. Sigel (Ed.), *Parental Belief Systems: The Psychological Consequences for Children* (pp. 287-318). Hillsdale, NJ: Erlbaum.

Strong, B., & DeVault, C. (1992). *The Marriage and Family Experience* (5th ed.). St. Paul, MN: West.

Swick, K. J. (1987). Teacher reports on parental efficacy / involvement relationships. *Journal of Instructional Psychology, 14*, 125-132.

Thomas, A., Chess, S., & Birch, H. G. (1970). The origin of personality. *Scientific American, 223*(2), 102-109.

White, B. L. (1988). *Educating the Infants and Toddlers*. Lexington, MA: Lexington Books.

Zeanah, R. W., Mammen, O. K., & Lieberman, A. F. (1993). Disorders of attachment. In C. H. Zeanah, Jr. (Ed.), *Handbook of Infant Mutual Health* (pp. 332-349). NY: Guilford.

CHAPTER 5

托育服務概論

- 托育服務的起源、內容及其工作重點與原則
- 各類教保工作的意義與內容
- 優良托育人員的特質與其工作意義及內容
- 托育工作相關法規的認識
- 托育工作倫理與兩難情境探討

托育服務概論爲1學分，共計18小時的課程，內容包括托育服務之起源與主要內容、工作的重點、原則；各類教保工作的意義與內容；托育人員工作之意義、內容與優良托育人員的特質；托育工作相關法規的認識；托育工作倫理及其兩難情境之探討。

第一節 托育服務的起源、內容及其工作重點與原則

一、托育服務的起源與主要內容

我國托兒所之設立，如同國外情形一樣，也是因應社會發展過程中，婦女就業之需要而產生。根據趙琳於《嬰兒園教育》（1973）中指出，我國第一個托兒所是民國20年，由全國兒童福利會所創設。之後，逐漸開始有類似機構的設立。民國26年起，抗戰期間，因婦女全力支援戰時生產行列，從事職業者日多，於是托兒所數量增加；其目的在於提供職業婦女之子女的照顧服務。

台灣最早的托兒所，推測是1928年在台東的鹿野村托兒所，是爲移民到台東的日本人而設，由日本民間團體出資經營，一方面照顧移民子女，一方面爲提高農民勞動力；後來另有地方性的「季節性保育所」的設置。而最早由台灣人設置的托兒所是1932年於新竹州銅鑼庄開辦的「三座厝農繁期托兒所」（翁麗芳，1998）。

政府遷台以後，內政部有鑒於托兒事業的重要性，於民國44年10月頒布「托兒所設置辦法」。依該辦法之規定，設置托兒所必須具備固定之室內、室外活動場地，教保衛生設施與兒童遊樂設備及基金；由創辦人檢同有關平面圖、立案表件、所需經費來源及托兒所組織章程等，向

當地社會福利行政機關申請立案；非經立案，不得收托兒童。

私人創設之托兒所，經費來源除了由創辦人或社團自行籌措外，並向兒童酌收費用支應。政府為管理私立托兒所設施，以「台灣省社會處考核育幼及托兒機構實施要點」（民國45年6月22日發布）作為管理之依據。為減輕收托費用，規定由各縣市依照當地情形及實際需要，分別訂定托兒所收費標準，並硬性規定減免收費名額，以減輕貧困家庭負擔，其減免名額不得少於收托兒童總額之10%。

至於收費項目，以保育費、餐費、點心費、手工藝材料費、雜支費等五項為限。為提高教保人員素質，分別徵調教保人員到「台灣省兒童福利業務人員研習中心」（民國50年創設，民國70年改為台灣省社會福利工作人員研習中心）接受教保專業訓練，以培養其專業知能，提高教保素質。

台灣省於民國34年有托兒所2所，至民國37年增為4所，收托兒童393名，大都為工廠附設，專為收托廠內女工之子女，旨在便利哺乳。民國39年，托兒所增至7所。自民國40年以後，人口劇增，由於政府積極從事經濟發展，婦女就業人數日多，為使幼兒獲得妥善保育，托兒事業亦隨社會需要與政府積極輔導而迅速發展，無論托兒所數量及收托兒童人數，均有大量增加。

除了前述一般托兒所之外，還有另一性質的村里托兒所，其情況說明如下：台灣地區，每屆農忙季節，人力不足，農家婦女均胼手胝足參與農事，因此對幼齡子女無法妥善照顧，影響兒童健康及保育至鉅，為使農村婦女於農忙期間，得以全力參加農事生產，及使農村兒童能獲得妥善之保育，以促進其身心健全發展起見，於民國44年由台灣省政府社會處輔導縣市鄉鎮開始籌辦農忙托兒所。每年配合農忙季節辦理三期，每期一個月。辦理之初先由各縣市政府就所轄鄉鎮中，以每二鄉鎮選擇一鄉鎮設立一所，原定計劃全省應設立農忙托兒所156所，但有部分縣市，應當地農友之要求予以增設，故民國44年全省即已開辦農忙托兒所

171所，可見這項設施，實屬農村需要。政府乃於民國45年普遍推行，規定全省各鄉鎮中，每一鄉鎮應舉辦一所，每所至少三班。

農村托兒所業務，係配合社區發展推行，因此農村托兒所之設置，並不侷限於農村，在城市裡亦普遍設立。自民國64年7月起爲因應業務實際需要，將農村托兒所改爲村里托兒所，其後又改稱社區托兒所。民國84年起逐步將社區托兒所整併爲公立托兒所，以致社區托兒所已爲數甚少，其他都以公立托兒所稱之，包括直轄市、縣（市）、鄉（鎮、市）立。

一般縣（市）、鄉（鎮、市）設立的公立托兒所，絕大部分於所轄區域內設有多個分班（分部），也就是維持原來設置社區托兒所的模式，也方便幼兒家長就近送托，全所置所長、教保組長、行政組長各一名，分班則未置所長。惟台北市設立的公立托兒所，都是獨立設置，未設分班。多年來，各個公立托兒所確實有發揮一定的功能，因其環境設施、運作及管理呈現多樣的風貌，而教保服務品質自然也就各不相同。

台北市於民國41年5月設立第一所市立（公立）托兒所——建成托兒所，民國96年9月11日更名爲大同托兒所。台北市的市立托兒所爲數最多時有19所，後配合十二個行政區設置的施政理念，每一行政區設1所，共有12所。現爲配合「幼托整合」方針施行的「幼兒教育及照顧法」，民國101年8月1日起皆改制爲公立「幼兒園」，主管機關由社會局改隸教育局。

另外，尚有爲數甚少公辦民營性質的托兒所，以台北市爲例，自民國83年起迄今，陸續成立15所公辦民營托兒所；基隆市有3所公辦民營托兒所，另有公辦民營托嬰中心。依規定，公辦民營的托兒亦改制爲「私立幼兒園」。

至於新北市，自民國100年起，陸續成立多所公辦民營公共托育中心，截至民國102年2月爲止，已於汐止、新莊、板橋、三重、新店、中和、泰山、永和及淡水等區成立14所，其收托對象爲未滿2歲嬰兒。

對於我國托兒所發展的情形，可以歸納幾點：

1.托兒所是為解決我國社會變遷中，婦女就業，子女無人照顧的問題而產生。婦女就業包括一般職業婦女、農村就業婦女及「戰時」就業婦女。
2.托兒所應提供兒童一個必要而適當的照顧、教保環境。
3.當父母無法照顧兒童時，托兒所得肩負起替代親職地位與角色的職責。

我國嬰兒的托育服務包括有機構式托育及家庭托育。保母專業訓練自民國76年台北市率先開始，爾後台灣省及各縣市政府也都逐年實施委託民間機構（例如家扶中心、實踐大學、中國文化大學、信誼基金會等）辦理家庭托育保母的專業訓練，使得受訓保母開始參與組織，而民間家長也開始注意並任政府委訓出來的保母，更使得保母成為兒童福利服務輸送系統中社區化、精緻化的托育系統之一。隨著社會及家庭經濟需求，婦女從家庭走向工作職場，台灣於2006年將保母納入管理系統，逐步落實保母證照制度。2008年為了創造平價托育的政策目標，內政部兒童局規劃2歲以下的托育費用補助，但限制以加入社團系統之保母為資格要件，以便保障托育品質。

二、托育服務的意義及目的

托育服務（day care services）是社會福利的一環，既屬於兒童與家庭的外部系統，也可以是微系統的一環，因此托育服務對兒童發展有直接或間接的影響力（馮燕，1998）；在兒童福利服務中，托育服務可被視為對父母親職角色的「補充性服務」。在《社會工作百科全書》中對兒童托育的定義：「兒童的托育是指為補充父母的照顧與教養，而於家庭外提供一段時間的組織化照顧、督導及發展機會，其組織與服務型態是多樣化的。父母保有養育子女的主要責任，家庭仍是兒童生活的重心，托育服務則是由父母授權，以完成父母不能親自照顧時的任務。」（馮燕，1998）幼兒時期是個體生理、智能、情緒和社會化等行爲發展的重要關鍵與基礎階段，甚至更直接影響其往後人生後續階段的發展。由此可知，「照顧」和「保護」是托育服務的首要工作，「教育」則爲托育服務的附帶功能（郭靜晃，1998）。因此，兒童托育服務的目的是幫助暫時欠缺親子角色家庭的一種兒童照顧，藉此增強及支持正向的親子角色功能，兒童托育服務應被設計爲具發展功能的福利服務。

我國托育服務是一個多元化的供給系統，政府亦有意透過分散化（decentralization）與參與（participation）兩項策略來增加托育服務供給量。分散化和參與意味著商業部門和民間團體（非營利組織NPO）的服務供給，政府在供給（provision）責任的分散，托育服務在與社會變遷交互影響之下更相形重要。兒童托育服務係兒童福利輸送服務的主要範圍之一，目前我國托育服務之輸送，包括公立幼稚園、托兒所，以及由營利業者或非營利民間團體設立的私立幼稚園、托兒所（托育中心）、家庭托育，也是一種福利多元主義的供給系統。在主體管理性質上，托育機構應以提供合乎標準的高品質服務，作爲管理上的主要目標，而非以追求營運上的利潤爲出發點。但是隨著托育服務品質的提升，須相對支付持續高漲的經營成本，在資源有限而欲求無窮的不平衡關係下，托育機構應如何面對此沉重的壓力，可藉助精確的評估與數據將有限的資源作有效的配置，勢必成爲幼稚園經營者的重要課題。

由於幼兒教育在國內不屬於義務教育，經費與資源均有限，所有的幼托經營者幾乎全靠自己的力量，打造屬於心中理想的幼教環境。且國內土地成本昂貴，園所硬體設施需時時更新，走在時代尖端，再加上幼教教師流動率高，以及近年來人口出生數受到時代變遷、社會型態的改變而趨於少子女化，在粥多僧少的狀況下，托育機構卻逐年增加，在面對招生不足的壓力，導致競爭更形激烈。

私立幼稚園經營的唯一收入來源爲學生所繳之學費，收費多少與人事支出全賴幼兒數之多寡而定。根據2002年全國幼稚園經營現況統計，私立幼稚園可勉力維持的約有55%，經營困難的則有22.3%，只有22.7%的私立幼稚園表示經營順利。探討其原因主要有：(1)民間團體經營之教育事業，其最龐大的經濟成本為土地與設備經費；(2)國人的生育率降低，過去二十年來（1983～2003）出生人數已由40萬人降到20萬人左右，學齡人口快速遞減，對幼教供給產生嚴重衝擊。

我國2011年6月29日公布的「幼兒教育及照顧法」規定，托育服務係從年齡來區分服務體系，滿2歲以上，服務歸給教育部管轄的幼兒園服務。而2歲及以下則由內政部兒童局（現由衛福部的健康與家庭署）所管轄。內政部兒童局自2011年挹注地方政府辦理居家式托育服務，包括社區保母系統運作。但對於2歲之後的兒童除了提供的幼兒園服務之外，尚須提供保育及教育的人員。

「托育服務」是兒童福利領域中相當具有重要性的一環，也是一種為確保兒童健康成長、滿足其發展需要，所提供的家庭支持福利服務，藉以補充家庭內照顧的不足。

托育服務可視為「補充性服務」之一，目的在於為父母親因外出就業、生病或其他因素無法親自照顧自己的子女時，提供補充性的照顧。此外，就兒童福利服務與家庭系統互動的目的而言，托育服務為補充性的兒童福利服務，為「一種家庭照顧兒童的功能，於一天內的部分時間，需要補充時提供的兒童福利服務，旨在讓兒童可以留在家中，又能得到完整的照顧托育服務，同時亦具有加強與支持雙親角色實踐的功能」。

換句話說，托育服務的目的主要是幫助暫時欠缺親職角色的家庭，增強與支持正向的親職角色功能。「照顧」與「保護」為托育服務的首要工作，「教育」則為托育服務的附帶功能。

總之，托育服務是一種由兒童父母所委託，在一天當中父母某些不能親自照顧的時段，透過某些服務設施來補充家庭對於兒童的照顧服務；這些福利措施具有加強與補充父母親職角色的功能，並維持兒童能在原生家庭中健全成長，其意義與目的如下：

(一)支持性福利服務

支持性福利服務是兒童福利的第一道防線，目的在於運用家庭本身自我修護的力量，降低親子間關係的緊張，增進及強化父母執行角色的能力，以達成父母的責任、提供兒童需求的滿足。支持性福利服務包括未婚父母及其子女的服務、社區心理衛生服務、兒童及家庭諮詢服務（含親職教育）、發展遲緩兒童早期療育、兒童休閒娛樂等。

(二)補充性福利服務

補充性福利服務爲兒童福利的第二道防線，當父母親角色不適當的執行，或因照顧能力不足，嚴重傷害到親子關係時，該服務透過直接給予家庭補助，穩固家庭功能的發揮，使子女仍能繼續生活在自己的家庭中，不會受到傷害。補充性福利服務包括家庭收入補助方案（經濟補助計畫）、居家生活補助、公共救助或社會保險、家務員居家服務、托育服務（保母、課後托育）、學校社會工作等。

(三)替代性福利服務

替代性福利服務是兒童福利的第三道防線，其將孩子視爲社會資產，公權力得在父母不適任時介入，依家庭使兒童身心受創的狀況，提供暫時性或永久性解除親子關係，由機構、寄領養父母來替代原生家庭照顧兒童。即當兒童陷於極危險的境地，且原生家庭的系統解組時，提供收養服務、寄養服務、機構安置（兒童教養機構、中途之家、治療性安置機構、兒童之家、緊急安置）等服務。替代性福利服務含有「代行親權」（parens patriae）的意味，由於父母無力撫養兒童，故剝奪其監護權，將兒童安置於專責機構中。

三、保母工作的重點與原則

保母的工作不僅是良心事業，更需要具有專業知能，以下是保母托育工作所需注意的內容重點與原則：

1.家庭保母的教保計畫與家庭管理的釐定：如教保理念釐清、教保計畫訂定、接送方式、托育時間、收托人數、家庭需求、費用約定、工作時間分配、作息安排、工作紀錄、家庭管理、收托兒童與保母家人關係等。
2.環境與設備的管理與清潔：安全、衛生、空間、光線、布置、用品、家具、玩具等規劃設計與預備、使用、維護等。
3.教保活動的規劃：生活作息方式、健全均衡發展原則、室內外活動、個別與團體照顧、依附關係、睡眠休息、餐點調配與烹製等等。
4.兒童發展、學習的觀察與記錄：如身高體重的測量、兒童適應、兒童彼此相處情形。
5.親職溝通的掌握：定期、隨機、緊急情況。
6.訂定及遵守保母與兒童家長的「托育協議」。
7.收費與經費的運用。
8.保母的專業成長。
9.社區資源的運用。
10.家庭托育服務監督與輔導機制的參與：如家訪、工作日誌、在職進修、證照管理等等。

四、保母的責任

基本上，保母的責任可分爲三大部分：(1)兒童本位的任務；(2)與孩童保育有關的家事任務；(3)一般性的保母聘僱事務（周淑麗譯，1998）。

(一)兒童本位的任務

1.促進孩子的健康發展與安全。

2.讓孩子身處一個安全穩定的生活。

3.每天安排一些促進其身心平衡發展的體能活動。

4.依照父母的喜好給予適當的指導及紀律，但嚴禁體罰。

5.爲孩子準備營養的餐點。

6.提供禮節、說話、行爲舉止及健康安全的規範，與作爲身教的角色。

(二)與孩童保育有關的家事任務

1.隨時注意孩子的衣著及其他個人生理的反應。

2.保持孩子的床鋪、浴室及遊戲間的清潔、衛生。

3.照料及清理孩子的設備與玩具，並注意其安全性。

4.準備營養的食物，及爲孩子收拾環境。

5.與孩子有關的事物、購物及接送。

(三)一般性的保母聘僱事務

1.對全職保母而言，每週需上班五天，每天提供八至十二小時的幼兒看護服務。

2.與父母定期溝通，且每天須保持寫日誌的習慣。

3.與其他專業人員一起爲促進孩子的健康而努力。
4.不斷地進修及增進保母的專業技能。
5.協助雇主及其他家中成員能更有效率的完成工作。

(四)其他任務

1.與雇主一起出遊。
2.幫忙雇主家庭宴客的準備。
3.當父母不在，提供24小時的孩童看顧。
4.雇主不在時，協助照顧寵物。

第二節　各類教保工作的意義與內容

依照行政院院會2009年2月26日所通過的「兒童教育及照顧法」草案，托育服務對象已將幼稚園、托兒所、居家式照顧服務、托嬰中心、國小階段兒童課後照顧中心等一併納入規範。在過去，托育對象大多指學齡前兒童，對於學齡兒童則無相關服務或法源依據。2011年6月29日公布「幼兒教育及照顧法」，2012年1月1日施行。在托育的型態上，有許多種區分方式與標準，包括依照年齡、托育場所、托育時間以及托育服務的對象等，茲分述如下：

一、托育服務的型態

(一)依年齡區分

1.日間托嬰或全天托嬰：收托0～2歲的嬰幼兒。

2.學前托育：收托2～6歲的學前兒童。

3.學齡托育（課後托育）：收托6～12歲的學齡兒童。

(二)依托育場所區分

1.家庭式：家庭式的托育通常是讓兒童在收托人的家裡接受照顧，又稱爲居家式照顧服務或保母家庭托育。相較於機構式托育，家庭式托育可視爲個別化托育，適合年紀較小（如2歲以下），或者年紀較大但是需要較多照顧的兒童。

2.機構式：機構式托育或稱爲教保機構托育，是採用團體的方式，並依照特定（身心障礙）或非特定（一般）兒童的身心發展目標，來進行照顧與滿足發展需求。

(三)依托育時間區分

1.24小時全日托育：包括假日無休與假日休。

2.7～12小時的日間托：包括假日無休與假日休。

3.4～5小時的半日托。

4.夜間托育。

5.臨時托育。

(四)依托育服務的對象區分

1.雙親就業的兒童：隨著社會的變遷，雙薪家庭增加，傳統上具有教養責任的母親外出工作變得十分常見。以台灣而言，即使在目前因爲「性別工作平等法」以及「就業保險法」的相關規定，父母親可以各自申請長達半年的親職假（「就業保險法」第19-2條），但是因父母就業而產生的托育服務仍成爲當前一項重要且最廣泛的補充性兒童福利服務。

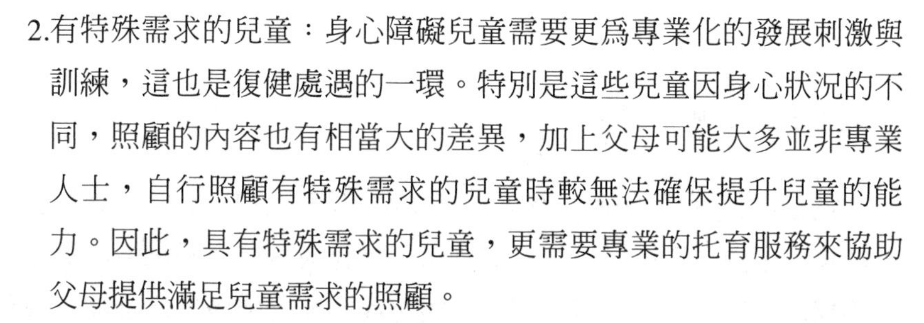

2.有特殊需求的兒童：身心障礙兒童需要更為專業化的發展刺激與訓練，這也是復健處遇的一環。特別是這些兒童因身心狀況的不同，照顧的內容也有相當大的差異，加上父母可能大多並非專業人士，自行照顧有特殊需求的兒童時較無法確保提升兒童的能力。因此，具有特殊需求的兒童，更需要專業的托育服務來協助父母提供滿足兒童需求的照顧。

3.在某些特殊家庭情境下的兒童：例如父母生病、求學或發展個人興趣等，會促使托育服務需求的產生；而涉及婚姻關係的因素，如離婚、未婚生子等，也同樣可能促使托育服務的發生；意即當家庭無法提供兒童充分的照顧時，就需要托育服務的補充。

二、各類托育服務的內容

托育服務是兒童福利服務體系的一環，主要的兒童托育類型有：

1.托嬰中心：主要對象為出生後至未滿2歲嬰兒。

2.托兒所：主要對象為2歲以上的學齡前兒童。依「幼兒教育及照顧法」第2條第一、二款之規定，「幼兒」係指2歲以上至入國民小學前之人；「幼兒園」係指對幼兒提供教育及照顧服務（簡稱教保服務）之機構。另依民國100年6月29日公布「幼兒教育及照顧法」第55條之規定，自民國101年1月1日起，原有的托兒所與幼稚園整合，兩者名稱皆改稱為「幼兒園」，由教育部門統籌其業務。

3.課後托育中心：即學齡兒童托育（另稱兒童托育中心、安親班），指國民小學階段學童課後（學校上課以外時間）之照顧服務。依民國101年8月8日修正公布「兒童及少年福利與權益保障法」之第76條之規定，其名稱改為「兒童課後照顧服務中心（班）」，自該法公布六個月後施行，主管機關為教育部門（民

國101年5月31日）。

(一)主要托育服務類型

過去設置托育機構，須向主管機關申辦，完成立案手續，現依現行法規改由向主管機關申請設立許可，俟完成審核通過後始可營運。托育機構原指辦理兒童托育服務及課後照顧服務之機構，依新修正公布之「兒童及少年福利與權益保障法」規定，托育機構係指「托嬰中心」。此外，家庭式的托育服務則有如下分類：(1)家庭托育：通常兒童會有一定的時間待在保母家裡，或兒童住在保母家中，如家庭保母、居家保母、在宅保母；(2)到宅托育：通常保母有一定時間在兒童家裡，或保母住在兒童家，如到宅保母、到府保母（另外亦有「在宅托育」、「居家托育」的說法，這是根據接受服務者的主體性角度而有的稱謂）。以下分別說明之。

◆居家式照顧

1.提供所招收之兒童充分生理、心理照顧，以協助其完成各階段之發展，並依其個別需求提供下列服務：
   - ‧清潔、安全適宜兒童發展之居家環境。
   - ‧充分之營養、衛生保健、生活照顧、遊戲休閒、學習活動及社會發展等相關服務。
   - ‧記錄生活及成長過程。
   - ‧促進親子關係及支持家庭功能之活動。

2.居家式照顧以未滿2歲幼兒爲主要對象，並對2歲以上兒童之服務內容特別在「兒童教育及照顧法草案」（幼托整合）第7條第二項提出說明：「招收兒童爲2歲以上者，並應提供學習輔導、興趣培養、休閒及社區生活經驗擴充等活動。」

3.其他有益兒童身心健全發展之相關服務。

◆托嬰中心

1.提供生理、心理及社會需求滿足之相關服務。
2.提供營養、衛生保健及安全之相關服務。
3.提供適宜發展之環境及遊戲學習活動。
4.記錄生活及成長過程。
5.舉辦促進親子關係之活動。
6.其他有利於未滿2歲幼兒發展之相關服務。

◆幼兒園

1.提供生理、心理及社會需求滿足之相關服務。
2.提供營養、衛生保健及安全之相關服務。
3.提供適宜發展之環境及學習活動。
4.提供增進認知、語文、身體動作、社會、情緒、美感等發展能力與培養基本生活能力、良好生活習慣及積極學習態度之學習活動。
5.記錄生活與成長及發展與學習活動過程。
6.舉辦促進親子關係之活動。
7.其他有利於幼兒發展之相關服務。

◆課後照顧中心

1.提供生理、心理及社會需求滿足之相關服務。
2.提供營養、衛生保健及安全之相關服務。
3.提供適宜發展之環境及學習活動。
4.提供學習輔導、興趣培養、休閒及社區生活經驗擴充等活動。

5.記錄生活及學習活動過程。

6.舉辦促進親子及友伴關係之活動。

7.其他有利於兒童發展之相關服務。

各類托育服務的內容範圍，涵蓋0～12歲的兒童，在服務內容上以支持家庭功能爲主要取向，同時兼具教育及照顧的意涵。

(二)到宅服務托育型態

「到宅服務」廣泛見於身心障礙福利服務以及老人福利服務領域中，又稱爲家務員服務；內政部2006年修正「發展遲緩兒童到宅服務實施計畫」，指由相關人員前往服務對象家中提供服務，統稱爲到宅服務。

◆到宅服務的意義及目的

早期在兒童福利領域，是因母親角色無法發揮功能，由社工員督導家務，以代理母親身分爲在家的兒童提供照顧服務。由於社會觀念變遷，當前的到宅服務主要針對親職暫時空缺的家庭提供家務服務，使兒童能生活在自己的家庭之中，並協助父母角色功能早日恢復或加強。換句話說，到宅服務的目的是協助處理父母親缺位、不足而引起的家庭問題，並且避免家庭分裂，維持家庭完整性。因此，到宅服務屬於補充性兒童福利之一環。

◆到宅服務的服務對象

到宅服務主要是補充或加入成爲親職角色替代者，以維持家庭功能的完整性，其服務對象如下：

1.母親或父親長期缺位的單親家庭。

2.父母缺乏訓練與有特殊照顧需求的身心障礙兒童家庭。

3.父母因工作、入獄或生病住院等因素，長期或短期不在家的家庭。
4.父母均不善於照顧兒童的家庭，如父母對於親職角色適應不良，經常忽略兒童需求者。
5.提供一種照顧模範，藉以對父母角色加以充能。
6.低收入戶家庭，經濟上的困難造成父母親對於照顧兒童分身乏術或者忽略兒童，協助補充此家庭父母角色的不足。

第三節 優良托育人員的特質與其工作意義及內容

何謂保母？所謂「家庭保母」是指提供家庭托育服務的工作者，簡稱「保母」。依相關法令規定，對通過單一級保母人員技術士技能檢定及格取得技術士證者，則稱「保母人員」；一般有稱「證照保母」，亦可簡稱「保母」，係當前法定「兒童及少年福利機構專業人員」其中之一（托育人員）。過去，依相關法令規定，則是「兒童福利專業人員」之一。在2014年，保母已修正為托育人員。

托育人員是從事家庭托育或托嬰中心之教保工作，負責0～12歲保育及教育之人員，且具一定知識或技巧，接受家長委託收取一定費用，照顧幼兒者；也就是說，他們是親生父母無法照顧幼兒時的代親者。而優良托育人員是創造優良情境供幼兒健康、快樂成長的能者；是接受專業訓練並不斷地充實知能的學習者。

而所謂的「家庭托育」是以家庭的型態，針對父母出外工作或其他原因離開家庭，以及為了兒童的需要，在一天之中，全部或部分的時間裡，提供兒童適當的照顧與保護的有系統的專業服務；其服務是計劃性

的提供兒童生理、情緒和智能發展的經驗，並促進其潛能的發展。

一、優良托育人員的特質

(一)托育人員應具有的托育服務信念

托育人員的工作具有類似家庭一樣的環境氛圍的服務內涵，可延續或補充家庭服務功能，能讓嬰兒在類似原生家庭一樣的環境下成長，並建立生活常規與獲得關愛。以下是托育人員應具有的托育服務信念：

1.不變的初發心：幫助雙薪家庭孩子健康、快樂成長及擁有健全的人格。

2.誠信：把個人誠信擺在第一位，雙方皆要坦誠相告，以便順利解決問題。

3.愛和愉悅的心：每一天都以充滿愛、快樂和愉悅的心情來迎接受托寶貝的到來。

4.以幼兒爲本位並尊重孩子：配合不同孩子的生理時鐘而有個別化的作息時間，且依每位孩子氣質的差異而調整照顧與互動的方式。

(二)托育人員應具備的條件與特質

隨著父母就業比例的增加，母親無法在家中親自照顧年幼孩子，年幼孩子的托育問題成爲父母親關注的議題，尋求優質托育人員的照護自然而然成爲父母親所重視，對其應具備的條件與特質要求如下：

◆托育人員托育狀況與其專業知識及能力

如相關經歷資料、受訓證書、基本資料、過去的托育經驗、保母核心課程訓練、保母證照、在職研習證書、相關幼教證明、設計過的教案、專家推薦信函、過往家長受托心得與其他相關證照提列等等。

◆托育人員的個人條件

1.健全的身心、良好的品德、端正的儀容、有良好的生活習慣。
2.有耐心、喜歡兒童、尊重兒童。
3.基本的學歷、接受適切的理論與實務專門訓練，獲有證照。
4.專職、具敬業精神、遵循應有的職業倫理或專業守則。
5.其他，如年齡、婚姻狀況、育兒經驗、個人記錄、情緒控制、溝通表達能力等。

◆托育人員的家庭條件

1.家庭環境衛生與安全。
2.空間足夠。
3.家人支持，願意接納收托兒童。
4.家人無不良習性、行為或法定傳染疾病。
5.家中未滿12歲的子女人數不可過多。
6.鄰里環境合宜。
7.其他，如家人關係良好、家人身心狀態等。

◆托育人員個人的特質與責任度

托育人員是一個特別的職業，工作的對象是孩子、家長，甚至可以說是一個家庭；是一份與人工作的職業，同時需要長時間在家與孩子相處等工作特性，所以托育人員的人格特質相對重要：

1.良好印象的建立：服裝儀容以整齊清潔為主：
(1)服裝：須以寬鬆衣物為主並穿著舒適的鞋子。托育人員衣著應儘量樸實，勿過度華麗、貴重，或穿著過度暴露，因爲這些都會影響照顧幼兒的品質及活動。

(2)頭髮：以自然髮色爲主，勿追隨流行及染成大紅大紫等誇張顏色，讓家長感受到不可靠及輕浮。

(3)飾品應儘量簡化，女性若有化妝，應以淡妝爲主。

(4)展現自己的自信及專業形象。

2.態度與談吐：托育人員應身心健康，如人格健全、情緒穩定、善於溝通等。此外，托育人員與家長的溝通態度應：

(1)誠懇。

(2)勿將教養觀強制植入給家長。

(3)勿否定家長教養觀。

(4)勿出現教訓家長的姿態。

(5)雙向與家長溝通。

(6)說明教養認知與態度。

(7)溝通家長的期望與教養期許。

(8)說明自己的教育理念和育兒相關處理措施。

3.托育人員應具備的責任感：

(1)承諾：對於家長的要求，托育人員需考量自己收托狀況或能力才允諾，而一旦承諾要確實執行與遵守。

(2)愛心、耐心、熱心、誠心、永不灰心、眞誠一致與具有同理心。

(3)爲家長及幼兒保密。

(4)遵守工作倫理準則。

(5)積極關注家長及幼兒。

(6)誠實面對自己、雇主及幼兒。

(7)檢討工作績效。

4.認識自己的能力有限，能不斷地進修獲取新知。

5.作爲幼兒的代言人（advocate）。

◆**托育人員應具備的其他能力**

1.具有托育的憂患意識與危機處理能力。
2.應把握每個專業成長的機會，與能做有效的工作空間與時間安排。
3.瞭解社區資源並能充分運用。

二、托育人員工作的意義及其內容

(一)托育人員的角色定義

托育人員最主要的職責是維持幼童的安全，瞭解幼童及其需求；換言之，托育人員須肩負著保護與教導等類似媽媽的角色之職責，提供補充家庭照顧的功能。學者蔡延治（1995）將托育人員角色定義爲：

1.像母親一樣的疼愛孩子。
2.像老師一樣的教導和尊重孩子。
3.像醫護人員一樣照顧孩子的身體健康。
4.像心理醫生一樣照顧孩子的心理健康。
5.像營養師一樣爲孩子製作營養餐點。
6.像朋友一樣陪伴孩子遊戲。

(二)托育人員工作的內容

1.維護安全：保護收托孩子身體的安全，使免於受傷。
2.重照料：包括維持收托孩子的食物、營養、健康照料。

3.認知教導：對於所有知識與常識的學習，托育人員能夠教導受託孩子，啓發其智能。

4.注重發展：能夠依照收托孩子年齡發展，給予不同的訓練。

5.常規訓練：培養收托孩子生活起居的訓練、禮貌的培養、生活好習慣的養成。

6.關懷尊重：給予收托孩子關懷、尊重與愛，以建立其安全感。

7.瞭解需求：瞭解並滿足收托孩子的生理和心理需求。

8.注重衛生：維持收托孩子的身體乾淨衛生。

9.維護孩子的權利：對於收托孩子想要表達的話語、行爲，應給予適當的鼓勵與表現，避免剝奪了收托孩子表達與表現。

(三)托育人員工作的重點

◆幼兒安全的防護與疾病預防

家庭與托育機構是兒童最早接觸的社會化場合，也是兒童最可能遭受事故傷害的地方，因此必須探討幼兒安全的防護與預防，其中影響兒童安全的因素有三：

1.照護者：主要是指照顧者的觀念與行爲。

2.環境：指家中或托育機構的布置及其擺設。

3.物件：指兒童所使用的物品，含教玩具在內。

而優良的托育人員不只是幼兒安全的保護者，更是疾病的防範與照護者：

1.應培養孩子良好的生活作息習慣與教導孩子明確的生活規範，並在充分溝通後，嚴格要求孩子遵守。

2.給予孩子營養均衡的三餐。

3.教導孩子各種器物的安全使用規則，以及水、火、電的使用安全知識。
4.寶寶生病預兆之注意：(1)食慾下降；(2)睡太多或睡不好；(3)情緒煩躁；(4)臉色蒼白；(5)呼吸不順；(6)大便顏色有異。
5.消化不良、厭食、肥胖等寶寶常見飲食問題之注意：(1)消化不良；(2)胃口不好；(3)便祕；(4)肥胖等。

◆托育空間及器具的安全

1.是否有分開幼兒之睡眠、活動的範圍？
2.玩具、圖書、嬰兒床、安全插座、衛浴設備及防滑墊、急救箱、家具尖角是否妥善規劃處理好？
3.室外環境是否整齊及動線流暢？
4.寵物飼養是否另行規劃，而不干擾所收托的嬰幼兒？

◆每日工作的確認

1.工作確認表。
2.一日作息表。
3.幼兒午睡時間。
4.衛生檢查表。
5.幼兒工作日誌文件。
6.廚房、浴室、活動空間的安全檢查表等。

第四節　托育工作相關法規的認識

一、居家托育服務系統的演進

家庭保母的專業培訓，最早始於民國76年台北市社會局與台灣兒童暨家庭扶助基金會試行辦理「鄰里托兒保母訓練」，後至民國81年開始各縣市陸續展開。

我國自民國87年開始實施保母證照核發制度，似尚未能達到完全符合保母、幼兒、家長三方的需求，癥結在於國人習於尋求鄰里親友非正式系統之協助或轉介托育，政府亦欠缺完整之管理及訪視督導措施，造成嬰幼兒托育照顧福利服務之品質無法確保，影響所及，受過保母專業訓練者從事嬰幼兒托育就業率並不高。內政部兒童局爲加強居家式托嬰服務的安全與品質，於民國89年8月函頒「社區保母支持系統實施計畫」，並自90年度起編列經費預算針對保母支持系統提供職前訓練、協助保母證照考試、在職研習、區域聯合研習、宣導活動及訪視督導費等。自民國87～95年期間，全國取得勞委會職訓局所辦理保母丙級技術士證照者有43,473人，但此種證照取得及保母訓練結訓，未能有相關的管理辦法，如證照的效力、期限、換證等，實無法對其服務追蹤檢證，也失去對品質相關的意義。

鑒於無從掌握已受訓或取證保母所提供的照顧服務品質，兒童局於民國89年訂定「社區保母支持系統實施計畫」，作爲保母人員督導管理制度之推行依據（內政部兒童局，2005a），並自90年度起編列經費預算，推動該實施計畫，目標在於每一縣市建立保母支持系統，負責保母之培訓、媒合轉介、在職輔導與訓練及督導訪視等事項。此外，內政部兒童局陸續自民國94年修訂該計畫內容，並於民國95年12月11日更名並頒布為「社區保母系統實施計畫」。迄民國96年7月為止，已成立四十五個社區保母系統，以及所屬的共五十六個據點（內政部兒童局，2007）。此外，針對家庭保母之托育環境安全檢核及改善、輔導工作，兒童局於民國93年頒布實施「家庭托育服務環境安全檢核表」。兒童局為掌握各社區保母系統之執行狀況與系統內保母會員之基本統計資料，於民國94年建置社區保母系統網站，並自民國95年擴充為「全國社區保母系統管理與托育費用補助資料庫」（段慧瑩，2007）。

自民國89～93年期間，各社區保母系統本身的督導工作，是由各地方政府主責。民國94年兒童局為瞭解全國所建立的社區保母系統之實際實施成效，首度舉行全國性的社區保母系統評鑑作業（內政部兒童局，2005b）。該次評鑑結果呈現出各系統承辦單位不同的運作方式及服務項目未能達到一致的服務品質之現象（內政部兒童局，2005b）。據此，兒童局於民國95、96年辦理兩次的社區保母系統巡迴輔導，其目的是為透過有效的輔導措施，促進社區保母系統運作，以達成其服務保母、家長與社區的目標（內政部兒童局，2006、2007）。上述輔導計畫之工作，著重於瞭解各系統運作之困境與優勢，並經由實地與承辦單位的分享互動，作為系統服務品質提升之依據。綜合上述，台灣家庭保母之督導與管理體制仍在建置與發展中，雖然仍有缺失，但已積極完成各項配套措施。然而，家庭保母加入上述社區保母系統為鼓勵及志願性性質。相對於考取保母執照人數而言，加入社區保母系統的人數並不踴躍（段慧瑩、黃馨慧，2007），導致管理與督導機制的功能無法確實發揮。

民國95年9月20日行政院第3007次會議通過「2015年經濟發展願景第一階段三年衝刺計畫（2007-2009）大溫暖社會福利套案」之「普及嬰幼兒照顧體系計畫」，研擬「社區保母管理與托育費用補助實施計畫」，其重要內容包括：

1.居家式保母人員應符合合格資格條件並加入保母系統，且由直轄市、縣市政府及所轄社區保母系統依規範辦理。

2.托育費用補助則分為：

(1)受雇者家庭部分托育費用補助：依幼兒家庭情況區分為一般家庭、弱勢家庭兩種補助方式。

(2)非受雇者弱勢家庭臨時托育費用補助。（內政部兒童局，2006）

此外，兒童局依據此計畫所頒布之「建構友善托育環境——保母托育管理與托育費用補助實施計畫」自民國96年1月10日起，取代了「社區保母系統實施計畫」（內政部兒童局，2008），教育部「兒童教育及照顧法」之第2條、29條及48條，更規範未來2歲以下幼兒的居家式收費照顧，若非是幼兒三親等的親人照顧，則都必須具備保母人員資格（具有丙級保母技術士證照），而提供居家式照顧服務者，應向直轄市、縣（市）主管機關辦理登記後始得收托。

以下是內政部保母托育管理與托育費用補助實施計畫所公布的修正案：

中華民國97年1月8日行政院院臺內字第0970080476號函核定

中華民國97年3月27日行政院院臺內字第0970084005號函核定修正

中華民國98年3月3日行政院院臺內字第0980008249號函核定修正

中華民國99年12月22日行政院院臺內字第0990068724號函核定修正

中華民國100年12月27日行政院院臺內字第1000069663號函核定修正

中華民國101年6月18日行政院院臺內字第1010035528號函核定修正

民國97年3月10日行政院頒布人口政策白皮書，落實推動人口政策綱領，建構平等普及生育及養育優質環境，支持家庭照顧能力，降低家庭負擔成本；增進兒童及少年福利，加強親職教育，維護身心健康及正常發展。規劃進一步開辦「保母托育管理與托育費用補助實施計畫」。目前，全國有二十二個直轄市、縣（市）政府共計輔導六十二個社區保母系統，共同建構社區化托育服務網絡，讓家長為幼兒選擇最安全、適合的托育與照護服務。

二、保母專業訓練發展過程

1.由「傳統保母」到「受訓保母」：民國76年7月起由台北市政府社會局委辦，台北家扶中心從試辦到正式辦理「鄰里托兒保母訓練」；民國78年高雄市家扶中心辦理「鄰里家庭托育服務方案」等等。

2.由「受訓保母」到「專業保母／專業人員／證照保母」：民國84年7月5日內政部頒布兒童福利專業人員資格要點，將保母人員納入，自此保母人員明定為法定兒童福利專業人員之一，但需通過保母人員技術士技能檢定及格，取得技術士證；民國86年7月19日行政院勞委會公告保母人員技術士技能檢定規範，民國87年3月1日全國第一次舉辦保母人員丙級技術士技能檢定學科統一測試，之後，再分區辦理術科測試。

3.由「專業保母／專業人員／證照保母」到「保母人員督導系統試辦方案」：民國87年4月至民國88年6月，台北市政府社會局委辦，台北家扶中心及信誼基金會分區辦理。

4.由「保母人員督導系統試辦方案」到「社區保母支持與督導體系」：由台北市政府於民國87年及民國88年試辦社區保母支持與督導體系。

5.由「社區保母支持與督導體系」到「社區保母支持系統」與「社區保母系統」：由於傳統三代同堂家庭式微，現代核心家庭結構的普及，致家庭支持系統不足，雙薪父母為使工作時段內家中0～

2歲幼兒能獲得妥適的照顧，普遍選擇、使用居家式托育服務——保母所提供之托育服務與照護。兒童局有鑒於此，於90年由內政部主辦，頒布「社區保母系統實施計畫」，在全國推動，整體規劃居家式托育服務保母之專業基礎訓練、媒合轉介、在職研習、訪視督導。

6.由「社區保母系統」到「保母登記制」（規劃中）：為了擴大並落實保母的有效管理與輔導，內政部兒童局在「兒童及少年福利與權益保障法」（原兒童及少年福利法）修正草案中，增訂了「保母登記制度」，未來保母不論有沒有考取保母技術士證，只要在居家環境中收費托育兒童（三親等以外），都必須向各縣市政府辦理登記。

三、以內政部「建構友善托育環境——保母托育管理與托育費用補助實施計畫」法源為例

(一)實施對象

1.家中有未滿2歲幼兒之家長。

2.社區保母系統、合法立案之托嬰中心。

3.保母人員：須具備下列資格之一：

(1)年滿20歲，取得保母人員技術士證，並加入社區保母系統。

(2)年滿20歲，高級中等以上學校幼兒保育、家政、護理相關學程、科、系、所畢業，或修畢保母專業訓練課程且領有結業證書者，並加入社區保母系統。

(3)受僱於托嬰中心之護理人員、教保人員、助理教保人員或保母人員，並符合兒童及少年福利機構專業人員資格者。

(二)保母托育目標

政府為推動國家與社會分擔家庭照顧嬰幼兒之責任，積極營造有利生育、養育之環境，保護家庭與就業安全，以利國民婚育，降低少子女化衝擊，維持人口年齡結構之穩定，並避免婦女因婚育離開職場。目標如下：

1.以「工作、福利」模式，提供平價、可靠的普及托育服務，支持父母兼顧就業和育兒，針對就業者提供部分托育費用，協助家長解決托兒問題，使能投入就業市場，提高家庭收入，減輕家庭照顧及經濟負擔。
2.以兒童之最佳利益為優先考量，妥善照顧國家未來幼苗。
3.建構保母托育管理制度，落實保母輔導管理制度，提升保母人員照顧嬰幼兒專業知能，提供可近性高且優質之幼托服務，以保障托育品質。
4.提供幼兒自行照顧或祖父母照顧之家庭，臨時托育及親職教育服務，以紓緩其照顧壓力，建構專業友善托育體系。
5.提供非低薪、權益受保障之大量照顧福利服務工作機會，增加各地社區民眾在地就業機會，促進家庭經濟穩定與社區經濟繁榮。

(三)計畫內容

計畫內容為提高保母托育服務之質與量，推動托育制度普及化：

1.各地方政府鼓勵轄內社區保母系統或相關團體，依行政院勞工委員會職業訓練局辦理照顧服務職類職業訓練補助要點作業規定，洽各職訓中心申請補助經費，以積極辦理保母人員專業訓練（7學分126小時），協助有意願從事保母服務工作者參與訓練及證照考試，並納入社區保母系統管理，以增加保母人員之數量。

2.督導各地方政府確實掌握轄內之保母人員及其收托意願，並評估轄內幼兒送托需求等資訊，依本計畫之規定，積極分區建構完善之社區保母系統。

3.透過宣導、調查及發函通知等多元管道，引導實際照顧幼兒之保母進入社區保母系統，接受輔導及管理，並協助其媒合收托幼兒。

4.建構全國保母托育服務資料庫：

(1)將保母人員基本資料逐步納入內政部兒童局「全國保母資訊網」。

(2)協助社區保母系統受理轄內保母申請加入事宜。

(3)提供保母人員線上申請加入社區保母系統。

(4)提供家長尋求托育資訊，並聯繫社區保母系統或托嬰中心處理相關事宜。

(5)透過網路平台協助社區保母系統有效管理保母托育，並協助地方政府有效督導社區保母系統及托嬰中心。

5.逐步擴增社區托育服務能量及據點，提升民眾使用托育服務之便利性，進而促進托育服務之普及化。

(四)我國的專業保母——保母證照

1.現代保母的責任：維護孩子應有的權利；重視孩子的健康，給予足夠的營養、運動和睡眠；教導孩子從日常生活中建立良好的生活習慣；啓發孩子的智能；培養孩子健全的人格；給予孩子足夠的愛、尊重和安全感；維持孩子與其父母間的親密關係等。

2.保母技能檢定的知能內容：包括「職業倫理」、「嬰幼兒托育導論」、「嬰幼兒發展」、「嬰幼兒保育」、「嬰幼兒衛生保健」、「嬰幼兒生活與環境」、「親職教育」等七項。

3.術科檢定：「清潔區」、「安全醫護區」、「調製區」、「遊戲學習區」。

(五)保母人員資格

欲加入中心結訓保母資料庫之保母，必須是在經社會局認可的民間保母訓練機構內接受保母人員核心課程126小時的保母專業訓練（民國94年依「兒童及少年福利機構專業人員資格及訓練辦法」修改保母課程），且結訓或通過行政院勞委會職訓局舉辦的保母單一級技術士考試，領有保母丙級技術證照者。

(六)保母人員培訓單位

1.正式學校教育系統：

(1)高中職幼兒保育相關科系。

(2)大專院校相關科系。

2.社會教育系統：

(1)保母人員丙技檢定考試相關職業工會。

(2)職訓中心。

(3)政府委辦訓練單位。

(七)辦理就業者家庭部分托育費用補助

1.補助條件：

(1)父母（或監護人）雙方或單親一方皆就業，或父母一方就業、另一方因中重度身心障礙、或服義務役、或處一年以上之徒刑或受拘束人身自由之保安處分一年以上且執行中，致無法自行照顧家中未滿2歲幼兒，而需送請保母人員照顧者。

(2)戶籍登記為同一母親或父親，有3位以上子女之家庭，其未滿2歲幼兒需送請保母人員照顧者。

2.補助標準：

(1)一般家庭：申請人經稅捐稽徵機關核定之最近一年綜合所得總額合計未達申報標準或綜合所得稅稅率未達20%者，補助每位幼兒每月2,000～3,000元。

(2)中低收入戶補助每位幼兒每月3,000～4,000元。

(3)低收入戶、家有未滿2歲之發展遲緩或身心障礙幼兒之家庭、特殊境遇家庭、高風險家庭，補助每位幼兒每月4,000～5,000元。

(4)有3位以上子女之家庭，其未滿2歲幼兒需送請保母人員照顧者，補助對象不受父母（或監護人）雙方或單親一方皆就業，及最近一年綜合所得總額合計未達申報標準，或綜合所得稅稅率未達20%限制。

(5)本項補助超過半個月、不滿一個月者以一個月計，未達半個月以半個月計。

四、居家托育管理實施原則

(一)適用對象

1.於居家環境中提供未滿6歲之幼兒（不含托育人員本人之幼兒）收費照顧服務之托育人員。

2.居家托育服務系統。

(二)托育人員照顧人數及資格條件

◆照顧人數

托育人員同一時段每人至多照顧兒童（含托育人員本人之幼兒）4人，其中未滿2歲者最多2人；托育人員聯合收托者至多照顧兒童4人，同一場所收托達5人應即申請托育機構設立許可。

◆資格條件

1.積極資格：

(1)年滿20歲。

(2)取得托育人員技術士證，高級中等以上學校幼兒保育、家政、護理相關學程、科、系、所畢業，或修畢保母專業訓練課程且領有結業證書者。

(3)居家環境接受訪視並改善至符合收托幼兒之安全要求。

(4)加入所在地之居家托育服務系統。

(5)健康檢查證明合格。

2.消極資格：保母人員不得有下列情事之一：

(1)曾有性侵害、性騷擾或虐待兒童行為，經起訴者。

(2)曾有性騷擾行為，經各地方政府性騷擾防治（或審議）委員會審議屬實或經起訴者。

(3)為精神衛生法第29條第三項所限定之嚴重病人者。

(4)曾吸毒、暴力犯罪、行為不檢損害兒童權益，其情節重大，經有關機關查證屬實者。

托育人員之共同居住之人有前項各目情形之一者，該托育人員不得於其住家環境從事居家托育照顧服務。

3.托育人員需提供本人之相關證明文件，及家庭同住成員之基本資料，供地方政府查核，地方政府得視需要，進一步逕向其他機關調閱相關資料。

4.山地、偏遠、離島、原住民地區招募托育人員有困難者，得專案報請地方主管機關審查，並經內政部兒童局同意准予放寬人員資格。

(三)托育人員應遵守事項

1.托育人員應簽訂加入居家托育服務系統同意書，以明定其與社區保母系統之權利義務。

2.接受居家托育服務系統訪視督導：

(1)新收托及結束收托幼兒應於一個月內通知居家托育服務系統登錄相關資料。

(2)接受訪視輔導員進行居家環境檢查及托育行為輔導等事項。

(3)至少二年一次定期身體健康檢查。

(4)參加居家托育服務系統辦理之研習訓練，每年至少20小時。

(5)在托育時段內應專心托兒，不得有其他酬勞報償之兼職工作。

(6)如發生家長與托育人員間之申訴案件時，須配合提供該案件相關資料予地方政府。

3.應提供受託兒童之照顧內容：

(1)提供受託兒童充分生理、心理照顧，以協助其完成各階段之發展，並依其個別需求提供下列服務：

・清潔、安全適宜兒童發展之居家環境。

・充分之營養、衛生保健、生活照顧、遊戲休閒、學習活動及社會發展等相關服務。

・記錄生活及成長過程。

・參與促進親子關係及支持家庭功能之活動。

(2)受託兒童為2歲以上，並應提供學習輔導、興趣培養、休閒及社區生活體驗擴充等活動。

(3)提供其他有益兒童身心健全發展之相關服務。

4.遵守下列托育人員收托守則：

(1)對兒童具有耐心、愛心及同理心且具照顧服務之熱忱。

(2)擬定托育服務計畫表，按時填寫托育紀錄表或製作幼兒成長日誌。

(3)保母人員及其家人不得有虐待、疏忽等違反兒童及少年福利與權益保障法之行為。

(4)其他居家托育服務系統規定並經地方政府核准之守則。

5.遇有下列情事應退出系統，一年內不得再加入居家托育服務系統：

(1)一年內無收托幼兒，且不願接受媒合提供服務者。

(2)經查不符合本實施原則之積極資格、消極資格規定或應遵守事項者。

(3)若托育人員或其家庭同住成員經衛生主管機關命令應接受「結核病都治計畫」或隔離治療而不遵從，致傳染風險已達危害收托幼童者。

(4)其他經居家托育服務系統考核其身心不適任托育工作者。

(5)提供不實資料供家長申請托育補助者。

(四)托育種類與托育人員類型

◆托育種類

1.月子中心：收托滿月以前的嬰兒 。

2.托嬰中心：收托滿一月至未滿2歲的幼兒 。

3.托兒服務：收托滿2歲以上到未滿6歲兒童 。

◆**收托時間**

1.半日托：3～6小時。
2.日托：7～12小時。
3.全日托：24小時以上。
4.臨托：以鐘點計費。

◆**托育人員類型**

1.家庭托育人員。
2.到府托育人員。
3.月子托育人員。

第五節　托育工作倫理與兩難情境探討

托育工作為專業性質的教保工作，所謂「專業」（profession）係指一種專門的職業，一份全職的工作；此種工作為社會帶來貢獻，也符合社會大眾所需。托育的專業技術（professionalism）除了是照顧孩子的實用技能，還包括以下相關的知識，而且還需要深入瞭解使用技術、自身知識，其他人的接受力，及能讓你成為一個有效率托育的習性發展。而「倫理」之意義，根據《韋氏大辭典》的定義，是指要符合道德標準或者是某一專業行業的行為標準。倫理是一些適當合宜的行為法則，用來引導個人的活動，經個人抉擇後而成為符合道德規範的行為。

一、托育工作的專業倫理探討

專業倫理規範主要是針對從事某項特定專業工作的人員，所訂立的工作行為標準，藉以協助其從業人員釐清並解決實際工作中所面臨的許多具體道德問題。倫理與道德的概念大致相同，經常可以互換使用，但是在日常用法、語源和歷史用法中還是有些許差別。道德之意義在於個人精神層面與個人行爲的規範與法則，與倫理不同的是，道德屬個人層面，倫理則屬人際層面。

倫理與道德的三種不同應用或是實踐觀點，他們分別對於應用在三個不同的領域：即是有目的的、善良的、正義的。幼兒托育服務的相關工作人員，都是推動幼兒發展的力量，但是由於立場與角色的不同，常會產生觀點與實際做法上的差異，造成不必要的誤會，因此有一份明確易懂的行爲與處事規則，讓大家有所依循是有必要的。

(一)瞭解托育的專業倫理

◆托育人員的專業與非專業行為

根據行政院勞委會職訓局自民國86年起所辦理之「托育人員技術士技能檢定」指出，托育應秉持專業倫理，運用托兒服務相關技能與情意，照顧嬰幼兒的生活。包括明瞭法規、個人進修及工作倫理三項，每項各有其技能標準與所需知的相關知識。以下爲托育人員的專業與非專業行爲：

1.托育人員的專業行爲：

(1)人際溝通能力之培養：

- 教導孩子表達意念，與人協商。
- 學會忍耐、延宕需求之滿足。
- 建立「共享」概念，輪流「擁有」玩具。

(2)社交禮儀和良好人格之培養：

- 有禮貌，常用「請」和「可以」的詞語。
- 有包容的風度，原諒別人的過失。

・尊重別人，能為別人著想。

(3)語文能力之訓練與培養。

(4)幼兒行為之臨床診斷與輔導。

2.托育人員的非專業行為：

(1)大聲遏止、拍桌子、怒罵孩子。

(2)禁止二人玩該項玩具。

(3)轉移孩子注意力，但沒有解決問題。

(4)隔離、面壁思過。

(5)傳統「大讓小」觀念。

(6)酬賞與賄賂。

(7)威脅或權威要求。

◆托育工作之職業道德規範

就如同教師要有師德，醫生要有醫德，托育服務工作人員也不例外，亦應有其獨特需要遵守的職業道德，這是托育服務工作作為一種職業區別於其他專業的本質特徵的反映，更是托育服務工作專業價值觀的具體表現。

由於國情和發展領域之不同，托育服務中有關教育與保育之不同，加上各國對於托育照顧體系之職業道德規定也各有不同，但仔細推敲，其中仍有相當一致的看法。托育服務這個專業，就其社會工作者的角色，其應符合社會工作職業道德的具體規定，具體分析社會工作職業道德之基本要素可歸納如下五點：

1.責任心：即社會工作者必須以社會與個人的福利和發展為自己的責任，並將這種責任置於個人之心，兒童托育服務工作者之主要責任即是要迎合兒童最佳利益。

2.道德原則：社會工作者必須恪守職業道德，對案主（兒童）有責任，並為他們守密。

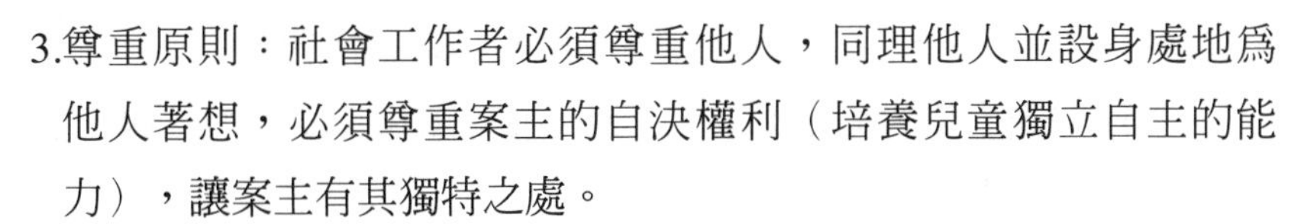

3.尊重原則：社會工作者必須尊重他人，同理他人並設身處地爲他人著想，必須尊重案主的自決權利（培養兒童獨立自主的能力），讓案主有其獨特之處。

4.平等：社會工作者服務他人與社會，不因種族貧富、性別等因素而有差別待遇。

5.合作：社會工作者之間、社會工作與其他專業應相互合作，爲案主謀取最大福祉，並提升工作效能。

◆托育人員應具有的專業準則

另就專業教育者的角色來看，其應努力達到最高的專業標準和高品質的目標，未達到此一目標，托育服務工作者更應有下列的專業準則：

1.態度：真誠對待孩子，給予孩子及工作夥伴正向積極的援助，並且樂意謀求兒童的最佳利益。

2.進取的精神：創新、進取，並真誠擁護孩子的權利及利益，積極地爲孩子服務。

3.保密性：對於孩子及其家庭的內在與外在的溝通訊息及評語，應予以保密。

4.衣著打扮：配合禮儀，穿著打扮應適合工作性質及機構，除了有特別的規定，不然合宜的衣著打扮可獲得孩子們的尊敬。

5.尊重：作最佳的決定，站穩立場，親切的解釋，對孩子尊重，對工作夥伴尊敬；相對地，你將會獲得他人的尊敬與喜歡。

6.責任感：對個人的工作態度和任務負責。

7.同情心：給予兒童同情心，但並不意味寬容，瞭解兒童需求，並伴隨對兒童照顧和兒童的關懷。

8.遵守倫理守則：托育服務專業人員應遵守下列等守則：

(1)對所有私人訊息保密，並對兒童、青少年和他們家庭作教育的紀錄。

(2)尊重兒童、青少年和他們家庭的人權與合法性。

(3)根據行政區域或機構政策，保護兒童和青少年的健康、安全與幸福感。

(4)能夠辨別各種不同角色教育人員的職責。

(5)跟隨主管的指示，並且輔以其他觀察行事。

(6)保持出席紀錄的規則，依指定的時間到達，如果不能出席，應及早通知學校人員。

(7)對不同文化和個別的兒童或青少年予以尊重。

(8)表現忠貞、信賴，眞誠和其他標準的倫理守則。

(9)根據命令和不同的行政程序辦事。

(10)表現出樂意參與爲機構和指示提供教育的機會。

◆托育人員應具備的條件

在任何專業領域中，案主對實務工作人員關係愈不具權威性，專業倫理也更顯得重要。也就是說，這種專業倫理守則就是要防止專業人員對案主（兒童）有權力的侵犯，尤其在托育機構中，托育人員的照護對兒童之心理及物質資源價值中具有眞正實質的權力。因此，在對兒童進行托育照顧時，托育人員是擁有令人敬畏的責任和特權，所以遵守倫理守則是堅持追求高品質托育工作所不容忽視的。

而從一專業教保人員的角色，美國國家幼兒教育協會（NAEYC）也列有專業人員應具有的四個條件：

1.具有專業的知能：美國教師協會（Association of Teacher Education, ATE, 1985）主張學前教育人員之課程，應包括：

(1)要有多種社會科學的知識背景，使學員能夠從兒童的活動中，看出學習的契機。

(2)要懂得遊戲對兒童發展的重要性，也要會用遊戲帶領孩子的發展。

(3)要習得兒童發展理論，以及在實際情形上的意義。

(4)要瞭解家庭對兒童發展的重要性，尊重各個家庭的獨特性及價值，而且有與家長溝通互動的技巧。

(5)要能夠與人協調、合作、分享專業成長，並能夠反應在與同事合作的關係上。

2.提供專業的服務品質：運用可靠的專業知識及見解來作判斷，其目的著眼於兒童長遠之發展利益。除了知能提升外，尚包括人格特質、工作態度、穩定的情緒、創造力、愛心、耐心、易與人相處、強烈與幼兒相處的意願、精力與時間之投入。

3.專業的主動參與：主動尋求各種相關資源（如信誼基金會、兒童福利中心、各地文化中心或博物館），參與教保專業組織（如幼教協會、教保協會、社會工作專業協會等）。

4.具有教保專業倫理：

(1)凡事以幼兒的利益為優先。

(2)積極維護幼兒應有的權利，如隱私權。

(3)不以任何理由傷害幼兒的身心發展。

(4)教幼兒正確的事。

(5)公平對待每位幼兒。

◆幼兒教師專業守則

相對於美國，國內兒童福利學者謝友文提出「幼兒教師專業守則」十六條，如下：

1.秉持教育理念，肯定工作價值。

2.忠於職守規約，積極主動參與。

3.維護兒童權益，確保兒童安全。

4.尊重啓發兒童，公平教導兒童。

5.均衡課程設計，做好教學準備。

6.照顧全體兒童，兼顧個別差異。

7.重視園家關係，加強親職教育。

8.審慎處理問題，保守兒童資料。

9.樂觀進取自信，身教言教並重。

10.規律生活作息，保持身心健康。

11.不斷進修成長，重視研究發展。

12.虛心接受意見，樂於稱讚別人。

13.講求組織和諧，愛護團體榮譽。

14.重視經驗傳承，建立具體資料。

15.善用社會資源，心存關懷感念。

16.開闊眼光見識，堅持慈幼理想。

◆托育機構管理者的角色及其專業倫理

台南第六公立幼稚園園長王立杰從托育機構管理者的角度，認爲托育機構管理者應扮演的角色爲：(1)計劃者；(2)決策者；(3)溝通者；(4)協調者；(5)領導者；(6)激勵者；(7)考核者；(8)公關者。

而托育機構管理者要具有下列專業倫理：

1.以兒童利益爲考量。

2.尊重教保人員之教保自主權。

3.瞭解托育相關法規，依法行事。

4.領導民主化、公開化。

5.參與社區聯絡，負起社會教育之責任。

6.不斷進修，吸取新知。

(二)托育人員需具有專業倫理的原因

1.嬰幼兒托育環境較爲孤立，其他人較無法得知活動的全貌，因此托育人員面對教育倫理議題時，往往需獨自解決，無法與他討論。

2.托育人員服務的對象是幼兒，幼兒對於本身所受到的不當對待，是很少知覺、也無力改變。

3.專業倫理可以協助托育人員避免做出「對成人有益但對幼兒不利」的事情。

4.面對各種倫理問題（例如親師溝通），幼教人員必須做出合理的道德決定，故需要倫理守則作為參考：

(1)要自重重人。

(2)要富於社會意識。

(3)要能理智地處理一切事務。

(4)要能在專業素養中培養其一般的優良特質。

(5)要繼續不斷地求知。

(6)要愛護幼兒且與幼兒友善相處。

(7)要能夠瞭解幼兒。

(8)對本身及幼兒的成就要能具有正確的評鑑能力。

(9)要有專業的信心。

(10)要能瞭解社會並參與社會活動。

(11)要成為社會中的良好分子。

(12)要善於與人合作。

(三)托育人員專業倫理項目

◆托育人員對家長的倫理

托育人員應與家長建立互信關係，其守則如下：

1.誠信。

2.守密。

3.不以拒托作爲要求調薪的武器。

4.不因自己專業能力的提升而不斷地要求調薪。

5.不隨便中止收托。

6.不破壞孩子與其家人的關係。

7.協助家長培養孩子良好的生活常規及習慣。

8.幫助家長瞭解育兒知識，加強育兒技巧。

◆托育人員對自己的倫理

托育人員應充實自己的專業知能：

1.經常進修吸收新知，充實育兒知能。

2.積極參加托育人員專業組織。

3.努力通過托育人員技術士檢定及相關證照。

4.配合政府督導制度，確實提升自我素質。

5.營造安全健康優質的育兒環境。

◆托育人員對社區的倫理

托育人員應提供優質的教保服務：

1.協助社區家長照顧幼兒。

2.提供社區臨托服務。

3.不道他人長短、傳播他人隱私。

4.不做違背良心及社會道德規範之事。

5.不拒托特殊殘障或生病的孩子。

(四)托育人員專業倫理的守則

1.態度：眞誠的對待幼兒，給予幼兒積極正向的援助。

2.進取的精神：創新、進取、維護幼兒的權利及利益。
3.保密：對於幼兒本身、關於幼兒家庭的事務，以及和幼兒家庭的互動訊息及評語，需注意保密。
4.衣著打扮：穿著適宜，合乎工作性質。
5.尊重：對幼兒、幼兒家庭成員及工作夥伴給予尊敬。
6.責任感：對個人工作態度與任務負責。
7.同情心：給予幼兒同情心（非縱容），並伴隨關懷與照顧。
8.遵守專業守則。

二、托育人員倫理兩難情境的探討

倫理兩難的問題是指托育人員和工作對象之間有倫理關係，在相處時，會發生包含兩種或兩種以上互相衝突價值的情況之下，托育人員很難抉擇該表現何種行爲。面臨倫理問題時，托育人員常會陷入兩難的思考，因爲在現實又複雜的教學情境中，常會使教師在處理問題時因爲要堅守某項原則而犧牲掉另一項原則，這就是所謂的「倫理兩難」，也就是托育人員會因爲人（人的權利問題）與環境（事情的本質問題）的複雜性，而產生了兩種或兩種以上互相衝突價值的情況，難以決定該採取或表現哪一項行爲，或該下哪一項決定，致使專業人員要在兩套互相矛盾又各有效益的價值之間作抉擇，面臨選擇其中任何一種都無法周全的決策上的困境。

(一)托育倫理兩難的決策困境

1.保密程度：如保密傷及某人安全vs.洩密傷及案主信賴。
2.自決權力與尊重：如自由不容干涉vs.有待協助。
3.自由意志與環境：如行爲乃出於自由意志vs.環境的影響。

4.協助的方式與選擇：如重視過程vs.重視結果。

至於幼兒教保人員的工作生涯中所面臨的倫理問題更是複雜、糾葛，美國學者凱茲（Katz）分析其倫理抉擇之成因有四：(1)工作人員的權利與地位；(2)服務對象的多元化；(3)實證資料的不明確；(4)角色混淆不清。

(二)托育倫理兩難的因素

1.家長方面：

(1)價值觀的不同。

(2)教育觀點不同。

(3)幼兒行爲參考標準不同。

(4)隱私權的維護。

2.幼兒方面：

(1)教學工作。

(2)保育工作。

(3)幼兒家庭背景。

3.同事方面：

(1)不同觀點與不同做事方法。

(2)同事情誼與正義、理念。

4.主管方面：

(1)主管理念與自我理念。

(2)主管行爲與正義、工作保障之現實。

5.對幼兒的倫理守則與實例討論：

(1)尊重幼兒之權利與獨特性，保障其教育權，提供適性發展之教保方案。

(2)實例討論。

6.對幼兒家庭的倫理守則與實例討論：

(1)尊重及信任所服務的家庭，瞭解家長需求，協助或增進家長的教保理念及爲人父母的技巧。

(2)實例討論。

7.對同事的道德責任與實例討論：

(1)基於專業知識與工作夥伴、雇主或部屬建立及維持信任與合作的關係，共同營造有益於專業成長的工作環境。

(2)實例討論 。

8.對社會的倫理守則與實例討論：

(1)讓社會瞭解幼兒的權利與幼教的專業，提供高品質的教育方案與服務，重視與社區的互動，並關懷幼兒與家庭福祉的政策和法令。

(2)實例討論。

(三)倫理兩難的解決之道——有效的溝通策略

幼兒常將家裡的事向老師傾訴，告訴老師家長的言行舉止，其中牽扯到家長違法的行爲時，托育人員該如何處理？對托育人員而言，道德與專業倫理更形重要，因爲幼兒缺乏獨立與自我保護的能力，所以托育人員更需要以公正、負責的態度面對幼兒。例如：

1.建立正確的溝通觀念：

(1)合作關係：雙向及合作的互動。

(2)尊重關係：具有意願且相互尊重的互動。

(3)彈性關係：權變而彈性的互動。

(4)同理關係：將心比心與感同身受的互動。

2.善用各種溝通形式：如正式與非正式的溝通。

3.掌握適當的溝通時機：

(1)熟悉溝通主題與內容。

(2)注意對方的情緒反應，避免影響溝通的氣氛與效果。

4.瞭解溝通對象的需求：瞭解對方的知識水準與基本需求，依其需求採取適合的方式，確實地滿足不同對象的實際需求，以達到溝通的效果。

5.闡述合理可接受的內容：

(1)溝通內容必須具有合理與可接受性，可運用量化數據或圖片說明的呈現方式。

(2)確實瞭解對方的意見陳述，可降低對方的疑慮。

6.展現尊重與誠意：

(1)主動溝通能使對方感受到被尊重與溝通者的誠意，並避免訊息受到扭曲。

(2)抱持著真誠的心，親自邀請對方共同討論並主動說明其溝通的動機與目的，使與會成員均能感受到應用的尊重，使溝通能更順暢地進行。

7.給予讚揚與鼓勵：

(1)公開的肯定，更能激發其積極參與的意願。

(2)表達誠摯的謝意，使其受到尊重的感覺，更願意爲學校進步投注心力。

8.表現專注與聆聽：

(1)與成員進行溝通時，應表現出專注的態度。

(2)仔細聆聽對方的談話內容，給予充分的表達空間，使其感受到被尊重與溝通者的誠意。

三、托育人員的情緒管理

(一)認識情緒及培養情緒能力的重要性

◆認識情緒

情緒一般分爲正面情緒與負面情緒，是指個人受到刺激所產生的一種身心激動的狀態，此狀態雖能爲個人意識所體驗，但其引起生理變化與行爲回應，卻不易爲個人所控制。其特性有下列四項：

1.情緒是刺激所引起的。

2.情緒是個人主觀的意識經驗。

3.情緒狀態能自我覺察但不易自我控制。

4.情緒與動機有連帶關係。

◆培養情緒能力的重要性

在進入資訊世紀的個人生活中，除了獨立思考、運用硬體設備取得訊息的能力之外，更需要控制自己的情緒以專注於工作，瞭解他人，進而能與他人有良好的合作。以下是培養情緒能力的重要性：

1.從心理健康層面看，情緒能力和有效調解壓力有密切的關係。情緒能力高者，較能正面、積極的面對壓力情緒；反之，情緒能力低者，較易產生負面的想法與情緒，易受壓力的影響。個人有好的情緒管理自能以適當的方法抒解壓力，並有效調適情緒，以維護心理健康。

2.情緒能產生動機讓個體開始行動。

3.情緒能調節社會互動。

4.情緒能影響個體的認知詮釋：

(1)情緒會影響個體的注意範圍。

(2)情緒會影響個體如何知覺自己和他人。

(3)情緒會影響個體如何詮釋與記憶生活情境的各種特徵。

(二)理解並面對孩子的情緒

引發情緒的原因很多，而不合理的信念會引發內在的情緒衝突，舉凡是人都有情緒，即便是嬰兒也會有情緒，面對孩子的情緒並協助孩子處理情緒是托育人員專業的工作項目之一，協助之步驟如下：

1.嘗試瞭解孩子的情緒意義：透過觀察、溝通，瞭解孩子情緒反應的眞正原因，讓父母能清楚掌握孩子的心理需求。

2.接納孩子的情緒：以同理心對待孩子的情緒反應，一味的指責孩子，只會讓孩子畏縮，或壓抑自己的情緒。

3.幫助孩子辨識自己是哪一種情緒：如孩子生氣時，與其訴諸肢體，倒不如讓孩子學習表達自己心中的感覺，如「我眞的非常非常的生氣！」生氣是無法避免的，但生氣的表達方式是需要學習的。

4.協助孩子處理情緒，並提供孩子解決問題的策略：待孩子情緒較和緩後，再讓孩子明瞭生氣、害怕都無法改變存在的事實，教導孩子學習換另外一個角度面對問題，或以更積極的方式面對眼前的難題。

當一個托育人員必須有「能夠和孩子在一起是一種幸福」這樣的感受，才適合從事這份職業，當然托育這麼長的時間裡，孩子的情緒、孩子的病痛，都可能在短暫的時刻讓你感到難過；可是，這樣的幸福感應該是多於難過的，因爲孩子的成長過程可以讓身爲托育人員的你感受到生命的喜悅與成就，因爲孩子的純眞讓你的心靈得到避難所，最重要的是從孩子身上不間斷地修正，不間斷地讓自己也成長，跟著這樣一個充滿渴望長大的生命體生活可說是一種幸福。所以，檢視一下自己，身爲托育人員的你除了賺取一份薪水外，還得到什麼？只是這是一份教育工作，職場上的情緒管理是必要的。

(三)托育人員的情緒管理

剛開始從事托育工作，容易因爲求好心切又沒經驗下，做了許多錯事，相對的痛苦不堪，所以大多都體認到，在職場上是必須學習情緒管理，尤其是父母或托育人員，因爲你帶領的是下一個社會的主人翁，而他現在正從你身上學習，這是一件責任重大的基礎教育工作。

◆情緒是一種思考的形式

當我們內心思索著某些事時就創造出我們的情緒，如一般人看到一個白白胖胖的娃娃，直覺上就疼愛地想捏一下他的臉頰，可是如果內心尚未撫平前一刻（或前一夜）爭吵的憤慨，那就無法看到那張可愛的臉。又如你個人的要求非常高，譬如乾淨、快速、樣樣得第一等等，當然這些過度的期盼非常容易造就出你不滿意的情緒；因此，請你先舒壓自己、調整自己的一些觀念。

◆我可以有喜怒哀樂的情緒，孩子也是，即使他是baby，也擁有情緒的權利

情緒要找到管道疏通，即使是喜事也想分享炫耀或讓自己跳起來，情緒最怕的是壓抑，積壓已久的情緒，一旦潰堤時，常是無理性的發洩，常見謾罵或毒打孩子者皆是如此。因此，讓自己找到舒緩情緒的方法，如找個人來聽聽你情緒上的垃圾，或開懷高歌，或打扮自己都行。

再則，要接受及尊重孩子也是有情緒的，他可以不想吃飯，他可以不想睡覺，他可以哭泣，爲什麼不可以？你也曾有不想吃飯的時候呀？重點是行爲背後的原因所在，你看到了嗎？就如你也一定很希望家人看

見你的需求或瞭解你，孩子也是一樣。記住：情緒讓你瞭解自己，不要貪求別人能完全瞭解你的感受。

◆孩子絕對不是我的另一部分，他有自己獨特的、獨立的生命體

不要要求他和你一樣或一再希望他聽你的，這樣你就會好過些。雖說孩子深受環境的影響，但他有自己獨特的天生氣質，如果你沒能瞭解他、接受他，固執的用同一種方式和他僵持，只是會兩敗俱傷而已。之前有一智者曾說：「莫忘他會長大的，你種什麼因，來日就結什麼果」，這也是爲什麼我們一直推動不打小孩，不要讓暴力存在孩子心中，我們要的是，孩子如何解決事情，包括生氣如何表達。記住給自己與孩子更大的包容，該放掉就放掉。

◆和孩子玩

你必須在工作中找到樂趣並保有它，這是一份又可賺錢又可還老返童、永保青春的工作。孩子最愛的就是活動，每天和孩子一起玩，唱歌、做運動，看到了他成長的過程，將會發現孩子是經過無比堅持的努力而學會了種種事物，那種成就感就是驕傲。專注在看孩子活動，或專心和孩子玩上面，能安撫個人的焦慮、猜疑等情緒。不妨試試，記住在我們小的時候也曾擁有豐富的想像力。

◆平常心、柔軟心，永保活潑的心

對很多事情的看待保持平常心，就能平靜地找到答案；強求的、奢望的，只是徒增自己的不快樂。保持柔軟心會感受到家人的愛，體會到家人的壓力，以同理心相待會看見幼兒是多麼無助而發出哭聲，也會看見幼兒是多麼想做好可是他不知道怎麼做，用柔軟心對待自己，不要要求事事都完美、公平。保持活潑的心，生活每一天都會有創新，讓家人與孩子能感染歡愉，工作一定會更順暢。

(四)情緒處理的正確觀念

正向及負向情緒是同時並存的，情緒是反映出我們內在的感受，並沒有好壞之分，每個情緒都有其獨特的價值，少了某種情緒，我們就無法體驗完整生活。

◆正面的情緒管理方式

1.學習幽默性格。
2.經常每天大笑。
3.保持流汗運動和嗜好。
4.常聽輕鬆音樂。
5.讚美他人和朋友。
6.遠離負面朋友和批評的環境。
7.心裡沒有躲著負面和消極。

◆正確的解決問題，引導出正面的情緒

1.願意認錯。
2.願意透明事實。
3.願意聽他人意見。
4.願意改進。
5.告知眞實能力。
6.誠心誠意去做。
7.善用自己專長和興趣。

參考書目

一、中文部分

內政部兒童局（2005a）。「社區保母系統實施計畫」。台中：內政部兒童局。

內政部兒童局（2005b）。「九十四年度全國社區保母支持系統評鑑」總報告。台中：內政部兒童局。

內政部兒童局（2006）。「九十五年度全國社區保母系統巡迴輔導」總報告。台中：內政部兒童局。

內政部兒童局（2007）。「九十六年度全國社區保母系統巡迴輔導」總報告。台中：內政部兒童局。

內政部兒童局（2008）。「建構友善托育環境——保母托育管理與托育費用補助實施計畫」。台中：內政部兒童局。

周淑麗譯（1998）。Monica M. Bassett著。《專業保母》。台北：洪葉文化。

段慧瑩（2007）。「全國社區保母系統管理與托育費用補助資料庫建置計畫」。台中：內政部兒童局。

段慧瑩、黃馨慧（2007）。「證照保母托育意願與服務概況調查總報告」。台中：內政部兒童局。

翁麗芳（1998）。《幼兒教育史》。台北：心理。

郭靜晃（1998）。〈兒童托育服務輸送之檢討與省思〉。東海大學：邁向二十一世紀社會工作管理專題研討會。台中：東海大學。

馬祖琳總校閱（2009）。《嬰幼兒保育概論》。台北：群英。

馮燕（1998）。《托育服務——生態觀點的分析》。台北：巨流書局。

趙琳編著（1973）。《嬰兒園教育》。台北：商務。

劉翠華等（2006）。《托育服務概論：政策、法規與趨勢》。台北：揚智文化，頁9-17。

蔡延治（1995）。《保母媽媽》。台北：信誼。

二、網路部分

小武老師的私藏筆記。保母之托育倫理，http://tw.myblog.yahoo.com/jw!daJ1RyycGRQwaG2QCIQXirR2/article?mid=1280，檢索日期：2013/9/11。

內政部（98/05/06）。「兒童及少年福利機構專業人員訓練實施計畫」，101/12/7修正。

內政部兒童局全球資訊網（2013）。托育服務，http://www.cbi.gov.tw/CBI_2/internet/child/。

內政部兒童局全球資訊網（2013）。托育服務組，各縣市保母系統一覽表，http://www.cbi.gov.tw/CBI_2/internet/child/。

內政部兒童局全球資訊網（2013）。社區保母系統推動概況，http://www.cbi.gov.tw/CBI_2/internet/child/。

水蓮（2011）。水蓮媽咪BABY屋，專業保母的條件，http://tw.myblog.yahoo.com/lily425711/article?mid=8335，檢索日期：2013/9/11。

台中潭子保母。專業保母的條件，http://tw.myblog.yahoo.com/jw!2uZn5iScERmmQNsIIEQVX8R2ly8-/article?mid=7，檢索日期：2013/9/11。

行政院勞工委員會職業訓練局編印。2004年冬季號 SUPER上班族 新興行職業介紹，http://www.evta.gov.tw/home/index.asp；節錄自今日保母，http://100s.hypermart.net/super_soho.html，檢索日期：2013/9/11。

吳幸玲（2006）。兒童托育服務專業化，http://tw.myblog.yahoo.com/jw!ssirBQOGQkWNOfYnCDwLr.k-/article?mid=87，檢索日期：2013/9/11。

酒井大眼妹的部落格，小君。好保母的條件，http://tw.myblog.yahoo.com/jw!n7ED1_6BBRITSPfq6W0qtaA-/article?mid=31，檢索日期：2013/9/11。

Encyclopedia of Social Work. http://socialwork.oxfordre.com/

嬰幼兒環境規劃及活動設計

- 嬰幼兒生活規劃：嬰幼兒的生活作息與環境規劃
- 家庭與社區資源的介紹與運用
- 家庭與托嬰中心的環境對嬰幼兒身心的影響
- 托育環境的規劃與布置：動線考慮、工作便利與安全性
- 嬰幼兒年／月齡各階段發展的遊戲與活動設計
- 嬰幼兒適性玩具的選擇與應用

嬰幼兒環境規劃及活動設計之課程共18小時，課程內容計有：嬰幼兒生活規劃：嬰幼兒的生活規律與環境規劃（餵食、清潔、休息、遊戲等之規劃）；家庭與社區資源的介紹與運用；家庭與托嬰中心的環境對嬰幼兒的身心的影響；托育環境的規劃與布置：動線考慮、工作便利與安全性；嬰幼兒年／月齡各階段發展的遊戲與活動設計；嬰幼兒適性玩具的選擇與應用。

第一節　嬰幼兒生活規劃：嬰幼兒的生活作息與環境規劃

一、嬰幼兒的發展

發展的意義牽連甚廣，要如何界定，端賴學者以何種角度切入，吉賽兒（A. Gesell, 1952）認爲，發展是一種有順序的、前後連貫方式做漸進的改變。赫洛克（Elizabeth B. Hurlock, 1968）認爲，發展是一個過程，在這個過程，內在的生理狀況發生改變，心理狀況也受到刺激而產生共鳴，使個體能夠應付未來新環境的刺激。安德森（Anderson, 1960）亦強調，發展不僅是個體大小或比例的改變，也不只是身高的增加，或能力的增強，發展是統合個體許多構造與功能的複雜過程。發展係指一種持續的系列變化，尤指有機體在整個生命期的持續變化，這種變化既是由於遺傳因素，也可侷限於出生到青春期這一段時間。張春興（1991）將發展分爲廣義與狹義，就廣義而言，係指出生到死亡的這段期間，在個體遺傳的限度內，其身心狀況因年齡與習得經驗的增加所產生的順序性改變的歷程；至於狹義的定義，其範圍則縮短至由出生到青年期（或到成年期）的一段時間。在以上兩界說中，雖然均以「自出生」作爲研究個體發展的開始，而事實上目前多從個體生命開始（受孕）研究發展。黃志成（1999）在其所著《幼兒保育概論》一書中，將發展的意義界定如下：係指個體自有生命開始，其生理上（如身高、體重、大腦、身體內部器官等）與心理上（如語言、行爲、人格、情緒等）的改變，其改變的過程是連續的、緩慢的，其改變的方向係由簡單到複雜、由分化到統整，而其改變的條件，乃受成熟與學習以及兩者交互作用之影響。

綜觀上述各家之言，發展之意義可歸納出下列幾點：

1.發展的起點應爲個體受孕開始；而其終點就廣義而言，應到死亡爲止；就狹義而言，則約到青年期爲止。
2.發展爲個體的改變，其改變的過程是有順序的、前後連貫的、漸進的、持續的。
3.發展的內容應包含生理和心理的改變。
4.發展的改變與遺傳、環境、學習、成熟有關。
5.發展不單是量的變化，也是質的變化。
6.發展的方向是由簡單到複雜，由分化到統整。

(一)兒童的分期

前已述及，兒童發展是前後連貫的、漸進的，故實難爲兒童的生長過程分期，然爲研究、瞭解方便，學者專家總是大略將它分爲若干階段，例如：

盧素碧（1993）將之分爲：(1)胚胎期：自受精至誕生；(2)初生期：大約指出生後的十天或一個月；(3)嬰兒時期：大約指出生後十天或一個月至1歲多的期間；(4)幼兒期：指1歲多到滿6歲的期間；(5)兒童期：自6歲至滿12歲；(6)青年期：自12歲到成熟。

黃志成、王淑芬（1995）以年齡爲標準，將兒童期劃分爲：(1)產前期：從受精至出生前爲止；(2)嬰兒期：從出生至滿週歲；(3)幼兒期：約從1～6歲；(4)兒童期：從6～12歲。

張春興（1992）在《現代心理學》一書中，將兒童期分爲：(1)產前期：從受孕到出生；(2)嬰兒期：指出生至2歲；(3)前兒童期：2～6歲；(4)後兒童期：6～13歲。

艾力克森（Erikson, 1963）的心理社會性階段，將兒童分爲以下四期：(1)嬰兒期：指出生至1歲；(2)學步期：指2～3歲；(3)幼兒期：指3～6歲；(4)兒童期：指6～12歲。

紐曼等（Newman and Newman）依據艾力克森之心理社會發展理論，將兒童期分爲：(1)胚胎期：自受精至出生；(2)嬰兒期：從出生至2歲；(3)學步期：指2～4歲；(4)幼兒期：指4～6歲；(5)學齡兒童期：指6～12歲。

此外，因青少年（大約始於性成熟，終於文化）之發展特殊性，又分爲青少年前期（約10～18歲）及青少年後期（18～24歲止）。以下就各個階段進一步詳述之（郭靜晃、吳幸玲譯，1994）。

◆胚胎期

胚胎期又稱爲產前期，自受精到出生前爲止，約266天，此發展階段可以分爲三個三月期（trimester）之分期，又可稱爲受精卵期、胚胎期及胎兒期，在發展及保育的需要上，以優生保健最爲重要，此外，媽媽的健康、胎教以及文化的觀點及對孕婦的支持，都會直接、間接的影響胎兒的健康與孕育。

◆嬰兒期

自出生至2週爲新生兒，2週至2歲爲嬰兒期，此期是人生發展最快及最重要的階段，在生命中的第一年裡，體重可成長至出生時的3倍。2歲時，運動、語言、概念形成的基礎已具備。在此時期的發展與保育、營養衛生保健、疾病預防、給予依附（attachment）及信任是必需的，此外，適當的教育也是相當重要的。

◆學步期

學步期又稱嬰幼兒期，自2歲到4歲左右，在此階段的幼兒總是不停活動、好問問題、幻想。在此階段的發展與保育，主要是預防意外產生、營養衛生保健、親情與教育的提供等。

◆幼兒期

從4～6歲，此階段的幼兒已受到複雜的社會所影響，在此階段的幼兒大都會去托育機構（幼兒園或K教育），台灣在幼兒4～5歲左右的托育率約有80%，而5～6歲的幼兒則有96%是在托育機構受到照顧與教育。除了家庭與托育機構外，同儕團體、鄰里環境及電視對幼兒期的自我概念也產生具體之影響，在此時期的發展與輔導的需要上，安全、營養、衛生及生活自理能力的培養也是相當重要的。

◆學齡兒童期

從6～12歲，又稱學齡兒童期或兒童後期，此時期對於日後適應社會能力的培養相當重要，例如親子關係、同伴友誼及參與有意義的人際交往，對於日後因應青少年期的挑戰是必要的。此時期的兒童大都是快樂、充滿活力及有學習意願。此時期的發展與輔導的需要上，以教育及培養技能爲最優先的要務。

◆青少年前期

從生理的突然衝刺到生殖系統成熟，出現第二性徵，在此時期的少年歷經思春期的變化，約在10～18歲。除了生理的變化，還有明顯的認知成熟及對同伴關係特別敏感。這一階段的特點是確定對家庭的自主性及發展個人認同。在此階段的發展與輔導，著重在性教育及獨立生活的

培養，以及在同儕互動中產生正向之自我評價。

(二)發展改變的類型

兒童發展上的改變，包括生理的、心理的兩大類，其改變的內容，赫洛克（1978）曾提出在發展上變化的類型（type of change）如下：

◆大小的改變

在兒童期，無論是身高、體重、頭圍、胸圍，以至於內部的器官，都一直不斷地在增長中，以體重爲例，剛出生的嬰兒約3.2公斤，至四個月大時，再成長1倍，至週歲時，其體重再增1倍，約近10公斤。

◆比例的改變

兒童不是成人的縮影，在心理上不是如此，於生理上亦同。以頭部和身長的比例而言，在胚胎期，頭與身長的比例約爲1：2，出生時約爲1：4，而長大成人後約1：7（或1：8）。

◆舊特徵的消失

在兒童期的發展過程中，有些身心特徵會逐漸消失。在生理上，如出生前胎毛的掉落；在嬰兒期，許多反射動作自然消失；在幼兒後期，乳齒的脫落等皆是。在心理上，如自我中心語言逐漸減少，轉向較多的社會化語言；對父母的依賴慢慢減少，轉向同儕。

◆新特徵的獲得

兒童身心之若干新的特徵，是經由成熟、學習和經驗獲得的。在生理上，如6歲左右，恆齒的長出；在兒童後期，青春期的到來，男女兩性在主性徵及次性徵的變化。在心理上，例如語言的使用、詞類認識愈來愈多、認知層次愈高、興趣愈廣泛等皆屬之。

(三)發展的一般原則

兒童發展雖有個別差異，但大致仍遵循一些普遍的原則，有助於吾人對兒童的瞭解，說明如下：

◆早期的發展比晚期重要

人類的發展，以愈早期愈重要，若在早期發展得好，則對日後有好的影響，反之則不然。例如在胚胎期可能因一點點藥物的傷害，而造成終身的殘障；艾力克森（1963）也認爲，在嬰兒期如果沒有得到好的照顧，以後可能發展出對人的不信任感；佛洛依德爲精神分析學派的心理學者，此學派的理論重點也主張人類行爲均受到早期經驗的影響，可見早期發展的重要性。

◆發展依賴成熟與學習

兒童發展依賴成熟，成熟爲學習的起點，生理心理學派即持此一觀點，例如六、七個月的嬰兒吾人無法教他學習走路，因爲還未成熟到學習走路的準備度（readiness），但到了十一、十二個月時，因爲生理上的成熟，嬰兒即有學習走路的動機，因此嬰兒會走路的行爲端賴成熟與學習。

◆發展有其關鍵期

所謂「關鍵期」（critical period）係指兒童在發展過程中，有一個特殊時期，其成熟程度最適宜學習某種行爲；若在此期未給予適當的教育或刺激，則將錯過學習的機會，過了此期，對日後的學習效果將大爲減少。例如語言的學習其關鍵期應在幼兒期，此期學習速度較快，效果也好，過了此期再學效果較差，許多人到了青少年期，甚至成年期，開始學習第二種語言或外語，常發現發音不正確的現象即是一例。一般所謂「學習的關鍵期」是針對較低等層次的動物行爲，例如鴨子看移動物體而跟著它，對於人類則對本能成熟之發音及爬行較能解釋，對於學習高

等層次之思考行爲則較無法用學習的關鍵期來做解釋。

◆發展的模式是相似的

兒童發展的模式是相似的，例如嬰幼兒的動作發展順序爲翻滾、爬、站、走、跑，次序不會顚倒。也因爲如此，吾人在教養兒童時，掌握了發展的預測性，依循關鍵期的概念，更能得心應手。

◆發展歷程中有階段現象

有些學者認爲人的發展是一個階段接著一個階段的，當一個兒童由一個階段邁向一個更高的階段時，即會有定性的變化（qualitative change）。例如當兒童的認知發展由一個階段邁向一個更高的階段，表示他們的思維方式有顯著的定性變化（馬慶強，1996）。

◆發展中有個別差異

兒童發展雖有其相似的模式，但因承受了不同的遺傳基因，以及後天不同的家庭環境、托育環境、學校環境、社區環境等因素，故在發展上無論是生理特質、心理特質仍會有個別差異。此種差異並未違反「發展模式相似性」的原則，因爲在此所謂的差異是指發展有起始時間的不同、發展過程中環境的不同，而造成個體的差異。

◆發展的速率有所不同

兒童發展並非循固定的速率發展，各身心特質的進程，在某些時候較快，某些時候則較慢。例如在幼兒期，淋巴系統、神經系統是快速成長，而生殖系統則進展緩慢，直到進入青春期時，才快速發展。

◆發展具有相關性

兒童身心發展相輔相成，具有相關性。生理發展良好，可能帶動好的心理、社會發展。反之，有些生理障礙的兒童，如視覺障礙、聽覺障礙、肢體障礙、身體病弱的兒童，其心理、社會發展常受到某些程度的影響。

(四)影響發展的因素

影響發展的因素很多，茲以遺傳與環境、關鍵期二者分述如下：

◆遺傳與環境

發展究竟是受遺傳或環境影響，過去一直頗具爭議，現今多數人皆贊成，遺傳與環境爲促進個體發展的兩個重要因素，發展的改變常常受到成熟與學習的交互作用而成。成熟是受到基因的控制所產生的一種生物性變化，此基因是從父母親遺傳而來的，例如染色體、基因的異常；學習是個體不斷地透過環境的影響累積經驗，逐漸建立情緒、人格特質、態度的變化。成熟與學習互相作用產生認知能力的變化，而成熟是學習發生的必要條件。

孕婦懷孕初期的生活環境及攝取的營養素，都是影響胎兒健康成長的重要因素。酗酒及抽菸的孕婦，可能會對胎兒產生不利影響。有許多的證據指出，嬰兒體重不足、身材矮小與孕婦抽菸有關（Meredith, 1975）；而懷孕期間大量飲酒的母親，容易產下患有胎兒酒精症候群（Fetal Alcohol Syndrome, FAS）的小孩。此外，孕婦食用海洛因、古柯鹼、大麻等，易造成胎兒早產，也會影響胎兒的發展。

◆關鍵期

0～3歲是幼兒身心發展最快速、也是可塑性最強的時間。嬰幼兒在這三年間僅在感官知覺方面有分化、漸趨成熟的表現，也會使用語言學習習得初步的社會技能，當然在體能上也有極大的進步。0～3歲在整個人生過程中，可說是第一個重要的關鍵期。

在這個關鍵期中，照顧他的人是否給予充分的愛與關懷，是否提供良好的環境與刺激，以及是否教養得當，都將對其一生有舉足輕重的影響。許多研究亦指出，嬰幼兒早期身心特質基礎的建立，對其未來生活適應與否，有持久而重要的影響。

孩子幼小時，都有面對不確定、犯錯和尋求處理之道的經驗，有時父母會覺得孩子已完全失去控制，讓他們憤怒、懊惱和困惑到需要外來的協助，以重建一個較和諧與充實的親子關係。但所有孩子在每天成長階段都有不同的發展階段與特性，若成人能加以瞭解不但可以幫助孩子也可以降低自己面對孩子問題時的困擾。所以我們若能對幼兒早期的生活安排與常規訓練重視，也愈能幫助孩子對日後生活的適應、社交的發展，不但可以建立他們的人格發展與自信心，同時也可以幫助他們減少進入社會的困難。

二、嬰幼兒的作息規劃

嬰幼兒出生時只能配合個體生存的需求，作息受到個體本質影響甚大。從生理上觀之，嬰兒花在睡眠時間多於其他活動，而睡眠也與個體成長大有關係。孩子的作息要隨其年齡而有調整，大致上嬰幼兒應有固定的作息表，規劃一個有規律的生活作息時間表（**表6-1**），可讓嬰幼兒有個規律的時間表，更可以讓其對生活有所依賴。基本上，出生及新生兒要自律規則，要依其需求及氣質，其彈性及個別變化要大，到了幼兒可以加上社會規範，限制其自主性活動，培養其生活規律。

表6-1　嬰幼兒一天的作息表

時間	作息活動
7：00～9：00	抵達、準備早餐、聽音樂、說故事
9：00～9：30	餐後整理、換尿布上廁所、刷牙
9：30～10：30	活動（感官活動、看書、聽故事、律動）
10：30～11：00	吃點心、刷牙
11：00～12：00	唱遊、戶外活動
12：00～13：00	吃午餐、清理、換尿布、聽音樂
13：00～14：00	午睡

新生兒寶寶的作息怎樣才算正常

◎新生兒怎麼睡？

其實新生兒寶寶的作息並不複雜。

首先談談寶寶的睡眠問題。一次睡眠可分為快速動眼期與非快速動眼期，前者是做夢的主要階段，後者又可依照腦波的不同分為第一期至第四期，第一期易被吵醒，進入第四期則難被叫醒。新生兒每天有十五至二十小時的睡眠時間，他們的睡醒週期循環相當頻繁，約每兩個小時會有短暫的清醒，不分晝夜可以醒來又睡著。新生兒與較大小孩或成人不同的地方，是睡眠時先進入快速動眼期；如果是早產兒的話，快速動眼期占了約三分之一，更是容易驚醒。隨著年齡漸增，晚上睡覺的時間逐漸增長，到三個月大時才大致有白天和晚上之分。

父母的脾氣與生活習慣、家庭氣氛、居家環境都會影響寶寶的睡眠，生病或被蚊蟲叮咬也是原因。由於新生兒睡覺不分晝夜，加上胃容量小，所以大約每隔三、四小時就會餓醒而哭。如果是餵哺母乳，可能甚至要每兩個小時就餵一次，但是餵母乳時親子之間的互動與接觸，卻也是讓寶寶睡得更香更甜的好方法。新生兒寶寶清醒的時間不長，肌肉運動性及範圍不大，所以清醒時的活動並不多，與外界的互動不外乎餵奶、換尿布及洗澡穿衣服。

◎寶寶哭鬧不安是怎麼了？

讓新生兒作息不正常的原因，哭鬧不安應該高居首位。造成寶寶哭鬧不安的原因，除了餓了、渴了、尿布濕了這些基本的反應之外，還要注意是否有蚊蟲咬傷、異物或其他碰撞刮傷的意外，感染性疾病如呼吸道、泌尿道感染、中耳炎；腸胃道問題如便祕、腸套疊；中樞神經問題如硬腦膜下血腫、服用了腦壓上升的藥物等；嬰兒腹絞痛、施打疫苗等，都可能讓寶寶哭鬧不安，另外有10%是屬於原因不明的啼哭。

嬰兒腹絞痛常發生在三週大以上的新生兒，寶寶在黃昏或夜裡哭個不停，到了白天卻又安穩無事，絞痛時寶寶呈現不安、臉部脹紅、大小腿彎曲、腹部緊縮的姿勢，造成的原因有多種說法，包括家庭不睦、腦尚未成熟、自主神經過強、牛奶蛋白過敏、腸蠕動不正常、醣耐受不全、吞嚥過多空氣等。在家中可以藉變換嬰兒姿勢、放小聲的輕音樂、在肚臍周圍塗抹少許薄荷油或覆蓋熱毛巾數分鐘來幫忙緩解症狀，如果仍然無效，給小兒科醫師檢查後可給予適當藥物。這種情形預後甚佳，大多在九至十二週大時會自行消失。

有時寶寶哭鬧肚子一脹，肚臍就向外鼓出，稱為臍疝氣，只要腸子可以推回去沒有卡住壞死的情形，大多觀察即可，在1歲以前會自行改善；但是如果疝氣發生在寶寶的鼠蹊部，有時在男生的陰囊可摸到有腸子掉入，也是要注意是否推得回去，如果卡住造成腸壞死則必須緊急開刀，如果沒有卡住也最好找醫師確定後安排手術修復。

肚臍未乾、有臭的分泌物甚至發炎，也經常影響寶寶作息。在寶寶洗完澡後，輕拉臍帶夾使臍帶及其根部露出，用乾淨棉棒沾95%酒精或三色染液澈底消毒，如果臍帶脫落，仍應該繼續上述的臍帶護理直到根部完全乾燥為止，以防臍息肉產生。如果肚臍有膿流出，或者肚臍周圍皮膚呈現紅腫熱痛等發炎症狀，甚至發燒，一定要趕緊就醫。

皮膚的問題也常常影響寶寶甚鉅。例如膿皰疹，弄破了很容易引發細菌感染，此時洗澡應用中性的消毒洗液較妥；臉部溼疹，常常癢得讓寶寶把臉抓得像小花貓似的，洗澡不可用太熱的水，應用溫水清洗即可，並請教醫師配合外用藥膏治療；脂漏性皮膚炎雖較不癢，但常常造成寶寶臉部頭皮大量脫屑，也應該用溫水或中性的嬰兒洗潔精清洗；至於念珠菌感染多發生在潮濕悶熱處，肛門附近與兩側腹股溝、耳朵上下及後側也可見到，其皮疹有其特徵，應給小兒科醫師診斷後開給抗黴菌藥膏持續治療才可治癒。

因腸胃問題影響寶寶作息也為數不少。腹部脹氣的原因很多，例如奶嘴太軟、奶洞太大或太小、餵奶技巧不正確或餵得太快、餵奶後沒有適當地排氣、醣類吸收不良、小腸細菌過度增生等都有可能，症狀輕時可以加強打嗝排氣，並於肚臍周圍塗抹少許薄荷油，嚴重時應該就醫治療。另外，寶寶溢奶與嘔吐也相當常見，但有時不單純是腸胃道的問題，腸胃道方面以胃食道逆流、嬰兒肥厚性幽門狹窄（可以超音波診斷確定）、急性腸胃炎較常見。

大便變硬、排便次數減少，甚至有排便困難或疼痛，是嬰幼兒常見的「便祕」。到底大便多硬、次數少到多少才是真正的便祕各家定義不一，但是只要上述排便影響到日常作息，甚至有腹痛、腹脹、食慾不振、生長發育遲緩、滲便等等相關症狀出現時，就應該積極就醫治療。

至於有時新生兒呼吸聲較大像鼻塞或有痰，是因為呼吸道較為狹窄加上些許分泌物之故，只要身體檢查正常且無嚴重呼吸道感染症狀，觀察即可。寶寶的鼻淚管功能不佳或阻塞，容易引起眼屎或眼淚過多，只要輕輕按摩眼角內側鼻翼兩旁處，大都可以不藥而癒。

綜合以上所述，寶寶的作息看似簡單，卻有許多狀況或毛病會有所影響，只要能對寶寶的作息正常與否有正確的認識，便能及早對引起作息不正常的問題加以處理。

資料來源：整理自方旭彬（2008）。

三、嬰幼兒的環境規劃設計

在幼兒成長過程中，環境的安全已經成爲幼兒能否安全成長的重要條件，其中又以照顧者（父母、保育及托育人員）和環境規劃爲主要因素。進一步來說，除了父母在家照顧幼兒必須留心之外，在家托育等托育家庭的保育工作者更應注意托育品質（避免人爲疏忽）和環境規劃，尤其托育家庭可能同時提供數位幼兒（包含自己的子女）托育服務，如何在幼兒年齡與個別差異下，妥善規劃托育家庭環境，提供安全、高品質的托育品質，並且達到資源的有效運用和管理。

當托育環境有其存在的必要時，就必須以受托幼兒的發展及安全需求爲最優先考量，這不僅是受托兒童的權利，同時也是托育家庭提供福利服務的義務。所以在規劃托育環境時，必須以受托幼兒的安全及發展爲主要原則，當然若能兼顧托育家庭其他成員的需求更好；如果無法兼顧，就必須以受托幼兒的安全與發展需求作爲環境設計的準則（郭靜晃、黃惠如，2001）。

(一)嬰幼兒生活空間設計與設備

◆餵食區

廚房是托育家庭中保母最常去的地方，調理飲食、沖洗奶瓶、洗滌嬰幼兒用品，甚至帶著受托幼兒一起處理家務工作。對於學步期的幼兒來說，這裡也是一個充滿新奇有趣的地方，除了有關愛他的保母之外，還有一些十分有趣的「玩具」；同時，隨著年齡增長或觀察學習，幼兒也想要幫忙大人做些事，但廚房卻隱藏許多潛在的危險——發燙的爐子、銳利的廚具刀刃、有伸縮電線的小家電和有毒清潔劑等。以下是規劃時必須注意的事項：

1.使用烹飪器具：

(1)必須注意烹煮時，爐上的鍋柄要朝內擺放。

(2)油炸食物的器皿必須放在靠牆或內側的爐面上，以免熱油濺出。

(3)使用後的烤盤須立即泡冷水，用完的微波爐、烤箱、電（子）鍋、果汁機應立即拔掉插頭，避免兒童觸及。

2.擺放和儲藏鍋盤器具：

(1)必須依據上輕下重、上小下大的原則擺放，例如櫥櫃下層宜放置燉鍋、砂鍋等，上層再擺放餐盤、湯碗等。

(2)易碎器皿或銳器，例如刀、刨刀、剪刀、食雕器等必須依序固定，放在幼兒搆不到的較高抽屜或櫥櫃，廚具的抽屜須安裝兒童使用的安全鎖。

(3)水槽下不要放置任何物品，例如清潔用品，避免讓兒童去玩耍。

3.處理垃圾：

(1)垃圾桶必須固定住，並使用固定式的蓋子。

(2)丟棄尖銳物品時，一定要以舊報紙包住。

(3)垃圾袋要避免幼兒拿來玩耍，以免發生滑倒或窒息意外。

4.保持地板安全性：

(1)地上溼滑時就必須立即擦洗乾淨，以免滑倒。

(2)地上如果有小東西，例如小糖果、牙籤、小玩具等，要隨時清理。

(3)在地板上鋪小塊的地毯，可以防止幼兒滑倒。

(4)清潔地板時，除塵後以清水擦拭，避免使用清潔劑弄得一地肥皂泡，或者使用打蠟清香霧劑，使地面過滑或室內充滿化學藥劑。

5.電器使用的安全性：

(1)使用或未使用的電器都應將電線固定好。固定的電器，例如電話、電視等，宜以U型釘固定；非固定使用的電器電線，例如電暖器、吸塵器、熨斗、吹風機等隨時注意電線所經之地，避免絆倒兒童。

(2)熨斗使用中不宜離開，使用後也要收好。

(3)冰箱中的藥品或小食品須放在幼兒拿不到的地方。關門時要注意身旁的幼兒，以免在關門時夾傷他的小指頭。

(4)確定不使用微波爐和電磁爐時將插頭拔掉，熱湯等移到安全檯面。

(5)注意開飲機的高度，使用熱水時須留意幼兒是否在附近。

此外，餵食時不可以讓嬰兒躺著自行喝奶瓶；而已能坐或學坐的嬰兒，可讓他坐在高腳椅上再餵食。

◆清潔區

幼兒大多喜愛洗澡和玩水，所以浴室中的設備成了規劃安全環境不可忽略的重點：

1.馬桶必須蓋上蓋子，避免幼兒掉落或有異物塞入。

2.浴室地板及浴缸必須鋪上止滑墊。

3.浴室中的插座要有安全蓋，以免觸電；使用完的電器，例如吹風機、刮鬍刀要立即收妥。

4.浴室若可反鎖，必須準備備份鑰匙。

5.調低熱水溫度的設定，避免幼兒不慎打開熱水時受傷。

6.瓶瓶罐罐必須收拾好，不要因為使用方便而放在浴缸旁。

◆休息區

嬰兒睡覺及休息的地方除了保持安靜之外，還應注意以下事項：

1.嬰兒床必須選購國家安全標準的產品，例如沒有尖銳部分、金屬配件平滑。
2.有時幼兒會去啃咬家具，因此確定是無毒塗漆是必要的。若能購買可供啃咬的安全套蓋上會更理想。
3.避免在嬰兒床周圍放置奶瓶、藥罐、爽身粉之類的物品，以免幼兒不慎拿來使用。
4.客廳避免有毒性的植物、尖銳的桌角、書架。不使用的插座插孔要蓋上安全蓋；避免使用塵蟎的填充性玩具。
5.房門或抽屜要固定，避免自動彈回裝置。
6.家中有樓梯要用鎖式欄杆或樓梯間鋪設防掉落網，禁止幼兒使用拖鞋。

◆遊戲區

隨著幼兒發展，活動需求日增，因此活動的安全更加不能輕忽。請確定以下事項：

1.幼兒活動動線暢通無阻，並且安全。
2.空間不會過於擁擠，若有多位幼兒共同使用，必須讓幼兒們在同一空間內有足夠的活動範圍。
3.儲藏或放置玩具的箱子應以開放式無蓋為佳，以避免不慎夾傷幼兒，存放的玩具更必須時時檢查安全性及衛生清潔。

(二)儲藏空間設計

設計良好的儲藏空間，除了可以增加幼兒的活動空間，並能妥善存放幼兒的玩具、工具和用品，避免空間凌亂。空間足夠時可以使用儲藏室或大櫃子，統一集中物品；空間不足時可放置在櫃架上，或是在床下設置儲藏櫃（黃天枝，2001）。儲藏室必須要上鎖，並時時注意狀況，

以免兒童進入嬉戲或玩耍；櫃架都要穩固，並妥善放置物品，確保櫃架不會倒下。

第二節　家庭與社區資源的介紹與運用

一、社區資源的介紹

社區資源是協助社區解決問題、滿足需求、促進成長的所有動力因素（郭靜晃，2009），也是社區內一切可運用的資源。瞭解社會資源能幫助家庭及孩子有效成長，並獲取適切的協助。

爲了有效運用社區資源時，應該把握以下原則：

1.積極蒐集資源，主動尋求適合自己的管道。

2.多元應用資源。

3.將社區資源分門別類，建立社區資料庫，並詳細記錄聯絡方式及相關特色內容。

4.瞭解資源的來源是否合法，提供者是否願意提供資源。

(一)資源的分類與提供

◆資源的分類

社區資源可分成有形和無形的資源。除此之外，又可再細分如下（郭靜晃，2009）：

1.人力資源：如親戚朋友、學校師生、社區領袖人物等。

2.物力資源：活動時所使用的工具、器材、物料、設備、物件和房舍。

3.財力資源：解決問題或滿足需求的金錢。經費可以來自社區的補助，也可以是活動收費或熱心人士的捐獻。

4.組織資源：如各社區內的社團、工商企業團體、藝文團體、基金會等。

5.文獻古蹟資源：有助於瞭解遺產或生活變遷的古物。

6.自然環境資源：社區內的特殊景觀、地形或場所。

◆資源的提供

資源提供的管道主要有：

1.學校：提供免費的集會活動場所、研討會、講座、進修課程、服務性社團、圖書借閱。

2.各鄉鎮市公所。

3.各縣市之社會福利機構：衛生福利部、各縣市家庭教育中心、張老師、中華民國兒童保健協會、信誼基金會、中華民國青少年兒童福利學會。

4.宗教團體：如慈濟的醫療救助、志工服務。

5.各縣市之衛生醫療機構：衛生所、衛生局、衛生中心、各級醫院、健康福利中心。

(二)社區資源如何找

1.利用網際網路搜尋。

2.透過社區親友或鄰居的協助介紹。

3.利用如報章雜誌、廣播電台、電視等大眾傳播媒體所提供的相關訊息。

4.索取由政府機關所編印的社會福利資源手冊或相關出版品，由其中收錄的團體單位資料瞭解現有的社會資源。

5.聯絡政府機構或民間團體，以便瞭解如何取得和使用資源。

二、社區資源的運用

(一)政府及民間服務機構

◆縣市家庭教育中心

單位	地址／網址	行政電話／885專線
學校		
台灣師大家庭研究與發展中心	台北市和平東路一段162號樸大樓5F（國立台灣師範大學）http://www.cfe.ntnu.edu.tw/	(02)7734-1432
暨南國際大學家庭教育研究中心	南投縣埔里鎮大學路一號（國立暨南國際大學）http://www.cfer.ncnu.edu.tw/	(049)291-0960轉2798
嘉義大學家庭教育研究中心	嘉義市林森東路151號（國立嘉義教育大學）http://www.ncyu.edu.tw/fec/	(05)2732417
各縣市		
基隆市家庭教育中心	基隆市中正區信一路181號 http://kl.familyedu.moe.gov.tw/	(02)2427-1724 (02)2420-1885
新北市家庭教育中心	新北市板橋區僑中一街1-1號4樓（大觀國中教研中心4樓）http://tpc.familyedu.moe.gov.tw/	(02)2272-4881 (02)2255-4885
台北市家庭教育中心	台北市中山區吉林路110號5樓 http://www.family.taipei.gov.tw/	(02)2541-9690 (02)2541-9981
桃園市政府家庭教育中心	桃園市莒光街1號 http://family.tycg.gov.tw/	(03)332-3885 (03)333-4885
新竹縣家庭教育中心	新竹縣竹北市縣政二路620號（新竹縣婦幼館內）http://hcc.familyedu.moe.gov.tw/	(03)657-1045 (03)657-1885
新竹市家庭教育中心	新竹市東大路2段15巷1號 http://dep-family.hccg.gov.tw/	(03)531-9756-250 (03)532-5885

單位	地址／網址	行政電話／885專線
苗栗縣 家庭教育中心	苗栗縣苗栗市國華路1121號（巨蛋東門） http://mlc.familyedu.moe.gov.tw/	(037)350-746 (037)327-885
台中市 家庭教育中心	台中市北區太平路70號（太平國小旁） http://www.family.taichung.gov.tw/	(04)2229-8885 (04)2225-3885
南投縣 家庭教育中心	南投縣南投市中興路669號 http://ntc.familyedu.moe.gov.tw/	(049)224- 8090-14 (049)223-2885
彰化縣 家庭教育中心	彰化縣彰化市中山路2段678號 http://chc.familyedu.moe.gov.tw/	(04)726-1827 (04)726-1885
雲林縣 家庭教育中心	雲林縣斗六市南揚街60號 http://ylc.familyedu.moe.gov.tw/	(05)534-6885
嘉義縣 家庭教育中心	嘉義縣太保市祥和2路東段8號 http://cic.familyedu.moe.gov.tw/	(05)362-0747 (05)379-8885
嘉義市 家庭教育中心	嘉義市山子頂269-1號 http:// family.cy.edu.tw/	(05)275-4334 (05)275-0885
台南市 家庭教育中心	溪北服務區：台南市新營區秦漢街118號 溪南服務區：台南市中西區公園路127號 http://www.family.tn.edu.tw/	溪北：(06)659-1068 溪南：(06)221-0510 (06)412-8185
高雄市 家庭教育中心	高雄市前金區中正四路209號 http://ks.familyedu.moe.gov.tw/	(07)215-3918 (07)215-5885
屏東縣 家庭教育中心	屏東市華正路80號（和平國小內） http://ptc.familyedu.moe.gov.tw/	(08)737-8465 (08)737-5885
宜蘭縣 家庭教育中心	宜蘭縣宜蘭市民權路1段36號1樓 http://family.ilc.edu.tw/	(03)933-3837 (03)935-6485
花蓮縣 家庭教育中心	花蓮縣花蓮市達固湖灣大路1號 http://hlc.familyedu.moe.gov.tw/	(03)846-2860-532 (03)856-2880
台東縣 家庭教育中心	台東縣台東市中華路2段17號（東海運動公園內） http://ttc.familyedu.moe.gov.tw/	(089)341-149 (089)322-885
澎湖縣 家庭教育中心	澎湖縣馬公市自立路21號 http://www.penghu.gov.tw/family/	(06)9262085 (06)927-8085

◆幼教資訊網

網站名稱	網址
全國教保資訊網	http://www.ece.moe.edu.tw/
文化部兒童文化館	http://children.cca.gov.tw/home.php
內政部兒童局全球資訊網	http://www.cbi.gov.tw/CBI_2/internet/main/index.aspx
行政院兒童E樂園	http://kids.ey.gov.tw/index.html
保母人員登記管理資訊網	http://cwisweb.sfaa.gov.tw/
台北市政府托育資訊服務網	http://kidstp.npo.org.tw/
台北市政府教育局教保資源中心	http://www.kids.tp.edu.tw/
台北市政府衛生局社區心理衛生中心	http://mental.health.gov.tw/
台北市政府社會局早療通報轉介中心	http://www.eirrc.taipei.gov.tw/
雲林縣幼教資源中心	http://class.ylc.edu.tw/~u08/TEST/
兒童醫學網	http: //www.vghtpe.gov.tw/~peds/in-dex.htm
社團法人台灣愛鄰社區服務協會	http://www.i-link.org.tw/index.php
中華民國幼兒教育改革研究會	http://aecer.org/

◆各優質出版品介紹

除了教保專業期刊或幼兒圖畫書外，尚有嬰幼兒發展學習資訊與材料等等，可以至居住所在地的保母系統、保母資源中心或資訊網蒐尋、瀏覽與前往借閱或於網路上購買專書。

編號	書名	作者／譯者	出版年	出版社
1	「0～3歲幼兒成長計畫」父母秘笈	信誼基金會	2001	信誼基金會
2	保貝！寶貝！新生兒童保護宣導手冊	內政部兒童局	2004	內政部兒童局
3	童來加加油　安全百分百	台北市政府社會局	2011	台北市政府社會局等
4	Good Start 輕鬆掌握0-6歲的成長起點	信誼基金會	2006	信誼基金會
5	解開孩子成長的密碼：0-6歲嬰幼兒發展手冊	林佩蓉總編	2007	教育部
6	阿平的菜單	李紫蓉譯	2004	上人文化

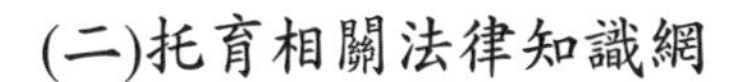

(二)托育相關法律知識網

與保母商訂好的條件最好能訂下書面契約，相關範本可參考第四章，如此一來，一旦雙方有爭議時可依契約爲準。此外，也可參考台北市政府托育資訊服務網（http://kidstp.npo.org.tw/download.asp#），或內政部兒童局所提供的保母在宅托兒契約範例，或是保母到宅托兒契約範例（http://210.241.100.212/CBI_2/upload/7319e015-c4e3-43f2-97f6-b8dc4cd7615d.doc）。

第三節　家庭與托嬰中心的環境對嬰幼兒身心的影響

在托育服務中，環境規劃與設計是保育品質的因素之一；對在家托育的保育工作人員來說，托育環境安全與受托幼兒有關，也與自己的家庭生活安全品質密切相關。提升托育環境的安全，增進受托品質，是落實托育服務和安全生活的保育重點。一個專業的教保人員不只瞭解和認識孩子，也能規劃出良好且滿足幼兒及照顧者的環境。

一、托育環境的重要性

環境不安全或疏忽造成幼兒意外死亡時有所聞，不只爲人父母與家人，托育人員更是最容易感受到照顧幼兒的壓力及重責大任。其實平日的居家環境中就已經潛伏了許多危險因素，先瞭解托育環境的重要性，才能使環境安全與幼兒發展相互配合，並有效防範意外發生。

環境是幼兒成長與發展的必要因素和必然存在的條件，依幼兒性格發展來看，玩性必須在社會化（socialization）過程中，不斷地和社會環境互動，並透過遊戲方能使幼兒的發展更加完善。

二、托育環境對嬰幼兒身心的影響

托育家庭原就扮演著支持與補充家庭功能不足的角色，所以對於受托兒童來說，托育家庭就好比是他們的家一樣，幾乎大部分的社會化和發展都與托育家庭密切相關，因此托育環境的好壞對嬰幼兒的影響不言而喻。以下針對托育環境對嬰幼兒所產生的身心影響進行說明。

(一)對嬰幼兒智能發展的影響

個體的生理特徵多來自遺傳，但健康、智力、人格等個人特質則不受遺傳單一因素的影響所致，而是遺傳與環境因素交互作用的結果。環境對幼兒具有潛移默化的作用，舉凡幼兒的行爲模式、思考方向、潛在氣質的發揮，都受成長初期所處環境的影響，故環境會改變嬰幼兒發展的「質」。

(二)對嬰幼兒情緒發展的影響

有利的托育環境帶給幼兒溫暖、鼓勵與充滿愛的氛圍，同時也能夠滿足幼兒的好奇心，及提供幼兒探究事物的熱情（培養創造力）。環境空間也會影響幼兒的情緒發展，過於擁擠的環境將使幼兒攻擊性增強，物品的配置亦同，二者同樣是環境中重要的一環。

教保者或是兒童照顧者若能提供一個適合嬰幼兒成長的環境，讓嬰幼兒感受溫暖、親密、連續不斷的關係，兒童將可由此得到愉快、滿足，並順利發展安全依附關係，提升幼兒的自我信任，增加對他人的信賴。

(三)對嬰幼兒社會化發展的影響

在環境中，幼兒與教保者或照顧者產生信賴感與安全感時，將影響幼兒日後與他人互動的品質；當幼兒願意信任環境時，他也會較樂於與他人溝通分享，如此可以促進幼兒口語能力及社會化發展。

托育環境的空間規劃得當，有適度的空間密度可以使幼兒與同儕的互動機會的品質提升，因此在托育環境中，如能善加規劃空間的動線與間隔，將影響幼兒與他人接觸或共事的情形。

第四節　托育環境的規劃與布置：動線考慮、工作便利與安全性

關於托育環境的動線考慮、工作便利與安全性的規劃與設計，主要是使用「家庭托育服務環境安全檢核表」進行評核「家庭式」托育服務之環境安全，其適用對象爲從事家庭托育服務之保母人員、嬰幼兒家長及社區保母支持系統之相關督導與主管人員。除了作爲環境安全評估外，更可作爲事先規劃嬰幼兒照護環境安全之參考，以減少托育服務環境的潛在危機及避免意外的發生。本節主要針對檢核表進行說明，並列出本表供讀者參考，讓所有從事家庭托育的人士在對於動線考慮、工作便利與安全性的規劃與設計上有一具體的概念，爲幼兒們規劃出安全與能良好學習、預備完善的教保環境。

一、檢核表內容

內容係依據嬰幼兒生活作息所需之活動空間而設計，計六大檢核類

別，各再分為「環境設施」與「照護行為」 兩大部分。環境設施檢核項目係依環境硬體之設施、設備安全而設計，照護行為檢核項目則包含嬰幼兒照護者之安全行為及照護習慣的相關事項，以達到意外防範之目的。六大檢核項目如下：

(一)整體環境

家庭整體環境為家庭托育服務之主要活動區評核項目，為兼顧不同住屋形式，檢核項目包含地板、樓梯、門、窗、電器用品、逃生設備等一般居家環境之基本設施設備。

(二)睡眠環境

為提供保障嬰幼兒健康安全及睡眠品質的環境，檢核項目包含嬰幼兒睡床、寢具安全、睡眠位置安排及照護行為。

(三)清潔環境

以嬰幼兒換尿布、洗澡等身體部分的清潔區為主要評核項目，以及生活護理所需之物品、設施、設備之安全布置及照護行為作為檢核項目，包含防滑設施、馬桶、盥洗器具、沐浴用品及嬰幼兒衣物等。

(四)餵食環境

以嬰幼兒食品備製、哺育及餵食所需之物品、設施、設備之安全布置及照護行為作為檢核項目，包含廚房、調奶台、餵食區之設備、餐具及哺育用品。

(五)遊戲環境

以滿足嬰幼兒室內及戶外遊戲所需之相關設施、設備之安全辨識、選擇及使用方式作為檢核項目及內容，包含手推車、學步車、玩具、圖書及戶外遊戲設施等。

(六)管理環境

家庭托育服務設置管理環境之目的，為提升托育服務之專業品質及安全管理效率，並可達成安全環境維護、意外事件預防及專業成長之落實，檢核項目包含空間規劃、緊急意外事件處理及安檢紀錄等。

二、家庭托育服務環境安全檢核表

(一)整體環境

◆環境設施

檢核項目		檢核內容	是	否	無此項目
1-1-1	電梯	(1)維修狀況良好。			
		(2)電梯門設有碰觸到人會自動彈回的裝置。			
1-1-2	門	(1)無裂隙及鬆動。			
		(2)室外門設有嬰幼兒無法自行開啓之門鎖。			
		(3)室外門裝設無破損紗門（或加裝紗窗）。			
		(4)門邊加裝不影響開關之泡棉軟墊。			
		(5)室內門有不能反鎖的安全裝置（或備有鑰匙）。			
1-1-3	陽台	(1)有堅固圍欄（圍牆）且高度85公分以上。			
		(2)陽台圍欄（圍牆）底部與地面間隔低於15公分，欄杆間隔小於6公分（或加裝安全圍網）。			

檢核項目		檢核內容	是	否	無此項目
1-1-3	陽台	(3)陽台圍欄（圍牆）無破損或老舊鬆動、掉漆、搖晃等現象。			
		(4)陽台前無放置可攀爬的家具、玩具、花盆等雜物。			
1-1-4	地板	(1)平坦不滑（或鋪設易於清潔的軟墊）。			
		(2)乾燥清潔。			
		(3)不同地面的接觸處，有經安全設計與處理。			
1-1-5	牆壁	(1)突出之牆角加裝防撞裝置（如泡棉）。			
		(2)壁面無危險突出物（如釘子）。			
		(3)使用牢固之安全掛勾。			
		(4)懸掛之物品高於150公分以上，且堅固不易脫落。			
1-1-6	窗戶	(1)窗戶裝有紗窗。			
		(2)紗窗無破損、乾淨清潔。			
		(3)對外窗戶設有85公分以上，間距小於6公分之護欄（或加鎖且鑰匙置於嬰幼兒無法取得的明顯固定位置）。			
		(4)窗前無放置可攀爬的家具、玩具及其他雜物。			
		(5)透明落地玻璃窗於大人及嬰幼兒視線高度處貼有清楚易見之標識（如花紋貼紙）。			
		(6)窗簾或百葉窗拉繩長度及收線器位置為幼兒無法觸碰的高度。			
1-1-7	室內樓梯	(1)樓梯間的燈光明亮。			
		(2)樓梯間設有「停電照明燈」裝置。			
		(3)樓梯燈的開關有夜間自動辨識裝置。			
		(4)樓梯間無任何雜物。			
		(5)樓梯間的牆壁及臺階面維護良好。			
		(6)樓梯設有幼兒容易扶握之扶手（或兩邊都有牆壁）。			
		(7)樓梯欄杆完好且堅固。			
		(8)樓梯欄杆間距應小於6公分（或加裝安全網繩）。			
		(9)樓梯的臺階高度及深度一致。			
		(10)樓梯的臺階鋪設有防滑條。			
		(11)樓梯最上層有緩衝空間（或房門向內開啓）。			
		(12)樓梯出入口設有高於85公分，間隔小於6公分及幼兒不易開啓之穩固柵欄。			

檢核項目		檢核內容	是	否	無此項目
1-1-8	家具設施	(1)家具外觀狀況良好（如無鬆脫、掉漆等）。			
		(2)家具平穩牢固，不易翻倒。			
		(3)家具凸角或銳利邊緣已做安全處理（如加裝桌角蓋）。			
		(4)滑輪家具設有固定器。			
		(5)沙發座椅靠牆放置。			
		(6)櫃子、書架上方無放置重物。			
		(7)櫥櫃（壁櫥）加裝幼兒不易開啓之裝置。			
		(8)家具之把手直徑或長度大於3公分。			
		(9)抽屜加裝幼兒不易開啓之安全釦環（或上鎖）。			
		(10)餐桌或茶几未鋪桌巾。			
		(11)摺疊家具（桌椅、梯子、燙馬）置於幼兒無法觸碰的地方。			
1-1-9	電器用品	(1)密閉電器（如洗衣機、烘乾機、冰箱等）加裝安全鎖（或放置位置遠離嬰幼兒）。			
		(2)座立式檯燈、飲水機、熱水瓶、微波爐、烤箱、電熨斗、電熱器、捕蚊燈置於嬰幼兒無法觸碰的地方。			
		(3)電熱器（電暖爐）周圍無易燃物（如衣服、地毯、桌巾、書報等）。			
		(4)電扇具「碰觸即停」功能（或有細格防護網）。			
1-1-10	電線、插座	(1)外觀完整無破損。			
		(2)插頭、插座固定未搖晃、鬆動。			
		(3)插座及電線以固定、隱藏或以置高方式處理（如以沉重家具擋住或置高於110公分）。			
		(4)同一插座無同時加插負電量大之電器（如洗衣機、烘衣機、電熱器等）。			
		(5)加裝安全保護蓋於未使用之插座（插孔）。			
1-1-11	瓦斯、熱水器	(1)瓦斯桶、熱水器裝設在室外通風良好處。			
		(2)裝設瓦斯防漏偵測器。			
1-1-12	消防設施	(1)每一樓層至少裝置一個測煙器。			
		(2)備有使用期限內之滅火器。			
		(3)滅火器置於成人易取得，幼兒無法碰觸的地方。			
		(4)高樓層（10樓以上）設有自動灑水器。			

檢核項目		檢核內容	是	否	無此項目
1-1-13	物品收納	(1)維修工具、尖利刀器、易燃物品、電池、零碎物件、化妝飾品、塑膠袋等危險物品收納於幼兒無法碰觸的地方。			
		(2)含毒溶劑（如清潔劑、殺蟲劑、鹼水、酒精飲料等）外瓶貼有明顯的標籤及成分。			
		(3)含毒溶劑及藥品與食物分開存放。			
		(4)含毒溶劑、保健食品及藥品收納於幼兒無法碰觸的地方。			
		(5)含毒觀賞盆栽（如黃金葛、萬年青、聖誕紅、杜鵑、劍蘭等）置於幼兒無法碰觸的地方。			
		(6)加蓋大型容器（如水桶）置於幼兒無法碰觸的地方。			

◆照護行為

檢核項目		檢核內容	是	否	無此項目
1-2-1	門	(1)室外門隨時上鎖。			
		(2)門開啟後，以門擋固定。			
1-2-2	動線安排	經常走動的路線上無家具、雜物、玩具、遊具。			
1-2-3	電器用品	(1)燈泡不作照明以外的用途（如烘乾衣物等）。			
		(2)電扇置於平穩處，且電線妥善收藏。			
		(3)電線、插座經常清理積汙及塵埃。			
		(4)電器不使用時，將插頭拔掉並妥當收存。			
1-2-4	消防設施	(1)能正確使用滅火器。			
		(2)不在嬰幼兒活動室內抽菸。			
1-2-5	物品收納	(1)過期電池立即丟棄（避免漏液灼傷眼睛）。			
		(2)含毒溶劑及藥品不以食品容器（例如汽水瓶、杯碗等）盛裝。			
		(3)家中若有大型容器（如浴缸、水桶等），無人使用時不可儲水。			
		(4)物品使用完畢隨時收納。			
1-2-6	垃圾筒	(1)垃圾隨時清理，按時傾倒。			
		(2)危險物品（如玻璃碎片等）應包裹緊密後，置於筒內。			

檢核項目		檢核內容	是	否	無此項目
1-2-6	垃圾筒	(3)加蓋垃圾筒（含腳踏式垃圾筒）隨時將蓋子蓋好。			
		(4)垃圾筒經常清洗，保持乾淨。			
1-2-7	寵物飼養	(1)飼養經獸醫檢驗合格，及對嬰幼兒健康無礙之寵物。			
		(2)定期接受疫苗接種及病蟲和跳蚤防治處理。			
		(3)排泄物及毛髮清理乾淨無異味。			
		(4)隨時看護與寵物相處之嬰幼兒。			

(二)睡眠環境

◆環境設施

檢核項目		檢核內容	是	否	無此項目
2-1-1	嬰幼兒睡床（嬰兒床）	(1)嬰幼兒有個人專屬睡床。			
		(2)外觀無掉漆、剝落、生鏽等狀況。			
		(3)穩固無鬆動現象 。			
		(4)邊緣及圍欄做圓角處理，間隙小於6公分。			
		(5)開關式柵欄及床板設有堅固卡榫。			
		(6)床墊與床架四周密合。			
		(7)周邊鋪設防撞軟墊。			
		(8)嬰幼兒睡床之附屬配件或自行加裝之附件穩固。			
		(9)睡床大小符合嬰幼兒尺寸。			
2-1-2	嬰幼兒睡眠區域	(1)遠離電器用品（如冷氣機、電熱器、電視、電腦、音響、冰箱、微波爐）。			
		(2)遠離窗戶。			
		(3)刺眼光線無直射嬰幼兒睡眠區域。			
		(4)應通風良好。			
2-1-3	嬰幼兒寢具	(1)嬰幼兒有個人專屬寢具。			
		(2)寢具棉絮不外露，拉鍊（鈕釦）牢固無鬆脫，並維持乾淨。			

◆照護行為

檢核項目		檢核內容	是	否	無此項目
2-2-1	嬰幼兒睡床	(1)床板的位置高度隨嬰幼兒成長而做調整。			
		(2)移開床內有助於攀爬的大型玩具。			
		(3)床內未散落玩具。			
		(4)已能攀扶站立嬰幼兒的睡床上方或床邊未垂掛玩具、裝飾品及繫繩的奶嘴。			
		(5)毛毯或浴巾不掛在小床邊。			
2-2-2	嬰幼兒睡眠安全	(1)嬰幼兒睡眠區域設置於成人聽力範圍之內，避開人來人往的吵嚷房間或走道。			
		(2)2位以上嬰幼兒睡於同一睡床（和室房）時，需保持一定距離（如30公分以上），且彼此頭腳不同方向，以避免交互感染。			
		(3)嬰幼兒未睡在危險區域（如雙層床的上層、沙發等）。			
		(4)隨時看顧睡眠中之嬰幼兒。			

(三)清潔環境

◆環境設施

檢核項目		檢核內容	是	否	無此項目
3-1-1	防滑設施	(1)浴室內鋪設防滑墊（或防滑地磚）及門外鋪設吸水及防滑踏墊，浴室地板應保持乾燥。			
		(2)備有嬰幼兒防滑浴盆或在浴缸內鋪設防滑墊。			
		(3)洗手台、馬桶前設有調整高度用之防滑板凳。			
3-1-2	洗手台及浴缸	(1)嬰幼兒浴盆栓子置放於嬰幼兒無法觸碰的地方。			
		(2)洗手台穩固。			
		(3)洗手台外觀完整無破損。			
		(4)冷熱水有明顯的標示。			
		(5)浴缸旁設置扶手。			

檢核項目		檢核內容	是	否	無此項目
3-1-3	馬桶	(1)設有符合幼兒尺寸的馬桶（或成人馬桶加裝輔具）。			
		(2)馬桶蓋及座圈無裂縫或鬆動。			
		(3)放衛生紙垃圾筒應加蓋，並時常清潔。			
3-1-4	沐浴用品	備有嬰幼兒適用的沐浴用品（如浴盆、肥皂、沐浴乳與護膚油等）。			
3-1-5	嬰幼兒衣物	(1)無破損、脫線的狀況。			
		(2)腰圍、領圍、袖口及鬆緊帶適當寬鬆。			
		(3)細長配件（如領巾或腰帶）不超過15公分。			
		(4)尺寸大小切合嬰幼兒身高體重，且不防礙肢體動作。			
		(5)鞋襪大小有一指的寬鬆度，並有防滑底面。			

◆照護行為

檢核項目		檢核內容	是	否	無此項目
3-2-1	浴室門	浴室門隨時緊閉（或設置安全護欄）。			
3-2-2	洗手台浴缸	(1)沐浴清潔區與食物調製區，有各自獨立使用的水龍頭。			
		(2)肥皂（洗手乳）放置在成人雙手可及範圍，且嬰幼兒不易取得。			
		(3)設有自動調溫裝置的水龍頭應定溫在50℃以下。			
		(4)放水順序為先開冷水，再開熱水（避免幼兒觸及水管或水龍頭而燙傷）。			
		(5)無成人看護時，嬰幼兒不得單獨在浴缸內。			
3-2-3	換尿布台（區域）	(1)所有嬰幼兒個人清潔用品放置在成人雙手可及範圍（櫥櫃內），且嬰幼兒不易取得。			
		(2)每次用畢後，立刻清潔消毒台面或襯墊。			
3-2-4	吹風機	(1)不在潮濕的浴室使用。			
		(2)使用時溫度定在熱風之最低溫。			
		(3)使用於離嬰幼兒頭部20～25公分處，並保持吹風機移動（避免固定吹某一部位，造成灼傷）。			

(四)餵食環境

◆環境設施

檢核項目		檢核內容	是	否	無此項目
4-1-1	廚房	(1)廚房出入口設置安全護欄（或透明門）。			
		(2)櫥櫃及抽屜加裝安全鎖（或幼兒無法開啓之裝置）。			
		(3)瓦斯爐設有嬰幼兒無法自行開啓之開關。			
		(4)使用加蓋垃圾筒。			
4-1-2	調奶台	(1)備有嬰幼兒專用之固定調奶台（如桌子或平台）擺設熱水瓶、蒸奶瓶器、奶粉罐、奶瓶等調奶器具。			
		(2)設置於嬰幼兒無法碰觸的地方。			
4-1-3	餵食椅	(1)備有符合嬰幼兒尺寸之專用餵食椅。			
		(2)重心穩固，備有安全繫帶。			
		(3)椅面材質易清洗。			
		(4)備有非掀背式活動桌面（或活動桌面繫牢）。			
4-1-4	餐具	(1)符合嬰幼兒尺寸之個人專用餐具。			
		(2)材質耐熱、平滑不粗糙、易清洗。			
		(3)餐具外表乾淨、完整無缺。			
		(4)餐具收納於乾淨、有蓋（門）之容器（櫥櫃）內。			

◆照護行為

檢核項目		檢核內容	是	否	無此項目
4-2-1	廚房	(1)廚房地面隨時保持乾燥。			
		(2)成人在廚房時，嬰幼兒需在視線範圍內。			
		(3)較輕、危險的物品放置嬰幼兒無法拿到的上層櫥櫃（或抽屜）。			
		(4)體積大、較重、不具危險性的物品，放置在容易拿取的低層櫥櫃（或抽屜）。			

檢核項目		檢核內容	是	否	無此項目
4-2-2	調奶台	熱水瓶使用後隨手調為「止水」的狀態。			
4-2-3	餵食椅	(1)置於平穩處。			
		(2)使用後立即清理。			
4-2-4	餐具	(1)餐具尺寸符合嬰幼兒動作能力。			
		(2)使用有標示耐熱溫度度數之素色餐具盛裝熱食。			
		(3)使用天然植物成分的清潔劑，清洗嬰幼兒餐具並澈底沖淨。			
4-2-5	哺育用品（奶嘴、奶瓶、奶蓋、奶圈、鉗子）	(1)餵食1歲內嬰兒之哺育用品，使用後澈底刷洗並消毒完全（如滾沸消毒15分鐘，蒸氣消毒30分鐘）。			
		(2)使用鉗子夾取消毒過的哺育用品，並在使用後澈底清洗且消毒完全。			
		(3)1歲內嬰兒之哺育用品消毒過後，若24小時之內未使用，則須重新消毒使用。			
		(4)奶瓶乾淨無裂痕。			
		(5)使用孔洞合適的奶嘴。			
		(6)奶嘴有變質、變硬、老化或吸孔太大時，應汰舊換新（平均每一個半月至三個月更新一次）。			
		(7)奶嘴（安撫奶嘴）保持乾淨無破損，並以蓋子蓋起來，確保清潔。			
		(8)安撫奶嘴以安全別針固定（奶嘴固定帶短於15公分）。			
4-2-6	微波爐	(1)以專用器皿依使用規則加熱嬰幼兒食品。			
		(2)加熱過食品，先攪勻試溫後再餵食。			
		(3)勿讓幼兒自行開啓加熱過之袋裝食品（避免熱氣造成灼傷）（儘量避免使用微波爐加熱嬰幼兒食品）。			
		(4)使用微波爐時勿直視，孩子需距離1公尺以上。			
4-2-7	熱食	(1)熱湯鍋與菜餚置於幼兒無法觸碰之位置。			
		(2)熱湯、菜餚待溫度適中後，再餵食嬰幼兒，勿以嘴巴吹冷。			
		(3)成人飲用熱飲時，與嬰幼兒保持距離避免碰撞。			

檢核項目		檢核內容	是	否	無此項目
4-2-8	飲用水	(1)使用衛生並煮沸的飲用水。			
		(2)飲用溫度適中的飲用水。			
4-2-9	嬰幼兒食品	(1)先檢視食物保存期限再餵食嬰幼兒。			
		(2)冰箱內生食與熟食分開置放。			

(五)遊戲環境

◆環境設施

檢核項目		檢核內容	是	否	無此項目
5-1-1	手推嬰幼兒車	(1)具標準檢驗局檢驗合格標識，並附使用方法、注意事項、特殊警告等標示。			
		(2)外表乾淨，無銳利邊緣、突出物、塗漆剝落、破損等狀況。			
		(3)具有煞車或掣動系統。			
		(4)篷罩使用透氣材質。			
5-1-2	學步車（不建議使用）	(1)具標準檢驗局檢驗合格標識，並附使用方法、注意事項、特殊警告等標示。			
		(2)外表乾淨，無銳利邊緣、突出物、塗漆剝落、破損等狀況。			
		(3)乘坐高度為嬰幼兒雙腳可觸及地面。			
		(4)附設玩具固定，外表乾淨完整。			
5-1-3	騎乘玩具（如三輪車、搖馬等）	(1)具標準檢驗局檢驗合格標識。			
		(2)外表乾淨完整，無銳利邊緣、突出物、塗漆剝落、破損。			
		(3)重心穩固，載重量符合，嬰幼兒雙腳可適當觸及地面。			
		(4)有輪玩具之車輪與車體間的縫隙小於0.5公分或大1.5公分。			
		(5)有輪玩具之鏈條加有防護蓋。			

檢核項目		檢核內容	是	否	無此項目
5-1-4	玩具安全	(1)玩具外表乾淨，無銳利邊緣、突出物、塗漆剝落、破損、掉毛、接合處脫線或裂開等狀況。			
		(2)玩具有ST安全玩具標識。			
		(3)玩具附件、材料（如串珠）之直徑大於3公分或長度大於5公分。			
		(4)玩具無刺耳聲或巨響。			
		(5)玩具電線或繩子長度不超過30公分。			
		(6)玩具電池盒牢固及電池不易取出。			
		(7)美勞材料無毒性。			
		(8)使用鈍頭剪刀。			
		(9)玩具鏡子為塑膠亮面，不易破碎且無尖銳邊緣。			
5-1-5	圖畫書	(1)外表乾淨，狀況良好，無破損。			
		(2)材質不易褪色。			
5-1-6	玩具收納	(1)以開架式矮櫃或無蓋（或輕巧盒蓋）箱或盒子收納玩具。			
		(2)體積大、重量重之玩具置於收納櫃（箱）之下方。			
		(3)收納盒外表乾淨，無銳利邊緣、突出物、破損、接合處裂開等狀況。			

◆照護行為

檢核項目		檢核內容	是	否	無此項目
5-2-1	手推嬰幼兒車	(1)嬰幼兒乘坐人數依廠商規定，不超載。			
		(2)安全帶或束縛系統確實扣合。			
		(3)有成人隨時看護並注意其安全，並避免嬰幼兒站立於手推車中。			
		(4)使用可折疊之手推車前，應確實豎立及固定各機件。			
		(5)使用置物架或掛勾設計之手推車時，物品重量遵照廠商訂定之限制。			

檢核項目		檢核內容	是	否	無此項目
5-2-1	手推嬰幼兒車	(6)不附載或加裝其他非手推車原有設計的嬰幼兒物品或其他附件於推車上。			
		(7)具有玩具附件之手推車，應符合玩具安全，並防止嬰幼兒吞食或不當使用玩具。			
		(8)避免於樓梯間內、手扶電梯上使用。			
		(9)避免放置於馬路、坡道，或接近高溫、水池或電源等危險場所。			
		(10)嬰幼兒乘坐於手推車內時，成人不可將整個車台往上提或調整車台機件。			
5-2-2	學步車（不建議使用）	(1)使用於八至十五個月以下的嬰幼兒。			
		(2)每次乘坐不超過30分鐘，並須有成人看護。			
		(3)使用於平坦地面，並遠離樓梯、門檻、斜坡、火爐、電熱器等危險位置。			
		(4)嬰幼兒乘坐學步車時，成人不可將整個車台往上提或調整車台機件。			
5-2-3	戶外遊戲設施選擇	(1)為嬰幼兒選擇安全及清潔的遊戲設施及遊具。			
		(2)遊具設施下的地面鋪設有足夠厚度之防跌緩衝物（軟墊、細沙或鋸屑等）。			
		(3)遊具基座牢固，本體無粗糙表面、尖銳邊角、鏽蝕、掉漆、損壞、異音、鬆脫，繩索、勾環、鍊子、螺絲無鬆脫或纏結。			
		(4)金屬遊具有遮蔽設備，以防止陽光直射，灼傷幼兒。			
		(5)鞦韆座椅和鏈線條的接合處有塑膠管覆蓋。			
		(6)高於50公分之攀爬架平台設有護欄。			
		(7)遊具四周無積水或障礙物（如石頭、樹根、碎玻璃、異物等）。			
		(8)周邊無空調主機、電線、變電器等危險電源。			
		(9)草坪、灌木叢平整修剪。			
		(10)避免讓幼兒觸碰有毒植物（如夾竹桃、聖誕紅、杜鵑等）。			
		(11)嬰幼兒之衣著適當（如無過長圍巾、裙子等）。			
		(12)隨時看顧遊戲中之嬰幼兒。			

(六)管理環境

◆環境設施

檢核項目		檢核內容	是	否	無此項目
6-1-1	空間規劃	(1)有成人隨時易於看顧的開放式嬰幼兒活動空間。			
		(2)有足夠嬰幼兒四處活動的寬敞空間（依室內活動人數而定）。			
		(3)光線明亮（照明度約為350LUX）。			
6-1-2	緊急意外事件處理	(1)托兒專屬緊急聯絡電話表（如家長、醫院、警察單位、早期療育及兒童保護機構）置於固定明顯處。			
		(2)急救程序圖表張貼於固定明顯處。			
		(3)備有未過期急救用品*之急救箱。			
		(4)急救箱置放於成人易取得，嬰幼兒無法碰觸的地方。			
6-1-3	逃生規劃與動線	(1)規劃有緊急逃生路線及逃生計畫。			
		(2)逃生動線順暢、所有出入口或走廊都有清楚的標示。			
		(3)「緊急逃生路線圖」及「地震避難位置圖」張貼於明顯處。			
6-1-4	緊急逃生包	(1)備有嬰幼兒專屬緊急逃生包（內含未過期急救用品、水、紙尿布、濕紙巾、乾糧、奶粉、登山用錫箔毯等）。			
		(2)緊急逃生包置於成人易取得，嬰幼兒無法碰觸的地方。			
6-1-5	檢修及更新紀錄	(1)備有鐵捲門、滅火器、測煙器、自動灑水器、瓦斯防漏偵測器等警報設備檢修紀錄。			
		(2)備有緊急聯絡電話表確認紀錄。			
		(3)備有急救及逃生用品更換與補充紀錄。			

*急救用品：滅菌棉花、棉籤、紗布、OK繃帶、捲軸繃帶、三角巾、止血帶、鈍頭剪刀、鑷子、體溫計、壓舌板、安全別針、紙膠帶、酒精（75%）、優碘、氨水、雙氧水。

◆照護行為

檢核項目		檢核內容	是	否	無此項目
6-2-1	相關紀錄	(1)備有嬰幼兒生活作息紀錄，並告知家長。			
		(2)備有托兒用藥時間、劑量及方式紀錄，並告知家長。			
		(3)備有與家長聯絡事項紀錄。			
6-2-2	獨立空間	設有固定及獨立空間（如特定櫃子、書桌抽屜、檔案夾等），分類存放各類資料表格，便於收納取得。			
6-2-3	安全演練	(1)經常演練居家逃生及地震避難路線。			
		(2)經常演練嬰幼兒人工心肺復甦術。			
6-2-4	專業倫理	(1)定期健康檢查。			
		(2)經常參加托育安全在職進修。			
		(3)經常蒐集即時安全相關訊息。			

衛福部社家署配合居家托育服務中心的修正，針對社區內登記的托育人員及托嬰中心進行居家安全環境訪視，其檢核表2016年修訂如下：

居家安全環境檢核表　(105年使用)

一、居家安全檢核項目

<table>
<tr><th rowspan="2">項目</th><th rowspan="2">檢核內容
(一題內容含多個事項時，有任何一項未符合就打「X」，並請將未符合部分圈起來)</th><th colspan="3">未符合安全措施請打「X」，符合安全措施請打「○」，無從評量時請在不適用欄內打「V」</th></tr>
<tr><th>第一次</th><th>第二次</th><th>不適用</th></tr>
<tr><td>1. 逃生口</td><td>1. 除了正門外，另有供緊急逃生用之後門、陽台或窗戶，且逃生的通道、門、窗前無堆置任何雜物，保持淨空</td><td></td><td></td><td></td></tr>
<tr><td rowspan="3">2. 消防設施</td><td>2-1 室內備有使用期限內之滅火器，並置於成人易取得，幼童無法碰觸的地方</td><td></td><td></td><td></td></tr>
<tr><td>2-2 有堪用的手電筒</td><td></td><td></td><td></td></tr>
<tr><td>2-3 室內之房間、廚房或客廳等裝置住宅用火災警報器 註1</td><td></td><td></td><td></td></tr>
<tr><td>3. 地面</td><td>3. 幼童活動範圍內地板平坦，並鋪設防滑防撞軟墊。</td><td></td><td></td><td></td></tr>
<tr><td rowspan="6">4. 門窗</td><td>4-1 落地門窗已做好可辨識之防撞措施</td><td></td><td></td><td></td></tr>
<tr><td>4-2 窗戶設有防跌落的安全裝置(幼童無法自行開啟或加設護欄)</td><td></td><td></td><td></td></tr>
<tr><td>4-3 窗戶之窗臺高度不得小於110公分，10層以上不得小於120公分，且在窗戶旁未放置可攀爬之物品(如床、沙發、椅子、桌子或矮櫃等) 註2</td><td></td><td></td><td></td></tr>
<tr><td>4-4 鐵捲門開關及遙控器放在幼童無法觸碰的地方，且鐵捲門裝有偵測到物體則立即停止之安全裝置</td><td></td><td></td><td></td></tr>
<tr><td>4-5 所有室內門備有防反鎖裝置或鑰匙，或即使從裡面鎖住，還可以從外面打開</td><td></td><td></td><td></td></tr>
<tr><td>4-6 通往外面馬路或宅院外的有柵欄或門，並設有幼童無法自行開啟之門鎖等裝置，可防止幼童自己跑出去</td><td></td><td></td><td></td></tr>
<tr><td rowspan="4">5. 電器</td><td>5-1 密閉電器(如：洗衣機、烘乾機、冰箱等)幼童無法自行開啟，或放置位置遠離幼童</td><td></td><td></td><td></td></tr>
<tr><td>5-2 提供熱源電器（如座立式檯燈、開飲機、熱水瓶、微波爐、烤箱、電熨斗、電熱器、捕蚊燈、脫水機等）及電風扇置於幼童無法觸碰的地方或加裝有防護設施（如防護罩）。</td><td></td><td></td><td></td></tr>
<tr><td>5-3 電器用品放置平穩不易傾倒，電線隱藏在幼童無法碰觸或拉動之處。</td><td></td><td></td><td></td></tr>
<tr><td>5-4 插座及電線置高於110公分以上　，或隱蔽於傢具後方、使用安全防護等方式讓幼童無法碰觸。</td><td></td><td></td><td></td></tr>
<tr><td>6. 繩索</td><td>6. 窗簾繩、電線、延長線及其他繩索類物品收置於幼童無法碰觸到的地方。</td><td></td><td></td><td></td></tr>
</table>

項目	檢核內容 (一題內容含多個事項時，有任何一項未符合就打「x」，並請將未符合部分圈起來)	未符合安全措施請打「x」，符合安全措施請打「○」，無從評量時請在不適用欄內打「V」		
		第一次	第二次	不適用
7. 傢具設施	7-1 傢俱及家飾(如雕塑品、花瓶、壁掛物等)平穩牢固，不易滑動或翻倒。			
	7-2 傢具無凸角或銳利邊緣，或已做安全處理			
	7-3 幼童碰觸得到的櫥櫃門加裝幼童不易開啟之裝置			
	7-4 摺疊桌放置在幼童無法接觸到的地方			
	7-5 加裝安全保護蓋於未使用之插座(插孔)			
8. 物品收納	8-1 易引起幼童窒息之危險物品如繩索、塑膠袋、尿布、錢幣、彈珠、鈕扣或其他直徑小於3.17公分的物品等，收納於幼童無法碰觸的地方。			
	8-2 會造成割刺傷的危險物品如維修工具、刀剪利器、玻璃物品、圖釘文具、零碎物件、飾品等收納於幼童無法碰觸的地方。			
	8-3 會造成幼童誤食中毒或灼傷的有機溶劑、清潔劑、殺蟲劑、乾燥劑、鹼水、酒精、含酒精飲料、電池、溫度計、化妝品、藥品等，外瓶貼有明顯的標籤及成份，並放置於幼童無法碰觸的地方註3			
	8-4 會造成燒傷的物品如打火機、火柴、香燭等收納於幼童無法碰觸的地方。			
	8-5 幼童不玩的玩具收納妥當，未散置於地面。			

備註：
1. 內政部訂有「補助直轄市及縣（市）政府推動設置住宅用火災警報器作業原則」，火災事故高風險族群場所可向各直轄市、縣(市)消防局提出申請設置，每戶最多補助設置2只，且數量有限。
2. 窗臺高度係參採現行「建築技術規則建築設計施工編」第45條第1項第5款規定所訂定，惟考量96年以前所建置之住宅窗臺高度並無規範，若為舊式住宅應具有其他安全防護措施。
3. 幼童玩具的電池應固定封好，以避免幼童誤食。

項目	檢核內容 (一題內容含多個事項時，有任何一項未符合就打「X」，並請將未符合部分圈起來)	未符合安全措施請打「X」，符合安全措施請打「○」，無從評量時請在不適用欄內打「V」		
		第一次	第二次	不適用
9.浴廁廚房	9-1 瓦斯熱水器應置於室外通風處或加裝排氣管將廢氣排至屋外，並於使用前開窗，使室內保持空氣暢通 註4			
	9-2 浴室與廚房地板及浴缸內有防滑措施			
	9-3 幼童碰觸得到的浴缸、臉盆、洗臉槽、水桶、湯鍋等大容器未儲水			
	9-4 浴室、廚房設有阻擋幼兒進入的門或安全防護欄			
	9-5 地毯或踏腳墊有止滑裝置			
10.嬰幼兒睡床	10-1 嬰幼兒睡覺之床，鋪面堅實，且床上無易造成窒息之鬆軟物件(如布偶)或繩帶			
	10-2 嬰幼兒睡床有穩固的防跌落措施，若有柵欄，間隙小於6公分			
	10-3 嬰幼兒睡覺之床其附屬配件或自行加裝之附件穩固			
11.陽台	11 陽台欄杆之高度設計不得小於110公分，10層以上不得小於120公分，欄杆間距應小於10公分，且陽台上未放置可供攀爬之物品註5, 註6			
12.室內樓梯	12-1 樓梯出入口設有高於85公分，間隔小於10公分及幼童不易開啟之穩固柵欄，可防止幼童跌落			
	12-2 樓梯的臺階高度一致，且樓梯階面貼有止滑條或止滑設施			
	12-3 樓梯欄杆完好且堅固，欄杆間距應小於10公分或有避免鑽爬的裝置			
13.倉庫	13 倉庫或貯藏間設有幼童無法自行開啟之門鎖等安全裝置，以避免幼童進入			
14.住家室外	14-1 庭院的水溝皆加蓋			
	14-2 庭院的蓄水池或漁塭周圍有防止幼童掉入的圍籬或阻隔物			

備註：

4. 天然氣熱水器安裝不當等具有一氧化碳中毒事故高風險住家，各縣市消防局可提供補助遷移或更換熱水器，惟經費名額有限，請逕洽當地消防局辦理。
5. 陽台欄杆高度係參採現行「建築技術規則建築設計施工編」第38條規定所訂定，惟考量96年以前所建置之住宅陽台欄杆高度較矮，爰若為舊式住家者應具有其他防護措施。
6. 不可放置可攀爬之物品，如橫式欄杆、傢俱、玩具、花盆等可當腳凳的雜物。

二、建議改善事項

場所 (填寫編號)	建議改善事項(填寫編號或簡述文字)	已改善情形 (已現場改善「Y」,待改善「N」)

註:

1.「建議改善事項」欄位係第一次訪視時,將建議改善的安全措施項目以編號或簡述文字填寫。

2.「已改善情形」欄位係第二次訪視時,同家庭之居家環境是否已針對前次訪視內容進行改善,已現場改善「Y」,待改善「N」。

三、基本資料

一、 身分別:

1. □原住民
2. □新住民
3. □其他家庭
(如 3.1□低收入戶家庭、3.2□近貧家庭、
3.3□單親家庭或有身心障礙、
3.4□早產兒、3.5□出生低體重兒(≦2500g)、
3.6□發展遲緩等家庭)
4. □社政單位轉介高風險家庭個案

二、 照顧者與幼兒關係:__________
(如:母女(子)、父子(女)…等)

三、 幼兒姓名:__________(請其中一字請用○表示)

四、 幼兒性別:1.□男 2.□女

五、 幼兒出生年月:___年___月

六、 地址:________縣(市)__________(鄉鎮區)

檢核日期:第一次 ___年 ___月 ___日

第二次 ___年 ___月 ___日

第五節　嬰幼兒年／月齡各階段發展的遊戲與活動設計

不同發展階段的幼兒會從事不同的遊戲活動，透過遊戲與他人互動，是獲得社會技巧與知識的重要脈絡；幼兒的遊戲行爲也給了父母及照顧者提示，去瞭解遊戲時的幼兒心裡在想什麼。

有時候遊戲可促進發展，但有時候遊戲可能反映了兒童的發展。遊戲與幼兒發展之間的關係，可從三個方向去思考（吳幸玲、郭靜晃譯，2003）：

1.遊戲行爲是發展之窗，反映出各個層面的發展。
2.遊戲可視爲技巧發展與鞏固的脈絡及媒介。
3.遊戲是發展改變的工具。

從理論的觀點也可發現，遊戲對兒童有長期及短期的助益（**表6-2**），早期的遊戲經驗會造成現有行爲的出現。

一、認識嬰幼兒的學習

遊戲是幼兒學習的方法之一，參與遊戲可增加幼兒自我尊重及情緒的穩定性，並有助於幼兒正性的自我概念。如果幼兒被剝奪了遊戲經驗，就難以適應社會；而如果所成長的家庭或社會不允許，也無法提供時間、空間、玩物及良好遊戲的媒介，幼兒就很難發展自我及對他人的健康態度（郭靜晃、黃惠如，2001）。

此外，在規劃遊戲活動之前，必須先瞭解幼兒的學習特色（整理自楊曉苓、段慧瑩，2007）：

表6-2　嬰幼兒遊戲的理論

古典學派的遊戲理論		
理論	倡導者	遊戲目的
能量過剩	Schiller/ Spencer	消耗過剩的精力
休養	Lazarus	回復在工作中消耗的體力
重演論	Hall	原始本能
演練論	Groos	為日後成人生活做準備
現代學派的遊戲理論		
理論／代表學者	遊戲在兒童發展中的角色	
心理分析學	調節受挫經驗	
認知學派		
Piaget	熟練並鞏固所習得的技巧	
Vygotsky	由區別意義與實物來提高嬰幼兒的想像思考	
Bruner/Sutton-Smith /Singer	在思考及行為上產生變通能力	
其他學派的遊戲理論		
Arousal modulation	增加刺激使個體保持最佳警覺程度	
Bateson	提升瞭解各層面意義的能力	
Piaget的遊戲理論		
發展年齡	認知階段	遊戲階段
0至2歲	感覺運思期	感覺動作／熟練性遊戲
2至7歲	前操作期	想像性／裝扮遊戲
7至11歲	具體操作期	有規則的遊戲

資料來源：整理自吳幸玲、郭靜晃譯（2003）。

1.與重要他人建立安全關係對幼兒的學習是不可或缺的。

2.幼兒是主動學習的。

3.學習有黃金期，會受到許多社會習慣及文化內容所影響。

4.遊戲是幼兒發展社會、情緒及認知能力的重要工具。

5.幼兒以不同的學習方式表達認知與理解。

6.藉由重複演練及成功經驗，幼兒的成長會更上層樓。

二、嬰幼兒年／月齡各階段的遊戲與活動設計

教導孩子時最自然的方法就是利用遊戲，設計者必須配合嬰幼兒的發展及需求設計活動。

(一)認識嬰幼兒各階段的發展特點及其可進行的活動（吳幸玲、郭靜晃譯，2003）

◆出生至三個月

身體發展
1.趴著時，頸部直立，所以頭會抬起來 2.用手肘支撐身體 3.鬆手及握手 4.視覺可追蹤移動物體 5.踢腳 6.轉頭
語言及認知技巧
1.聽到熟悉的聲音，會轉頭 2.發出咯咯聲和咿唔聲 3.回應照顧者臉部表情 4.觀察照顧者之嘴型並能模仿
照顧者可進行的活動
1.參與童言童語，或與嬰兒互動時，可以誇大動作及表情。模仿嬰兒發聲時，可以引起嬰兒的微笑及延續呀呀咿唔聲 2.創造各種好玩的臉部表情，讓嬰兒能模仿 3.提供跳躍的玩具來鼓勵及刺激嬰兒追尋，也可以幫嬰兒手腳加上顏色鮮明的襪子，幫助嬰兒視覺上的刺激 4.與嬰兒玩抓手指及抓頭髮的遊戲 5.與嬰兒一起玩時，幫助嬰兒瞭解自己身體的命名，例如摸摸你的頭

◆三至六個月

身體發展
1.洗澡時手腳喜歡濺水 2.認得鏡中的我 3.平躺時會踢腳 4.吃／玩腳趾頭 5.想伸手抓物體，但常會錯失：抓不住玩物、會尾隨玩物、想要抓握玩物 6.可轉身 7.用腹部爬行 8.有人扶持時可以坐著
語言及認知技巧
1.展現適當的表情反應：高興時微笑，生氣時噘嘴 2.開懷的笑及咯咯叫與笑 3.牙牙學語（bababa） 4.可以出聲及說話 5.認識熟悉的人
照顧者可進行的活動
1.將嬰兒抱到鏡子前與他玩遊戲，利用口語及肢體互動，例如摸嬰兒的鼻子，問嬰兒：「寶寶的鼻子在哪裡」，並摸著嬰兒的鼻子說「在這裡」 2.嬰兒床上擺一些搖擺的玩物，刺激嬰兒的視覺，並讓他有機會伸展身體去抓握 3.玩躲貓貓的親子遊戲 4.與嬰兒玩「手指謠」，或拍打手指、腳趾的遊戲 5.唱悅耳的歌曲或播放輕音樂給嬰兒聽，可刺激嬰兒的聽覺，也可以寬慰他的情緒

◆六至十二個月

身體發展
1.開始爬 2.自己單獨坐，而且可以坐得很穩 3.可以扶物站立及嘗試行走 4.可以成功地追尋及抓握物體 5.將玩具從一手換到另一手
語言及認知技巧
1.瞭解一些話語，並能說出一些字語 2.對音調／曲折音有所回應 3.瞭解手勢，例如揮手bye-bye 4.依循簡單的話語指示，例如「拿玩具給我」 5.模仿動物的聲音 6.開始使用聲音、話語及手勢來表達需求

照顧者可進行的活動
1.多設計一些爬行遊戲，有時嬰兒也喜歡拉著成人的手練習站立 2.讓嬰兒坐著，用柔軟的小球和嬰兒玩滾來滾去的遊戲 3.用玩具電話假裝與嬰兒講電話 4.問嬰兒他們熟悉的動物叫聲，並多利用故事書展現嬰兒所熟悉的動物，並要他們模仿動物叫聲 5.玩簡單收拾的遊戲 6.鼓勵嬰兒在浴缸玩玩具（大人須一直陪在嬰兒身邊），使用玩水的玩具和海綿來豐富遊戲，也可利用可以浮出水面的玩具讓寶寶玩

◆十二個月至二十四個月

身體發展
1.走路更加精緻及控制自如 2.可以蹲著拿拾玩具 3.聞聲（音樂）起舞 4.拉、拖、曳引玩具 5.在成人協助下可以上下樓梯 6.在協助下可以往後走 7.模仿日常家居之事務，像是掃地、洗碗 8.用手吃東西
語言及認知技巧
1.表達時會有含糊不清的現象（吱吱喳喳） 2.理解簡單的問題 3.瞭解身體各部位的名稱 4.使用兩個字的句子 5.1歲半時至少有瞭解15～20個字的語彙能力 6.2歲時有瞭解270個字的語彙能力
照顧者可進行的活動
1.玩捉迷藏及跑步的追逐遊戲。孩子喜歡在成人背上玩騎馬遊戲，成人也可以陪孩子一起跳舞 2.可以在浴缸中與孩子玩水遊戲，讓孩子可以用容器淘水，成人可問孩子哪一個容器的水比較多 3.玩尋寶遊戲 4.給孩子看相簿，指認照片中的人地事物 5.與孩子唱手指謠 6.與孩子玩吹泡泡、黏土和畫畫

(二)均衡發展的遊戲

美國幼教協會（National Association for the Education of Young Children, NAEYC）1987年提出適性發展實務（Developmentally Appropriate Practice, DAP）的概念，「適性發展」是指提供機會讓幼兒學習、練習他們新獲得的能力，給予幼兒一些比他們現有的能力及程度還要稍難一點的挑戰（Bredekamp & Copple, 1997, pp. 14-15；轉引自楊曉苓、段慧瑩，2007）。因此，均衡發展的遊戲，是幫助幼兒成長相當重要的一環（**圖6-1**）。

(三)活動實例

以下舉數則由吳嫦娥提供的與均衡遊戲有關的實例進行說明。

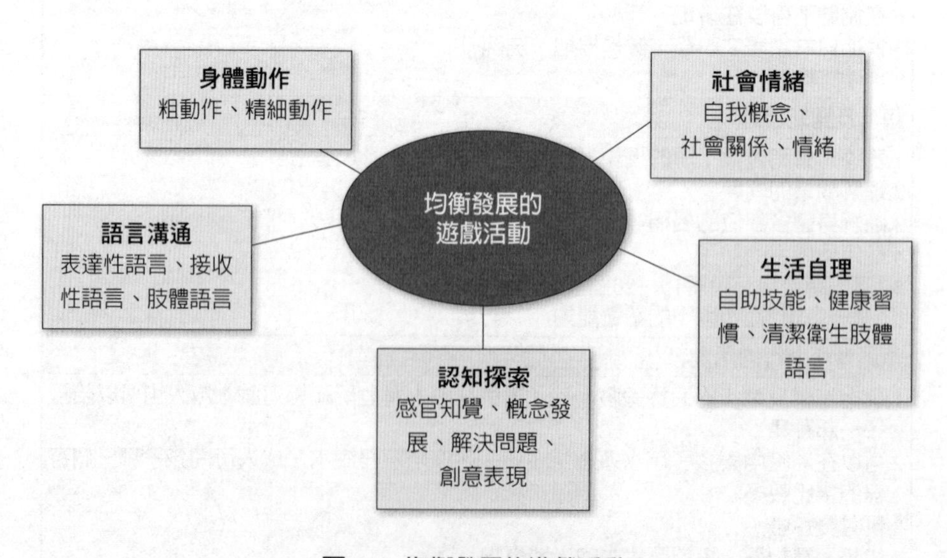

圖6-1　均衡發展的遊戲活動

資料來源：整理自楊曉苓、段慧瑩（2007）。

◆科學遊戲／觀察毛巾在水中浮沉的情形

活動名稱	毛巾泡泡
玩法	與寶寶一起動手替毛巾洗澎澎，讓寶寶學習「拿」毛巾或「放」在大臉盆（或浴盆）上，擠揉出泡泡空氣後再重複操作「拿」、「放」遊戲，遊戲即將結束前三分鐘提醒寶寶要一同把毛巾洗乾淨，並將毛巾掛放好
場所	浴室
注意事項	檢查大臉盆（或浴盆）有無安全無缺裂，以防進行時弄傷了寶寶雙手
延伸概念	1.學習開關水龍頭 2.練習「壓」、「擠」、「掛放」等動作 3.認識清潔的概念 4.觀察物品在水中浮沉的情形 5.養成洗手的習慣

◆科學遊戲／觀察海綿在水中浮沉的情形
（輕輕的海綿在水中怎麼變重了？）

活動名稱	海綿變變變
玩法	與寶寶一起動手拿起輕輕的海綿，讓寶寶學習「壓放」到臉盆水中，再拿上水面，提供機會讓寶寶自己感覺到不一樣。接下來再請寶寶「擠出」水，重複操作遊戲。即將結束前三分鐘提醒寶寶要一同把海綿洗乾淨，並「擠乾」擺放好
場所	室內、戶外皆可
注意事項	1.檢查海綿的大小需要以寶寶手掌可拿握為主，避免海綿太大塊時，使寶寶在放入水中後，有不容易拿起擠乾的情形 2.檢查臉盆有無安全無缺裂，以防進行時弄傷了寶寶雙手
延伸概念	1.學習開關水龍頭 2.練習「壓放」、「擠出」、「擠乾」等動作 3.認識清潔的概念 4.觀察海綿在水中浮沉情形 5.養成洗手的習慣

◆藝術創作／美勞遊戲

活動名稱	My Face／我的臉
玩法	運用臉模紙板提供給寶寶認識五官，改變臉部表情，並提供無毒安全蠟筆，讓寶寶任意在紙板上自由作畫，再利用不同五官表情的臉模（喜、怒、哀、樂）黏貼上My Face，提供寶寶更認識臉的五官及表情
場所	室內（保育室） 主要材料：硬紙板、表情五官、蠟筆
注意事項	蠟筆及相關使用素材以安全無毒為主，避免寶寶放入嘴中
延伸概念	1.認識臉的五官 2.認識顏色的不同 3.認識開心、愛哭時的表情變化

活動名稱	畢卡索創作──塗鴉
玩法	提供水性彩色筆或水彩筆，讓寶寶拿起海綿塊自由選擇不同顏色的顏料在白色大壁報紙上作畫，再利用海綿棒，在塗上色彩的壁報紙上任意勾勒出線條，創作出寶寶自己的作品，最後可以和寶寶比賽誰最快將海綿棒清洗乾淨，增進寶寶的成就感
場所	室內、戶外皆可 主要材料：海綿塊、海綿棒、水彩顏料
注意事項	鋪上止滑墊，避免寶寶滑倒
延伸概念	1.運用肢體手部肌肉運動 2.享受自由彩繪的樂趣 3.認識各種顏色的變化

◆操作遊戲

活動名稱	和風蔬果沙拉
玩法	1.保母媽媽準備新鮮季節水果及萵苣生菜（保母媽媽切絲）後，讓寶寶手握湯匙練習攪拌並放入容器內 2.準備新鮮的季節水果，如蘋果、奇異果、香瓜等水果，置於塑膠盤中，讓寶寶以塑膠刀練習切成小丁塊 3.再請寶寶將和風醬汁淋入新鮮食材上攪拌均勻，就大功告成
場所	室內（保育室） 主要材料：新鮮季節水果、萵苣生菜
注意事項	1.留意手持刀的動作，避免寶寶握刀奔跑 2.保母媽媽需再將寶寶切過的水果塊，再切處理成適合寶寶食用的大小
延伸概念	1.練習洗水果 2.學習手持塑膠刀切水果 3.練習攪拌的動作

活動名稱	吐司熱狗捲
玩法	1.保母媽媽準備吐司、小黃瓜、番茄醬、熱狗後，讓寶寶親手DIY將（切好段的）熱狗捲入吐司裡 2.準備吐司、小黃瓜、番茄醬、熱狗等食材，置於塑膠盤中，讓寶寶以塑膠刀練習將熱狗切成小段（註：保母媽媽可先將小黃瓜刨成絲狀以及熱狗先蒸熟） 3.再請寶寶將捲好的熱狗捲放入袋子中，就可完成小主廚的樂趣
場所	室內（保育室） 主要材料：吐司、番茄醬、熱狗、小袋子
注意事項	1.留意電鍋擺放處，勿讓寶寶靠近電源 2.留意手持刀的動作，避免寶寶握刀奔跑
延伸概念	1.練習洗小黃瓜 2.學習手持塑膠刀將熱狗切成段 3.練習「捲」的動作 4.認識電鍋的功能

◆**語言遊戲**

活動名稱	語文手指謠練習
單手： 「寶寶手指謠」 五根手指	一根手指頭，一根手指頭　變阿變阿變成「毛毛蟲」 兩根手指頭，兩根手指頭　變阿變阿變成「小兔跳」 三根手指頭，三根手指頭　變阿變阿變成「小花貓」 四根手指頭，四根手指頭　變阿變阿變成「螃蟹走」 五根手指頭，五根手指頭　變阿變阿變成「拍拍手」

活動名稱	語文練習
雙手： 「手指操」十根手指	「一」拍拍手，「二」拍拍胸，「三」搓搓繩子，「四」拉弓，「五」摸摸頭阿，「六」咚咚，「七」吹吹喇叭，「八」叭叭，「九」要聽話，「十」最棒！

第六節　嬰幼兒適性玩具的選擇與應用

一、玩具對幼兒的重要性

幼兒的生活重點就是遊戲，並透過遊戲過程中的感官刺激認識世界，學習各種生活技能。好的玩具不僅是寶寶的生活良伴，亦能激發幼兒想像力與創造力。像是扮家家酒的玩具，能夠發展孩子手指的靈巧度，並且以角色扮演的方式增強他們的社交學習、語言發展，與人相處。透過玩具，孩子在跟他們的同伴或父母玩耍的過程中，不知不覺發展他們的社會關係，在合作或競爭中即使容易產生爭吵，但其實他們正在發展合作精神和學習與人分享，為日後融入社會做好準備。

以下為讀者列出不同的玩具種類，對嬰幼兒來說具有哪些重要性功能：

1.嬰幼兒成長玩具：提供充分的感官刺激，如音樂鈴、床邊玩具或發聲玩具等。

2.填充玩具：柔軟可以擁抱的玩具，可安撫寶寶情緒，如小熊玩偶等。

3.充氣玩具：加強幼兒觸覺辨識能力與體能，並可在洗澡時玩耍，如充氣不倒翁或汽球、泳圈等。

4.積木玩具：學習空間概念並培養創造力，如鑲嵌組合積木或堆疊積木等。

5.騎乘玩具：增加感覺動作經驗，並強化髖部、腿部肌肉，如學步車或玩具三輪車等。

6.家具玩具：刺激幼兒想像力及從中學習簡單的生活技能，如辦家家酒玩具組。

7.音樂玩具：刺激幼兒聽覺與觸覺，如玩具敲琴或小鈴鼓等。

8.體能玩具：可強化肌肉發育及增進動作協調能力，如拋圈圈或球類等。

9.水中玩具：在水中玩耍使用，增加幼兒洗澡意願及樂趣，如耐水的發條玩具等。

二、玩具的選購須知

父母在陪伴子女玩耍中，能加深親子關係。在互相分享，交流的過程，更重要的是安全性的考量。「安全玩具」檢驗制度於民國73年開始推廣，凡是廠商生產的玩具，送請玩具研發中心按CNS國家標準，經過各種儀器檢驗，沒有尖角、銳邊、毒性、易燃等各方面的危險性等，才核發玩具專用「ST安全玩具」標誌，由廠商印製張貼在該出售玩具上。當然，沒有「ST安全玩具」標誌的玩具並不一定是不安全，但在選購玩具上一定要有安全認證、不能有尖銳角，而且不能有小配件，主要是怕嬰幼兒誤食，吞入窒息，此外也不能有縫隙，因爲容易夾傷小朋友的手指。

(一)玩具的選購建議

1.針對幼兒的年齡與需要選擇適齡玩具，幼兒在3歲以後有明顯的性別差異，例如：

(1)1歲：喜歡也易接受顏色亮麗、會響、會動的玩具。

(2)1～3歲：喜歡小動物與積木類玩具。

(3)4歲：應注意男女幼兒對玩具的喜好已漸不同。

2.安全與衛生：應注意玩具名稱、使用方法及警告等標示、使用年齡、製造廠商名稱、地址、電話、主要成分等等。

3.選擇有「ST」或梅花標示的安全玩具，並留意其材質與造型是否具有危險性，如是否有銳利邊緣或凸出物、表面是否塗漆剝落（即塗漆是否已經過檢驗合格，是否容易脫落），或是否為易碎材質等等。

4.玩具的大小與外型、材質等：

(1)玩具不宜太小以免吞入口中。

(2)避免尖角、易鬆開脫落、玻璃製品，或有毒之油漆、顏料等。

(3)拉扯玩具之繩索部分不得超過30公分，以免幼兒纏繞窒息。

(4)避免選購直徑小於3.17公分的玩具或玩具周邊零件，容易讓幼兒誤食造成異物梗塞或中毒。亦即玩具或其小附件若小於10元硬幣，不要讓3歲以下兒童使用。

(5)填充、絨毛玩具之縫線部分必須牢固，以免幼兒挖取內部填充物吞食。

5.避免選擇彈弓、BB彈之類具有危險性的玩具。

6.選擇有輪玩具時，應留意車體及車輪間的縫隙小於0.5公分或大於1.2公分，以防止幼兒將四肢伸入導致割傷或刺傷。

7.選擇具有教育意義玩具：可幫助常規訓練，培養秩序感。

8.選擇多變化與靈活運用（拆開、組合）的玩具：此類型玩具可培養幼兒創造力與想像力、組織能力，但需考量幼兒較喜歡能拆開、組裝的多變化玩具，所以玩具應以變化性大的為主。此外，在組合的過程中同時亦可培養其專注力、推理能力。幼兒能DIY有教育價值的玩具而不是精緻昂貴的，可訓練組織、發揮豐富的想像力、創作力。

9.宜配合現實生活與時代：玩具反映了現實生活的型態，故要符合潮流趨勢。

10.合乎經濟原則：選擇能提供多種功能的玩具。如選擇堅固耐久的玩具，因爲幼兒常玩不堅固的玩具，容易引起其對東西的破壞性，減低對玩具的興趣，甚至不懂得珍惜玩具。

11.形色美觀：色彩調和、鮮艷、形狀逼眞的玩具，最易激發幼兒的美學能力，也最吸引幼兒的興趣。

(二)電子玩具安全須知

時下有很多電子玩具，家長在選購時須注意（婦幼家庭出版社，2002）：

1.盡可能避免讓年紀太小的幼兒接觸電子類玩具，在選購上則應留意可使用年齡，及材質、設計、玩法等方面是否安全，會發出刺耳聲響的玩具也不宜，以免損及幼兒聽力。

2.使用玩具前，務必詳讀包裝上的指示說明與安全守則，特別是警告文字部分，如遠離火源與潮濕。

3.裝有小電池的玩具必須讓幼兒無法自行換取或拆解，以免誤食引發中毒或梗塞、窒息。

4.玩具電線外露的部分應保持完整，且長度不超過30公分，以免引起觸電或繞頸意外。

5.定期檢查電子類玩具是否有零件脫落、電線外露等損壞情形，若已損毀或無法修復，便應丟棄。

每個玩具的設計，都有其功能與目的，而不同材質的玩具，對孩子來說，有著不同的啓蒙效果。若能依照孩子的發展，選擇各階段所適合的玩具，更能達到事半功倍之效。

三、嬰幼兒玩具的選擇與應用

無論哪一種玩具，都有其特別的設計及既定功能，更依個別的使用情形，對兒童的成長過程，發生預期的教育效果。例如小女生玩洋娃娃時，會產生做母親或做姐姐的心情，並自然地對洋娃娃流露出愛的情感；當小男生在玩刀槍玩具時，會覺得自己像是英雄；而當小朋友組合成一棟房子時，會在心裡產生一股成就感。

(一)適性玩具的選擇

玩具的功能在於嬰幼兒在玩的過程中，不僅可促進粗大動作與精細動作的發展、手眼協調，亦可開發智力潛能，並能輔助照顧者與幼兒進行互動，甚至給孩子在照顧者忙碌時有陪伴物的安全感（**表6-3**、**表6-4**）。

表6-3　好的玩具應具備的功能

1	要能發展孩子的基本動作能力
2	要能滿足孩子操作、表現的慾望
3	要能提供孩子收集資料、解決問題的機會
4	要能讓孩子感覺學習是一件快樂的事
5	要能引發並培養孩子的好奇心
6	要能讓孩子從參與中獲得愉快和成就感
7	要能幫助孩子用語言表達意思
8	發洩情緒，讓他對生存的環境有更深刻的瞭解

表6-4 好的玩具應具備的要件

1.安全性	3.靈活性	13.簡單化
(1)沒有尖銳的稜角	4.經濟性	14.歷史性
(2)零件不應太小	5.清潔性	15.科學性
(3)聲音不應太尖銳	6.美觀性	16.機動性
(4)質料不易碎裂	7.創造性	17.國際性
(5)應使用符合安全標準的塗料	8.挑戰性	18.益智性
(6)不應有會夾到手或頭髮的接頭或夾縫	9.參與性	19.環保性
(7)電器品要有安全標誌	10.多樣性	20.沒有年齡、性別的限制
(8)要有安全指導手冊	11.生活化	
2.堅固性	12.教育性	

配合孩子各階段發展提供適合的玩具，的確好處多多，不過考量到年幼的孩子不具自我保護能力，任何孩子會接觸的物品都應以「安全」爲第一優先。總的來說，好的玩具應該標明製造這個玩具的理論基礎，以及製造者所期望達成的目標，與這個玩具適合的年齡階層，因爲完整的商品標示應包含（**圖6-2**）：

1.製造商名稱及聯絡方式。
2.進口商／代理商名稱及聯絡方式。
3.玩具使用方法與說明。
4.適用年齡。

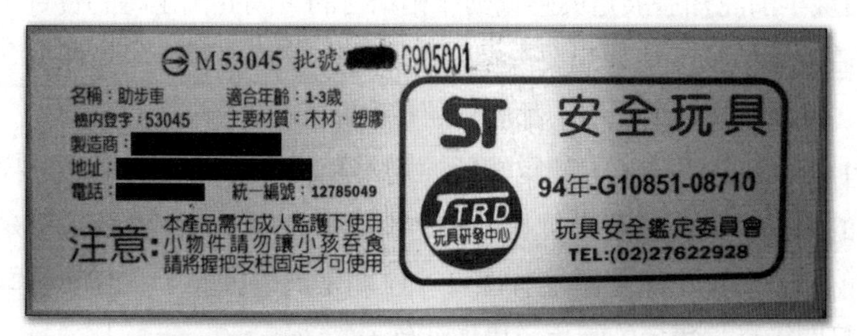

圖6-2 幼兒玩具應考量其安全性，須有ST標誌及完整的商品標示

圖片來源：郵政商城。

(二)適性玩具的應用

遊戲可以說是嬰幼兒生活的全部，他們從遊戲中學習了一切在日常生活中所需的技能，以下依嬰幼兒各個發展特性爲讀者解說適合其應用的玩具。

◆運動

家有學步期的寶寶，媽咪可爲其選擇可推的小車車，或是矮而重的凳子、椅子，訓練他的大小肌肉。1、2歲左右的幼兒，因爲喜歡鑽來鑽去與攀爬，會在空間裡隨意變化、活動，適合讓他騎乘搖馬或搖椅；3、4歲的孩子，則可帶他到戶外跑跑跳跳，或玩盪鞦韆與溜滑梯。

◆語文

愈小的孩子，其語言能力愈不夠，要給予圖卡較多的書籍，當他語言發展更好的時候，再給他看些繪本、視聽器材或是錄音帶。家長應視孩子的語言能力發展與否，選擇合適的語言教材與玩具。而最普遍的文字書籍包括洗澡書、塑膠書、觸摸書等，爸比媽咪不妨多給他一些不同材質的書，刺激他的各項發展。

◆認知

1歲半前認知發展是與感覺動作相結合的，因此出生時的寶寶，在其上方置放懸掛物，他會想要去握、抓，而當寶寶會翻身、想伸手拿、推東西，或是被事物所吸引，都屬於認知發展的範疇。

1歲半以上的孩子，其認知能力通常和語言有關，所以可選擇一些簡單的因果、邏輯推理之玩具，像是投進去會掉下來的東西，或是有助思考的圖書，如老虎喜歡吃什麼？一拉開是肉的圖案，或貓咪喜歡吃什麼？打開後是一隻魚的圖片，以加深孩子的認知。

另外，家長也可以買拼圖給他玩，但是記得拼圖的購買原則，是由

少片到多片、由大片進階為小片。

◆社會互動

1歲半至2歲前的幼兒，需要和照顧者有固定的互動，以形成依附關係，但2歲後的孩子，就開始慢慢需要一些同儕。這是因為大一點的孩子，其社會互動是建立在動作和語言的基礎上，小小孩這些能力皆未臻成熟之故。因此家長可為大孩子選擇具互動性質的玩具，像是扮家家酒、球類等等。

◆情緒

對小小孩來說，照顧者的陪伴很重要，當照顧者的陪伴不夠時，孩子可能會將情緒轉而依賴在較柔軟的填充娃娃、毛毯、棉被上，有些小孩在長大以後會特別依賴某個東西，這很有可能是因為小時候媽咪不習慣陪他入睡，怕孩子太過黏人，導致他長大以後仍依賴當時陪他入睡的娃娃。會形成這樣的習慣，基本上都與小時候缺少父母的陪伴有關。

不過家長也不用過於憂心，柔軟材質的玩具對孩子來說，是很重要的，尤其是2、3歲以後的孩童，他們需要可以擁抱的玩具，讓他有機會和玩具說說話、撒撒嬌，做他的好朋友。

◆視覺與聽覺

幫助視覺發展的玩具像是樂高、著色、剪紙、迷宮、因果關係操作類的玩具等等。家中如有嬰幼兒，應多讓他接觸不同顏色、遠近的玩具與物品，這有助他慢慢發展出視覺追蹤、注視。要注意的是，儘量不要用電視來增加孩子的視覺與語文能力。

此外，小小孩的聽覺處於敏感吸收期，家長可在環境中，多放些柔和的音樂給他聽，並帶他傾聽大自然中的各種風聲、雨聲，再透過語言和他解釋這些聲音。

參考書目

一、中文部分

內政部兒童局（2009）。「保母實務手冊」，http://www.cbi.gov.tw/cbi_2/internet/text/doc/doc_detail.aspx?uid=54&docid=1640。台北：內政部兒童局發行。

方旭彬（2008）。「如何讓新生兒作息正常」，http://www.uho.com.tw/sex.asp?aid=4433，檢索日期：2013年9月1日。

朱智賢主編（1989）。《心理學大辭典》。北京：北京師範大學。

吳幸玲、郭靜晃譯（2003）。《兒童遊戲：遊戲發展的理論與實務》（第二版）。台北：揚智文化。

馬慶強（1996）。〈發展心理學〉。收錄在高尚仁主編《心理學新論》。台北：揚智文化。

郭靜晃（2009）。《親職教育：理論與實務》（第二版）。台北：揚智文化。

郭靜晃、吳幸玲譯（1994）。《發展心理學：心理社會理論與實務》。台北：揚智文化。

郭靜晃、黃惠如（2001）。《托育家庭的管理與佈置》。台北：揚智文化。

陳美如（2004）。〈淺談家庭教育與社會資源整合〉。《網路社會學通訊期刊》，40，http://www.nhu.edu.tw/~society/e-j/40/40-27.htm。

婦幼家庭出版社（2002）。《婦幼年鑑》。台北：婦幼家庭出版社。

黃天枝編著（2001）。「室內設計本位訓練教材：兒童房空間規劃」。行政院勞工委員會職業訓練局研製，中華民國職業訓練研究發展中心主辦。

黃志成（1999）。《幼兒保育概論》。台北：揚智文化。

黃志成、王淑芬（1995）。《幼兒的發展與輔導》。台北：揚智文化。

黃德祥（1995）。《青少年發展與輔導》。台北：五南圖書公司。

張春興（1991）。《張氏心理學辭典》（第二版）。台北：東華書局。

張春興（1992）。《現代心理學》。台北：東華書局。

楊曉苓、段慧瑩（2007）。〈0-2歲嬰幼兒適性發展學習活動綱要之研究〉。國立台北護理學院，內政部兒童局委託研究。

盧素碧（1993）。《幼兒的發展與輔導》。台北：文景書局。

蔡雅鈴（2005）。〈從初任父母之家庭談家庭資源及社會支持之運用〉。《網路社會學通訊期刊》，49，http://www.nhu.edu.tw/~society/e-j/49/49-66.htm。

二、英文部分

Anderson, J. E. (1960). Behavior and personality. In E. Ginsberg (Ed.), *The Nation's Children: Development and Education*. NY: Columbia.

Erikson, E. H. (1963). *Childhood and Society* (2nd ed.). NY: Norton.

Gesell, A. (1952). Developmental pediatrics. *Nervous Child, 9,* 225-227.

Goethals, G. R., & Frost, M. (1978). Value change and the recall of earlier values. *Bulletin of the Psychonomic Society, 11*, 73-74.

Hurlock, E. B. (1968). *Developmental Psychology* (3rd ed.). NY: McGraw-Hill.

Hurlock, E. B. (1978). *Child Development* (6th ed.). NY: McGraw-Hill.

Meredith, H. V. (1975). Somatic changes during human prenatal life. *Child Development, 46*, 603-610.

三、網站

台北市資優教育資源中心。http://trcgt.ck.tp.edu.tw/

CHAPTER 7

嬰幼兒健康照護

- 嬰幼兒的營養與膳食設計
- 嬰幼兒的常見疾病與預防
- 嬰幼兒的預防接種與用藥常識
- 照護安全與急救
- 照護傷害的預防

世界衛生組織（WHO）於其組織法中宣告：「健康不僅爲疾病或羸弱之消除，而係體格、精神與社會之完全健康狀態。……兒童之健全發育，實屬基要。使能於演變不息之整個環境中融洽生活，對兒童之健全發展實爲至要。」並於第2條第十二項重申：「促進產婦與兒童之衛生與福利，謀其能於演變不息之整個環境中融洽生活，蓋此對兒童之健全發育，至爲重要。」（台灣世界衛生組織研究中心，2008）並將健康定義爲：「達到身體、心理及社會的完全和樂（well-being）狀態。」訴求的不只是無病無恙，尙強調享有可獲得的健康最高水準是一項基本人權（李義川，2012）。嬰幼兒健康照護共18小時，其課程內容包括嬰幼兒的營養與膳食設計、嬰幼兒的常見疾病、預防接種與用藥常識、照顧病童的技巧、事故傷害的預防與急救處理。

第一節　嬰幼兒的營養與膳食設計

一般新生兒是指剛出生至一個月之後之嬰兒；嬰兒是指1歲以下（也有認爲2歲以下都算）；幼兒一般是指6歲以下，當然也有人認爲小學三年級以下均屬幼兒；而聯合國的「兒童權利公約」則將兒童定義爲：「除非締約國的法律另有訂明外，兒童是指年齡18歲以下的每一個人」。本節爲讀者談談嬰幼兒的營養與膳食設計，除了配方奶之外，亦爲讀者談談青少年的飲食需求。

一、兒童的營養評估

嬰幼兒營養評估是爲了評估嬰兒、兒童或青少年目前的營養狀況，在確定個人營養狀況、使用醫療、營養及藥物食用病史、身體檢查、體位測量及抽血檢驗數據後，設計出對其有利生長與發育的營養照護計畫，作爲營養照護的部分過程，並依據孩童的需要或狀況完成與即時更新。

(一)兒童營養評估之根據

在評估兒童營養時可以兒童出生時之身高、體重爲基準，依據身高、體重之常模發展曲線，確認兒童的發展是否在正常範圍內；此外，也可根據下面的方式進行評估：

1.觀察兒童的身體外觀：可由測量手臂的皮下脂肪厚度來得知。
2.觀察兒童的一般徵象：如皮膚是否光滑、排泄是否正常、精力是否充沛、睡眠是否良好、進食情況（質與量）是否良好等。
3.以理學檢查的資料來評估：如測量血紅素、骨骼的X光攝影，此項目爲醫師團隊認爲有必要時才做。而一般的血紅素值（gm/dl）的評估爲：
(1)新生兒（1～3天）：14.5～22.5 gm/dl。
(2)嬰兒（2個月）：9.0～14.0 gm/dl。
(3)兒童（6～12歲）：11.5～15.5 gm/dl。
(4)青少年，男：13.0～16.0 gm/dl；女：12.0～16.0 gm/dl。

(二)兒童營養是否均衡之觀察方向

營養評估的內容應正確，可以視爲是一種持續的監護過程，以瞭解兒童及其家庭環境的營養狀況。兒童是否有營養不均衡的一般常見的觀察方向有：

1.水分攝取過少時會有口渴現象，嬰兒的前囟門會凹陷、脫水。
2.水分攝取過多時會有腹部不適、頭痛、水中毒、水腫。
3.蛋白質攝取過少會有疲乏倦怠、腹水、血清蛋白減少、消瘦症

（Marasmus）。

4.醣類攝取過多，會有體重過重現象。

5.脂肪攝取過多，會有體重過重、腹痛、高血壓、動脈硬化症。

6.脂肪過少則有體重過輕、皮膚改變等徵象。

如上所述，評估兒童營養不良的方式，多爲飲食史調查及外觀檢查，如毛髮是否容易脫落、評估體重、身高、頭圍、成長率、手臂長短、皮膚皮褶厚度與生化檢驗值（抽血檢查）等等，一旦發現兒童營養不均衡時便應供給兒童適當的營養。

二、適當又均衡的營養供給

營養不良係指食物供應不足或不恰當，可能是照護者疏忽照顧兒童或濫用食物，故針對營養不良，應提早預防及早期發現，以家庭爲中心，改善及解決所有可能影響幼兒的不利因素。以下針對每人每天所需的六大營養素（**圖7-1**）及熱量進行說明。

(一)熱量

一般來說，嬰兒所需的熱量爲每公斤體重100～120大卡，年紀愈小者，所需要的量愈高。以體重爲單位來計算，嬰兒的熱量需求約爲成人的3～5倍（成人25～30大卡／公斤體重；嬰幼兒75～120大卡／公斤體重）。而每人每天所需要的熱量，等於其基礎代謝率（BMR），加上食物的特殊動力作用及體力活動所需的熱量；也就是指每人每天基本的能量需求。

對熱量的需要量不同的年齡層需求量不同，不同的身高體重需求量亦不同，例如：(1)1歲以內的嬰兒每日每公斤需要的熱量約爲110～120大卡（Kcal）；(2)1歲的兒童，體重約爲10公斤，每日需1,200～1,300大卡；(3)2歲以下的兒童每日需要量大約110大卡／每公斤體重等等。而且

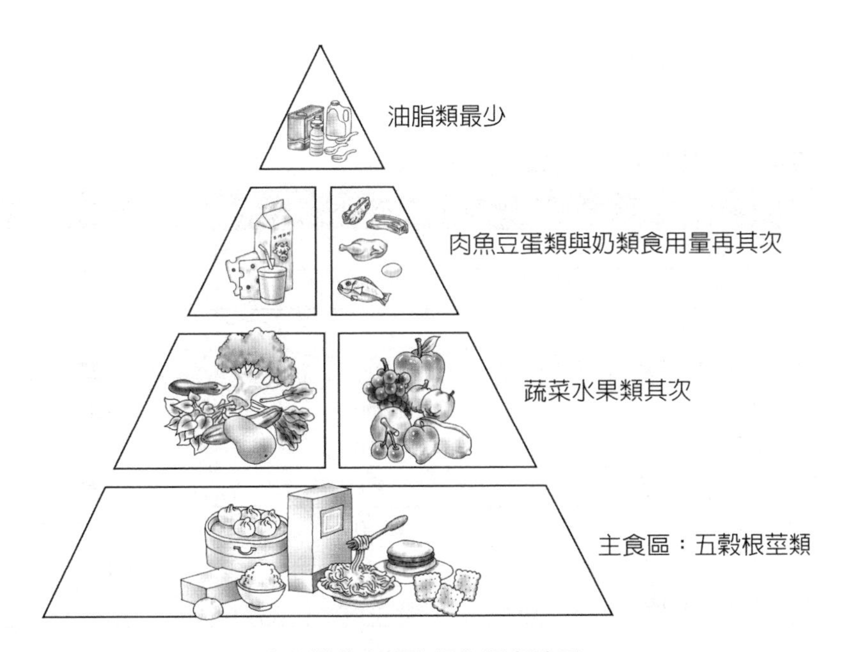

圖7-1　六大營養素應吃得均衡與適量

資料來源：國民健康局兒童營養金字塔，黃建中繪製。

若是發燒或有消化障礙時，則基礎需要量會增加，活動量大時其代謝作用亦會增加。至於該如何計算自己的基礎代謝率呢？

基礎代謝率（BMR）是指：我們在安靜狀態下（通常為靜臥狀態）消耗的最低熱量，人的其他活動都建立在這個基礎上。那麼，如何計算自己的基礎代謝率呢？美國運動醫學協會提供了以下一個公式（行政院衛生署）：

BMR（男）＝〔13.7×體重（公斤）〕＋〔5.0×身高（公分）〕－（6.8×年齡）＋66

BMR（女）＝〔9.6×體重（公斤）〕＋〔1.8×身高（公分）〕－（4.7×年齡）＋655

表7-1是各年齡層的兒童對熱量的需求量。

表7-1　臺灣嬰幼兒及兒童的熱量需求

營養素	熱量	
單位／年齡	大卡（kcal）	
0～6個月	100／公斤	
7～12個月	90／公斤	
1～3歲	男	女
（稍低）	1,150	1,150
（適度）	1,350	1,350
4～6歲	男	女
（稍低）	1,550	1,400
（適度）	1,800	1,650
7～9歲	男	女
（適度）	1,800	1,650
（稍低）	2,100	1,900
10～12歲	男	女
（稍低）	2,050	1,950
（適度）	2,350	2,250
13～15歲	男	女
（稍低）	2,400	2,050
（適度）	2,800	2,350
16～18歲	男	女
（低）	2,150	1,650
（稍低）	2,500	1,900
（適度）	2,900	2,250
（高）	3,350	2,550

註：年齡以足歲計。

資料來源：李義川（2012）。《嬰幼兒膳食與營養》。台北：揚智文化，頁118。

(二)六大營養素

◆蛋白質

1.蛋白質是人體胺基酸（amino acid）的來源，參與生長及組織的修復，提供離子以維持酸鹼平衡，組成生命必需的新陳代謝群，且產生能量。

2.蛋白質的主要來源爲：奶類、肉類、魚類、穀類、乳酪及豆類。

◆脂肪

1.脂肪是身體組織的基本成分，約占20～30%的能量來源，同時，也是儲藏能量的所在。

2.脂肪主要靠胰臟分泌的解脂酶（lipase）將其水解，脂肪酸與膽汁鹽結合，在迴腸吸收。

◆醣類

醣類是能量的主要來源，占58～68%，而且是抗體的製造及細胞結構中不可或缺的成分。

◆水

1.水是食物中最主要的成分，參與了代謝物質的輸送、體溫的調節、電解質的平衡及許多細胞的功能。

2.嬰兒平均每天的需要量約爲體重的15%，而較大的孩童僅需5%，一般嬰兒的總液體攝取量每公斤體重約125～150cc.。

◆礦物質

1.礦物質可維持細胞和體液間的穩定交換，食物的消化和塡補排出的無機鹽類，都需要有足夠的礦物質。
2.主要的礦物質爲：鈉、鉀、鈣、鎂、磷、硫、鐵以及一些微量元素。
3.正常嬰兒體內儲存的鐵質約維持三至四個月。因此，三個月時是生理性貧血的階段，必須補充鐵質。

◆維生素

1.維生素是許多代謝過程中的基本成分。
2.無論母奶或嬰兒配方奶粉中均含有維生素。
3.嬰兒出生時，宜給予維生素K 1mg以預防出血。

三、嬰幼兒各發展階段的營養需求與重要性

(一)嬰兒期

嬰兒期是指從出生到滿十二個月的時期，其特性是生長及代謝速度都很快，因此需要適時的補充營養，以供成長之所需（**表7-2**）。

◆嬰兒期的營養需求

嬰兒期的發展對營養的需求因爲生長速度比其他時期高出許多的原因，而特別需要補充優良和品質高的營養素，以發展體內的新組織。例如爲讓各個器官更加發育完全，蛋白質是非常關鍵的營養、鈣質對於骨骼成長也相當重要、而熱量的補充更是要充分，以滿足身體所需的能量和機能之需求。

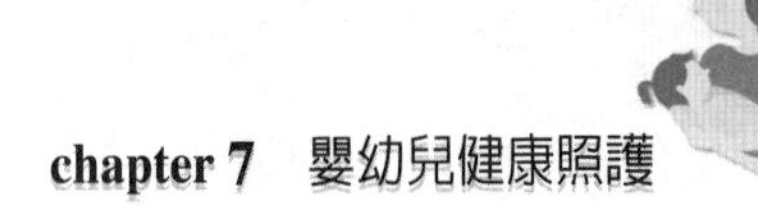

表7-2 嬰兒每天飲食建議表（衛生福利部）

項目 年齡	母奶餵養次數／天	牛奶餵養次數／天	沖泡牛奶量／天	奶熱量占1天嬰兒需總熱量百分比	水果類	蔬菜類	五穀類	蛋豆魚肉肝類
					主要營養素 維生素A 維生素C 水分 纖維素	維生素A 維生素C 礦物質 纖維素	醣類 蛋白質 維生素B	蛋白質、脂肪 鐵質、鈣質 複合維生素B 維生素A
1個月	7	7	90～140cc.	100%				
2個月	6	6	110～160cc.					
3個月	6	5						
4個月	5	5	170～200cc.	90～80%	果汁1～2湯匙	青菜湯1～2湯匙	麥糊或米糊3/4～1碗	
5個月								
6個月								
7個月	4	4	200～250cc.	70～50%	果汁或果泥1～2湯匙	青菜湯或青菜泥1～2湯匙	稀飯、麵條或麵線1.25～2碗 吐司麵包2.5～4片 饅頭2/3～1個 米糊、麥糊2.5～4碗	蛋黃泥2～3個 豆腐1～1.5個四方塊 豆漿1～1.5杯（240～360cc.） 魚、肉、肝泥1～1.5兩 魚鬆、肉鬆0.5～0.6兩
8個月								
9個月								
10個月	3	3	200～250cc.	70～50%	果汁或果泥2～4湯匙	剁碎蔬菜2～4湯匙	稀飯、麵條、麵線2～3碗 乾飯1.5碗 吐司麵包4～6片 饅頭1～1.5個 米糊、麵糊4～6碗	蒸全蛋1.5～2個 豆腐1.5～2個四方塊 豆漿1.5～2杯（240～360cc.） 魚、肉肝泥1～2兩 魚鬆、肉鬆0.6～0.8兩
11個月	2	3						
12個月	1	2						

（續）表7-2　嬰兒每天飲食建議表（衛生福利部）

項目 年齡	母奶餵養次數／天	牛奶餵養次數／天	沖泡牛奶量／天	奶熱量占1天嬰兒需總熱量百分比	水果類	蔬菜類	五穀類	蛋豆魚肉肝類
					主要營養素 維生素A 維生素C 水分 纖維素	維生素A 維生素C 礦物質 纖維素	醣類 蛋白質 維生素B	蛋白質、脂肪 鐵質、鈣質 複合維生素B 維生素A
1～2歲	-	2	250cc.	30%	果汁或果泥4～6湯匙	剁碎蔬菜2～4湯匙	稀飯、麵條、麵線3～5碗 乾飯1.5～2.5碗 吐司麵包6～10片 饅頭1.5～2.5個	蒸全蛋2個 豆腐2個四方塊 豆漿2杯（480cc.） 魚、肉肝泥2兩 魚鬆、肉鬆0.8兩

備註：1.稱量換算：

(1)1茶匙＝5cc.；(2)1湯匙＝15cc.；(3)1杯＝240cc.＝16湯匙；(4)1台斤＝600公克；(5)1市斤＝500公克；(6)1公斤＝1,000公克＝2.2磅；(7)1兩＝37.5公克；(8)1磅＝16盎司＝454公克；(9)1盎司牛奶＝30cc.

2.注意事項：

(1)表內所列餵養母奶或嬰兒配方食品次數，係指完全以母奶或嬰兒配方食品餵養者，若母乳不足加餵嬰兒配方食品時，應適當安排餵養次數。
(2)水果應選擇橘子、柳丁、番茄、蘋果、 香蕉、木瓜等皮殼較容易處理，且農藥汙染及病原感染機會較少者。
(3)蛋、魚、肉、肝要新鮮且煮熟，以避免發生感染及引起過敏現象。
(4)每一種新添加食物開始時少量，後再增加其量、濃度及種類，並且以多類食物輪流餵食。
(5)食器的消毒及食物的保存應嚴加注意。
(6)製作副食品應以自然食物為主，儘量不添加調味品。
(7)沖泡奶粉應依照各廠牌奶粉指示沖泡，餵食嬰兒副食品時，每日可由各類建議食物中任選一種輪流餵食。
(8)早產兒及嬰兒有任何飲食問題，可請教醫護人員。

資料來源：行政院衛生署（2008）。

由於嬰兒期有許多體內構造未發育完全，所以在消化及排泄方面受到限制，不應食用太營養的食品給他，如果過多的補充，超過了寶寶所能代謝的能量，將導致消化不易，也會造成相關器官不必要的負擔，各方面的疾病和變異危險程度將會提高。以下舉嬰兒期對鐵質的需求（**表**

7-3）加以說明：

1.四個月大的嬰兒體內的鐵質含量下降：因嬰兒急速成長，血液量增加，血紅素降低所致。

2.嬰兒期鐵値的建議攝取量：

(1)零至五個月建議鐵質的攝取量：7 mg/day。

(2)六至十二個月建議鐵質的攝取量：10 mg/day。

3.應適時的添加含鐵質的食物：如添加鐵質的穀類、肉泥、豬肝粥。

◆嬰兒期的母乳供給

嬰兒從出生至三個月之生理機能尚未發育完全，僅能吃母乳或嬰兒配方奶。尤其母乳是嬰兒最理想的食品。母乳的營養成分最適合嬰兒的需要，所含的過敏性物質也最低，所以能預防或延緩嬰兒發生過敏症狀與疾病。至於母乳何以優於配方奶：

表7-3　各年齡層鐵質建議攝取量

嬰兒			兒童		
年齡	男性	女性	年齡	男性	女性
0月～	7	7	1歲～	10	10
3月～	7	7	4歲～	10	10
6月～	10	10	7歲～	10	10
9月～	10	10	10歲～	15	15
青少年			成年及老年		
年齡	男性	女性	年齡	男性	女性
13歲～	15	15	19歲～	10	15
16歲～	15	15	31歲～	10	15
特殊狀況			51歲～	10	10
		哺乳＋30	71歲～	10	10

資料來源：衛生署「國人膳食營養素參考攝取量」第六版（2003）。

1.母乳含有免疫球蛋白及抗體，是配方奶所無法製造出來的。

2.餵食母乳較少發生過敏。

3.母乳中的營養素較好吸收，例如：

(1)醣類：母乳中含有利於乳酸菌成長的β型乳糖。

(2)脂肪：母乳中含有脂肪酶有助於消化吸收。

(3)蛋白質：配方奶中的蛋白質雖然含量較高（依規定在1.2～3%之間，但一般都在1.5%左右），雖然母乳只有約1%的蛋白質，但品質好，又容易消化吸收。

而且母乳尚有這些好處：

1.最營養，也最合乎嬰兒的需要。

2.最安全、最衛生，也最經濟。

3.可增加嬰兒對疾病的抵抗力。

4.可促進嬰兒心理健全的發展。

5.餵嬰兒吃母乳對母親可幫助母親產後子宮的收縮，也可延長母親產後無月經的期間，據統計也有可能會減少罹患乳癌的機率。

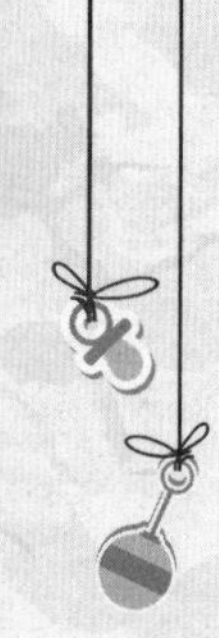

母乳存放時的「333原則」

台灣母乳協會建議母乳在存放時必須把握「333原則」，即室溫3小時、冷藏室3天、獨立冷凍室3個月；母乳在取出加溫時必須掌握下列原則：

1.冷藏的奶水可直接置於室溫下回溫，回溫後輕搖使脂肪混合均勻即可使用；或是置於放有溫水的容器中（水溫須低於60度），水位不可超過奶瓶蓋或母奶袋封口，以避免汙染。

2.使用溫奶器溫奶時，將溫度定在最低溫即可。

3.冷凍的奶水可於前一夜先行取出置於冷藏室，解凍後再隔水溫熱給寶寶吃。

4.不論是冷藏或是冷凍的奶水均不可使用微波爐加熱，除了有熱點不均勻的問題外，重點是微波加熱會破壞母奶內的活細胞與抗體，請勿使用。

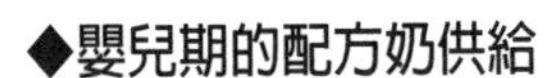

◆嬰兒期的配方奶供給

母親在餵食後如果乳房變軟，寶寶也睡得好、身高體重發展良好，就表示母親的奶量是足夠的；反之則是不足，此時就必須補充配方奶，特殊嬰兒配方奶有：

1.水解蛋白配方：適用於過敏體質、腹瀉、異位性皮膚炎者。
2.免敏奶粉：又可稱爲黃豆配方奶粉，適用於牛奶蛋白過敏、素食、腹瀉、乳糖不耐症者。
3.無乳糖配方（即止瀉奶粉）：適用於腹瀉、腸胃炎者。
4.早產兒奶粉：適用於早產兒。

一般來說，全奶奶粉（67 kcal/100 ml）是1大匙泡60cc.的水，1小匙泡30cc.的水；半奶奶粉（33.5 kcal/100 ml）是1大匙泡120cc.的水，1小匙泡60cc.的水。

寶寶到底喝飽了沒有？

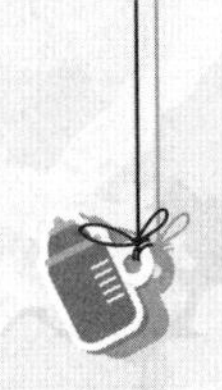

餵食量的供給說明：

1.新生兒胃容量小，每三至四小時餵食一次，每次90～120cc.。
2.二個月後的嬰兒，可以減少半夜一次，每天餵食五次，每次120～150cc.。
3.每日建議攝取量約為每公斤體重120～150cc.。

◆斷奶與副食品供給

斷奶是指嬰兒漸漸成長，逐漸放棄哺餵母奶或牛奶，而改用其他食物餵食的一種過程。斷奶是一種漸進式的過程，主要照顧者應於：(1)嬰兒五至六個月大時逐漸開始斷奶，1歲時宜完成；(2)母奶量不足時；(3)母親的健康狀況不佳時開始斷奶。在斷奶期間通常會採用兩種方式的改

變來進行：

1.餵食方式的改變：由哺餵母乳或牛奶改變爲採用進食的方式，如用湯匙進食食物。

2.餵食型態的改變：由流質、半流質直至固體食物。

在嬰幼兒由流質、半流質直至固體食物的過程裡會搭配副食品，副食品的介入是扮演著爲了將來能攝取更均衡、更多樣營養素的準備期，也可說是爲斷奶作準備。喝奶與吃固體食物的口腔動作不同，所以吃副食品也是成長或發育的一種功能指標。

國民健康局依世界衛生組織的建議，建議新生嬰兒應持續哺餵母乳至六個月，六個月之後才開始介入副食品；國內兒科醫學會則經過專家會議後提出建議，四至六個月的嬰兒可以開始介入副食品。其實，副食品的介入時機攸關乎嬰兒的發展，而人非機器，每個嬰兒的發展腳步不一，有快有慢，並非固定在某個時間點。而且副食品的餵食多採抱坐姿，所以需要頸部、軀幹的控制力出現，也就是手能夠想要去搆物、對他人的食物要有興趣。

綜觀此需求，四至六個月的確是可發展到介入副食品的階段。至於何時開始呢？

1.奶水無法滿足嬰兒的營養需求（補充母奶不足的營養）。

2.寶寶已有吞嚥能力，不會將食物吐出。

3.消化系統逐漸發育成熟，不會發生過敏現象。

4.訓練寶寶吞嚥及咀嚼食物的能力。

除了上述所言的訓練寶寶的咀嚼及吞嚥能力外，目的是爲了讓嬰兒獲得均衡的營養，滿足成長中的營養需求，或是爲了培養與父母共進餐點，嘗試新食品，訓練使用餐具，而逐漸適應成人的食物及飲食模式；

而且，如果嬰兒有便祕或反胃的狀況，副食品的食用將會獲得改善。最後，食用副食品也能減少缺乏營養和肥胖症狀（如虛胖）的發生。

專欄7-1 餵食副食品的原則

1.怎麼開始？

(1)什麼時候可以餵寶寶呢？

(2)寶寶可以吃什麼呢？還有，可以吃多少呢？

(3)寶寶的食具要怎麼選擇呢？

(4)副食品要怎麼做呢？（這在後面會為讀者說明）

2.怎麼吃？

(1)於飢餓時開始餵食，而且一次只試一種新食物。

(2)以米糊開始，且由少量開始，然後濃度由稀漸稠。

(3)以自然食物為主，選擇新鮮蔬果製作湯汁。

(4)不要用奶瓶餵食，用湯匙餵食。

(5)將食物分開給予，吃完副食品，才給寶寶喝牛奶。

(6)不要強迫餵食。

(7)注意寶寶的腸胃及皮膚狀況。

3.可以吃什麼？

(1)主食類：如稀飯、燕麥片、地瓜泥、馬鈴薯泥、麵條、米飯等。

(2)水果類：如蘋果、香蕉、木瓜、葡萄、西瓜等。

(3)蔬菜類：如紅蘿蔔、綠葉蔬菜、高麗菜、海帶等，或是絲瓜、大小黃瓜等。

(4)豆類：如豆腐、豆漿、黃豆、毛豆等。

(5)肉類：如鱈魚、鯛魚、鱸魚、鮭魚、雞肉、豬肉等。

4.食具怎麼選？

(1)寶寶需有專屬的食具。

(2)可以準備三套：一套餵食用，一套是寶寶自己使用，另一套備用。

(3)同樣款式的湯匙，可以多準備幾支。

(4)食具器材的選擇：材質須不易摔破、顏色不能掉漆、形狀不能有尖銳端以免刺傷寶寶、大小是寶寶剛好可以抓握的。

5.副食品的添加順序：

流質（如果汁）→半流質（如米糊）→半固體（如果泥）→固體（如水果）

餵食後記得觀察寶寶的食後反應，例如：寶寶是不是可以順利吞下去？寶寶有沒有拉肚子或是便祕？寶寶皮膚有沒有出現紅疹子？

由身高、體重、頭圍等可以測知寶寶的發育情況是否良好，如出生四個月時體重應爲出生時的2倍、1歲時的體重應爲出生時的3倍等；此外，亦可由生長曲線圖判斷發育情形，只要在第10至第90百分位者均爲正常。

(二)幼兒期

幼兒期是滿週歲至6歲的小孩稱之。幼兒期是腦部發育、智力發展最重要階段，此爲此時期最大的特性；此外，幼兒期的孩子生長發育速度較嬰兒期減慢，但較其他年齡組的孩子還是快，消化能力比嬰兒期增強。因爲1歲後的絕大部分孩子已斷奶，乳牙逐漸增多，飲食已可多變化。

◆幼兒期的營養供給

1歲以後孩子進入幼兒期，每日的營養素應平均分配於三餐；點心可用以補充營養素及熱量，食物的質應優於量。行政院衛生署公布的1歲以後的幼兒期營養供給原則如下（**表7-4**、**表7-5**）：

表7-4　1～3歲幼兒每日飲食指南

食物種類	分量
五穀（米飯）	1～1.5碗
蔬菜（深綠色或深黃紅色）	1兩
其他	1兩
水果	1/3～1個
奶（牛奶）	2杯
蛋	1個
豆類（豆腐）	1/3塊
魚	1/3兩
肉	1/3兩
油脂	1湯匙

資料來源：取自行政院衛生署（2013）。

表7-5　4～6歲幼兒每日飲食指南

食物種類	分量
五穀（米飯）	1～1.5碗
蔬菜（深綠色或深黃紅色）	1兩
其他	1兩
水果	1/3～1個
奶（牛奶）	2杯
蛋	1個
豆類（豆腐）	1/3塊
魚	1/3兩
肉	1/3兩
油脂	1湯匙

資料來源：取自行政院衛生署（2013）。

1.均衡飲食是促進幼兒成長、維持健康的基本要素。

2.從天然食物中均衡攝取各種營養素，是增強抵抗力最理想的方式。

3.每日所需的營養應平均來自於三餐，食物的豐富性與營養成分更勝於量。

4.幼兒需要均衡、豐富的營養以維持成長所需，所以不太適合吃全素，頂多吃奶蛋素，但要特別注意食物間的搭配。

◆幼兒的點心供給

幼兒消化系統尚未發育成熟，三餐外可供應一至兩次的點心，補充營養素和熱量。點心宜安排在飯前兩小時供給，分量以不影響正常食慾爲原則：

1.點心的材料最好選擇季節性的蔬菜、水果、牛奶、蛋、豆漿、豆花、麵包、麵類、三明治、馬鈴薯、甘薯等。

2.選擇新鮮、良質、經濟的食物。

3.色彩及形狀宜多變化，以促進食慾。

4.應逐漸增加供應量和次數。

◆養成良好的飲食習慣

幼兒期的兒童喜歡食物有不同的變化，可準備顏色或形狀不同的食物，以增加其食慾是很重要的；此外，餵食時要有耐心；讓幼兒養成良好的飲食習慣，以避免偏食的情形產生：

1.幼兒應養成定時、定量、不偏食、不亂吃零食。

2.飯前洗手、飯後刷牙漱口。

3.愛惜食物、不浪費。

4.以快樂和感謝的態度來接受食物。

5.進餐時應細嚼慢嚥。

6.不邊吃邊說話。

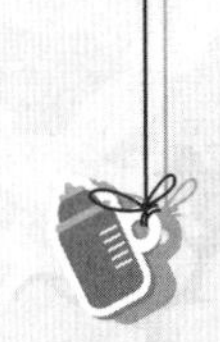

幼兒偏食的對策

1.調整幼兒的生活習慣。
2.廣泛地給予任何種類食物。
3.多變化菜單內容，並可利用野餐或飯盒方式供餐。
4.增加戶外活動。
5.減少零食的給予，用鼓勵勸導方式來使幼兒進食。
6.改善進食的環境與氣氛。

(三)學齡前期

學齡前期是指3～6歲的兒童，並稱之爲學齡前期兒童（**表7-6**）。學齡前期的特性是：

1.營養熱量需求爲85～90 kcal/kg。
2.此期的兒童對於食物有濃厚的好奇心。
3.此期的兒童身高發育較快，因此鐵、鈣、磷的需求量仍高，飲食仍應均衡。

(四)學齡期

學齡期是指7～12歲之間的兒童，稱之爲學齡兒童。此時期的生長速率、心智及行爲的發展相當穩定，但因爲國人飲食型態西式化（如漢堡、炸雞、可樂、紅茶等），結果造成鐵質攝取受阻，貧血的發生率提高。

學齡期孩童對鐵質需求的重要性如下：

1.鐵質是孩童生長及腦部發展所需的營養素：
(1)鐵質參與神經傳遞物質（neurotransmitters）製造。

表7-6　小朋友每日飲食建議攝取量

類別＼年齡	4～6歲	6～9歲	10～12歲	說明
奶類	2杯	2杯	2杯	一天至少2杯（每杯約240cc.）牛奶，也可用豆漿代替，以供給蛋白質、維生素B_2、鈣質。
蛋類	1份	2～3份	3份	1.均含有豐富蛋白質、維生素B群、鈣質等營養素。 2.1份=蛋1個=豆腐1塊=豆漿1杯=魚1兩=草蝦1尾=蛤蜊（中）20個=肉1兩=肉鬆2湯匙。 3.每份可獲得75大卡熱量。
豆類	1/2份			
魚類	1/2份			
肉類	1/2份			
五穀根莖類	1.5～2碗	3碗	4碗	供給熱量主要來源，乾飯、稀飯、麵條、土司及饅頭皆可為主食，2片土司或1碗稀飯或半個饅頭就相當於半碗飯的熱量；紅豆、蓮子、地瓜、玉米粒、馬鈴薯、小餐包等可當點心。
油脂類	1.5湯匙	2湯匙	2湯匙	烹調用油方面建議選擇植物油，如葵花油、橄欖油等。
深綠色或深黃紅色蔬菜類	1.5兩	1碟	1碟	蔬菜可提供維生素、礦物質及纖維質，至少需有一半來自於深綠色及深黃紅色蔬菜，因為其所含的維生素A、C與鐵質都比淺色蔬菜高。多數小孩因為蔬菜的纖維與特殊味道而比較不喜歡吃，父母需多花點心思料理，或者做一些形狀上變化來轉移孩子的注意力。1碟=100公克。
其他蔬菜類	1.5兩	1/3～1碟	1碟	
水果類	1/2～1個	2個	2個	新鮮且處理乾淨即可。

備註：除了三餐外，可在餐與餐間供應1～2次點心，以補充營養素及熱量。

資料來源：行政院衛生署／幼兒期及學童期營養衛教資料。

(2)缺鐵導致貧血時，嬰幼兒的心智發展明顯較差。

2.根據統計，當孩童血紅素值過低時（低於10.5 g/dl），其心智與運動發展分數均較正常者爲低。

3.行政院衛生署對學齡期孩童的鐵質攝取建議量爲：

(1)7～9歲爲10 mg/day。

(2)10～12歲爲15 mg/day

◆學齡期營養的重要性

學齡期兒童（6～12歲）在發展上有很大的差異，初期（6～8歲）發育緩慢而穩定，食物攝取量逐漸增加，約為成人的三分之二。11～12歲的兒童則是處於青春期前置階段，生長發育快速，活動量也大，因此足夠的食物種類及熱量很重要：

1.由於每位兒童活動量不同，所需熱量亦不同，因此食物的攝取量可酌量增減。
2.每天喝兩杯牛奶，可提供兒童生長所需的蛋白質、維生素B_2及鈣質，促進骨骼和牙齒的生長。
3.蛋、豆、魚、肉都是含有豐富蛋白質的食物，可變換食用。
4.蔬菜除了含有維生素、礦物質外，豐富的纖維質可預防許多慢性疾病的發生。
5.每天至少應該吃一份深綠色及深黃紅色蔬菜。

◆不同生活活動強度兒童的每日飲食建議攝取量

依據兒童年齡、性別及生活活動強度（稍低或適度），即可知道兒童的每日飲食建議攝取量。行政院衛生署建議的一般人飲食三大營養素攝取量占總熱量之比例為：(1)蛋白質10～14%；(2)脂肪20～30%；(3)醣類58～68%；另外，依據不同生活活動強度，7～12歲兒童的熱量需要，依熱量分配原則所計算出的每日飲食建議攝取量列如**表7-7**。其中，奶類食物乃以低脂乳品計算，蛋豆魚肉類乃以中脂者計算；因此，如果是食用全脂乳品或高脂蛋豆魚肉類食品，就必須減少油脂類的攝取量。

學齡期兒童心智已漸次成熟，可教導孩子認識食物的名稱及營養價值，幫助孩子發展為自己的飲食行為，為自己負責的能力，但不要以食物作為獎勵或處罰孩子的工具，而是掌握下列的飲食原則：

1.良好而規律的飲食習慣很重要。每個人都需要有一個良好的早餐，

表7-7　7～12歲兒童每日飲食建議攝取量

	7～9歲				10～12歲			
生活活動強度	稍低		適度		稍低		適度	
性別	男	女	男	女	男	女	男	女
熱量（大卡）	1,800	1,550	2,050	1,750	1,950	1,950	2,200	2,250
五穀根莖類（碗）	3.5～4	2.5～3	4	3.5	3.5～4	3.5～4	4～4.5	4.5
低脂奶類（杯）	1	1	2	1	2	2	2	2
蛋豆魚肉類（份；中脂）	3	2	3	3	3	3	3.5	3.5
蔬菜類（碟）	3	3	3	3	3	3	3	3
水果類（個）	2	2	2	2	2	2	2	2
油脂類（湯匙）	2	2.5	2.5	2	2～2.5	2～2.5	2.5	2.5
生活活動強度								
稍低	主要從事輕度活動，如坐著唸書、聊天、看電視，且一天中約1小時從事不激烈的動態活動。							
適度								

資料來源：行政院衛生署（2013）。

作爲新的一天的開始，因此早餐的營養必須均衡，例如牛奶一杯、荷包蛋一個、饅頭一個、橘子一個。

2.因消化系統尚未發育完全，無法一次吃很多食物，因此需要吃一至兩次點心。

3.點心除了應能供給兒童所需熱量外，也應含有豐富的營養素。

4.兒童應養成飯後刷牙和睡前刷牙的習慣，以防蛀牙。

5.吃點心的時間和分量以不影響兒童正餐的食慾爲原則。

6.每日的營養素應平均分配於三餐，孩子並應養成定時吃三餐的習慣。

(五)青春期

青春期的生長速度是人的一生中，僅次於嬰兒期的時期，除了身高、體重的急驟而明顯的增加外，最明顯的特性是生殖系統的成熟與第二性徵的出現。此外，青春期發育的時期因人而異，女孩發育的期間約在11～14歲，男孩發育的期間約在13～16歲。

如上所述，青春期不只是身體快速成長的階段，也是第二性徵發展的階段，食物及熱量之需求量大，因此，即使課業再忙碌，也要注意飲食營養、均衡；也就是說，三餐應均衡而有規律：

1.早上至少喝杯牛奶再出門，早餐提供了上午課業學習及活動參與所需的熱量及營養。
2.宵夜儘量避免炸雞、零食等食物，可以煮麵、吃水果或喝杯牛奶等皆可。
3.活動量大，容易肚子餓時，除了三餐外，餐與餐之間，可以吃新鮮水果、奶類、優酪乳，或是茶葉蛋、水煮蛋、三明治等營養又健康的點心。
4.口渴時，最佳選擇是白開水，其次是「低卡無糖」的飲料。雖然果汁比汽水來得健康，但仍少喝爲宜。

決定青春期食物攝取量的因素如下：

1.生長因素：青少年需要足夠的食物供給骨骼、肌肉及各組織生長所需。
2.活動量的差異：青少年上課、運動以及參加各項課外活動均需熱量，這些熱量必須由食物供給。
3.體格大小：體格的大小決定營養素所需的多寡，體格矮小者所需的營養素必定比高大者少。
4.個人所需不同：每人的生長速度皆不同，應依個人所需攝取適當食物，體重過重者應避免攝取高熱量的食物，過輕者應增加熱量及各種營養素的攝取。

5.其他因素：身體的利用效率及健康狀況，會影響每日營養素的需要量。

◆青春期重要的營養素

青春期青少年所需熱量約爲2,500～3,500大卡／日，其中15%來自蛋白質；鈣的需要量約爲每日1～1.5克。因此，適量而均衡的飲食是很重要的：

1.熱量：因爲身體快速成長與大量的活動，青少年需要依性別、身高、體重及個別活動量而不同，男孩約需2,150～2,650大卡，女孩約需2,100～2,200大卡的熱量。

2.蛋白質：蛋白質是構成與修補身體肌肉、血液、骨髓及身體各組織的基本物質，並能形成抗體，增加身體抵抗力。故青少年應攝取足夠的蛋白質以供生長所需。

3.鈣：鈣是製造骨骼及牙齒的主要原料，青少年正值成長時期，應多攝取牛奶、小魚乾、豆腐等含豐富鈣質及蛋白質的食物。

4.鐵：青春期的少女每月月經來潮時都會固定流失血液，需多攝取肝臟、蛋、肉類及深色蔬菜等含鐵質、蛋白質的食物。

四、嬰幼兒的膳食設計

待寶寶成長至四個月大時，就可以開始添加副食品，訓練咀嚼力及腸胃的對食物適應力，爲將來的健康打底（**表7-8**）。

中華民國小兒科醫學會對兒童之副食品添加之原則有以下幾點建議（**表7-9**）：

1.新食物每次只添加一種，適應後再加另一種。

2.新食物添加量由少漸增。

表7-8　嬰兒各階段可食用食物種類一覽表

食物類別	出生至三個月	四至六個月	七至九個月	十至十二個月
奶類	母奶或嬰兒配方食品			母奶或嬰兒配方食品或牛奶，或至十一、十二個月可轉換牛奶
水果類		果汁：柳丁、橘子、西瓜、葡萄、番石榴等	1.果汁 2.果泥：柳丁、橘子、西瓜、香瓜、葡萄、木瓜、香蕉、番石榴等	1.果汁 2.果泥 3.水果
菜類		菜湯：胡蘿蔔、菠菜、青江菜等蔬菜之湯汁	1.菜湯 2.菜泥：胡蘿蔔、豌豆、高麗菜、菠菜等	剁碎蔬菜
五穀根莖類		1.米糊：先以米糊餵食 2.麥糊	1.米糊 2.麥糊 3.稀飯 4.麵條、麵線 5.吐司麵包 6.饅頭	1.米糊 2.麥糊 3.稀飯 4.麵條、麵線 5.吐司麵包 6.饅頭
蛋豆魚肉類			1.蛋黃泥 2.豆腐 3.豆漿 4.魚肉泥：如白鯧、虱目魚、旗魚、白帶魚等 5.肉泥：如豬肉、雞肉、牛肉等 6.肝泥 7.魚鬆、肉鬆	1.蒸全蛋 2.豆腐 3.豆漿 4.魚肉泥 5.肉泥 6.肝泥 7.魚鬆、肉鬆

資料來源：台北市立婦幼綜合醫院所編印的「嬰兒副食品」。

（續）表7-9　中華民國小兒科醫學會推薦之斷奶食物添加表

年齡	食物	添加與烹調指示	餵哺指示	每日飲食量
一個月	母奶		每2～3小時餵奶一次	
	嬰兒奶粉	請依指示沖調	請用奶瓶每次餵90cc.～120cc.	90cc.～120cc.每天7次
二個月	母奶		每2～3小時一次夜間可少餵1次	
	嬰兒奶粉	請依指示沖調	請用奶瓶，每次120cc.夜間可少1次	120cc.，每天6次
三個月	母奶		同第二個月	
	嬰兒奶粉	請依指示沖調	請用奶瓶，每次150cc.	150cc.，每天5次
	果汁，如橘子／柳丁、番石榴、番茄等	新鮮水果壓擠果汁，通常與等量開水混合	在任何二次餵奶間每天1次	開始給10cc.，可以慢慢增加至30cc.
四個月	母奶		每天餵奶5次夜間一次可以停餵	
	嬰兒奶粉	請依指示沖調	每天餵奶5次夜間一次可以停餵	180cc.，每天5次
	果汁	新鮮果汁與開水混合	每天一次	以30～40cc.為宜
	果泥，如香蕉、木瓜、蘋果、番石榴、西瓜、桃子、梨子等	除成熟香蕉，以燉熟為宜，用湯匙弄碎，使嬰兒容易吞食	開始時給予1茶匙，慢慢增加到3茶匙	3茶匙
	菜泥，如高麗菜、豌豆、胡蘿蔔、馬鈴薯、菠菜等	煮熟到柔軟，弄碎，可單獨餵食或與麥糊混合，一次只給一種蔬菜，再慢慢增加	可用茶匙餵食，開始時先給一茶匙，再依照嬰兒胃口與成長，可增加到6～8湯匙	6～8湯匙
	麥精片、麥糊	已煮熟之麥片，可與溫水或牛奶混合，加些糖成為麥糊；或者與嬰兒奶粉混合用奶瓶來餵	1茶匙，再慢慢增加到3茶匙	1～3茶匙

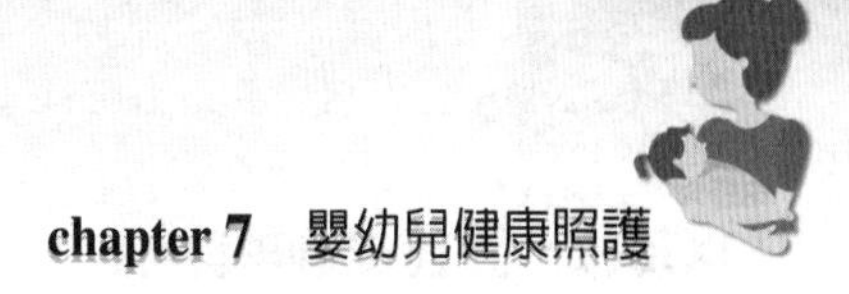

（續）表7～9　中華民國小兒科醫學會推薦之斷奶食物添加表

年齡	食物	添加與烹調指示	餵哺指示	每日飲食量
五個月	母奶		同四個月，其中一次可以牛奶代替	
	嬰兒奶粉	請依指示沖調	與四個月同	180～210cc.，每天5次
	果汁	與四個月同	與四個月同	與四個月同
	水果			
	穀類			
	蔬菜			
	吐司	烤至棕黃色	讓嬰兒咀嚼，並強壯牙床	1小片
	肉泥／肝泥	煮熟，弄碎，單獨或與麥糊混合	開始時給1茶匙，慢慢增加到2湯匙	1茶匙，增加至2湯匙
六個月至八個月	母奶		每天餵奶4次，餵母奶者應開始漸以牛奶代替	
	嬰兒奶粉			240cc.，每天4次
	果汁	新鮮果汁，開水量慢慢減少至只給純果汁	可以改用杯子	60cc.
	水果	七個月開始可以吃生水果		3湯匙
	蔬菜			6～8湯匙
	穀類／粥／細麵	可與碎肉、蔬菜共煮	1～2茶匙，慢慢增加到1/2碗	1/2碗
	吐司			1小片
	肉／肝			2湯匙
	下列食物可以在此階段添加，每天1次，每次可餵一種新食物，等習慣後再加另一種新食物，等到習慣吃過4～5種不同的食物後，每天可以混合餵食。			
	蒸蛋	將蛋打在碗內，加水至八分滿，攪拌均勻後蒸8分鐘	開始時給1湯匙，慢慢增加到1個蛋	1湯匙至1個蛋

（續）表7～9　中華民國小兒科醫學會推薦之斷奶食物添加表

年齡	食物	添加與烹調指示	餵哺指示	每日飲食量
六個月至八個月	豆腐	煮熟，弄碎即可餵食	開始給1湯匙，慢慢增加至2湯匙，一天1～3次。	1～6湯匙
	魚，如虱目魚、白鯧魚、白帶魚、吳郭魚、旗魚等	用水將魚煮熟，弄碎，要把魚刺去乾淨		
	瘦肉湯		開始時給每天1湯匙慢慢增加到1湯匙，一天2～3次	1～3湯匙
九個月至十二個月	牛奶		每天餵奶2～3次	2,400cc.每天2～3次
	嬰兒奶粉			2,400cc.每天2～3次
	水果	請參照六至八個月	請參照六至八個月	請參照六至八個月
	蔬菜			
	蛋			
	豆製品			
	粥／麥片／細麵等	煮熟、弄碎	慢慢增加到1又1/2湯匙，每天2～3次	3～5湯匙
	魚			
	肉			
十二個月以上	各種食物、牛奶、水果等	一般家常食物之做法	三餐與大人同時吃，上午10點與下午3點可給牛奶或水果等為點心。儘量不要給幼兒吃糖果、巧克力糖等甜食	

資料來源：林口長庚兒童醫院健兒門診（2013）。

3.新食物添加後注意皮膚與大便情形。

4.副食品在餵奶之間給予，需有耐心。

5.最好讓寶寶養成先吃固體食物再喝奶水的習慣。

6.口味以清淡（鹽儘量少）不油膩爲原則。

7.準備副食品前應將雙手及用具洗淨。

五、膳食設計實例

(一)膳食製備原則

嬰幼兒膳食設計除了應對每日總熱量及三大營養素（蛋白質、脂肪及醣類）進行妥適之比率分配外，食物的酸鹼性不妨在膳食設計時考量進去。現代人普遍認為初生嬰兒體質多屬弱鹼性，隨著外部環境的汙染及不當飲食習慣所致，體質逐漸轉為酸性；再加上現代人因為生活步調失常、壓力及情緒緊張，及過量的食用肉類等酸性食物等因素，如肉類、乳酪製品、蛋、牛油及火腿等，造成體質偏酸，而成為許多疾病的根源（於本章後續會提及）；所以為了防止酸性過多或中和酸性，維持酸鹼平衡，建議平日宜多攝取蔬果（各種蔬菜及水果，則多屬於鹼性）；事實上，為避免嬰幼兒發生便祕，多食用蔬果及水分，確實是預防良方之一。

在為嬰幼兒進行膳食製備時可利用生物性（以細菌為例）之注意要點來掌控食品的良窳：

1.溫度與時間的管理。
2.食品與器皿、製具的清潔與消毒。
3.加熱、烹煮時的原理原則之掌握。
4.冷藏、冷凍的原理原則之掌握。
5.食品來源的管制。

綜上所述，在為家中嬰幼兒製備飲食時，職業婦女如果想要快速完成製備及上菜，建議掌握四項訣竅：(1)多收集食譜；(2)處理程序繁瑣的食材宜減少選用；(3)前一晚先準備妥當；(4)善用快速烹調的方法。

幼兒的飲食設計原則

1.避免太鹹、太油或多脂的食品。
2.避免太甜或刺激性的食品。
3.選擇清淡的烹調方式。
4.食材特性的設計因素須考慮進去，如顏色、外形、排列與盤飾、組織與稠度等。
5.少採用應避免的食材，如質地太過堅硬的食物，或須長時間咀嚼及消化的食材等。

(二)食材挑選原則

◆五穀雜糧類食材

每天增加至少一碗全穀根莖類，如增加玉蜀黍、栗米、蕎麥、大豆、綠豆、薏仁、南瓜子及糯米等，製作出五穀雜糧飯、糙米飯、芋頭飯及地瓜飯等，可以用來取代精製但缺維生素的白米飯。此外，在購買現成的米粉、麥粉時，應注意罐上說明及有效期限，麵包則應選擇衛生可靠的商店。

◆魚肉豆蛋奶類等食材

1.魚類：包括各種新鮮、無刺（或去刺）的魚。
2.肉類：包括各種豬、牛、雞等的瘦肉。肉類需要注意新鮮並煮熟，以避免發生感染及引起過敏現象。
3.豆類：
 (1)豆腐：將豆腐放入沸水中煮熟，即可餵食。
 (2)豆漿：如買現成的，最好再煮沸比較安全。
4.蛋類：先給蛋黃，於十個月後才給予含蛋白的全蛋白的全蛋，以防過敏。此外，雞蛋及白糖同煮，會使雞蛋蛋白質中的胺基酸，形成果糖基賴氨酸的結合沉澱物質，不易被人體吸收，對健康會產生不良作用；也不建議與豆漿同煮，因豆漿含有胰蛋白酶，與蛋清中的卵松蛋白相結合，會導致營養成分的損失，降低二者的營養價值。

5.奶類：建議改爲低脂奶類，以降低飽和脂肪酸的食用。

6.油脂類：可包括一份堅果（核果）及種子類。另建議以核果類來取代精製油脂。

7.其他：如可用少量堅果做零食點心，健康又方便。也可選擇含有核果的麵包、饅頭、吐司，如核桃饅頭、堅果麵包；或將芝麻粉、花生粉拌入牛奶。

◆蔬菜類食材

1.選擇莖葉肥厚，形態完整及無枯萎、破裂的。

2.盡可能選當地應時生產的，經濟實惠且農藥殘餘量少。

3.嬰兒期不宜給予生菜汁，因有澀味及微生物。

◆水果類食材

1.選用深色的水果，含有較豐富的維生素，及當地應時新鮮、完整、飽滿、成熟、剛摘者。或選用含鉀豐富的水果，如芭樂、哈密瓜、桃子、香瓜、奇異果、椪柑、香蕉等。

2.應選擇柑橘、柳橙、番茄、蘋果、香蕉、木瓜等果皮較易處理，農藥汙染及病原感染機會較少者。

3.需去皮殼的水果亦需先用水洗淨，以免汙染可食部分。

(三)副食品製作實例

嬰幼兒膳食設計在副食品的製作方面，國內各大醫院均有專業的營養師進行規劃，可說是種類多而廣泛；**表7-10**是台北市立婦幼綜合醫院所編印的「嬰兒副食品」，提供讀者作爲參考。

表7-10　副食品的作法及餵法

食品	時間	作法／餵法	注意事項
果汁	四至五個月	第一次餵量約1小茶匙，以後漸增多	
麥精片	視嬰兒是否肥胖再決定由四至六個月開始餵食	先由一茶匙開始而漸次增加。六個月時增加3/4～1碗	如用奶瓶餵食，奶頭之洞應稍大；麥精片一次量增至1湯匙時，奶粉量不需減少
果泥	七個月	1.作法：(1)將水果洗淨去皮；(2)用湯匙刮取果肉，碾碎成泥或用擦板磨成水果泥 2.餵法：第一次只給1茶匙，慢慢增加1～2湯匙	可預防壞血病，保護皮膚黏膜，促進生長
菜泥	七個月	1.作法：(1)綠色蔬菜洗淨切碎加蓋煮熟待涼，或加在蛋內蒸熟或放在粥裡煮熟均可；(2)胡蘿蔔、馬鈴薯、豌豆等洗淨後用少量的水煮熟；用匙刮取或壓碎成泥，也可切碎煮在粥裡餵食 2.餵法：第一次只給一種蔬菜泥；從1茶匙量開始漸漸增加1～2湯匙	每次均應以新鮮菜泥餵之以保持食物之營養價值；煮菜水勿丟棄，水中含部分之維生素
蛋黃泥	七個月	1.作法：(1)將蛋煮老：蛋在冷水中煮開後再煮10分鐘；(2)將蛋黃取出放在碗中；(3)冷開水或菜湯或米湯或牛奶少許，調成漿即可 2.餵法：先由1/8個蛋黃開始，以後漸增加至七至九個月後可吃2/3個蛋黃	1.調化之漿不可太乾以防噎到嬰兒 2.慢慢餵食，勿操之過急 3.吃後再餵幾口開水，以洗淨口內殘留之蛋黃漿 4.將蛋黃加入粥或麥糊中餵食亦可

食品	時間	作法／餵法	注意事項
麵包乾	七個月	1.作法：將土司麵包、饅頭切成薄片，用烤箱烤至黃色硬酥狀 2.餵法：將餵者之手或嬰兒之手洗淨，嬰兒圍上圍兜；將烤好之薄片讓嬰兒自己啃食	薄片要烤至硬度適當，太軟嬰兒咬大塊時易噎住，太硬嬰兒吃得無味沒有興趣；量亦應適當，吃後應將嬰兒手臉洗淨
肝泥、肉泥	七個月	1.作法：(1)將選購肝臟或瘦肉洗淨去筋；(2)將肝臟或瘦肉置於菜板或盤上，用不鏽鋼湯匙取同一方向以均衡的力量刮；(3)將刮出之肝泥或肉泥置於碗內加少許冷水、鹽攪勻（鹽愈少愈好）蒸熟或加入粥內煮熟 2.餵法：以1兩開始漸增加之，最多每天勿超過兩湯匙1.5兩；一次一種，習慣後可再加另外一種	
細麵、營養稀飯	七至九個月	1.作法：(1)將米煮熟至粥，細麵水開後煮熟；(2)瘦肉去筋剁碎，加水少許；(3)青菜洗淨切碎；(4)將碎菜、碎肉加入粥或細麵內煮熟加少許鹽分調味即可 2.餵法：剛開始由1～2匙漸增加至1～2碗	視嬰兒個別食量情形而增加，勿勉強餵食
蒸蛋	十個月	1.作法：(1)將一整個蛋打開置於飯碗內，用筷子打散，加少許食鹽；(2)加溫水於碗中至八分滿；(3)置鍋內或電鍋內蒸熟即可 2.餵法：先由少量1湯匙開始；漸漸增加至十二個月，一天1～2個	蛋打散加水後再用筷子攪之，以免蛋白沉於碗底結硬塊

資料來源：台北市立婦幼綜合醫院所編印的「嬰兒副食品」。

六、嬰幼兒為何拒絕副食品？

(一)拒絕咀嚼

1.原因：斷奶時期的不當，如太慢或太早。

2.改善之道：耐心練習。

(二)偏食

1.原因：不喜歡某種食物的聯想、小孩子的體質和性情、斷奶法的不當、人的飲食習慣。

2.改善之道：不硬逼、不強迫小孩接受母親的喜好、重視吃飯氣氛、加強戶外活動、烹調上的改變。

(三)食慾不振

1.原因：心理因素、飲食調配不宜、體質、疾病。

2.改善之道：不要逼著吃、不要斥責、良好生活習慣、戶外活動。

第二節　嬰幼兒的常見疾病與預防

嬰幼兒的抵抗力比較差，稍不留意就容易罹患各種疾病，瞭解嬰幼兒常見疾病的徵候及處理方法，將可以減少許多健康問題的發生。嬰幼兒有可能產生的疾病有（施素筠譯，2000）：

1.頭痛：頭痛以前額的頭痛居多，也有少數嬰幼兒有後腦部的疼

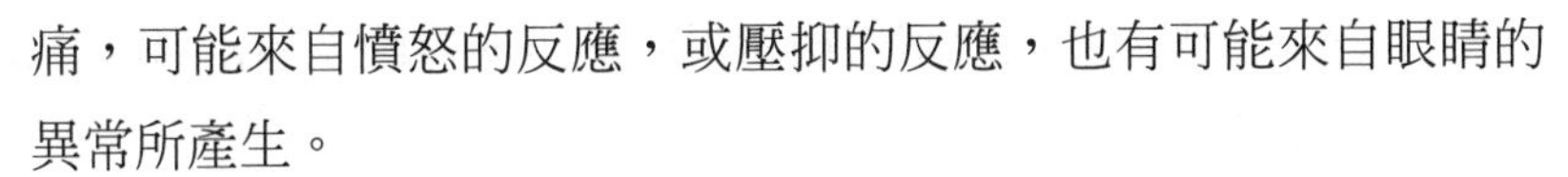

痛，可能來自憤怒的反應，或壓抑的反應，也有可能來自眼睛的異常所產生。

2.反覆的氣喘：為過敏性疾病的一種，也易受精神影響所產生。

3.憤怒抽筋：小朋友受了一點點的刺激，就產生情感上的興奮，或哭個不停，多數在嬰兒期的末期開始，而在4～5歲時會自行消失。

4.呼吸性手足抽筋：血液中氧氣過多所引起，會積極的反覆做深呼吸，結果引起了手腳僵硬的抽筋。

5.百日咳抽筋：症狀以咳嗽為主，病情逐漸加劇，慢慢出現抽筋性咳嗽，咳聲連續，而且發出特殊的哮喘聲。持續三、四月始漸痊癒，約經百日之久，故稱為「百日咳」，有如百日咳的咳法，會激烈間歇地咳嗽，有時會延續數年，有長期性的傾向。

6.唾液分泌異常：指唾液分泌異常的多或口內異常的乾燥，大多數到了2歲時會自行消失。

7.神經性嘔吐症：常見於2～6歲，比較神經質或脾氣大的寶寶，往往會因一點點小事就會想吐，屬於心理性的嘔吐，這種情況通常會發生在上幼稚園前或上學前，又可稱為「早晨嘔吐症」。

8.反芻症：指將吞下去的食物再吐回口中。通常小朋友是在品嚐這種快感。

9.胃潰瘍：通常會發生在青少年期，導因於壓力過大。

10.小兒臍疝：臍疝包括先天性臍疝和後天性臍疝。先天性臍疝是指小嬰兒在剪斷臍帶之後，肚臍處的腹壁有缺損，當激烈哭泣時，一部分腸管或大網膜會由此處向腹外突出，通常在1歲前就會自行閉合。

11.神經性下痢症：由潛在性的不安所引起，多半會在夜間發生。

12.神經性便祕症：多由心理因素所引起，如神經質的大班孩子有時腸管極度收縮，引起便祕。

13.遺糞症：又稱功能性大便失禁，本症是指5歲或5歲以上兒童，非器質性因素或因軀體疾病所引起的排便障礙，通常導因於精神上的不安。

14.神經性食慾不振或過食：一種是完全無法進食的「神經性食慾不振症」（厭食症）；以及突然暴飲暴食，卻又使用軟便劑，或用手指催吐的方式把食物排出來的「神經性貪食症」（過食症），發病年齡在10歲以上，女性青少年爲多見。

15.異食症：部分研究顯示，某些異食症的案例中，特殊的食慾可能是來自於礦物質缺乏，例如缺鐵，可能是爲有腹腔的疾病或感染鉤蟲病，近期異食症被視爲一種心理疾病，被記錄在廣泛運用於精神醫學界的《精神疾病診斷與統計手冊》（*DSM-IV*），如母愛剝奪、和父母親分離、受父母忽視等。

16.小兒夜尿症：幼兒在3歲以前尿床是正常現象，男生6歲，女生5歲以後，仍持續每個月有兩次或兩次以上會在夜間尿床的話，才稱爲「小兒夜尿症」，也就是尿床。尿床依形態可分爲原發性與繼發性兩類，原發性尿床乃指從嬰幼兒時期開始便持續發生者，而繼發性尿床則是指至少已經有六個月沒有尿床現象的小朋友，卻再度出現尿床現象，除了心理因素外，也有可能有其他潛在疾病造成。

17.小兒頻尿症：指排尿次數多的情形，爲小孩的情緒反應之一。通常發生於2～14歲，尤其是4～6歲的孩童。這些孩子的尿液或影像學診斷通常是正常的，故症狀常與心理和社會壓力有關。

18.小兒睡眠障礙：「睡眠」對小孩是非常重要的，它不但影響小孩的生長發育，對就學的兒童青少年來說，更會因睡眠障礙影響其白天的學習能力、人際關係及情緒行爲問題。通常會發生在2～12歲的兒童身上，可分爲：

(1)夜驚（sleep terror）：這是1歲半至5歲小兒常見的問題，媽媽常會帶小孩到門診來，告訴醫師小孩常在半夜醒來哭鬧、尖

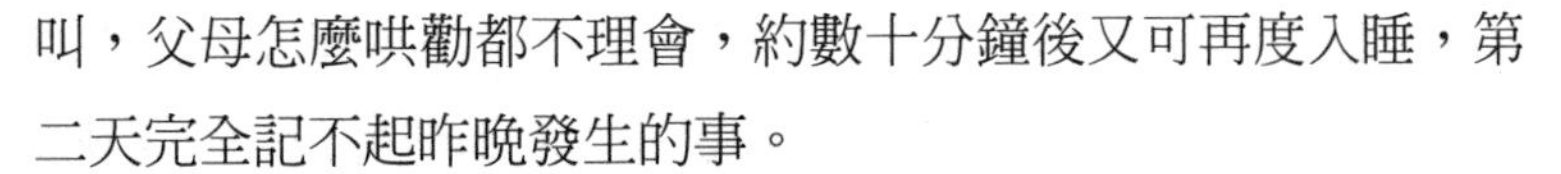

叫，父母怎麼哄勸都不理會，約數十分鐘後又可再度入睡，第二天完全記不起昨晚發生的事。

(2)夢遊（sleep walking）：這是學齡前後的孩子常會出現的睡眠問題。

(3)睡不著：兒童出現失眠（insomnia）的問題，往往是某些疾病最常見的症狀之一，比如身體疾病（氣喘），或某些藥物引起失眠，另外，精神科方面的疾病如憂鬱症、焦慮。

(4)淺眠：通常是一點點聲音就會張開眼睛，這種小孩被認爲是神經質的小孩。

(5)睡醒情緒不好的小孩：在幼兒或學童時期，晚睡是主因，故應做生活指導，改善其晚睡的習慣。

19.小兒抽搐症：主要是發生在兒童及青少年，平均年齡約爲11歲，出現在男孩子比女孩子的多，比例大概是3：1，是一種驟然、重複性、沒有目的的不自主發聲或動作。

20.反覆性發燒：臨床輕、重不一，病程長短不等。小孩反覆發燒的原因有：(1)非感染性發熱；(2)不明原因發熱；(3)中樞性發熱；(4)持續性發熱等。

21.容易疲勞：持續有疲勞現象的小孩有時候是隱藏著慢性病，這是必須特別注意的。

22.臉色不好的小孩：有紅血球少、血紅素不足等，也有是眞正貧血者；另外，也有心因性疾病，如「拒學症孩子」，這類的孩子會呈現明顯的身體症狀，如肌肉緊張、呼吸不順、臉色蒼白、頭痛、胃痛等，然而這些症狀並無身體上的病因。

23.異位性皮膚炎：一種好發於嬰兒時期的疾病，爲表皮與眞皮的皮膚搔癢症，造成嬰兒的皮膚困擾，也因爲皮膚的問題，使得嬰兒情緒不佳，多數爲慢性的皮膚疾病。異位性皮膚炎好發於嬰兒的面部與全身性濕疹，但以四肢之伸側部居多；與個人體質以及家族遺傳史有關，通常好發於嬰兒時期，但青春期或成人期亦會有異位性皮膚炎，青春期或是成人的異位性皮膚炎，則以四肢之屈側或是手部的濕疹居多。

24.常見的牙齒問題。

上述是家中有小朋友的父母會遇到的經常性或偶發性的疾病困擾，本節主要針對嬰幼兒較為常見疾病及其護理進行討論。

一、常見疾病及其護理

兒童生理身體系統與成人之構造有些許的差異，尤其是呼吸系統方面更易產生疾病，瞭解嬰幼兒常見疾病的徵候及處理方法，將可以減少許多健康問題的發生。台大醫院小兒部教授張美惠認為，嬰幼兒時期奠定了人一生健康的根基，也就是新生兒乃至兒童時期，將健康基礎打好，則成人之後疾病自然會減少。以下介紹嬰幼兒常見的疾病。

(一)呼吸系統疾病

相較於成人的呼吸系統，兒童的呼吸系統有下列的主要特徵：

1.嬰兒期鼻腔狹小、黏膜柔軟且微血管豐富，易受病原體感染。

2.歐氏管（耳咽管）較成人短、寬且直，致病菌和異物易由歐氏管進入中耳。

3.舌頭比例、喉部血管及淋巴組織較大人大且多，感染時易充血、水腫或狹窄，會出現阻塞與聲音沙啞。

4.喉頭：嬰幼兒的喉頭位置較高（約在第二至三頸椎），易造成氣道阻塞。

5.氣管：嬰幼兒的氣管較短、細，且支持力量較弱，感染後不易排

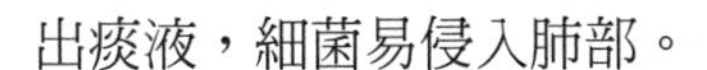
出痰液，細菌易侵入肺部。

6.肺泡：嬰幼兒的肺泡數目較少，因此肺泡面積相對減少。

7.肋骨：嬰幼兒的肋骨位置較成人水平，且胸、肋骨支持性較小，而若呼吸肌發育不完全，會增加呼吸所消耗的能量。

8.呼吸：嬰幼兒採腹式呼吸，持續至5～6歲以後才轉換成胸式呼吸，主要是使胸腔有足夠空間維持肺內壓。另外，嬰幼兒換氣量較少，因此呼吸速率較成人快。

此外，急性的呼吸道感染可分為：(1)上呼吸道感染（URI），如咽炎、鼻咽炎、流行性感冒、扁桃腺炎、哮吼等；(2)下呼吸道感染（LRI），如支氣管炎、細支氣管炎、細支氣管性肺炎、肺炎等。

急性呼吸道感染的特徵

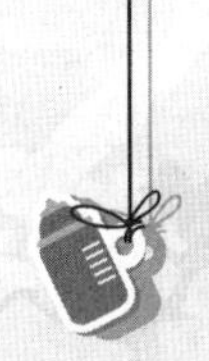

1.引起的致病原多為病毒。

2.三個月以下的嬰兒，在胎兒期因具有母親的抗體，故較少感染上呼吸道感染。三個月至3歲，約每年感染三至八次。

3.體溫通常低於38.5℃。

4.除了呼吸系統症狀外，多有嘔吐及腹瀉症狀。

◆細支氣管炎及其護理

細支氣管炎是小兒病房住院最多的疾病，因為大人氣管很粗、硬，易將痰咳出而極少罹患此病，故此疾病的診斷只適用於2歲以下的幼兒。因嬰兒的呼吸道管徑小、軟，一旦被分泌物阻塞，會咳嗽劇烈，如又加上水腫，管徑會更細，就會發出「咻～咻～」的喘鳴聲，為其典型症狀。

冬季是嬰幼兒最易罹患急性細支氣管炎的季節，病嬰會有咳嗽、流鼻水、發燒呼吸困難、喘鳴、肋骨凹陷的現象，與3歲以上小孩的氣喘有類似的表徵。有少部分嬰幼兒細支氣管炎個案事實上就是氣喘體質的表現。

除了服用藥物外，細支氣管炎的護理如下：

1.發燒的處理：保持適當的室溫不要太冷，並須補充足夠的水分、溫水拭浴、冰枕、臥床休息，依照醫囑服用解熱鎮痛劑。
2.呼吸道隔離：細支氣管炎是爲飛沫傳染，因此發病前後四至五天應將病童隔離，避免旁人接觸受口沫汙染的食器、玩具等。應適當的注意及處理病童使用過的擦臉面紙，以及適當的洗手。
3.補充足夠的營養及水分：若食慾不振或吸吮困難，可採取少量多餐的方式餵食，並多吃易消化的食物。尤爲重要的是爲飲用水分的供給，可提供開水、果汁或飲料。
4.保持空氣濕度：高濕度可幫助分泌物易於咳出，若於家中可利用淋浴時的霧氣。
5.拍痰治療：必須幫嬰幼兒作姿勢性引流及拍痰，協助分泌物排出。
6.細支氣管炎嚴重時必須住院治療，什麼時候要住院：
   (1)吃不好、睡不好：呼吸困難所導致。
   (2)意識不清者。
   (3)發高燒或費力喘：是嚴重感染的危險徵兆，必須住院觀察。
   (4)嘴唇發紫，咳嗽起來滿臉通紅。
   (5)先天性心臟病的嬰兒。
   (6)早產兒使用過呼吸器而有慢性肺疾者。

◆肺炎及其護理

肺炎是指肺部的實質組織急性發炎的情況，其中以嬰幼兒發生較頻繁，當兒童抵抗力降低或上呼吸道感染時，若無正確處理，上呼吸道的細菌易蔓延至肺部導致肺炎。肺炎可分為：

1.細菌性肺炎：很嚴重，也有致命之虞，只占20%，如鏈球菌肺炎。此肺炎一般稱為肺炎雙球菌或球菌，是一種革蘭氏陽性的雙球菌或鏈球菌，這種病菌常潛伏在人類鼻腔內，一旦感冒或是免疫力降低，快速複製的肺炎鏈球菌就可能從呼吸道或血液入侵，輕微的引起中耳炎、鼻竇炎等，嚴重時會導致肺炎、敗血症與腦膜炎，甚至造成生命危險，不可不愼。
2.非典型肺炎：約占80%，大部分輕微，而且可以自己痊癒，包括各種病毒（流感病毒等）。
3.其他：也有因幼兒咀嚼功能未發展，並於食用食物時作跑跳的動作，或喜歡將物品放入口中，因而吸入異物（如未咬碎的花生、爆玉米花等）造成吸入性肺炎。

肺炎的症狀為發高燒、持久乾咳、痰多而黏稠、呼吸十分急促而有呼吸困難的現象，其診斷必須有胸部X光作為佐證，但不可動不動就要求照X光。

肺炎的護理如下：

1.發燒的處理：須補充足夠的水分、溫水拭浴、冰枕、臥床休息，依醫囑服用解熱鎮痛劑。
2.臥床休息：安靜休息對病童而言十分重要，尤其是嬰兒，故換衣、餵食、餵藥最好集中進行。
3.補充足夠的營養及水分：食慾差、發燒及短促的呼吸會造成額外水分的喪失，易有脫水現象，應特別留意是否有水分不足的現象。維持營養能提高免疫力，而當進食順利時，首先提供高熱量、高維生素且易於消化吸收的食品，如米湯、魚末或肉末湯等，而後採取少量多餐的餵食方式。

4.保持空氣濕度：高濕度可幫助分泌物易於咳出。

5.拍痰治療：以姿勢性引流及背部拍擊的方式，協助分泌物排出。

6.維持半坐臥式，並躺向患側：半坐臥式能讓病童呼吸較順暢，單側性肺炎病童可躺向患側減少不適。

7.持續就醫：須遵醫囑，按時服藥，並且須完成抗生素療程。

◆流行性感冒及其護理

流行性感冒簡稱流感，是由流感病毒所引起的急性呼吸道傳染病。因流感病毒易有變異，當產生變異時會侵襲大部分的人而形成規模不等的流行，在大流行時，10～15%的人會得病，故稱之「流行性感冒」。

在台灣，一年四季皆有可能發生，尤好發於冬季。流感病毒可分A、B、C三類型，其中以易產生變異的A型最爲常見。病毒感染途徑爲飛沫傳染，係經由感染病毒的黏液分泌物，透過咳嗽或噴嚏傳染給他人，亦可由接觸傳染，因此個人衛生及洗手是防範之道。流感的症狀如下：

1.潛伏期爲一至三天，罹患流感的患者在發病前一天至症狀出現後的三至七天均有傳染力，兒童的傳染期更可能超過一週。

2.症狀爲急性高燒（38.5～40℃）、寒顫、頭痛、全身肌肉痠痛無力；呼吸道會有鼻塞、流鼻涕、咽喉痛、乾咳等現象；此症狀通常持續三至四天，但咳嗽及全身疲倦之感，可以持續到數星期之久，消化道則會有食慾不振、噁心嘔吐、腹痛腹瀉等現象。

3.病程較短，一般在一週左右便能痊癒，但必須留意合併症的發生，如病毒性肺炎、中耳炎、鼻竇炎，及較易發生於兒童的雷氏症候群（Reye's syndrome），故兒童忌服含有Asprin成分的藥物，以免產生雷氏症候群而引發肝臟及腦部損傷的病變。

流行性感冒的護理如下：

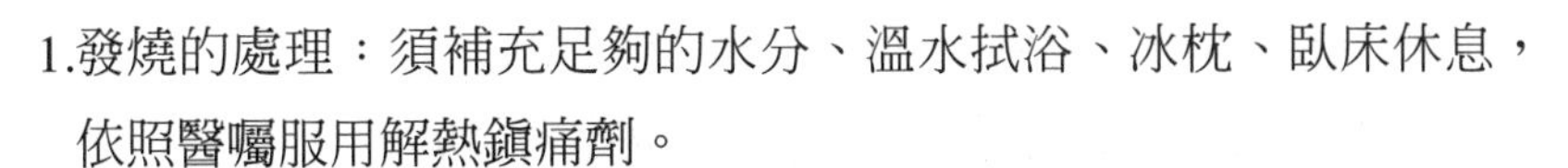

1.發燒的處理：須補充足夠的水分、溫水拭浴、冰枕、臥床休息，依照醫囑服用解熱鎮痛劑。

2.感冒是濾過性病毒所感染，並無特效藥，就醫診療只是依症狀給予緩解，以減輕患者之不適，及避免發生併發症。

3.臥床休息：安靜休息對病童而言十分重要，尤其是嬰兒，因此換衣、餵食、餵藥應集中進行。

4.於感染期間內須補充足夠的營養及水分。

5.注意合併症的發生：目前並無特殊抗病毒治療藥物，若病童症狀嚴重且合併其他症狀時，宜儘早就醫。

流行性感冒的預防方法

1.減少流感的感染機會：保持室內空氣流通，避免出入擁擠和空氣不流通的公共場所，若不慎感染，病童應在家隔離休息。教保人員則應注重個人衛生，經常洗手以避免感染原的傳遞。

2.增強個人免疫力：平日應有充足的睡眠、均衡的營養、適度的運動，以預防感冒。

(二)消化系統疾病

嬰幼兒消化系統的特徵如下：

1.出生時已有吞嚥、胃排空、腸蠕動等作用。

2.唾液腺在三個月大時有正常功能，2歲時與成人的功能一樣。

3.新生兒胃容量爲20～30cc.，一個月時爲90～150cc.，三個月時爲150～210cc.，1歲時爲210～360cc.；故嬰兒期應避免過度餵食，餵食後採右側臥。

4.胃賁門括約肌和神經未成熟，常會有反流的現象。

5.嬰幼兒2歲以前的胃較呈水平，12歲呈管袋形。

◆**便祕及其護理**

便祕（constipation）是嬰幼兒十分常見的一種症狀；嬰幼兒往往因爲糞便太硬，解不出來，大便時會痛，甚至流血而哭，正常嬰兒的大便應是：(1)餵哺母乳大便：寶寶大便次數從每天五至七次，到三、四天解一次都有可能，且通常大便質地較稀糊；(2)配方奶粉大便：寶寶的排便次數較少，大便較容易呈泥狀或條狀。

因爲嬰幼兒習慣性喝牛奶，纖維攝取較少，導致排便次數很少，糞便較硬，且有排便困難現象。便祕的發生，也跟家庭有著極爲密切的關係，如心理、大小便訓練的技巧和飲食習慣等，都是構成便祕的因素之一。

便祕的護理如下：

1.多蔬果：嬰兒期兩餐餵奶間補充水分，並做腹部按摩。開始吃副食品的寶寶可讓他接觸果汁、蔬菜汁，再來是果泥、果肉，循序漸進讓寶寶多吃富含高纖多水分的食物。建議不要把纖維的部分濾掉再讓寶寶喝，以免寶寶只有吸收到水和糖分。

2.食物要有多樣性：攝取不同種類的食物可增加對胃腸的刺激，不過對於剛開始接觸副食品的寶寶不要一次給太多種類的食物，以免爲身體帶來負擔，或誘發過敏問題。

3.養成寶寶固定排便習慣：寶寶2歲後可開始進行如廁訓練，並培養他每日按時排便的好習慣。通常較建議的解便時間是在早上起床的時候，或者晚餐過後半小時至一小時。

4.寶寶因便祕而肛門口破皮時用溫水清洗。

5.如果寶寶超過兩天沒有解大便，可用溫度計抹凡士林刺激肛門口。

◆腹瀉及其護理

腹瀉（diarrhea）係指排便次數、糞便的性質改變，如水分增加。其病因有：

1.食物過敏。

2.細菌病毒感染：

(1)夏季多爲細菌感染：糞便黏、臭、綠、有血絲。

(2)冬季爲輪狀病毒感染：糞便比較稀、黃、水。

3.先天性巨結腸症：少見。

持續性的腹瀉會導致嬰幼兒脫水，體溫微升、進食情況差、尿少色深、嘔吐、腹脹、皮膚乾燥、囟門凹陷、脈搏淺快，或嚴重致代謝性酸中毒。

脫水情形的簡易判斷

1.輕度脫水：是指寶寶體重下降5%，例如一位體重10公斤的孩子，若體重減輕5%，則10kg×0.05＝0.5kg，表示體重減少了0.5公斤，剩下9.5公斤。

2.中度脫水：體重減輕到5～10%，呈現不安、口渴、脣乾、眼眶凹陷及尿液減少。

3.嚴重脫水：體重減輕到10～15%，且躁動不安、嗜睡、發燒、前囟門深凹、皮膚乾扁、少尿或濃縮尿。

腹瀉的護理如下：

1.預防脫水，維持適當的體液電解質平衡。如一時買不到電解水則可用米湯加鹽巴代替：半杯米湯，加2杯水，再加1/4匙鹽巴。

2.維持適當的體溫，避免再感染，維持嬰幼兒的舒適狀態。

3.給予皮膚完整性的照護。

4.停止喝配方奶，先給六至二十四小時的口服電解質液即可（不需要限制量），若腹瀉減少則換回配方奶，並將牛奶的濃度進行調整。若連續兩天以上請改吃無乳糖的奶粉直到腹瀉停止三天後才可換回原來的奶粉。

5.如果已在吃副食品的孩子，可以改吃以澱粉質爲主的食物，如米湯、稀飯、白飯、白饅頭、微烤的吐司、蘇打餅乾、白麵條、馬鈴薯，水果可吃蘋果或綠色的生香蕉泥。此外，澱粉質飲食要持續到沒有腹瀉後一至兩天，才可恢復正常飲食。

6.不要吃蔬菜以及其他水果、蛋類、油脂類等食物。

7.不要喝運動飲料，因體內糖分太高，電解質太少，糖分會使腹瀉更厲害。

8.依醫囑給止瀉藥，但藥物是輔助，食物控制才是重點。

◆腹脹及其護理

在談到腹脹問題時須先瞭解寶寶腹部的特性：

1.以軀幹外型而言，正常成人爲前後稍扁狀，寶寶則呈稍圓狀。

2.嬰幼兒的腹壁肌肉無力，腹腔內部的臟腑又大。

3.以身體比例而論，1歲以內的幼兒其每日飲食量約占體重的1/10，相較於兒童及成人的1/20～1/30爲大，腹腔內部的腸管肥大許多，故嬰幼兒的腹部較爲突出。

寶寶產生腹脹的原因通常是：

1.吞入了空氣：寶寶哭鬧或吃奶時，會吞入一些空氣進入胃腸內。所以哭鬧多的寶寶較容易脹氣。

2.食物發酵產生：吃入的奶水或食物在胃腸道內與細菌及消化酵素作用後，產生氣體，如氫氣、硫化氫、二氧化碳。含澱粉多的食物易產氣；或有消化異常的寶寶易產生脹氣。

脹氣的護理及其預防之道如下：

1.打嗝：胃中吞入的氣體可藉打嗝而排出。
2.由胃腸壁吸收或由肛門排出，如腸蠕動快速或腹瀉者，其腸內氣體排出的較多。
3.應有正確的飲食習慣及規律的如廁習慣。
4.避免食用產氣食物。
5.可局部使用驅風油。

注意，鼓脹較硬且帶壓痛的「膨風肚」可能代表肚內有問題，要帶寶寶給兒科醫師做詳細的檢查。

◆嘔吐及其護理

嘔吐（vomiting）是指胃及腹部的強力收縮而使胃內容物排出的情形。兒童常見嘔吐的原因有：(1)急性胃腸炎：大多是病毒性腸胃炎，或稱腸胃型感冒；(2)胃腸道阻塞：如腸阻塞、腸套疊；(3)急性胰臟炎；(4)合併其他感染，如上呼吸道感染、泌尿道感染；(5)食物中毒。

嘔吐的護理如下：

1.吃配方奶者禁食六至八小時，若症狀改善可給予口服電解質液，每次一茶匙，每十分鐘給一小口，不要讓胃負擔太大。
2.吃母乳者可繼續餵食，惟應減量、多次，每半小時餵四至五分鐘。如連續四小時都沒有吐則可開始增加餵食量。連續八小時沒有吐則可回到正常奶量。
3.1歲以上的孩子要脫水不容易，吐二至三次父母不需要太擔心。
4.針對特殊原因給予治療，如有脫水跡象者應儘速送醫治療：(1)眼眶凹陷，八小時都沒有尿尿，身體虛弱；(2)嘔吐物中有血；(3)

腹痛持續四小時沒有改善；(4)精神不濟、叫不醒、活動力差、抽搐。

5.若孩子超過二十四小時依然無法進食，或嘔吐症狀持續惡化，建議帶至醫院評估是否須需靜脈輸液治療以防脫水。

◆腹痛

大部分的腹痛往往找不到原因，且多半是良性的，而多數找得到原因的腹痛通常是由便祕所引起。這種腹痛常常在肚臍周圍發生，慢性腹痛若超過三個月，或者會影響小朋友睡眠或學校作息，且每次痛超過十五分鐘者，應找小兒腸胃科醫師進行診察。腹痛的特性有：(1)右下腹痛且一碰就痛；(2)小孩會漸歇性尖叫；(3)會吐出綠色膽汁；(4)小孩躺直時不敢彎腰；(5)下腹有疝氣。

(三)過敏性疾病

根據統計資料，目前有過敏性疾病者占人口的20%，也就是每五名新生兒中就有一位可能是過敏兒。過敏體質是指會對各種物質產生過敏反應的體質，而過敏是指生物體對外來的異物（也就是抗原）所產生的一種不適當反應，過敏是孩童期常見的疾病之一，包括氣喘、過敏性鼻炎、皮膚過敏（溼疹、蕁麻疹、血管性水腫）、食物及藥物過敏等。

過敏疾病的發生基本上是體質（遺傳）加上環境因素（過敏原）所共同造成。嬰幼兒的過敏原有：灰塵、花粉、植物、枯草和葉子、動物皮毛或羽毛、昆蟲的毒（如蜂或其他昆蟲叮咬）、食物中毒（如蛋、榛果類、巧克力、甲殼類動物、牛奶和麥等）……。

家人應尋找出過敏原，儘量避免嬰幼兒與過敏原的接觸。有過敏病兒的家庭，更應避免使用厚重的窗簾、地毯、彈簧床、毛質的沙發，所有的房間應保持乾淨，且以真空吸塵器打掃；還有應降低兒童抽二手菸的機會，家裡應少養貓、狗、鳥等動物。以下是判斷過敏兒的方式及因應：

1.有過敏疾病的家族史，則罹患機率是平常人的好幾倍。

2.小時候有異位性皮膚炎，長大後罹患其他過敏疾病的機會大增。

3.每次感冒皆伴隨喘鳴。

4.有慢性咳嗽，尤其半夜、清晨時症狀特別明顯。

5.清晨起床後常會連續打噴嚏、覺得喉嚨有痰。

6.時常覺得鼻子癢、鼻塞、眼睛癢，特別在整理物品、衣物時。

7.運動後或吃冰冷食物會劇烈咳嗽。

8.固定的皮膚癢，冬天或夏天流汗時感到特別癢。

9.因應方式：

(1)避免孩子接觸有呼吸道感染的人。

(2)避免曝露於濕冷空氣或是過度興奮激動。

(3)使用減敏療法及進行藥物治療。

◆塵蟎過敏

台灣有90%的過敏病起因於塵蟎，而塵蟎過敏最常見的症狀爲習慣性清晨打噴嚏、流鼻水、鼻塞、咳嗽、過敏性鼻炎、氣喘、過敏性結膜炎及異位性皮膚炎。

塵蟎屬蜘蛛之微小昆蟲，需在顯微鏡下才可觀察到，樣似昆蟲，大小約0.2～0.3mm，靠人及動物之皮屑爲生，喜歡在溫暖（25℃）、潮濕（70～80%）的環境下繁殖，家中的床墊、床單、棉被、枕頭、絨毛式沙發、布質窗簾及填充玩具均是塵蟎的最愛。塵蟎的排泄物和屍體是引發人類過敏的主要原因。

◆異位性皮膚炎及其護理

一旦皮膚接觸到刺激性的物質，如某種沐浴乳、衣服的螢光劑、洗衣精等，或吃到某些食物就會引發異位性皮膚炎。有時天氣變化也是主因，如乾冷的空氣，尤其是冬天。而皮膚會乾燥、發癢的原因就是皮膚表皮有細菌入侵，其症狀有：

1.皮膚乾燥、發癢、變厚，常生鱗屑，感染則有滲出液、濃液形成和結痂。

2.因搔癢會使嬰幼兒變得煩躁不安，無法入眠。

3.嬰兒最常侵犯部位爲臉頰、頸、耳後，及爬行時俯地部分之皮膚（手肘、膝蓋），而較大孩童侵犯部位爲耳後、頸及關節的皺摺或內側處。

異位性皮膚炎的照護措施有：

1.保濕（保養）：

(1)每天多補充水分，洗澡時最好泡澡十分鐘以上，但水溫不可太高。

(2)如孩子玩得髒兮兮，可先用沐浴乳重點洗腋下、胯下和腳，其他地方用清水洗。

(3)泡完澡要擦保濕乳液，凡士林因會將毛細孔給堵住，不建議使用。如正在急性發作期，已有在擦類固醇藥膏時，要先擦藥膏再擦保濕品。

(4)在白天使用「霜」（cream）類乳液，晚上使用（膏）（ointment）類乳液，加強保濕效果。

(5)可給予上學的孩子隨身攜帶無香料的保濕劑。

2.避免過敏原（保養）：

(1)儘量穿棉質的衣服，而不要穿毛衣，或其他會刮皮膚質料的衣物。新買的衣服要先洗過一次才可以穿。

(2)要避免其他致敏的環境或物質：如太熱、太冷、太乾、化學物質、洗潔精、衣服的螢光劑等。

(3)游完泳後要泡個澡，把身上的消毒劑洗掉。

(4)如懷疑吃了某種食物會使症狀更惡化，可暫停兩週完全不碰那樣的食物，過後再給孩子吃一次，若皮膚在二十四小時內又再

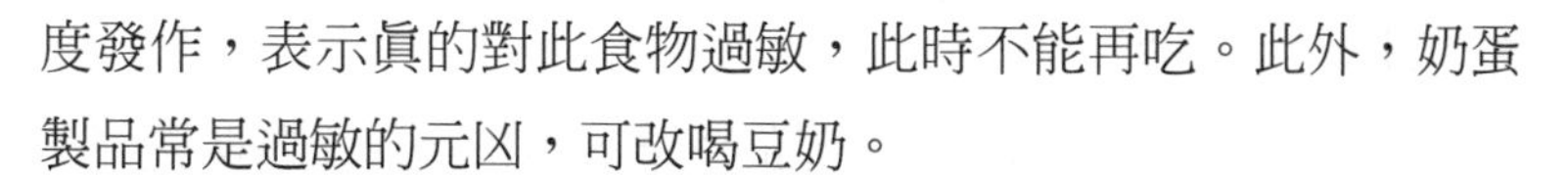
度發作，表示眞的對此食物過敏，此時不能再吃。此外，奶蛋製品常是過敏的元凶，可改喝豆奶。

3.止癢（治療）：只要看到嬰幼兒身上有搔癢的部位，就要開始用藥，如口服抗組織胺在急性期可幫助止癢，不要等到皮膚抓爛了才開始看醫生與用藥，那時就怕爲時已晚。

4.抗發炎藥膏（治療）：藥物的治療須配合醫師，遵照醫囑選擇適合孩子的藥劑，並依醫師指示用藥與持續治療。常見的用藥有：類固醇、二線藥膏（一種免疫抑制劑，如普特皮、醫立妥）、普麗液、抗生素藥膏等。

◆過敏性鼻炎及其護理

過敏性鼻炎會連續不停地打噴嚏、流鼻水及鼻部發癢，或流眼淚、眼睛癢、鼻塞、張口呼吸，及下眼瞼有黑圈，更嚴重時會有頭痛，尤其是偏頭痛的症狀。其護理原則如下：

1.按醫生囑咐服用抗組織胺類藥物，勿自行亂服成藥。若有過敏症狀加劇時或使用藥物出現副作用而影響幼童之日常生活者，應再次請教醫師。

2.控制環境及避開過敏原：使用吸塵器以減少灰塵量，及定時清除空氣調節機內的過濾網；花粉方面則少種會引起過敏的花草；在黴菌多的地方使用除濕機；勿使用或飼養有毛的玩具及動物。

3.減過敏法：若過敏原無法清除或避免，可找出過敏原爲何，再使用減敏感法治療，增加小朋友對過敏原的忍受性而減輕症狀，甚至使症狀消失。

4.應進行適度的運動，使交感神經及副交感神經獲得平衡，如游泳、柔道等。

◆中耳炎及其護理

中耳炎是6歲以內兒童常見的疾病，常併發於上呼吸道感染之後。中耳炎也是導致嬰幼兒聽障的一大因素。臨床上患孩會發燒，主訴耳朵痛、聽力減退，或不會表達的幼兒則啼哭不停表示，尤其不准人碰觸耳朵。

中耳炎之治療標準爲抗生素使用十天，急性時期可使用退燒、止痛劑，如症狀嚴重，須請耳鼻喉科醫師作鼓膜切開引流術。中耳炎的追蹤檢查是絕對必要的，如合併持續性中耳積水或耳膜破洞，必須請耳鼻喉科醫師澈底治療，否則會導致聽障。

反覆發作的中耳炎或慢性中耳炎均須請耳鼻喉科醫師做澈底檢查。

(四)傳染性疾病

患孩嘔吐、腹瀉、腹痛、發燒大部分是病毒引起的，如腸病毒、輪狀病毒，但也有細菌引起的，如大腸桿菌、沙門氏桿菌、金黃色葡萄球菌等，如症狀嚴重，宜住院打點滴，讓腸胃休息，較輕度者，可先打止吐針，再服用藥物。

飲食方面以清淡、簡單爲主，如白飯、白吐司、饅頭、水煮麵線等，嘔吐厲害的患孩宜少喝牛奶、可樂等，養成良好的洗手習慣及衛生習慣、吃新鮮的食物是預防腸胃炎最好的方法。

◆腸病毒群感染及其預防護理

腸病毒可區分爲幾大類，包括小兒麻痺病毒3型；克沙奇病毒有29型；伊科病毒有34型；新型腸病毒有4型，包括68-71型。其中以腸病毒71型肆虐台灣，爲致死病人最多的一種病毒。

衛生局表示，腸病毒的傳染力極強，有五至八成的患者是沒有臨床症狀或臨床症狀極爲輕微，大部分病例過幾天之後會自然痊癒。其中，最典型的手足口症是口腔黏膜、上顎、牙齦、舌頭有多處潰瘍；或手、足、口、臀部及膝蓋等部位會出現零散之紅疹或小水泡，也會有微燒、疲倦、厭食等症狀，病程爲七至十天。

腸病毒的傳染力從發病前一至兩天迄發病後一週內的傳染力最強，可持續存在於病人的口鼻分泌物中達三至四週之久，而其腸道糞便排出病毒的時間可持續六至八週之久，10歲以下兒童易受感染，3歲以下則易出現併發症。

腸病毒在一開始時多數類似一般感冒的症狀，大部分的病童皆會自然痊癒，僅有少數會發生合併症，此時須給予積極性的治療。其護理原則如下：

1.給予充分的休息及水分，並鼓勵病童進食。
2.口腔出現水泡潰瘍時，應注意口腔清潔與衛生。病童因口腔出現潰瘍疼痛而無法進食時，須給予冰、軟的高熱量食物，如布丁、冰淇淋、優酪乳、豆花、果凍等。
3.注意病童體溫的變化，發燒時應做適切的處理，並注意觀察病童有無嚴重脫水現象，以防脫水、休克。
4.謹愼處理病童的排泄物，處理完應立即洗手，並協助病童於用餐前及如廁後洗手。
5.若發現病童有以下症狀時，應儘快就醫：
 (1)持續發燒、嘔吐及頭痛。
 (2)病童意識不清、嗜睡（叫醒即又睡著）、躁動不安、眼神呆滯。
 (3)病童處於休息或無發燒狀態時，心跳異常加速，並高於140次／分。
 (4)身體任一肢體出現無力或走路不穩，睡覺時雙手會像受驚嚇似的不自主抽動。

由於目前無任何疫苗可供預防腸病毒，故增強個人免疫力，注意營養、均衡飲食，有充足的運動及睡眠爲唯一良方；此外，幼兒之主要照顧者宜注意個人衛生，若家中有其他幼兒，應將病童與其他幼兒隔離照顧並分房睡，並向病童之幼兒園所請假，以免傳染至其他兒童，當然也要避免與病童分享食物乃至共用餐具。

衛生局呼籲，家中孩子如出現腸病毒症狀，仍請家長落實「生病不上課」，避免傳染給同學及家中年齡較小的孩子，並注意如有5歲以下嬰幼兒因屬腸病毒重症高危險群，應特別注意是否出現併發重症的前兆病徵，以免錯失治療的黃金時間。並提醒家長、幼托機構與學校切勿輕忽腸病毒威脅，時時落實幼童勤洗手，環境消毒則可以用漂白水稀釋後，以抹布沾濕擦拭桌椅、床沿等經常碰觸到的地方。

◆輪狀病毒腸炎及其預防護理

輪狀病毒是一種極容易造成腸炎的病毒，在電子顯微鏡下呈車輪狀，因而得名。被輪狀病毒感染後，孩子可能出現的症狀是發燒、皮膚紅疹、嘔吐與腹瀉。有些孩子因爲嘔吐腹瀉嚴重，導致脫水、酸中毒與電解質的不平衡，必須住院用靜脈方式加以矯正。輪狀病毒疫苗雖已開發，但使用並不是很成功。因此預防輪狀病毒感染，目前仍以注重衛生爲主。

◆水痘及其預防護理

水痘的病毒的主要侵犯對象是嬰幼兒與孩童。孩子被感染之後，經過十至二十天的潛伏期就可能發病。在潛伏期，孩子的呼吸道就有病毒存在，可以傳染給其他人。水痘發病的初期症狀是發燒、倦怠、厭食、頭痛與腹痛。疹子多屬廣泛性，嗜中央性，亦即身軀比臉部和四肢都多。疹子的特色是紅疹、水泡、結痂三個階段同時存在，這些疹子十分的癢，孩子受不了就會去抓，造成繼發性細菌感染。水痘也可以誘發腦炎與腦膜炎，有些病人也有可能發生雷氏症候群。

目前，水痘仍然沒有特效治療，我們所能提供的，只是使症狀減輕與支持療法而已。在預防方面，給孩子施以疫苗接種是最佳辦法。

(五)其他常見疾病

◆流鼻血的預防護理

流鼻血的小孩不可平躺下來，因為平躺會使血液流向頭部，血壓增高，鼻血會流得更厲害。不可用棉花或紗布塞入鼻孔，因為粗糙的異物會破壞鼻黏膜，使微血管更脆弱、更容易流血。一遇幼兒發生流鼻血時，應：

1.首先安撫小孩讓他安靜坐正把頭抬高，這樣會降低血壓，指導小孩用大拇指及食指緊壓鼻子下半部的柔軟處，至少要壓十分鐘以上以達到止血。
2.教導幼兒不要常挖鼻孔，適時給予機會教育。
3.如果合併其他部位的流血，或發作太頻繁，出血量太多，應請小兒科醫師檢查。

◆小兒尿床的預防護理

小兒尿床可分為下列兩種：

1.原發性尿床：與基因身體的發展與神經系統的成熟有關。
2.次發性尿床：多半由於身體疾病或心理因素而造成。

嬰幼兒在3歲半以後，控制排尿系統才發育成熟，尿床機率上以男孩尿床的現象較女孩多出一半。2歲半以後尿床機率50%、3歲25%、6歲10%，以後每年平均減少10%左右。在英美兩國調查中，18歲的男孩約有1～3%會尿床。

尿床的因素如下：

1.疾病因素：有泌尿道感染、先天性尿道下裂、脊髓神經病變等。

2.情緒因素。

3.可能與遺傳或食物過敏有關。

針對嬰幼兒尿床其治療方式可採用藥物治療法與行為治療法。

◆誤食異物

1.誤食腐蝕性的東西：嬰幼兒最常誤食的腐蝕性東西為包粽子用的鹼、清理廚廁用的強酸強鹼，此種腐蝕性東西一旦誤吞下去，數秒鐘之內就會把所有組織破壞，需立刻送醫，不可強迫孩子喝開水或催吐，尤其不可插入鼻胃管加以洗胃。

2.食道內異物：吞入者可能有胸痛、吞嚥困難、口水流出之現象。須確認吞入之物體為何，如為尖銳東西、電池、含鉛物體等較危險，應就醫請教，切勿用土方法讓小孩嘔吐。

3.氣管內異物：異物吞入氣管內常發生於玩耍或進食中，且多發生在4歲以內的小孩。吞入者會有突發其來的咳嗽、呼吸困難、哮喘、失聲、發紺，如有這種情形表示氣管阻塞，須作緊急處置，盲目地挖嘴巴要他們吐出來是很危險的。有些氣管內異物，只產生局部性阻塞，所以臨床上沒有那麼急性的表現。如果孩童有不明原因持久性的呼吸困難、哮喘、嚴重咳嗽、聲音瘖啞，必須就醫查明原因。

◆尿布疹

幾乎每個嬰兒都發生過程度不一的尿布疹，也因此幾乎每一父母都曾為小寶寶的紅屁股傷透腦筋。造成尿布疹的可能因素很多，尿布的材質、個人的體質、尿液的滯留、局部的微生物等都會相互影響。

以前常以為是尿液中的氨（即阿摩尼亞）刺激皮膚引起尿布疹，最近的研究卻發現氨與尿布疹並無直接關係，反而是尿液被細菌分解後使局部環境的酸鹼值（即pH值）提高，而使糞便中一些酵素活性升高，因而刺激皮膚所致。

因此選擇尿布或尿片應慎選材質，減少因材料本身所引起的過敏。此外，吸收力佳的尿布，能將尿液與糞便盡可能隔離，可減少尿布疹發生的機率。勤換尿片保持局部乾爽，則是最重要的步驟。

由於尿布內的溫、溼度較高，因此常會併發念珠菌感染，使原本的病況更爲加重。值得注意的是，念珠菌感染也常因使用的局部藥膏不適當而引發；所以，有問題應請教醫師，切莫拿小寶寶的皮膚當試驗品。

◆嬰幼兒溼疹

嬰幼兒的皮膚較成人顯得爲單薄，毛髮較少，汗液與皮脂腺的分泌也較不足，因此皮膚的保護層相對地減了很多，於是各種物理、化學或生物性的刺激，均可能傷害到嬰兒的皮膚。

嬰兒臉部產生溼疹是由於新生兒及嬰兒的皮脂保護層分泌不足，在溫度、溼度較低的環境下無法適應，因此在冬天常可見到許多小寶寶臉上紅通通的，皮膚表面乾而粗糙，甚至會有脫屑或是皸裂的現象；因此保護之道是適當給予足夠的油脂保護層，並減少暴露於冷空氣中，嚴重時則應該給醫師診治。

二、嬰幼兒的口腔保健

牙齒是口腔內最明顯的構造，且牙齒健康情況會影響身體其他各部位的健康，更是能咀嚼食物、清楚說話，並綻放燦爛與自信笑容的重要一環。造成牙疼的原因很多，其中以蛀牙之牙疼最爲常見，多因兒童時期即疏於保養所造成，如三餐飯後未刷牙和漱口，加上害怕看牙醫，及缺乏牙齒衛生保健之觀念所致。

(一)兒童口腔保健從零歲開始

大約在母親懷孕六週時，孩子的牙齒便開始發育，因此牙齒的數目、大小及形狀是早在胚胎時期就已決定了。牙齒是否能夠發育正常除了受到遺傳的因素影響之外，母親懷孕過程是否順利，以及母體的營養攝取是否足夠等，都會影響孩子牙齒的健康。因此，口腔保健必須從零歲開始。

◆認識牙齒

1.牙齒外形：

(1)齒冠：係指露出齒齦的部分，即是牙齒最上面被琺瑯質覆蓋之處，可穩固牙齒並減少咀嚼所產生的摩擦力。

(2)齒頸：係指齒冠與齒根接合部分。

(3)齒根：係指未露出牙齒的部分，即是被齒齦環繞之處。

(4)牙釉質：即牙齒最外一層的琺瑯質，也就是白色那一層，為人體中最堅硬的組織。它除了咬碎食物外，也保護下層的牙本質，好比衛兵一般。但它不具有神經與血管。一旦形成之後絕對不會再生，因此當它有蛀洞產生後是不可能像人體其他組織會再自行修復。

2.牙周組織：牙周組織是由牙周膜、牙槽骨和牙齦三部分組成，主要功能為支援、固定和營養牙齒。其營養物質通過血液供給牙髓，而牙髓的神經、血管通過根尖孔，與牙槽骨和牙周膜的血管、神經相連接以營養牙齒。

(1)牙周膜（periodontal membrane）：位於齒根與齒槽骨之間，是一種緻密的纖維軟組織，有穩固牙齒的作用，故又名「牙周韌帶」。

(2)牙槽骨：包圍在齒根周圍顎骨的突起部分，而形成牙槽窩，其齒根直立其中，使牙齒和牙槽骨緊緊地相連接而便於咀嚼。

(3)牙齦（gingival）：覆蓋在牙槽骨的表面，環繞於牙齒並覆蓋上、下顎骨的口腔黏膜，邊緣呈弧形，即俗稱的「牙肉」、「牙花肉」之處。可對抗咬合時的壓力和外來刺激的功能，刷牙或按摩牙齦均可增強此功用。

◆牙齒的功能

牙齒的功能有：

1.咀嚼：是牙齒的首要功能。

2.發音：沒有牙齒發音會不準確，如ㄈ、ㄊ、ㄉ、ㄙ等音，說話會漏風。

3.美觀：缺了牙齒會造成顏面塌陷。

◆牙齒的外觀

牙齒的外觀有：

1.門齒：前面的門齒通常是用來切斷食物，所以有時又把門齒標為「切齒」。

2.犬齒：用來撕裂食物。

3.小臼齒：用來磨碎食物。

(二)牙齒的發育

人類是雙齒列動物，不同部位的乳牙會在不同的時間由恆牙所取代。乳齒列共二十顆乳牙，所以恆齒列的三十二顆牙齒中，有二十顆恆牙為乳牙繼生齒，用以替換乳牙。剩餘的十二顆皆為大臼齒，一生只萌發一次，其中第一大臼齒因大多在6歲萌出，故又有「6歲齒」之稱。

◆**乳牙的萌出時間**

乳牙的萌出順序有一定規律的，即成對出現、先下後上萌出，下顎乳齒長牙的時間較上顎約快一至兩個月，其生長順序如**圖7-2**，約6～7歲時開始掉落。乳齒可說是恆齒萌出前的空間維持者，其萌出時間如下：

1.嬰兒的牙齒在母親腹中約五至六週即開始發育。

2.嬰兒出生後約六個月至3歲是乳齒的萌出期。長牙的速度有個別差異性。第一顆乳牙生長時間，約於出生至1歲之間皆屬正常範圍，95%的嬰兒為六至八個月大時開始長牙。

3.大約在2歲半到3歲半之間，孩子會長齊二十顆乳牙。

乳牙的功能是作為：(1)咀嚼食物；(2)誘導恆牙萌發，以及當作「空間維持器」；(3)發音及美觀；(4)促進顎骨正常的發育。

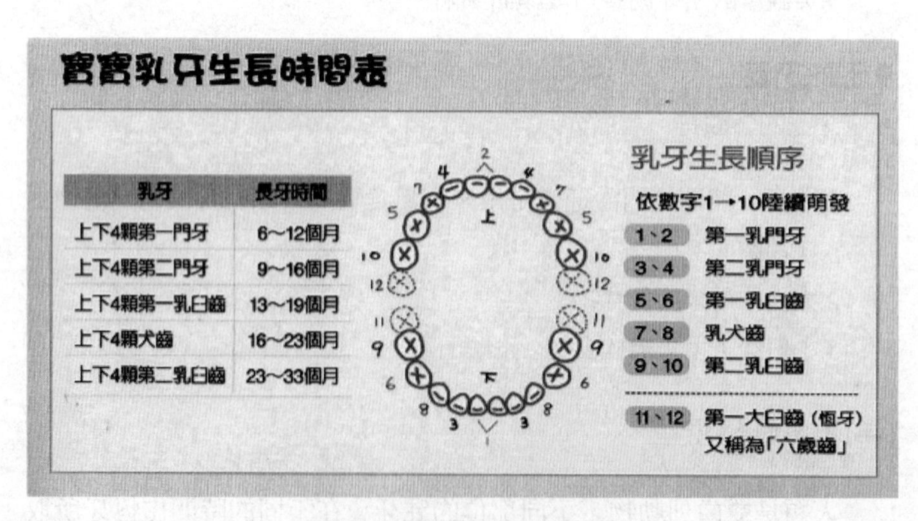

乳牙	長牙時間
上下4顆第一門牙	6～12個月
上下4顆第二門牙	9～16個月
上下4顆第一乳臼齒	13～19個月
上下4顆犬齒	16～23個月
上下4顆第二乳臼齒	23～33個月

圖7-2　寶寶乳牙生長時間表

資料來源：內政部兒童局（2011）。《作一個優質保母》，頁51。

(三)何謂「換牙」？

當孩子步入換牙期，乳齒便會因牙根收縮而變得鬆動，後依序脫落，此時恆齒便會在空位上逐漸長出。換牙期大約自6歲開始，到12、13歲時結束。恆齒長出時有其次序：

1.在6～8歲期間，第一大臼齒出現，及門牙開始替換。
2.在9～12歲期間，犬齒、小臼齒和第二大臼齒陸續長出，取代乳齒的位置。
3.第三大臼齒（即智慧齒）約在17～25歲期間長出，但是否長出則因人而異。

◆恆齒的萌出時間

6歲開始換牙，至小學畢業時則幾乎全部更替完成（亦稱永久齒），意即小學時期（約6～12歲）係乳齒與恆齒交替之換牙時期，稱為「混合齒列時期」（**圖7-3**），此時期有三項特徵：

1.第一顆恆齒是從正中線向兩側數起的第六顆牙齒。
2.顏色較其他乳齒黃，因恆齒的琺瑯質較透明，而顯現出牙本質原本的黃色。
3.恆齒咬合面積較乳齒大。每個兒童換牙速度不一，此階段極具關鍵性，因此建議平均每三個月檢查牙齒一次。

每個兒童的萌出順序並不是二十顆乳齒一起換成恆齒，而是依照一定的順序，由前而後，須歷經四至六年才能全部換好。

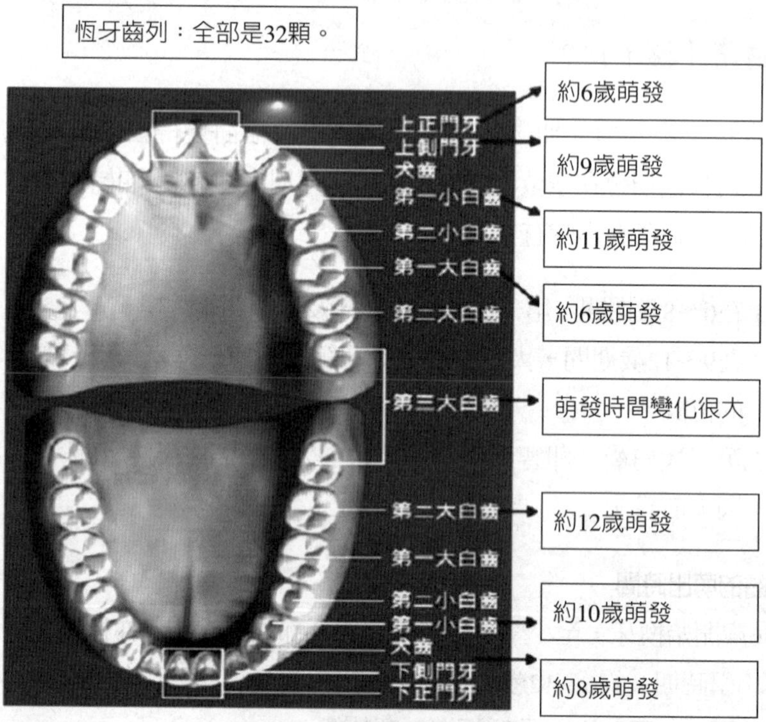

恆牙齒列：全部是32顆。

上正門牙　約6歲萌發
上側門牙　約9歲萌發
犬齒
第一小白齒　約11歲萌發
第二小白齒
第一大白齒　約6歲萌發
第二大白齒
第三大白齒　萌發時間變化很大
第二大白齒　約12歲萌發
第一大白齒
第二小白齒
第一小白齒　約10歲萌發
犬齒
下側門牙　約8歲萌發
下正門牙

圖7-3　恆齒的萌出時間表

資料來源：台南市衛生局（2013）。

(四)兒童的口腔保健

兒童常見的牙齒問題有：齲齒（蛀牙）、奶瓶性齲齒、牙周病、口腔癖習與牙齒斷裂等。依衛生署每五年所進行之各年齡層口腔健康指標的監控結果顯示，國人的口腔衛生狀況不佳，其中以齲齒及牙周病最常見，亦最爲嚴重。

齲齒簡單的說就是口腔殘留食物，所含碳水化合物逐漸滲入牙菌斑，被其中細菌利用產生「酸」，「長時間」與牙齒「接觸」進而破壞齒表面，使牙齒脫鈣，經一段時間後，牙齒結構澈底崩潰而出現窩洞就是齲齒。即：

含糖類食物 —牙菌斑（牙結石）/突變形鏈球菌→ 乳酸

—酸性環境→ 牙齒脫鈣 —形成凹洞→ 齲齒

導致齲齒的原因有：

1.缺乏口腔保健的正確觀念。
2.未養成餐後潔牙的習慣。
3.潔牙習慣仍停留在過去的模式。
4.未定期口腔檢查。

上述這些原因皆是造成兒童齲齒發生率居高不下的主因，尤以日常生活中，父母對兒童口腔衛生的疏忽。

◆正確的刷牙習慣

兒童使用的牙刷，刷毛要軟才不會傷害牙齒與牙齦，並且應刷頭小、刷柄大，才易使用，於口腔中亦較好迴轉，且牙刷須定期更換（平均時間三個月），保持刷毛直立、不分叉。牙刷的正確握法為食指至小指四個指頭握住刷柄，大拇指前伸抵住刷柄，有如對別人比出「讚」的手勢。正確刷牙的時間如下：

1.飯後刷牙：進食後三至五分鐘內刷牙，可減少酸性物質與牙齒接觸的時間，遇無法刷牙時，至少必須漱口，以除去口中食物殘渣。

2.睡前刷牙：此點對於保護小兒牙齒、預防齲齒最爲重要。

3.早起刷牙：務必將牙齒刷乾淨之後再吃早餐。

◆零歲寶寶的口腔清潔

從寶寶出生開始，父母就要爲寶寶清潔口腔；等到長出乳牙時，更要爲寶寶澈底做好牙齒清潔的工作，才能維持口腔健康、預防奶瓶性齲齒的發生。目的是爲了保持口腔清潔，及讓寶寶從小習慣清潔口腔的感覺。

在爲寶寶清潔口腔時可選擇光線充足的環境，才能清楚觀察到寶寶口腔的每一部位，清潔口腔時可唱歌、講話，讓寶寶覺得清潔口腔是一件愉快的事情。口腔的清潔步驟如下：

1.準備4×4公分的紗布數塊（或棉花棒），開水一杯。

2.一隻手抱住嬰兒，另一隻手清潔口腔及牙齒。

3.未長牙前：

(1)將紗布裹覆於食指上，再以開水沾濕紗布。

(2)將裹覆紗布的食指伸入口腔，擦拭舌頭、牙齦和口腔黏膜。

4.寶寶長牙後：換乾淨的紗布，沾濕後裹覆於食指，以水平橫向的方式清潔乳牙。

並非要等到寶寶開始長牙，才需要爲寶寶清潔口腔。事實上，在寶寶出生後，最好每次喝完奶，父母都能爲寶寶清潔口腔。爲了預防奶瓶性齲齒，要避免讓寶寶含著奶瓶睡覺。如果寶寶一定要含著奶瓶才能入睡，至少奶瓶奶嘴必須先清潔乾淨，並且只能裝白開水。

◆1～3歲寶寶的口腔清潔

大約在2歲半到3歲半之間，孩子會長齊二十顆乳牙。但是根據衛生署發布的資料顯示，才剛長好牙的3歲幼兒，卻已經有30～50%的比例罹患了奶瓶性齲齒。要預防奶瓶性齲齒，就必須做好口腔保健的工作，因此父母要擔負起為1～3歲孩子清潔乳牙的工作，並定期帶孩子進行口腔檢查，以保持幼兒的口腔清潔，同時也要養成幼兒清潔口腔的習慣，正確指導幼兒練習刷牙的動作。

幫孩子刷牙時，要營造愉快的刷牙氣氛，才能讓幼兒喜歡刷牙。剛開始替幼兒刷牙時，主要先讓他習慣刷牙的姿勢、動作，再逐漸要求要刷得乾淨，其清潔步驟與注意事項如下：

1.準備牙刷、漱口杯、漱口水、牙膏等，選擇幼兒專用的軟毛小頭牙刷，一旦刷毛出現磨損或彎曲，應立刻更換新牙刷。含氟牙膏可有效減少蛀牙機會，若幼兒無法吐出牙膏時，仍以清水刷牙即可。

2.年紀較小的幼兒，大人可坐在沙發或床上，讓幼兒把頭枕於大人腿上。年紀較大的幼兒，大人可坐在幼兒身後，將幼兒的背靠於大人身上（大腿或小腹），讓幼兒的頭輕微向後仰，如此大人就可以看到幼兒口腔的每個區域。無論何種姿勢，大人皆需一手托住幼兒下巴，再以另一手幫幼兒刷牙，並將幼兒的頭部偏45度角，以防止口水哽在喉頭。

3.幼兒的乳牙因面積較恆牙小，且形狀矮胖，可採用水平式的橫向刷法。

4.教導幼兒以手比「讚」的姿勢握住牙刷，大人再握住幼兒的手。

5.將刷毛對準牙齒與牙齦交接的地方，牙刷與牙齒應呈45～60度角，同時將刷毛向牙齒輕壓，使刷毛略呈圓弧。

6.牙刷定位後，開始作短距離水平運動，一次刷兩顆牙齒，前後來回約刷十次；刷牙齒咬合面時，刷毛與咬合面垂直，也是一次刷兩顆牙齒來回地刷。

7.每刷完一個區域之後，可讓幼兒漱漱口，且刷牙時力量要適度，

以免刷痛牙齦。

何時開始使用牙刷幫孩子刷牙，其實並沒有一定的標準。通常是在孩子長出較多牙齒，而且習慣每天清潔口腔時開始。因爲孩子的手部協調性不夠，不能做過於精細的動作，父母仍必須協助孩子每天清潔牙齒，且應避免讓孩子常吃糖分高、黏性強的食物，也不要讓孩子含著奶瓶睡覺，才能有效預防乳牙齲齒。

◆4～6歲寶寶的口腔清潔

大部分的孩子在5歲半到6歲半之間開始進入換牙的階段，在此階段非常容易發生蛀牙的問題。故父母應督促、檢查孩子刷牙，也可以用牙線每天爲孩子清潔齒列，或是使用氟化物（如含氟牙膏、牙齒塗氟、服用氟錠等），對預防蛀牙都很有效。

4～6歲的寶寶主要應教導養成刷牙的習慣，並學習正確的刷牙方法，以保持口腔清潔。其清潔步驟與注意事項如下：

1.準備牙刷、牙膏、漱口杯及漱口水、毛巾、鏡子。

2.讓孩子坐或站在鏡子前，對著鏡子自行練習刷牙。

3.教導孩子擠適量的牙膏於牙刷上（0.5公分長，如豌豆大小）。

4.讓孩子自行以手比「讚」的姿勢握住牙刷。

5.與孩子一起念刷牙口訣，如「右邊開始，右邊結束」、「先刷上排牙齒，再刷下排牙齒」，讓孩子習慣刷牙的順序。

6.輕刷十五至二十下或刷完一個區域後，讓孩子吞一下口水，告訴孩子可以視自己的需要漱口。

7.刷完牙後，讓孩子自行以毛巾擦乾嘴巴。

8.檢查孩子的牙齒是否刷得乾淨，並教導孩子清潔牙刷及漱口杯，讓他將牙刷及漱口杯歸位。

幼兒在每次餐後及睡前都應該刷牙。如果無法在每餐後清潔牙齒，至少每天在睡覺前，父母必須以牙線協助孩子清潔齒縫間和牙齦下緣，並爲孩子澈底刷牙。此外，不要經常讓孩子吃糖分高、黏性強的食物，或是常喝含糖飲料；並且每三個月至半年進行一次口腔檢查，請牙醫師視需要爲孩子牙齒塗氟或服用氟錠，就可以有效地避免蛀牙。

孩子在換牙期間牙齒會自動脫落，而當乳牙很鬆動時，也可以用紗布包著拔除，再以乾淨紗布或棉花，讓孩子咬緊止血就可以。孩子在換牙階段，很容易發生蛀牙。如果發現孩子出現蛀牙，或是乳牙尚未脫落，恆牙已開始冒出等牙齒問題，就必須尋求牙醫的協助，進行適當的治療。

綜上所述，在嬰幼兒階段時，讓寶寶每天自然地看到成人在刷牙。待寶寶能自行坐或站時，就可以開始幫寶寶刷牙。一直至幼兒2歲左右時，約在乳牙長齊時，才是正式訓練其刷牙觀念的重要時期，此時兒童不可能刷得很乾淨，基本上還是得等到幼兒約在6～8歲時，才能靈活運用手部動作，家長須耐心地爲幼兒檢查或清潔，這是非常重要的一環。

遠離蛀牙的飲食三大守則

家長須謹記並遵守遠離蛀牙的飲食三大守則：

1.均衡飲食讓牙齒更健康，為孩子做好飲食管理。
2.減少甜食的攝取量。
3.減少食物殘存口中的時間。

三、嬰幼兒的視力保健

新生兒眼睛尚未發育完全，但是對光線的刺激，仍會有眨眼的反

應，而且張閉自如。如果當您發現寶寶的眼睛不能自然的張開，或是眼球不停地振動，或是有不正常的瞳孔，如白色瞳孔等異常現象時，一定要儘快找醫師檢查。尤其早產兒會有比較高的眼病發生，所以家長需要更加注意。至於視覺是怎麼發展的？新生兒的視力會隨著腦部發育，以及眼球周圍的肌肉越來越有力量，而逐漸發展成熟：

1.剛出生的寶寶會把臉轉向光亮的地方，也會眨眼。
2.寶寶八週時，他的視線能有焦點。
3.寶寶十二週時，他的視線會跟隨移動的玩具；但太小的玩具就比較不容易跟上。
4.寶寶六個月時，會開始移動自己的身體，好看清楚自己感興趣的東西。
5.寶寶2歲時，即使是很小的東西都可以看得很清楚，而且追隨得很好。
6.寶寶3歲時，對於色彩的視覺已經發育得很好，視神經的發展也都很完全了。

在寶寶六個月前，由於視覺機能尚未發育完成，因此很有可能發生斜視的狀況，例如鬥雞眼等症狀；這時先別過於驚慌，可以先找眼科醫師做初步檢查，同時需要父母持續觀察記錄孩子眼睛的情況；如果已經到六個月，寶寶的狀況都沒有改善，便可及早由醫師來爲孩子矯正治療。

四、嬰幼兒的聽力保健

「早期發現，早期治療」一直是衛生福利部宣導多年的口號，對於嬰幼兒來說，聽力問題能早期發現是相當重要的事。在生活中，家長可以從孩子對聲響、與人互動的反應，及語言發展的情形來觀察孩子是否有聽力問題，當懷疑孩子有問題時，應迅速就醫做進一步的檢查。

爲了更早發現聽障嬰幼兒，醫療界已發展出新生兒的聽力篩檢工具，目前國內亦倡議做全面性的新生兒篩檢，但在此項全面性篩檢尚未實施前，若您的孩子是屬於下列「高危險群新生兒」，建議您可讓孩子接受新生兒聽力篩檢，以早期發現孩子的聽力問題；瞭解聽力障礙發生的原因後，應積極與醫師、聽力檢查師、語言治療師、家庭成員等共同配合擬定後續的療育計畫。以下爲應進一步評估聽力情形的嬰幼兒：

1.父母親任一方有聽障方面的家族史。
2.母親懷孕時的頭三個月感染了德國麻疹或其他病毒性的疾病。
3.出生時體重低於1,500公克。
4.出生後有黃疸病史。
5.出生時有缺氧現象。
6.出生後有細菌性腦膜炎的病史。
7.頭頸部有先天異常，如小耳症、外耳道狹窄、顏面骨狹小等。
8.眼珠爲藍色或額頭有一撮白頭髮。

第三節　嬰幼兒的預防接種與用藥常識

幼兒用藥父母一定要格外謹慎，因爲幼兒的許多生理發育尚未完全，如果服用的劑量過高的藥可能會出現藥物中毒或過敏的情形。兒童給藥是一門藝術，小孩子生理心智都還在發展階段，未成熟的器官、虛弱的抵抗力，對藥物的代謝速度和大人大不相同，危險指數也比大人高。用藥時應特別注意小孩子並不等於是體積縮小的成年人，所以父母對孩子服藥應該特別關心。衛生福利部提倡「兒童並非是成人的縮小版」是很重要的觀念，因爲：

1.胃部的吸收：新生兒及幼兒的胃腸蠕動較慢，食物乃至藥品的選擇自然應當不同。

2.肝臟的代謝：新生兒的肝臟功能只有大人功能的20～40%。

3.腎臟的功能：新生兒的腎功能約只有大人的30%，1歲左右才達到成年人水準。

4.皮膚的吸收：嬰幼兒皮膚通透性高，對於外用藥品的吸收較好。

一、兒童用藥的基本安全常識

兒童因個體不成熟而且尚在發育生長階段，如前所述，對藥物的吸收、代謝、排除等均與成人不同；也就是說，藥品滯留於體內的過程也與成人有差異。例如成人使用的外用藥品，用在兒童身上就可能因為兒童的皮膚通透性較好，導致吸收過多而產生毒性，故大人所使用的藥物，一般是不能給兒童使用的（uho優活健康網，2012）。

(一)兒童用藥三大原則

兒童用藥必須掌握下列三大原則：

◆藥量

1.兒童是大人的雛形，但不是大人的縮小體。

2.器官尚未發育成熟，吸收、代謝、排泄、敏感度等都與大人迥異。

3.兒童藥量是依據體重、年齡、身高等來計算。

4.儘量使用小兒專屬製劑。

5.應使用精確好用的量具與餵藥器。

◆專用藥劑（表7-11）

1.應依小朋友需求選擇適合劑型，如液劑糖漿、顆粒咀嚼錠等。
2.應附專用的量具餵藥器。
3.藥劑不苦好餵藥。
4.劑量清楚標示好掌握。
5.標示完整清楚，可確認藥品的正確性。

表7-11 兒童專用用藥與非專用用藥的比較

不合格的兒童用藥		兒童專用藥
類型	問題	特色
1.使用大人的藥丸錠劑，磨成粉給小朋友吃 2.錠劑剩半 3.藥水分裝，無完整標示說明	1.很苦、有怪味，不易餵食，反造成病兒嘔吐 2.不易掌握吃進的藥量 3.磨粉藥品易變質 4.藥物在磨粉器裡相互汙染 5.無法從外再次確認個別藥品的種類及劑量等訊息	1.依小朋友需求，選擇合適劑型。如液劑、糖漿、顆粒、咀嚼錠等 2.附專用的量具、餵藥器 3.不苦，好餵食 4.劑量好掌握 5.標示完整、清楚，可一再確認藥品正確性及安全性

資料來源：國民健康局（2011）。「用藥安全兒童版」修訂版。

◆藥袋標示（圖7-4）

1.取藥時應注意藥袋上之姓名。
2.須注意藥品總筆數及藥品數量。
3.須清楚用法、用量，尤其是第一次拿藥或為新開立的藥品時。
4.須注意藥袋標示之臨床用途及其應注意事項。
5.清楚一般之用藥指示。
6.明瞭此次領用藥品之保存方式。

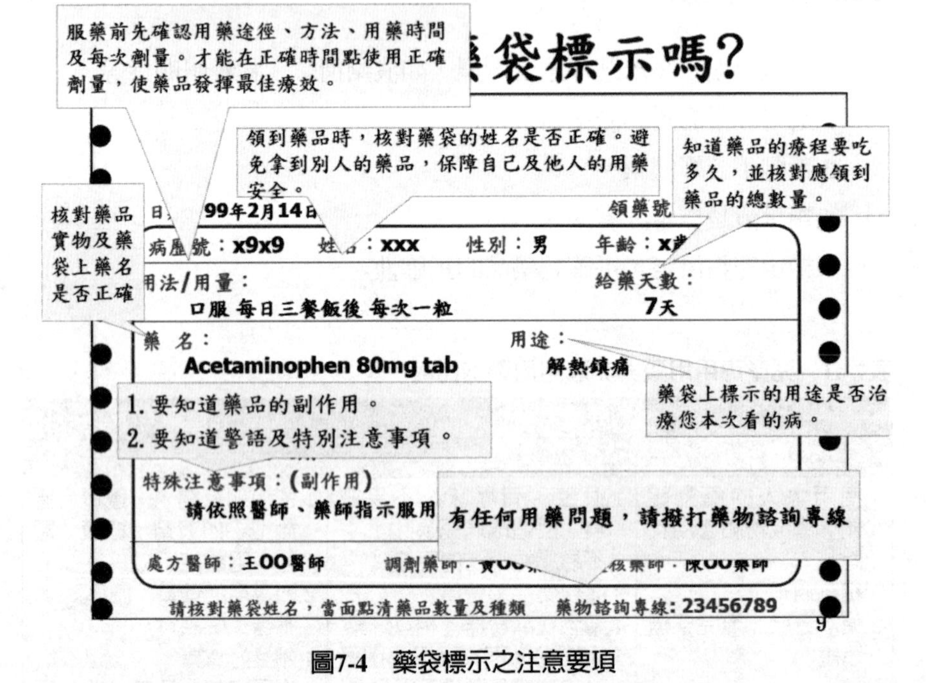

圖7-4　藥袋標示之注意要項

資料來源：國民健康局（2011）。「用藥安全兒童版」修訂版。

(二)兒童常用藥物之注意事項

兒童服用藥水時，父母親往往會有不知如何使用的困擾，如藥水的量取方式，量杯、滴管或口服針筒應該如何使用等等都是問題。基本上，當使用量大於5ml（毫升），可用小量杯取用，小於5ml，可用滴管或口服針筒較為準確；其次，黏稠性藥液則使用口服針筒，以減少藥品殘留，千萬不可當藥水是稀釋藥品的輔助劑，而使用家裡的茶匙或湯匙量取，導致劑量使用不準確，這是不宜的。以下是各項製劑的使用注意事項：

◆解熱鎮痛製劑

1.若孩童有不明發燒，請先就醫，切勿自行餵食退燒藥。

2.體溫＞38.5℃，可先給予口服退燒藥，並用溫水擦拭、使用冰枕或水枕降低嬰幼兒的體溫。

3.服用退燒藥後三十分鐘燒沒退，可以給予栓劑。

4.一般退燒藥給藥間隔為四至六小時。

◆口服抗生素製劑

1.抗生素須經醫師指示使用，不可任意用藥與停藥。

2.粉劑抗生素需加水，經搖勻溶解至指示刻度；切勿用手指攪拌。

3.稀釋後冷藏保存，依說明未用完藥品應丟棄，不可留待下次使用。

◆止瀉製劑

1.部分止瀉劑需空腹服用，故應注意藥品使用標示。

2.懸浮液使用前需搖勻，切勿自行摻水，以免影響藥效。

3.粉狀止瀉劑如需加水使用，請用適量的冷開水，切勿用手指攪拌。

◆支氣管擴張製劑

1.心跳加快、手指顫抖、臉紅熱感等情形為藥物作用，父母親等主要照顧者勿過於緊張。

2.噴霧藥劑應學習如何正確使用。

3.噴霧藥劑為止喘急救用藥，應隨時帶在身邊。

4.應隨時注意藥物之有效期限及其餘量，以免發生危險。

◆**類固醇製劑**

1.避免濫用藥物或自行停藥。

2.勿空腹服藥。

3.長期使用者必須注意有無出血的傾向。

4.噴霧劑使用後應刷牙或漱口，以預防口腔黴菌感染。

二、藥物的使用

「我的小孩發燒了，怎麼辦？」這是大多數父母的反應。許多家長對小孩子發燒存在著恐慌，往往是心焦如焚、緊張萬分，有些家長更是一分一秒都等不得，就怕小孩子會被「燒壞了」，因而猛灌、猛塞退燒藥。

事實上這些動作是很要不得的。「發燒」是由於許多各種不同的感染因素或非感染因素，在和人體的免疫系統作用後所引起的一種反應。大部分的小兒發燒是感染因素造成的，而其他非感染因素造成的發燒（如嚴重脫水、中暑、膠原病、癌症、身體組織破壞等）則僅占少部分。發燒的時候，呼吸、心跳會變快，且一開始會畏寒、發抖，因血管收縮而使得手腳冰涼、蒼白，甚至發紫，這些都是發燒時的正常現象，父母實不需要過度慌張，因爲輕微的感冒也常會引起40℃左右的高燒，也有可能會燒個三、四天以上，但這通常不會有什麼危險性，然而，致命的敗血症卻可能只有輕微的發燒，甚至根本沒有燒。所以父母親該關心的應該是小孩子得了什麼「病」，而不是要怎麼「快速退燒」。

其實，大部分的發燒，對正常小孩而言，並沒有什麼不良的影響或危險，主要會使小孩不舒服、食慾減低、嗜睡、頭痛、嘔吐等等，此時，讓小孩退燒的目的是要讓小孩子「舒服些」，而不是「治病」，家長因退燒心切，不顧醫師的指示，自作主張，一再地爲小孩猛灌、猛塞退燒藥，直到燒退爲止。殊不知如此不僅可能對小孩子的胃、肝或腎造成不良的副作用，甚至可能造成急性藥物中毒的現象（華一鳴，2012）。

兒童發燒時的處置應該是：(1)鼓勵幼兒多喝水，補充水分；(2)脫掉過多的衣物；(3)體溫高於38.3℃並有不適感時，可使用醫師給的退燒藥；(4)若爲夏季熱，可設法降低室內溫度到20℃以減輕小孩不適感；千萬不要自行使用退燒藥退燒。至於小孩發燒何時應該去看醫生：

1.發燒小孩的年齡在三個月以下。
2.發燒併有以下症狀時：呼吸急促、呼吸困難、呑嚥困難、脫水、耳朵疼痛、排尿不適。
3.發燒同時伴有嘔吐、嚴重頭痛、嗜睡、倦怠、脖子僵硬等疑似腦炎或腦膜炎症狀時。
4.熱性痙攣時。

(一)藥物的使用要領

◆口服錠劑及膠囊

使用口服錠劑及膠囊時，可先用湯匙將藥物壓碎，如可事先加水於湯匙使藥物軟化：

1.選擇兒童專用藥劑，如咀嚼錠。
2.儘量以原劑型整粒併用溫開水呑服。

◆口服液劑

1.每次使用前都應先搖勻，特別是懸液劑。
2.量取藥品時應使用適當的量器。
3.服藥量小於5ml者可使用口服注入筒或滴管，若服用量大於5ml，則可以小量杯量取。

4.注意藥品保存方式。

◆外用藥

外用藥在使用時可先於大人乾淨的手上塗開抹勻後，再輕拍覆蓋在幼兒的皮膚上，此外可選擇在嬰幼兒入睡時使用：

1.不宜塗抹過厚、過於頻繁。

2.使用於1歲以下的幼兒時需特別謹慎。

3.有不慎沾染部位，須予以清除，避免嬰幼兒誤食。

4.應注意外用藥使用後患部的情形，若有紅疹蔓延情形，應立即停用並就診。

(二)餵服兒童藥物要領

◆嬰兒

1.以毛巾或衣物包裹固定。

2.使用吸管或口服注入筒。

3.少量、多次給予（避免嗆到）。

◆幼兒

1.給予選擇權：服藥姿勢、場所、藥丸先後順序。

2.鼓勵幼兒合作。

3.服藥後給予糖果或飲料去味。

(三)藥品儲存要領

家中藥品應放置於安全的地方，或將藥品存放於有兒童安全包裝的藥瓶中，避免兒童輕易打開瓶蓋誤食藥品，影響身體健康：

1.使用兒童安全包裝藥品。
2.放在兒童或寵物看不到且碰不到的地方。
3.儲藥櫃應加裝兒童防開裝置。
4.應注意藥品存放期限，定期檢查儲藥櫃，清除過期藥品，例如：
(1)原包裝藥品：一般以六個月爲原則。
(2)磨粉分包：效期較短。
(3)部分懸浮液劑：冷藏可放置約七至十四天。
5.一般家用品、食品、藥品、清潔劑等化學物品應分開儲放，並應存放於陰涼、乾燥、避光、室溫的地方。
6.特殊藥品若有標示，應依標示存放，如冷藏。

三、兒童預防接種

(一)預防接種的定義與目的

傳染病是21世紀以前造成人類嚴重且大規模死亡的禍首，曾在西元1918年造成數千萬人大量死亡的流行性感冒，超過一次世界大戰的死亡人數。自從抗生素的發明，人類得免於微生物的威脅，進而研發疫苗之後，更是大大地降低了人類對於傳染病的恐懼。

人體在接觸抗原之後會產生抗體，以後若再接觸到此種抗原即具有免疫的效果，疫苗即是利用此種原理，將抗原或抗體給予人體，以防止疾病發生或使病情減輕。也就是說，預防注射的原理是利用低毒性或無毒性疫苗打到人體，使免疫系統針對外來抗原產生抗體（即抵抗力），一旦身體接觸到眞的病原體時，能很快動員起來，製造抗體來對抗病原體。新生兒需要預防注射的原因：

1.台灣人口密集、氣候溫暖、潮溼，傳染病原易滋生。

2.嬰幼兒及兒童的抵抗力低，易遭受感染。

3.預防接種是直接且具經濟效益的策略。

(二)預防接種紀錄的保存與補發

嬰幼兒自出生後各項疫苗接種的日期及接種單位等資料，便登記在「預防接種時程及紀錄表」手冊上（**圖7-5**），父母親應妥善永久保存，以提供後續醫護人員接種之參考。幼稚園、托兒所及國小新生入學時，必須繳交手冊紀錄影本，經校方及衛生單位檢查，若有未完成接種的疫苗，則安排進行補接種。若爲出國就學、工作或移民等，各國亦多要求檢查該接種證明。

遺失幼兒的接種紀錄，可向原接種單位申請補發，如在各不同地點接種，可先向戶籍所在地衛生所洽詢，如接種資料均經衛生所登入電腦（通常在衛生所或衛生單位合約的醫院診所接種，相關資料會轉介回戶籍地衛生所），則可由衛生所統一補發。

(三)預防接種項目

接種疫苗前應注意事項如下：

1.先觀察寶寶身體的狀況，體溫、消化系統是否正常，如果一切正常就可準備接種。

2.要著穿脫容易的衣服，方便護士注射疫苗。

◆公費疫苗

我國現行公費疫苗項目及其接種時程分述如下（**表7-12**）：

①卡介苗（BCG）

1.接種時程爲出生滿五個月接種一劑。

新生兒篩檢紀錄表

補助項目	補助時程	建議年齡	檢查日期	採集/檢查院所
新生兒先天性代謝異常疾病篩檢	出生1個月內	出生48小時		
新生兒聽力篩檢	出生3個月以內	出生3天內		

兒童預防保健補助時程及紀錄表

補助時程		建議年齡	檢查日期	檢查院所	檢查醫師簽章
出生至二個月	第一次	一個月			
二至四個月	第二次	二至三個月			
四至十個月	第三次	四至九個月			
十個月至一歲半	第四次	十個月至一歲半			
一歲半至二歲	第五次	一歲半至二歲			
二歲至三歲	第六次	二歲至三歲			
三歲至未滿七歲	第七次	三歲至未滿七歲			

●本頁請永久保存，以備國小新生入學前檢查之需。
●請於補助時程接受檢查，若未做無需填寫，依後續時程檢查即可。

預防接種時程及紀錄表

姓名：________ 身分證字號：□□□□□□□□□□
出生日期：民國___年___月___日 性別：____
聯絡住址：________ 電話：______
戶籍地址：________ 電話：______
母親姓名：______ 大便卡篩檢□正常□不正常 □不確定或不知道

適合接種年齡	疫苗種類		預約日期	接種日期	接種單位
出生24小時內儘速接種	B型肝炎免疫球蛋白	一劑			
	B型肝炎疫苗	第一劑			
出生24小時以後	卡介苗	一劑			
出生滿1個月	B型肝炎疫苗	第二劑			
出生滿2個月	白喉破傷風非細胞性百日咳、b型嗜血桿菌及不活化小兒麻痺五合一疫苗	第一劑			
出生滿4個月	白喉破傷風非細胞性百日咳、b型嗜血桿菌及不活化小兒麻痺五合一疫苗	第二劑			
出生滿6個月	B型肝炎疫苗	第三劑			
	白喉破傷風非細胞性百日咳、b型嗜血桿菌及不活化小兒麻痺五合一疫苗				

※表列為目前由政府提供之常規預防接種項目，如有疑問，請洽02-23959825
※本接種紀錄請家長務必永久保存，以備國小新生入學、出國留學及各項健康紀錄檢查之需

預防接種時程及紀錄表（續）

適合接種年齡	疫苗種類		預約日期	接種日期	接種單位
出生滿12個月	麻疹腮腺炎德國麻疹混合疫苗	第一劑			
	水痘疫苗	一劑			
出生滿1年3個月	日本腦炎疫苗	第一劑			
	日本腦炎疫苗	隔二週第二劑			
出生滿1年6個月	白喉破傷風非細胞性百日咳、b型嗜血桿菌及不活化小兒麻痺五合一疫苗	第四劑			
出生滿2年3個月	日本腦炎疫苗	第三劑			
滿5歲至入國小前	減量破傷風白喉非細胞性百日咳及不活化小兒麻痺混合疫苗	一劑			
	麻疹腮腺炎德國麻疹混合疫苗	第二劑			
	日本腦炎疫苗	第四劑			
國小一年級	卡介苗疤痕普查（無接種紀錄且測驗陰性者補種）				

預防接種時程及紀錄表（續）

適合接種年齡	疫苗種類	劑別	預約日期	接種日期	接種單位
出生滿6個月至國小6年級[1]	流感疫苗（每年集中於10月至12月接種）	第一劑			
	流感疫苗（每年集中於10月至12月接種）	隔四週第二劑			
出生滿__個月		第_劑			
出生滿__個月		第_劑			
出生滿__個月		第_劑			
出生滿__個月		第_劑			
出生滿__個月		第_劑			
出生滿__個月		第_劑			
出生滿__個月		第_劑			
出生滿__個月		第_劑			
出生滿__個月		第_劑			
出生滿__個月		第_劑			
出生滿__個月		第_劑			
出生滿__個月		第_劑			
出生滿__個月		第_劑			
出生滿__個月		第_劑			
出生滿__個月		第_劑			
出生滿__個月		第_劑			
出生滿__個月		第_劑			

※備註
(1)八歲以下幼兒初次接種流感疫苗應接種兩劑，第一、二劑間隔一個月以上，其後每年接種一劑。
(2)[illegible]
(3)[illegible]（PCV13/PCV14）[illegible]

圖7-5 預防接種時程及紀錄表

資料來源：國民健康署，《兒童健康手冊》。

表7-12　我國現行預防接種時程表

我國現行兒童接種時程

105 年 4 月修編

接種年齡／疫苗	24hr 內儘速	1 month	2 months	4 months	5 months	6 months	12 months	15 months	18 months	24 months	27 months	30 months	滿 5 歲至入國小前
B 型肝炎疫苗(HepB)	第一劑	第二劑				第三劑							
卡介苗(BCG)[1]					一劑								
白喉破傷風非細胞性百日咳、b型嗜血桿菌及不活化小兒麻痺五合一疫苗(DTaP-Hib-IPV)[6]			第一劑	第二劑		第三劑			第四劑[6]				
結合型肺炎鏈球菌疫苗(PCV13)[2]			第一劑	第二劑			第三劑						
水痘疫苗(Varicella)							一劑						
麻疹腮腺炎德國麻疹混合疫苗(MMR)							第一劑						第二劑
日本腦炎疫苗(JE)[3]								第一劑 第二劑			第三劑		第四劑
流感疫苗(Influenza)[4]						← 初次接種二劑，之後每年一劑 →							
A 型肝炎疫苗(HepA)[5]							第一劑		第二劑				
減量破傷風白喉非細胞性百日咳及不活化小兒麻痺混合疫苗(Tdap-IPV)													一劑

1. 105年起，卡介苗接種時程由出生滿24小時後，調整為出生滿5個月(建議接種時間為出生滿5-8個月)。
2. 104年起，結合型肺炎鏈球菌疫苗(PCV13)納入幼兒常規接種項目。第1劑與第2劑接種至少間隔8週。
3. 日本腦炎疫苗出生滿15個月接種第1劑;間隔2週接種第2劑。
4. 8歲(含)以下兒童，初次接種流感疫苗應接種2劑，2劑間隔4週。
5. A型肝炎疫苗免費接種之實施對象為設籍於30個山地鄉、9個鄰近山地鄉之平地鄉鎮及金門、連江兩縣之兒童，接種時程為出生滿1歲接種第1劑，間隔6-12個月接種第2劑。
6. 因應全球五合一疫苗缺貨，自103年1月起暫時將五合一疫苗第4劑接種年齡調整為出生滿27個月接種。

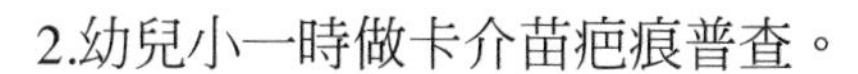

2.幼兒小一時做卡介苗疤痕普查。

3.爲皮內接種方式，接種在左上臂。

4.接種後七至十四天會產生紅色結節及潰瘍，紅色小節結逐漸長大，微有痛癢；四至六週時可變膿泡或潰瘍，不可擠壓或包紮，只要保持局部清潔，用無菌紗布或棉球擦拭即可；經二至三個月，潰瘍會自然癒合。

5.腋窩淋巴大於1公分。

②B型肝炎疫苗（HepB）

因台灣爲高盛行國家，幼兒感染個案將可能在成人時引起慢性肝炎、肝硬化，或是原發性肝細胞癌，我國於民國73年全面實行預防注射計畫：

1.施打時間：出生二十四小時後接種第一劑，滿一個月、六個月時分別接種第二劑和第三劑。

2.若母親爲帶原者，出生後建議接種B肝免疫球蛋白，以降低母子垂直傳染機會。

3.傳染方式：血液、體液、母子垂直傳染、血液製劑、共用針頭、針灸、紋眉等。

4.青少年期須再確認有無抗體。

③白喉、破傷風、全細胞性百日咳混合疫苗（DTwP）

1.三合一疫苗：白喉類毒素、破傷風類毒素、被殺死的百日咳桿菌。

2.常見副作用：發燒、施打部位紅腫、疼痛、腫塊、煩躁不安。

④口服式小兒麻痺疫苗（OPV）

小兒麻痺嚴重時可能導致永久性的肢體殘障，口服（沙賓疫苗）可有效產生長久的腸胃道免疫力，及提升群體免疫效果，但接種前後半小時應避免飲水、進食或吸吮奶嘴。

⑤水痘疫苗（Varicella）

爲嬰幼兒常見的感染症，好發於3～9歲，成人的症狀較爲嚴重。水痘爲帶狀疱疹，由飛沫傳染，傳染力極強，癒後不會留疤，須小心併發繼發性細菌感染、毒性休克症候群、雷氏症候群，若感染孕婦，約有1～2%會造成先天性水痘症候群，即視網膜炎、腦皮質萎縮、水腎或下肢萎縮。接種方式及注意事項爲：

1.滿週歲時施打一劑。
2.接種後六週內不要使用阿斯匹靈。
3.接種後可能會出少許水痘。

⑥麻疹、腮腺炎、德國麻疹混合疫苗（MMR）

罹患此三種疾病有可能發生腦膜炎、肺炎，或聽力受損等併發症，於接種疫苗後則可獲長期免疫：

1.出生滿十二個月接種第一劑，滿5歲至入國小前接種第二劑。
2.有嚴重感染發燒者、免疫不全者及孕婦皆不可接種。

⑦日本腦炎疫苗（JE）

大部分爲無症狀感染，有些會終生運動殘障或產生精神疾病。至目前爲止無特殊療法，唯一預防方法就是施打疫苗：

1.出生滿十五個月接種第一劑。
2.隔兩週後接種第二劑。
3.一年後追打第三劑。
4.滿5歲至入國小前施打最後一劑。
5.副作用輕微。

◆自費疫苗

①白喉、破傷風、非細胞性百日咳混合疫苗（新型三合一疫苗，DTaP）

傳統的三合一疫苗較容易產生副作用，新型三合一疫苗是將百日咳桿菌無效且有害的物質去除掉，而製成的非細胞性疫苗，此疫苗可減少發燒等副作用發生率。

②b型嗜血桿菌疫苗（Hib）

b型嗜血桿菌是5歲以下幼兒細菌感染的主因之一，感染初期類似感冒，可能引起肺炎、腦膜炎、關節炎及敗血症等嚴重合併症。此疫苗副作用低，預防效果佳，可與三合一疫苗等同時接種。

③混合疫苗（或稱多合一疫苗）

爲了不讓寶寶成爲挨針包，混合疫苗逐漸發展出來：

1. 四合一疫苗（DTaP-Hib）：即DTaP疫苗+b型嗜血桿菌疫苗。
2. 五合一疫苗（DTaP-Hib-IPV）：則是四合一加上不活化小兒麻痺疫苗（沙克疫苗），不會因接種口服小兒麻痺疫苗而造成麻痺症，對免疫機能不全的小寶寶有較高的安全性，但無群體免疫效果；主要預防白喉、百日咳、破傷風、b型嗜血桿菌及小兒麻痺病毒。
3. 施打時間：二個月、四個月、六個月及十八個月。
4. 副作用爲：接種部位可能有紅腫疼痛、硬塊之局部反應，四十八小時內可能有輕度微燒（以38.5℃以內爲多）；此外，全身會有不適或不安等反應，但較爲少見，且在二至三天內會恢復，但如症狀持續則須請醫師處理。
5. 禁忌：正發高燒或罹患急性疾病（一般感冒不在此限）不得施打。

④流感疫苗（Influenza）

流感症狀比一般的感冒嚴重，此疫苗僅對A型與B型流感病毒有效，並非所有感冒都能預防。且保護效果只有一年，故每年都需要接種一次，而六個月以下嬰兒無法產生有效免疫力，並不適合接種。建議對象為六個月以上幼童與65歲以上長者、照顧幼童者或免疫不全患者之成人、罹患重大傷病或慢性疾病之患者。施打時注意事項為：

1.於每年冬季前施打。
2.可以降低流感嚴重併發症，如肺炎、腦炎、心肌炎。
3.流感疫苗藉由萃取流感病毒的部分蛋白，故無法於施打後對於人體造成感染。

⑤A型肝炎疫苗（HepA）

雖然A型肝炎目前在台灣並不多見，但因傳染性極高且感染後會引起急性肝炎或猛暴性肝炎，加上國人出國旅遊盛行，因此仍需特別留意：

1.預防首重飲食衛生。
2.注射疫苗為出生滿十二個月接種第一劑，間隔六至十二個月接種第二劑。

⑥肺炎鏈球菌疫苗（結合型）（PCV）

肺炎鏈球菌是造成嬰幼兒重症感染常見的病原菌之一，5歲以下的幼兒是高危險群，尤其是2歲以下的嬰幼兒，因免疫力不足特別容易受到感染。由於此菌對抗生素的抗藥性不斷地增加，導致治療上的困難，因此注射疫苗就成為重要的預防措施了。結合型肺炎鏈球菌疫苗（**表7-13**）是一種不活化的疫苗，國內現行上市廠牌依所含血清型分別有10價（1、4、5、6B、7F、9V、14、18C、19F、23F）及13價（1、3、4、5、6A、6B、7F、9V、14、18C、19A、19F、23F），其保護效力與個人的免疫

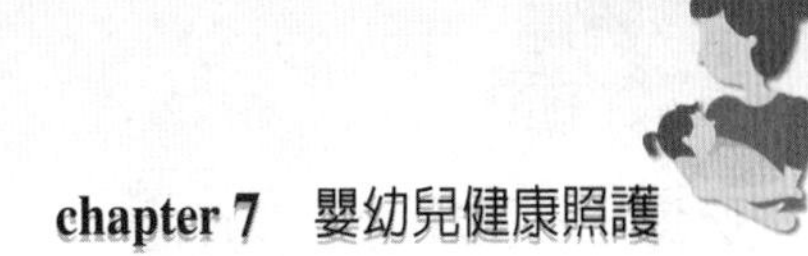

表7-13　結合型肺炎鏈球菌疫苗（PCV）不同年齡接種時程（2013-05-30）

	接種月齡	接種時程	追加劑	總接種劑次
2歲以下[1]	二至六個月	3劑，間隔二個月	十二至十五個月1劑	4
	七至十一個月	2劑，間隔二個月	十二至十五個月1劑	3
	十二至二十三個月	2劑，間隔二個月	無	2
2至5歲[2]	二十四至五十九個月	1劑	無	1

註：1.一般幼童與高危險群幼童接種時程相同。

2.高危險群幼童未曾接種PCV13或PCV接種劑次小於（不含）3劑者，接種2劑PCV13，2劑間隔二個月。已完成3劑PCV接種者，接種1劑PCV13。

資料來源：衛生福利部疾病管制署（2014）。

功能有關，在免疫功能正常的5歲以下兒童，13價疫苗（PCV13）所含肺炎鏈球菌型別的保護效力約爲85%。

⑦輪狀病毒疫苗（Rotavirus）

爲最常見的冬季腹瀉原因，也是台灣5歲以上幼童急性腹瀉住院的主要原因。感染的高峰期爲六個月至2歲，在發展中國家易因脫水而死亡。輪狀病毒疫苗依廠牌不同接種時分兩劑或三劑。

(四)如何照顧預防注射後的寶寶？

寶寶在接種後會有輕微發燒和哭鬧不安，是屬於正常情形，大約在兩天內會恢復正常。接種後應讓寶寶多喝水，可使發燒狀況減輕。如有特殊反應，則須至轄區衛生所或醫院診治。

◆疫苗注射的禁忌

疫苗接種禁忌就是指不能接種疫苗的人，例如：

1.正在發燒的人。

2.有顯著營養不良的人，如罹患急性疾病後，身體衰弱未恢復者。

3.有心臟血管疾病或腎臟、肝臟疾患在活動期的人。

4.對疫苗成分過敏的人。例如曾因吃蛋過敏者不能注射麻疹、腮腺炎、德國麻疹混合疫苗。

5.以前接種疫苗曾發生過敏的人。

6.在一年以內有過痙攣症狀的人。

7.孕婦。

8.其他如免疫機能不全或正在使用腎上腺皮質素或抗癌藥物治療的人。

非疫苗接種的禁忌

以下事項不是疫苗接種的禁忌：

1.輕微疾病：如咳嗽、流鼻水。
2.正在接受抗生素治療。
3.有疾病接觸史，或是正在疾病舒緩期。
4.家人中有懷孕者。
5.嬰幼兒為餵哺母乳者。
6.早產兒。
7.對疫苗成分以外的東西過敏。
8.需接種多種疫苗。

第四節　照護安全與急救

「安全」不是口號，如何落實幼兒照護安全更是一項倫理守則，也是保障兒童權益的最佳實踐。兒童擁有免於恐懼的安全與感受，是所有兒童的基本權益，也是成人社會應給予兒童的承諾，以及托育照顧人員應力行及實踐的目標行爲。身爲一位兒童少年福利專業人員更要落實專業，至少要依循下列原則：

1.創造一個充滿關懷的照護環境。
2.注重孩子的發展與學習。
3.設計適齡教案及照護。
4.評量孩子的發展與學習。
5.力保孩子的安全無虞。
6.與孩子的家庭建立雙向的溝通關係。

一、安全的概念

(一)消極定義

安全的消極定義有二：

1.泛指損失、損害、傷害的狀態。
2.消除一切所有可能發生的危險，使個體不受環境災害或外力（含意外災害）的威脅，能確保生命與財產一切穩定。

(二)積極定義

安全的積極定義有三：

1.泛指利用團體的力量與整體的智慧，採取主動積極的態度與角度思考安全問題，替幼兒打造一個適合兒童探索，從事活動之全方位的人、事、物環境。人的環境係指幼兒與成人互動的安全；事的環境係指各種照護、遊戲、飲食、交通等活動過程的安全；物的安全係指房舍、園所、教保環境設施及交通工具等的安全。
2.積極推動兒童安全教育、擴大教育內容與受教者層面。
3.主動控制與消除幼兒可能遭遇面對危險的因子，提升自我照顧幼

兒的能力，換言之，是照顧者主動積極防護及避免幼兒受到任何傷害。

二、幼兒事故傷害發生的原因與預防

事故傷害不可避免，但可以預防，要預防幼兒事故傷害要先從造成幼兒事故傷害可能發生的原因著手，分述如下：

1.兒童本身的因素：例如年齡、活動量、氣質等。

2.成人的因素：例如安全知能不足，沒有危機（險）的意識。

3.環境的因素：例如環境規劃缺乏適齡概念。

4.制度的因素：例如照顧人員專業不足。

5.情境的因素：例如幼兒與照護者之日常互動的時機。

過去發生事故傷害，許多人常認爲是「意外」，是「意料之外」的事，所以是防不勝防的，顯然遇到了或是發生了就只有自認倒霉，或認爲是上天的處罰。其實這種消極想法是完全錯誤的，絕大多數「事故傷害」都是可以預防的。Heinrich在1957年就提出事故傷害發生的骨牌理論（Domino Theory），如同骨牌的傾倒般，是一片倒向另一片的一連串緊接的事件所造成的，以時間發生的順序可以分爲五事件（**圖7-6**）：

1.遺傳與社會環境。

2.人爲過失。

3.危險因素——不安全的行爲與不安全的環境。

4.意外事故。

5.傷害。

台灣在101～103年度中，1～14歲主要死因的三大順位分別是事故傷害、惡性腫瘤、先天性畸形與染色體異常（衛生福利部統計署，2014）

圖7-6　Heinrich之安全骨牌連鎖反應(1)

（**表7-14**）；而民國103年國人之死亡原因第一順位是惡性腫瘤，事故傷害爲第六位（行政院衛福部，2014）（**表7-15**）。

表7-14　101～103年度兒童（1～14歲）主要死因

年度	第一順位	百分比	第二順位	百分比	第三順位	百分比
101	事故傷害	23.1%	惡性腫瘤	18.1%	先天性畸形與染色體異常	8.4%
102	惡性腫瘤	21.3%	事故傷害	21.1%	先天性畸形與染色體異常	8.8%
103	事故傷害	23.8%	惡性腫瘤	21.8%	先天性畸形與染色體異常	9.4%

資料來源：衛生福利部統計處（2014）。

表7-15　民國103年十大死因之死亡數　　十萬分比率

順位	死亡原因	死亡數
1	惡性腫瘤	197.0
2	心臟疾病	82.9
3	腦血管疾病	50.1
4	肺炎	44.2
5	糖尿病	42.1
6	事故傷害	30.4
7	慢性下呼吸道疾病	27.5
8	高血壓	23.3
9	慢性肝病及肝硬化	21.2
10	腎炎、腎病症候群	20.8

資料來源：衛生福利部統計處（2014）。

Heinrich發現事故傷害發生的原因有88%來自不安全的行爲，有10%來自不安全的環境狀況，只有2%屬於無法避免的危險，也就是說有98%的意外傷害是可以預防的。因此主張防阻應從「不安全的行爲與環境的危險因素」著手，如從一連串骨牌中抽出一張，使傾倒的骨牌中斷，就不致發生連鎖反應而造成事故傷害（**圖7-7**）。

如何讓事故傷害的發生降至最低，除了大人們儘量提供無障礙及安全的環境外，從小建立孩子們安全觀念是最重要的。所謂「安全觀念」是什麼？簡單來說，就是讓他們知道什麼東西或什麼行爲是危險的，甚至讓他們稍微感受一下危險的事物，時時機會教育，時時提醒，孩子們便會知道如何「趨吉避凶」，並學會保護自己。

三、幼兒常見的事故傷害與處置方式

幼兒常見的事故傷害有：(1)跌傷；(2)割（刺）傷；(3)夾傷；(4)燒燙傷；(5)異物侵入；(6)咬傷；(7)中毒；(8)交通事故；(9)溺水；(10)中暑。這些幼兒常見的事故傷害既然無可避免，預防的最佳策略即是教育及提醒危機意識。如果眞的發生時，爭取第一時間的搶救，如中毒、窒息、異物嗆入等，應如何處理？

急救的目的有四：(1)挽救或維持生命（例如呼吸道阻塞時）；(2)防止傷勢或病情惡化（例如幼兒燙傷時）；(3)使傷患及早獲得治療（要儘快通知救護車）；(4)給予心理支持（幼兒在受傷時會有恐懼、害怕、焦慮產生／心理情緒反應）。所以幼兒發生事故時要爭取黃金搶救時間，掌握先急救再送醫的原則。

(一)皮肉擦傷及出血

1.先評斷有無大量出血，若有先用身邊乾淨的布、毛巾或衛生紙直接加壓止血。

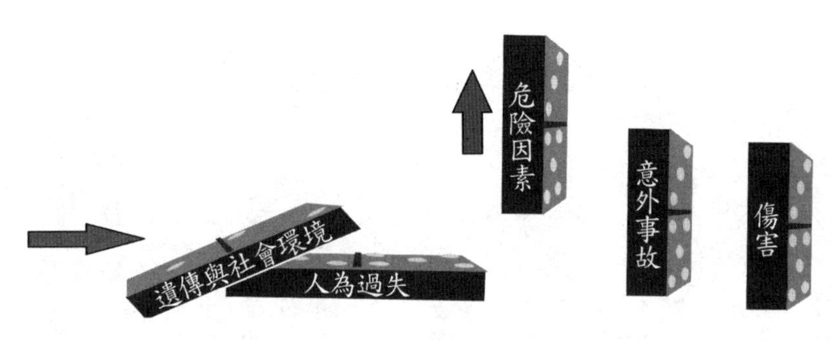

圖7-7　Heinrich安全骨牌連鎖反應(2)

2.若無則先將傷口上的髒東西用清水或棉花棒清乾淨。

3.用優碘擦拭傷口，再以紗布或OK繃覆蓋傷口，若有瘀青或皮下血腫則予以冰敷，二十四小時後熱敷。

4.若傷口深者，則一邊直接加壓按住傷口，一邊送醫急救。

(二)燙傷

燒燙傷是外傷性事故，例如玩火、洗澡熱水、熱湯、電熱器等所造成的事故。

◆緊急處理原則

1. 3B：Burning Stopped（停止燒傷的進行）、Breathing Maintained（維持呼吸）、Boby Examined（檢查傷勢）。

2. 3C：Cool（冷卻）、Cover（覆蓋）、Carry（送醫）。

◆急救步驟

五字訣：沖、脫、泡、蓋、送（**圖7-8**）。

1.沖：一旦發生燙傷趕快用大量冷水沖洗燙傷處。

2.脫：將身上被熱水或熱油淋到的衣物趕緊脫掉。

圖7-8　燙傷急救方法

圖片來源：觀點傳媒EYE SEE News。

3.泡：將燙傷處泡入冷水三十分鐘，防止熱在組織擴散。

4.蓋：將傷口蓋上乾淨的衣物，以免感染。

5.送：送醫治療。

(三)創傷處理

◆緊急處理原則

當兒童受傷時，通常會出現大聲哭、慌張、擔心被責罵等情形，此時，先安撫兒童的情緒，再依受創的種類給予不同的處置。若有出血，可先用紗布或直接加壓止血，待血止住後，再用生理食鹽水及水溶性優碘消毒，以紗布包紮；若傷口須外科縫合，則應儘速送醫處理。

◆處理的目的

1.控制嚴重出血。
2.預防休克。
3.預防感染。
4.送醫治療。

◆開放性創傷處置

1.除去蓋在傷口上的衣物。
2.小傷口可進行傷口清理消毒。
3.不要試圖移除穿刺物。
4.設法挽救斷肢：
(1)保持濕潤：用濕紗布（千萬不可用衛生紙）或布包住斷肢，再放入潔淨的塑膠袋。
(2)降低代謝速度：用另一容器盛載冰塊，然後將盛裝斷肢的塑膠袋放入。

◆封閉性創傷處理

1.使用冰敷和彈性繃帶控制出血量：冰敷可減緩血流，而在傷處綁上彈性繃帶，即加壓在傷處，可使血流量減少。
2.確定是否有骨折現象。
3.將患者傷處抬高於心臟，減輕腫脹，促進循環。

◆出血種類

1.動脈出血：血色鮮紅，血液會隨著心跳一快一慢地自傷口噴出，且出血迅速且量大。常見於截肢創傷或嚴重外傷。
2.靜脈出血：血色暗紅，血流平穩，雖然不會噴出，但如大靜脈受損，也可能會大量出血。常見於撕裂傷或切割傷等。

3.微血管出血：大多只從傷口滲出，常能自然止血。處理感染比處理失血更爲重要。常見於擦傷或淺而小的撕裂傷或切割傷等。

◆出血位置

1.體外出血：

(1)肉眼可見，從傷口流出。

(2)常見於割傷、開放性骨折。

2.體內出血：

(1)肉眼不可見，藏於體內。

(2)顱內出血、腹內出血。

◆撞擊後鼻出血的處置

1.安撫患者，使情緒安定，坐下，鬆開衣領，身體略往前傾。

2.減低鼻部壓力，請患者張口呼吸，口中若有血液，將其吐出勿吞入。

3.用食指及拇指緊捏下鼻甲，冰袋冰敷鼻子上部或額頭，約五至十分鐘。

4.如有血流不止、不是單純流鼻血，恐有顱內出血等情形時，應儘速送醫。

(四)異物梗塞

孩子們常因爲好奇心的驅使而誤食不該吃的東西，處理的原則大致如下：

1.若爲固體的小東西吞入，直接送醫找醫師幫忙。

2.若爲藥物，則喝水或牛奶催吐並送醫。

外創傷害的處理原則——PRICE原則

- P保護：若有開放性傷口應以無菌紗布覆蓋，若骨骼凸出硬使用環型墊由周圍加壓後包紮，且包紮時避免移動傷處，以免加重傷勢。
- R休息：受傷部分不可再用力，且應暫時限制活動，以夾板固定。
- I冰敷：24～36小時內冰敷傷處使血管收縮，以減輕疼痛及腫脹，冰敷時間不可連續超過20分鐘，可每隔5～10分鐘冰敷15分鐘，直到不痛為止。
- C壓迫：用彈性繃帶包紮或使用夾板幫助加壓及固定，以減輕疼痛及腫脹。
- E抬高：將傷處抬高促進血液回流，可以減輕疼痛及腫脹。

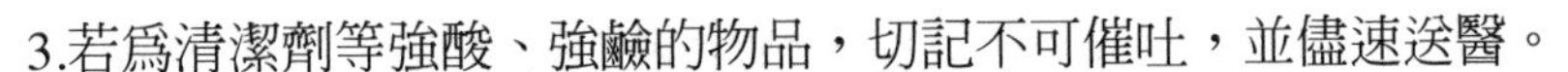

3.若爲清潔劑等強酸、強鹼的物品，切記不可催吐，並儘速送醫。

4.送醫時務必將懷疑誤食的藥品、空罐或容器一併帶去，方便醫師作進一步的毒物諮詢。

◆異物梗塞呼吸道的症狀

1.輕度呼吸道阻塞：患童咳嗽，呈現用力吸氣的呼吸困難、呼吸伴有喘氣聲，如梗塞情況更嚴重，則咳嗽無力、呈現胸骨和肋間凹縮的呼吸困難、臉色發紫。

2.重度呼吸道阻塞：患童無法發出聲音、換氣不良、呈現鼻翼搧動的呼吸困難、咳不出聲、臉色發紺，甚至意識消失、昏迷。

3.呼吸道異物梗塞的手勢，係患童以拇指及其他四指呈V字型置於頸部，以表示呼吸道梗塞、呼吸困難的徵象（**圖7-9**）。

◆異物梗塞急救方法

幼兒受傷時，要先掌握急救再求救之原則，急救是掌握生命生存之鏈（**圖7-10**），一旦發生事故，照護者切勿慌張，冷靜在第一時間先急救再尋求協助或送醫治療。

圖7-9　呼吸道異物梗塞求救的手勢

圖7-10　生存之鏈

First Aid救命的關鍵

什麼是First Aid？就是基礎救命術，也是人人都要會的技術。First Aid常是救命的關鍵，如大家耳熟能詳的「心肺復甦術」（Cardiopulmonary Resuscitation, CPR），還有用於呼吸道梗塞的「哈姆立克法」（Heimlich Maneuver）也是常見的急救方法。

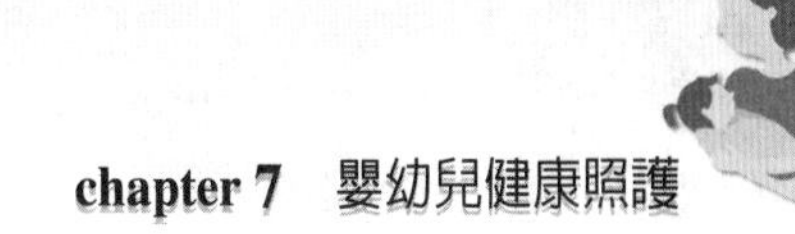

哈姆立克法（Heimlich Maneuver）是美國胸腔外科醫師哈姆立克（Henry J. Heimlich）於1974年提出，又稱為腹部擠壓法（Abdominal Thrusts），作為呼吸道梗塞時的急救方法，是嬰幼兒常見的急救術。腹部擠壓法是施救者站在傷患後面，以拳頭之大姆指側與食指側，對準傷患肚臍與劍突之間的腹部，另一手置於拳頭上並握緊，而後快速向上壓擠（**圖7-11**）。1歲以下不適合此法，而要採取背部敲擊及胸部擠壓法（**圖7-12**）。

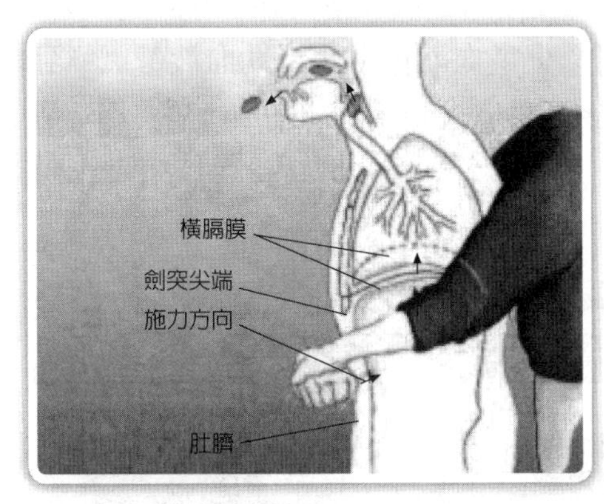

哈氏急救法急救原理
使橫膈膜突然向上，壓迫肺部，以使阻塞氣管之異物噴出

圖7-11 哈姆立克法

圖片來源：高雄醫學大學附設中和紀念醫院。

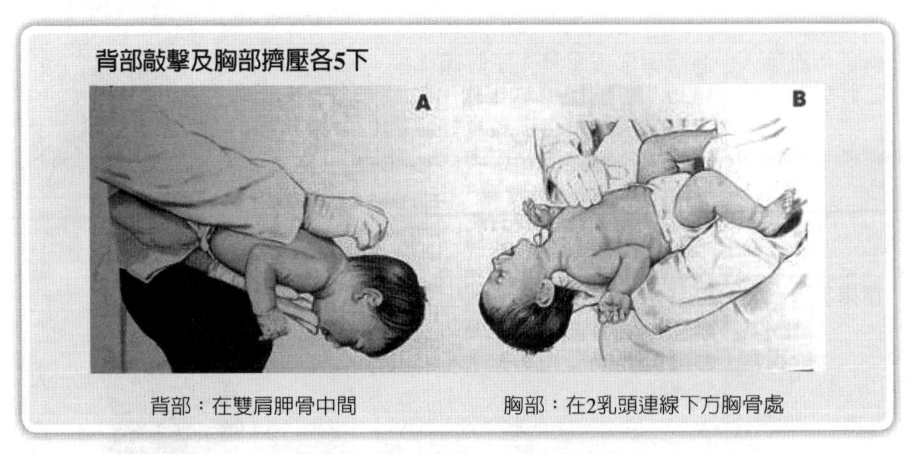

背部敲擊及胸部擠壓各5下
A
B
背部：在雙肩胛骨中間
胸部：在2乳頭連線下方胸骨處

圖7-12 嬰兒哈姆立克法之應用

圖片來源：新浪網，http://dailynews.sina.com/bg/news/heh/sinacn/20120426/00203346126.html

表7-16提供嬰兒呼吸道異物的急救處理，兒童與成人截然不同，成人的窒息原因以心臟血管疾病爲主，幼兒則以異物吸入最爲常見，年齡愈小，尤其在1歲以下，需要CPR更爲普遍，而事故傷害更是1～4歲幼兒主要成因，占35%（衛生福利部統計處，2014）。**附錄一**，提供嬰兒急救之方法，有檢查反應性、人工呼吸及心外按摩之配合。CPR之重要性在於掌握急救的黃金時間（4～6分鐘），可以延後腦部的生物性死亡，因爲心臟停止跳動，腦部失去血流，超過4～6分鐘，會造成細胞永久壞死，又稱爲「生物死亡」。利用CPR可以促進血液循環，幫助血液帶氧氣到腦部，以維持生命。**附錄二**提供美國心臟協會2010版心肺復甦術（CPR）的方法及圖示。

表7-16　嬰兒呼吸道異物梗塞且意識昏迷時的急救處理

步驟	實際操作過程	圖示
檢查呼吸（不超過10秒）	・看胸部有無起伏，聽有無呼吸聲，感覺有無呼吸氣息。 ・繼續維持呼吸道通暢姿勢。	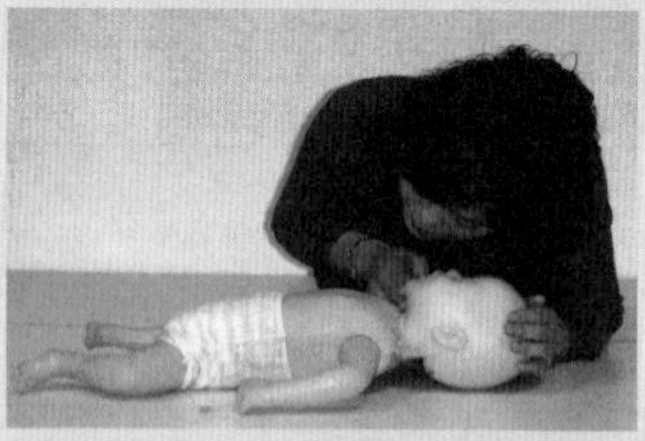
胸部按壓及人工呼吸	進行胸部按壓及人工呼吸比率為30：2的循環方式施救，惟每次吹氣前先檢查口腔，如有看見異物，由嘴角一邊向另一邊掃出異物。	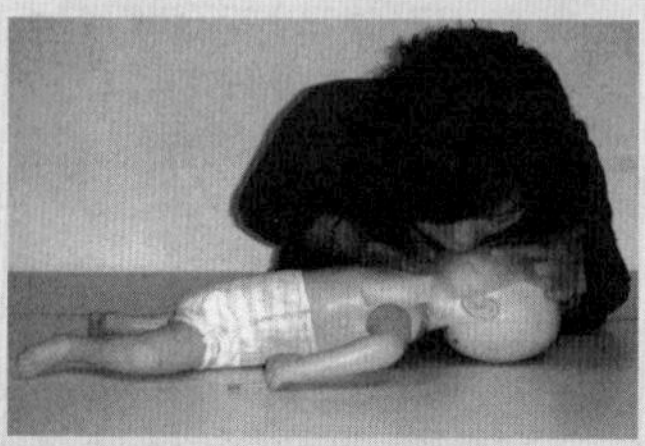
重複步驟	持續挖（檢查口腔，取出可見異物）→吹（2次人工呼吸）→壓（胸部按壓30下），直到異物清除。	

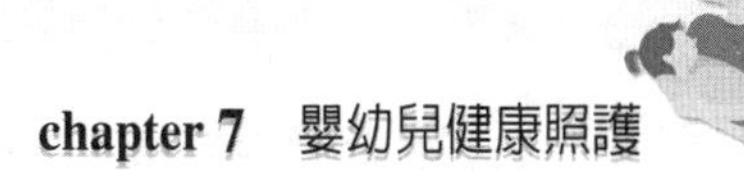

（續）表7-16　嬰兒呼吸道異物梗塞且意識昏迷時的急救處理

步驟	實際操作過程	圖示
呼吸道異物已清除 給予2次有效的人工呼吸	・維持呼吸道通暢：用嘴巴密蓋住患嬰的口鼻。 ・進行2次口對口人工呼吸（吹氣頻率為1秒／次）。	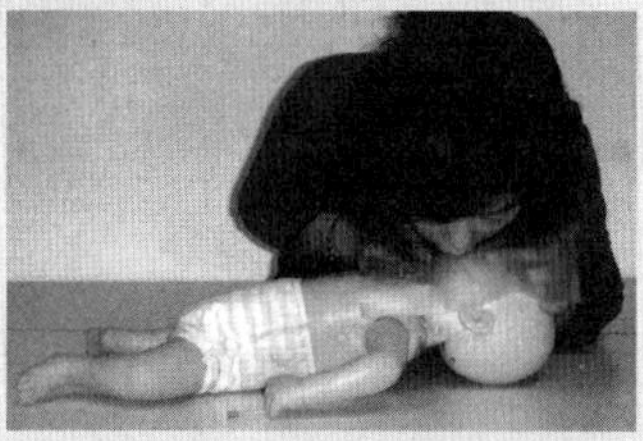
檢查脈搏	・無脈搏：開始施行心肺復甦術。 ・有脈搏：暢通呼吸道，並檢查是否有呼吸。	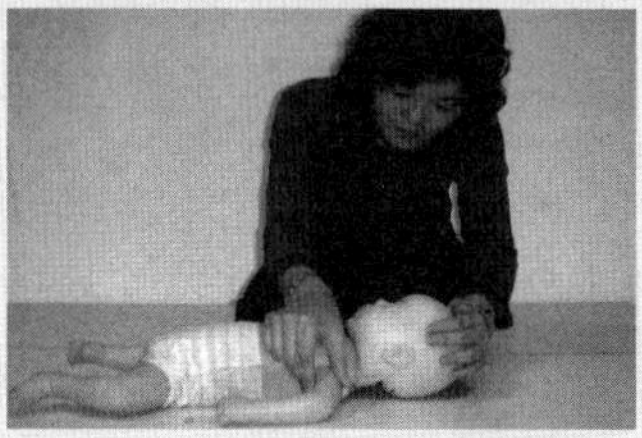
檢查呼吸	・無呼吸：施行人工呼吸，每分鐘吹12～20次，且每2分鐘要檢查脈搏及呼吸。 ・有呼吸：保持呼吸道暢通，檢查身體，若仍無意識，採復甦姿勢，並持續檢查脈搏、呼吸和保暖。 ・患嬰無呼吸即施行心肺復甦術，直到有他人接手、119人員到達或患嬰會動才可停止。	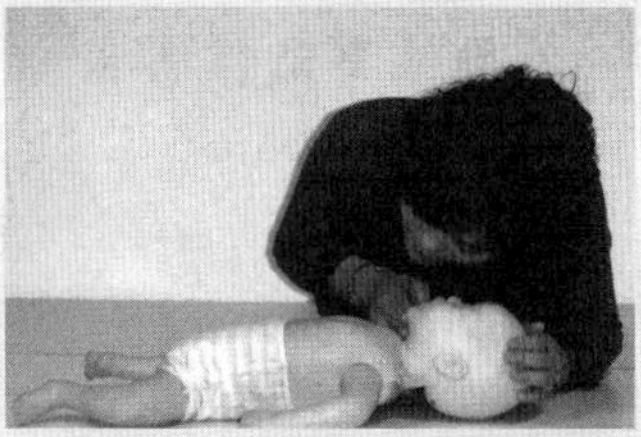 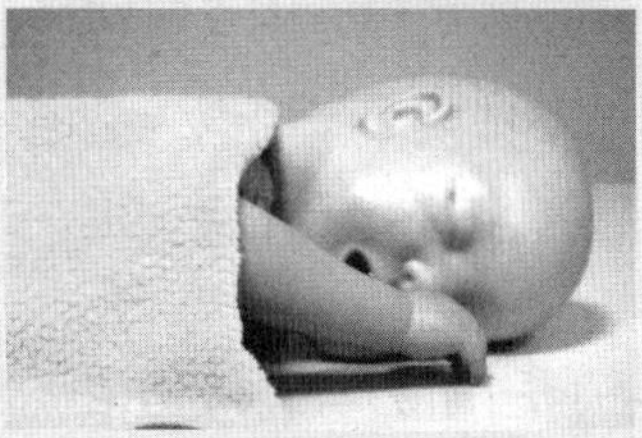

第五節　照顧傷害的預防

一、嬰幼兒事故傷害的定義

依Heinrich的骨牌連鎖反應概念，幼童事故發生的原因只有88%來自不安全的行爲，有10%來自不安全的環境，只有2%屬於無法避免的危險。換言之，有98%的事故傷害是可以預防的。幼兒的事故傷害事件可分爲外傷性事故傷害及非外傷性事故傷害。分述如下：

(一)外傷性事故傷害

外傷性事故傷害事件指的是因外傷而造成身體的創傷，例如跌傷、割傷、頭部撞擊、骨折、燒燙傷、過度搖晃嬰兒而致顱內出血等。

1.跌落傷：不當跳躍、模仿動作。
2.碰撞傷：擦傷、裂傷、頭部外傷、骨折。
3.燒燙傷：住宅火災、玩火、洗澡熱水、熱湯、電熱器。

(二)非外傷性事故傷害

非外傷性事故傷害事件包括了誤食藥物、家用化學物質、異物等，或吸入有毒氣體、溺水、窒息等。

1.中毒：清潔劑、殺蟲劑、蟑腦丸、化妝品、藥物等家用化學物質。
2.誤食：硬幣、玩具、鈕釦、訂書針、戒指、別針、水銀電池。

3.溺水：海邊、游泳池、池塘、浴盆。

二、外傷性事故傷害之預防

上述事故傷害是可以加以預防的，其原則如下：

(一)環境物品擺置

◆家裡環境避免「小、尖、長、濕」

1.小：小東西要收好。硬幣、小電池、扣子、小橡皮、直徑小於3.17公分，且長度小於5.17公分的玩具和積木、打火機、迴紋針等小物品，應收藏於幼兒不易看見和不易拿取的地方，以免幼兒吞入口中、塞入鼻孔，造成梗塞及窒息。

2.尖：尖銳物品要收好。小刀、剪刀、指甲刀、刮鬍刀、刀叉等利器，應妥善收藏，以免幼兒玩取或造成割、刺傷。

3.長：超過30公分長的細繩、電線及延長線、玩具電線應妥善收藏，或固定於牆面、地面，以免幼兒絆倒或纏繞幼兒導致窒息。

4.濕：客廳、浴室門外、浴缸、廚房地面、樓梯階面應鋪設防滑墊或其他防滑處理，避免滑倒。

◆家裡環境加強「軟、窄、高、乾」

1.軟：家裡客廳、樓梯、地板應鋪上地毯、海綿地磚、防滑墊等，避免幼兒跌倒後受傷。

2.窄：樓梯扶手、窗子欄杆間隔應保持10公分以下，避免幼兒不慎穿過而墜落（**圖7-13**）。

3.高：窗子應加裝高度60分以上，樓梯應加裝高度85公分以上的堅

圖7-13　樓梯口應加裝安全堅固的欄杆（高度85公分以上，間隔10公分以下），以防幼兒跌落

固欄杆，以防意外。

4.乾：時時保持客廳、浴室、廚房、樓梯地面乾燥，避免孩子滑倒。

(二)「四不一沒有」之預防措施

著重在客廳房間與浴室廁所，舉例如下：

1.不「尖」：家具避免出現尖角，尖銳物品收到幼兒拿不到的地方。

2.不「硬」：如果幼兒活動空間的地板是瓷磚或磨石子等堅硬的材質，可鋪設軟墊。

3.不「長」：電線或延長線妥善收集固定，窗簾拉繩不垂掛，不要鋪設長垂的桌巾。

4.不「低」：可能造成危險的物品應收妥不讓幼兒拿到，開飲機應放置在幼兒搆不到的高度，陽台欄杆高度不可低於85公分。

5.沒有「小物品」：直徑小於幼兒嘴巴的物品，儘量收到幼兒拿不到的地方（**圖7-14**）。

(三)折疊式桌椅應注意事項

1.家有幼兒者不要購買沒有安全設計的折疊桌椅。

2.家中已購買折疊桌椅使用者，應以鐵絲（繩索）固定支架、桌腳，使桌面無法折疊，避免發生意外。

3.折疊收起來的桌椅都有可能發生危險性，儘管立於家中一角，但因重心不穩，很可能會張開或翻覆，壓（夾）傷幼兒。

圖7-14　家中處於危機的擺設

三、非外傷性事故傷害之預防

(一)預防燙傷

1.洗澡時宜先放冷水再放熱水，避免兒童因好奇伸手玩水或瞬間跳入浴池，且須避免兒童單獨留在浴室內，導致燙傷的情形。

2.避免使用桌巾或將熱湯置於桌緣，防止兒童拉扯桌巾，或追逐嬉戲中撞到桌角而被桌上熱食燙傷。

3.禁止兒童在廚房嬉戲，並教導爐火及電熱器的危險性。

(二)電器插座

1.未使用的插座，應以插座蓋蓋住，預防兒童將手插入座孔內而觸電，以及避免兒童碰觸電源開關（**圖7-15**）。

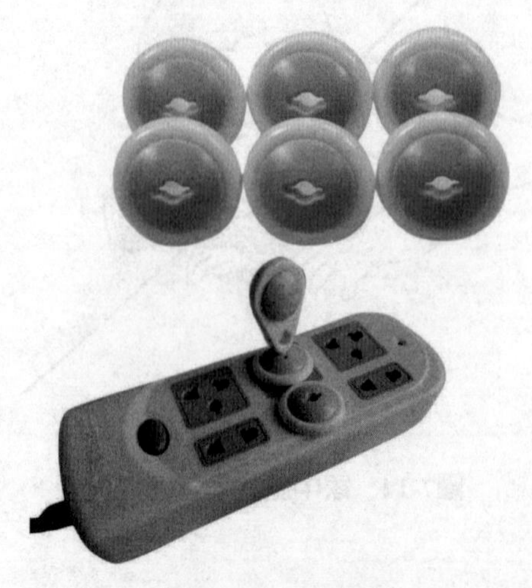

圖7-15　安全插座

資料來源：http://product.suning.com/105084040.html

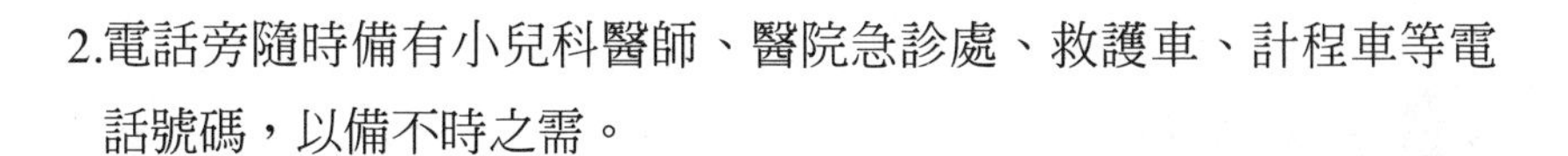
2.電話旁隨時備有小兒科醫師、醫院急診處、救護車、計程車等電話號碼，以備不時之需。

(三)「四不一沒有」之預防措施

著重在浴室與廁所，舉例如下：

1.不「密」：浴室門扇下方應有通風口或浴室應有小窗，以保持浴室的空氣流通。

2.不「閉」：浴室門鎖若由內反鎖，應可由外打開，避免幼兒將自己反鎖於浴室內。

3.不「滑」：浴室地板應保持乾燥，採乾濕分離設施或地板加設防滑設施。

4.不「氣」：瓦斯熱水器不應置於室內，應置於室外通風良好處；若瓦斯熱水器必須置於室內，應該設置強制排氣設施，將燃燒後的氣體引導排出室外。

5.沒有「水」：浴缸、洗臉盆或水桶避免儲水，平日應將水桶、洗臉盆等儲水容器倒扣瀝乾。

參考書目

一、中文部分

于祖英（2001）。《兒童保健》。台北：匯華。

王冠今等編譯（2000）。《嬰幼兒保健與疾病》。台北：華騰文化。

何婉喬（2000）。《嬰幼兒保健與疾病護理》。台北：永大書局。

李義川（2012）。《嬰幼兒膳食與營養》。台北：揚智出版。

周弘傑（2007）。〈嬰幼兒過敏與副食品添加的建議〉。《健康世界》。253，24-24。

周怡宏主編（2002）。《嬰幼兒疾病與保育實務》。台北：華騰。

施素筠譯（2000）。《幼兒保育概論》。台北：心理。

連心瑜（2003）。《嬰幼兒保健與疾病護理》》。台北：啓英。

馮瑜婷等（2005）。《兒童疾病預防與照護》。台中：華格納。

黃啓銘，周弘傑（2006）。〈副食品與嬰幼兒過敏〉。《台灣兒童過敏氣喘及免疫學會學會通訊》，7(4)，20-20。

黃嵐楓（2009）。〈談寶寶的副食品〉。《秀傳季刊》。24(4)，12-12。

臺北醫學大學附設醫院。胸腔物理治療的居家照顧衛教單張廣告。

劉珈麟，郭斐然（2006）。〈嬰幼兒副食品添加時機與異位性皮膚炎預防之實證醫學回顧〉。《台灣家庭醫學研究》，4(3)，157-64。

二、網路部分

uho優活健康網（2012）。醫訊／兒童用藥常識與注意事項，http://www.uho.com.tw/hotnews.asp?aid=16828，檢索日期：2013年9月5日。

大紀元（2012）。台兒童墜樓頻傳　居家環境做到一不四要，http://www.epochtimes.com/b5/12/7/17/n3637043.htm，檢索日期：2013年9月5日。

台北市政府衛生局（2013）。兒童用藥安全宣導，http://www.health.ntpc.gov.

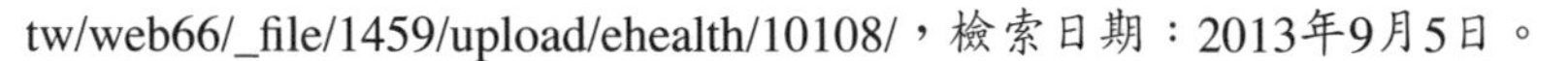
tw/web66/_file/1459/upload/ehealth/10108/，檢索日期：2013年9月5日。

台灣世界衛生組織研究中心（2008）。http://www.twwho.org/pub/LIT_2.asp?ctyp=LITERATURE&pcatid=3372&catid=3701&ctxid=1784&single=Y，檢索日期：2013年9月5日。

台灣兒科醫學會、兒科消化學委員會。嬰幼兒飲食指南，http://www.dryahoo.org.tw/%E6%AC%A1%E7%B6%B2%E9%A0%81/%E8%A1%9B%E6%95%99%E8%B5%B0%E5%BB%8A/%E5%B0%8F%E5%85%92%E7%A7%91/%E5%89%AF%E9%A3%9F%E5%93%81/%E5%89%AF%E9%A3%9F%E5-%93%81.htm，檢索日期：2013年9月5日。

何明霖，肺癌（Lung Cancer）醫療暨衛教網頁。疼痛評估方法，http://www2.cch.org.tw/lungcancer/pain_evualation.htm，檢索日期：2013年9月5日。

林廷華（2013）。幼兒安全，www.winyoung.com.tw/lailai/LaiLaiadvertise/book/幼兒安全.ppt，檢索日期：2013年9月5日。

侯家瑋。自由時報電子報，嬰兒副食品急不得，http://www.libertytimes.com.tw/2008/new/jun/30/today-health1.htm，檢索日期：2013年9月5日。

徐甯、黃文嬋（2013）。國泰醫學中心，兒童預防保健和疫苗，檢索日期：2013年9月5日。

國民健康局。發燒怎麼辦～兒童發燒生病處置建議，http://www.bhp.doh.gov.tw/manual/common/%E5%85%92%E7%AB%A5%E5%81%A5%E5%BA%B7%E6%89%8B%E5%86%8A/%E5%AF%B6%E5%AF%B6%E7%94%9F%E7%97%85%E8%A6%81%E6%B3%A8%E6%84%8F%E9%82%A3%E4%BA%9B%E7%97%85%E5%BE%B5.pdf，檢索日期：2013年9月5日。

梁雅富（2013）。亞東紀念醫院藥劑部，小兒常見疫苗簡介，http://health.edu.tw:8080/teacher/?q=node/2642，檢索日期：2013年9月5日。

陳子儀（2007）。衛生福利部國民健康局，兒童生活上的傷害與交通事故，http://health99.doh.gov.tw/txt/PreciousLifeZone/PreciousLife_detail.aspx?topicno=34&DS=1-Article，檢索日期：2013年9月5日。

華一鳴（2012）。三軍總醫院小兒科，小兒發燒怎麼辦，http://wwwu.tsgh.ndmctsgh.edu.tw/ped/web2/contents/j_02.html，檢索日期：2013年9月5日。

黃嵐楓（2009）。聯合新聞網，嬰兒副食品油鹽糖走避，http://mag.udn.com/mag/life/storypage.jsp?f_ART_ID=219314，檢索日期：2013年9月5日。

楊俊仁（2009）。意外眞的是意料之外嗎？兒童事故傷害別疏忽，http://tw.myblog.yahoo.com/goodluck-uandme/article?mid=442&prev=443&next=441，檢索日期：2013年9月5日。

靖娟兒童安全文教基金會（2012）。兒童關鍵報告，http://www.safe.org.tw/key_report/downloads/propaganda，檢索日期：2013年9月5日。

衛生福利部國民健康局。生育保健館，http://health99.hpa.gov.tw/ThemeZone/fertility_zone.aspx，檢索日期：2013年9月5日。

衛生福利部國民健康署（2013）。兒童健康手冊，http://health99.hpa.gov.tw/EducZone/edu_detail.aspx?CatId=21722，檢索日期：2013年9月5日。

盧孟珊（2009）。三軍總醫院，小兒用藥安全衛教與溝通技巧，http://wwwu.tsgh.ndmctsgh.edu.tw/phd/Content_PharEDU/Outline/980718%E5%B0%8F%E5%85%92%E7%94%A8%E8%97%A5%E5%AE%89%E5%85%A8%E8%A1%9B%E6%95%99%E8%88%87%E6%BA%9D%E9%80%9A%E6%8A%80%E5%B7%A7-%E7%9B%A7%E5%AD%9F%E7%8F%8A%20%E8%97%A5%E5%B8%AB.pdf，檢索日期：2013年9月5日。

靜宜大學。流感疫苗專區，H7N9流感疾病介紹，疾病管制局，2013年4月10日第2版，http://www.osa.pu.edu.tw/osa/Action/hcd/?MsgTypeNo=S4F3，檢索日期：2013年9月5日。

附　錄

- 嬰兒CPR急救之步驟
- 美國心臟協會2010新版心肺復甦術CPR

附錄一　嬰兒CPR急救之步驟

一、決定反應性

1.輕拍病人。

2.大聲對病人說話，看病人是否有反應。

3.若無反應，6歲以下小孩需先做1分鐘CPR，然後求援；大人則先求援再進行CPR，除了溺水，創傷及藥物中毒則先做1分鐘CPR，然後求援。

二、人工呼吸及心外按摩之配合

1.若一人執行CPR，則每做心外按摩15下給予人工呼吸2次；若兩人同時施行，則每做心外按摩5下給予人工呼吸1次。

2.每做1分鐘，即一人執行4循環或兩人執行12循環後，需重新檢視心跳是否回復。

3.若心跳回復則停止心外按摩，繼續人工呼吸至回復自發呼吸爲止。

三、基礎心肺復甦術（CPR）

CPR包含三大部分：

1. A：Airway，呼吸道。

2. B：Breathing，呼吸換氣。

3. C：Circulation，血液循環。

(一)呼吸道（Airway）

◆檢查是否暢通

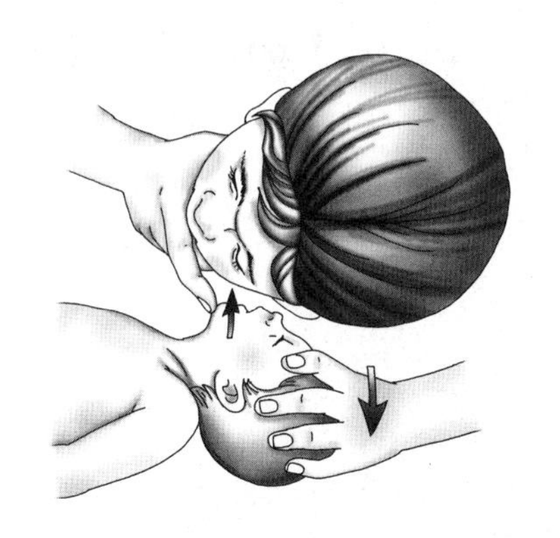

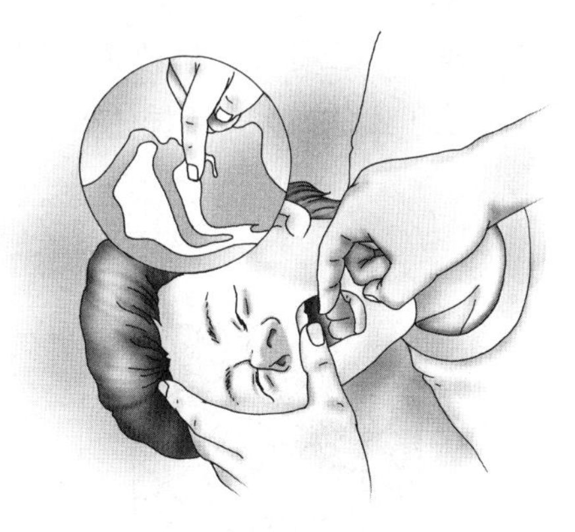

◆暢通的方法

壓額舉頷法

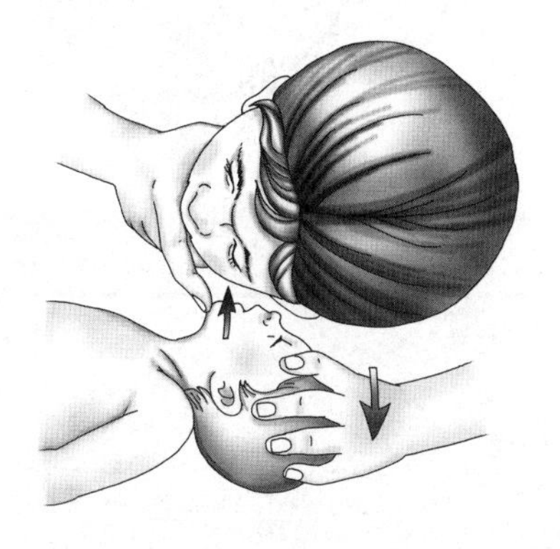

下顎推前法

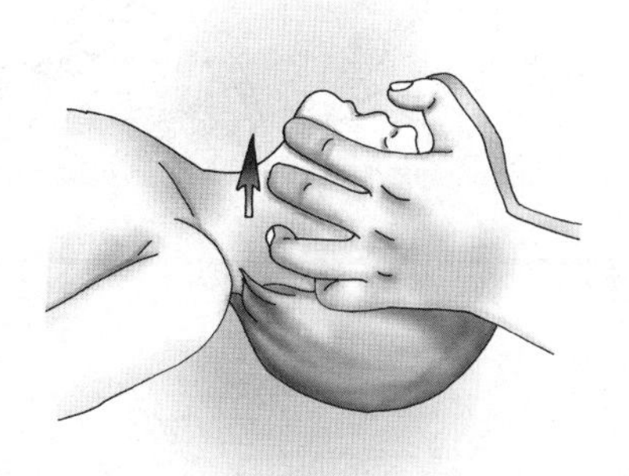

(二)呼吸換氣（Breathing）

1.先評估呼吸的狀況：觀察胸部及腹部的起伏，傾聽及感覺從口中吐出之空氣。

2.進行人工呼吸：施救者深吸一口氣，小於1歲，蓋住口鼻；1歲以上，蓋住口，一手捏住鼻子深吹兩口氣（一口氣1～1.5秒）。

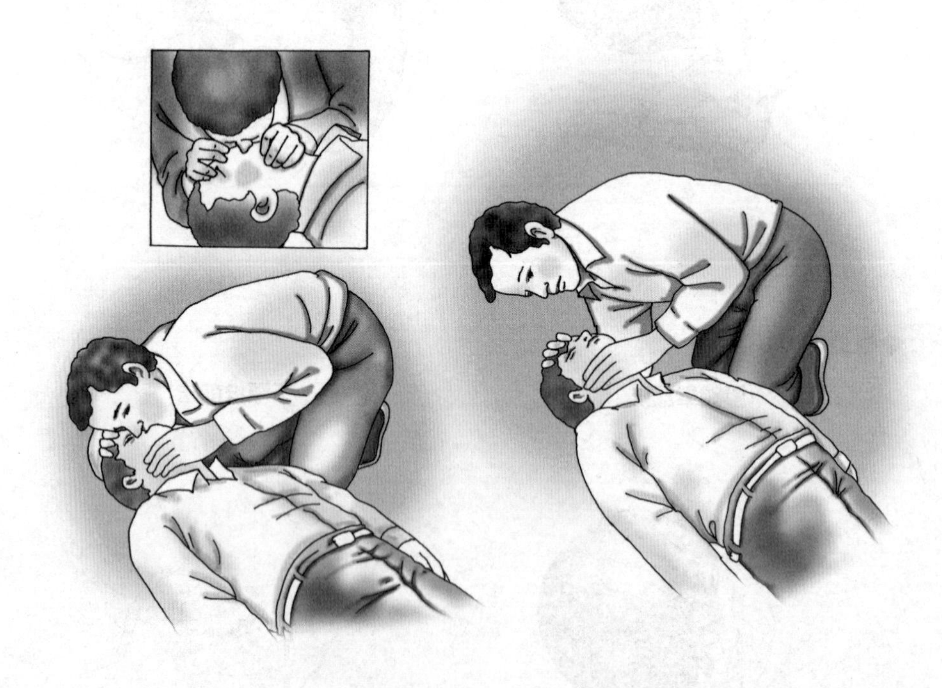

(三)循環（Circulation）

◆評估脈搏

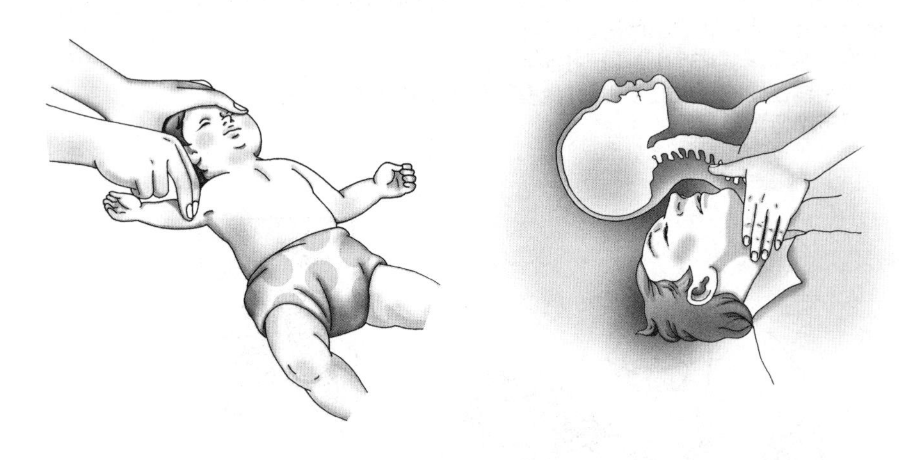

◆心外按摩——嬰兒（1歲以內）

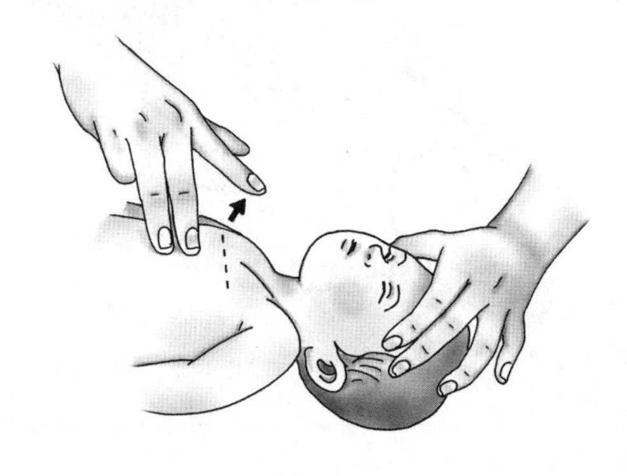

- 區域：胸骨下1/3。
- 重要標記：兩乳頭之連線連線下一指幅，用3rd & 4th手指。
- 避免壓到劍突。
- 另一隻手：將頭部保持在適當的姿勢。
- 深度：胸部深度之1/3～1/2（0.5～1英寸）。
- 平順的按壓，下壓及放鬆之時間相等，放鬆時須完全放鬆。

◆心外按摩——大於1歲的孩童及大人

- 區域：胸骨下1/3。
- 重要標記：肋骨下緣和胸骨之交界處，食指和中指放在此處，使用另一隻手的手後跟，另一隻手將頭部保持在適當的姿勢。
- 深度：胸部深度1/3～1/2（1～1.5英寸）。
- 患者平躺在硬的平板上，小於1歲者甚至可用解救者之手掌。
- 熟記按摩位置及深度。

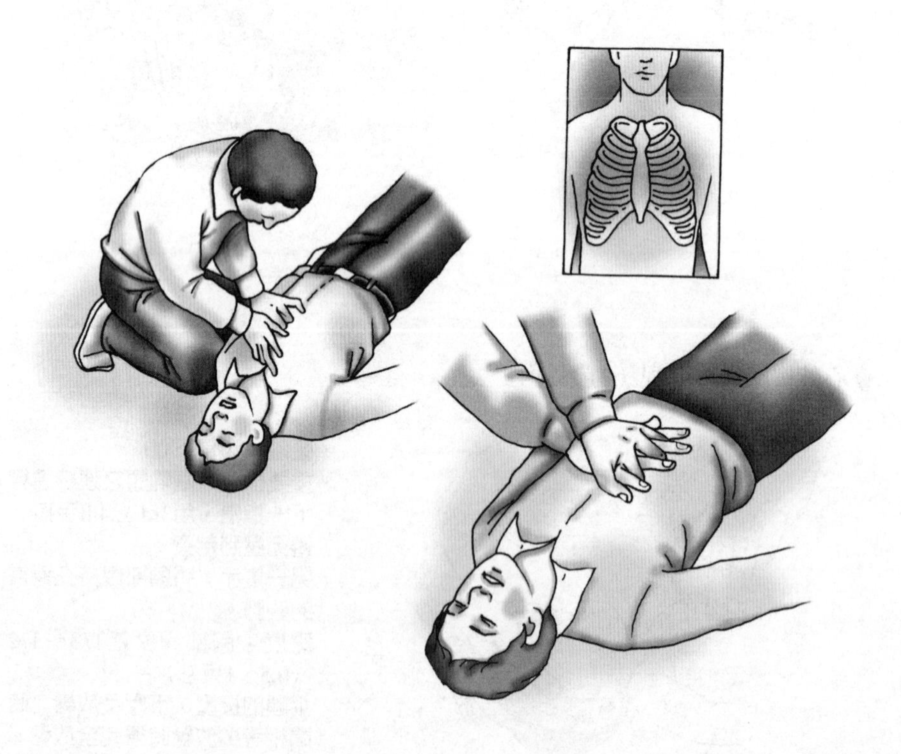

附錄二　美國心臟協會2010新版心肺復甦術CPR

一、從A-B-C的順序變更為C-A-B

舊版A-B-C

A. 打開呼吸道 Airway
B. 檢查呼吸 Breathing
C. 胸部按壓 Chestcompressions

新版C-B-A

C. 胸部按壓 Chestcompressions
A. 打開呼吸道 Airway
B. 檢查呼吸 Breathing

絕大部分的心臟停止發生於成人，且最高的心臟停止存活率一般見於發生（有人目擊的）心臟停止以及心室顫動（VF）或無脈搏心室性心搏過速（VT）初期心律的各年齡層病患。在這些病人中，BLS的重要初步要素為胸部按壓和及早進行去顫。在A-B-C步驟中，胸部按壓通常會在因應者打開呼吸道以給予口對口人工呼吸、取得隔離裝置，或收集和裝配通氣設備時受到延誤。將步驟變為C-A-B後，胸部按壓可以較早開始，且通氣的延遲應會減到最短（亦即只會花費進行第一個30次胸部按壓週期所需的時間，或約18秒；當兩名施救者在場進行嬰兒或兒童的復甦時，延遲時間將會更短）。

大部分到院前心臟停止患者沒有接受到任何旁人CPR。此一現象的原因可能有很多，但其中一項阻礙可能是A-B-C步驟，此順序的開頭步驟是施救者覺得最困難的，亦即打開呼吸道並提供呼吸。以胸部按壓開始進行急救，可能會讓更多施救者願意開始進行CPR。

基本救命術通常被形容爲一系列的連續動作，這一點對於單人施救者而言仍是如此。然而，大部分醫護人員會分隊共同進行工作，且隊員通常會同時執行BLS行動。例如，一名施救者會立即開始胸部按壓，而另一名施救者會取得自動體外去顫器（AED）並連絡取得支援，第三名施救者則會打開病患呼吸道並提供通氣。

再次建議醫護人員配合心臟停止最可能的原因，自行變動急救行動。例如，如果單一醫護人員目擊病患突然倒下，醫護人員可能會假設病患發生原發性心臟停止伴隨可電擊心律，且應立即啓動緊急應變系統、取得AED並回到患者所在處提供CPR並使用AED。但對於認定爲窒息性心臟停止的病患（例如溺水），當務之急是提供約五個週期的胸部按壓與急救人工呼吸（大約2分鐘），然後再啓動緊急應變系統。

二、心臟的位置

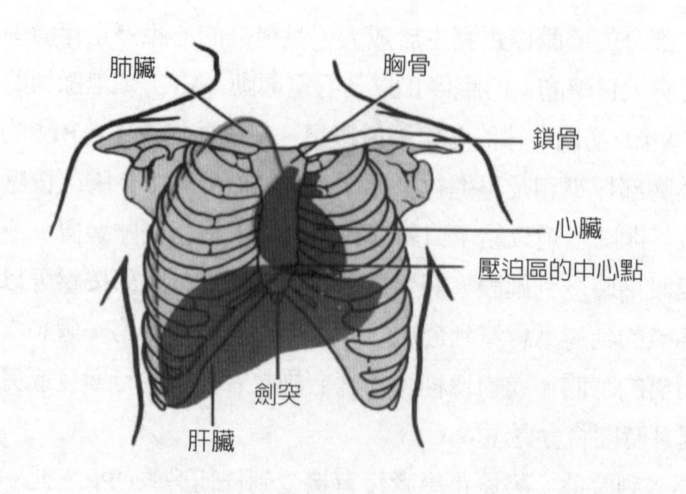

三、嬰兒CPR

未滿1歲的小嬰兒因爲生理狀況異於成人和兒童，故於實施心肺復甦術時，在處理嬰兒姿勢、體外心臟按摩與人工呼吸上亦有較大差異。

嬰兒則比較適用「叫—CAB—叫」，因爲很多時候嬰兒都僅與一位照顧者在一起，所以照顧者先呼喚寶寶確認無反應意識後，就必須馬上進行五個循環的CAB，才能打119求救，再持續進行CPR直到救護車抵達、他人接手CPR動作或寶寶恢復意識爲止。

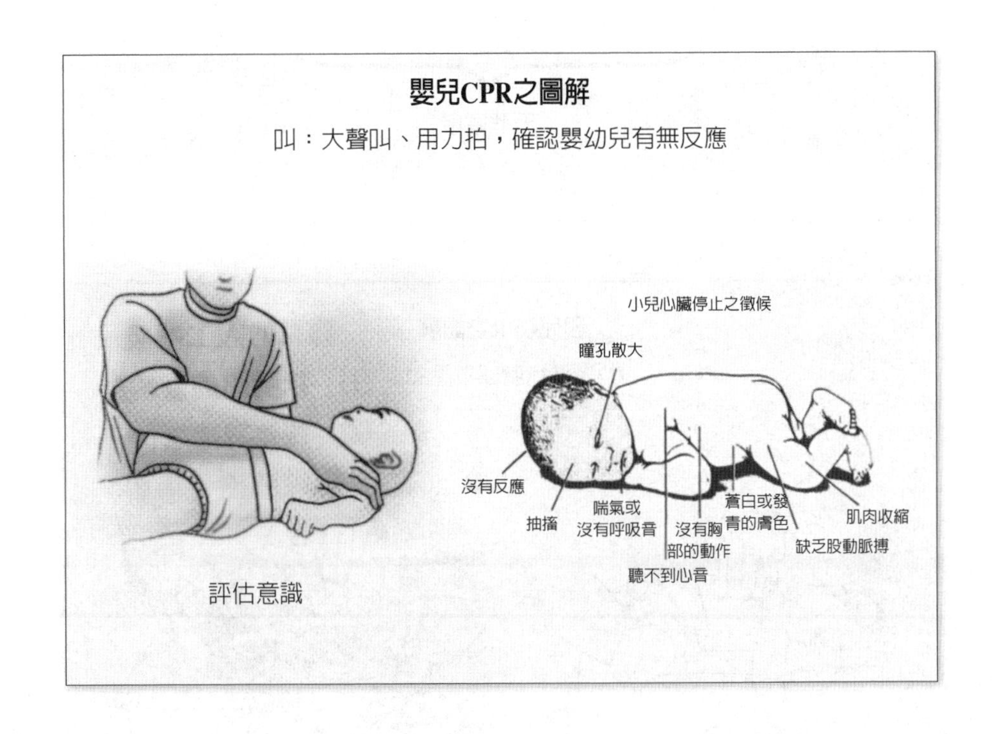

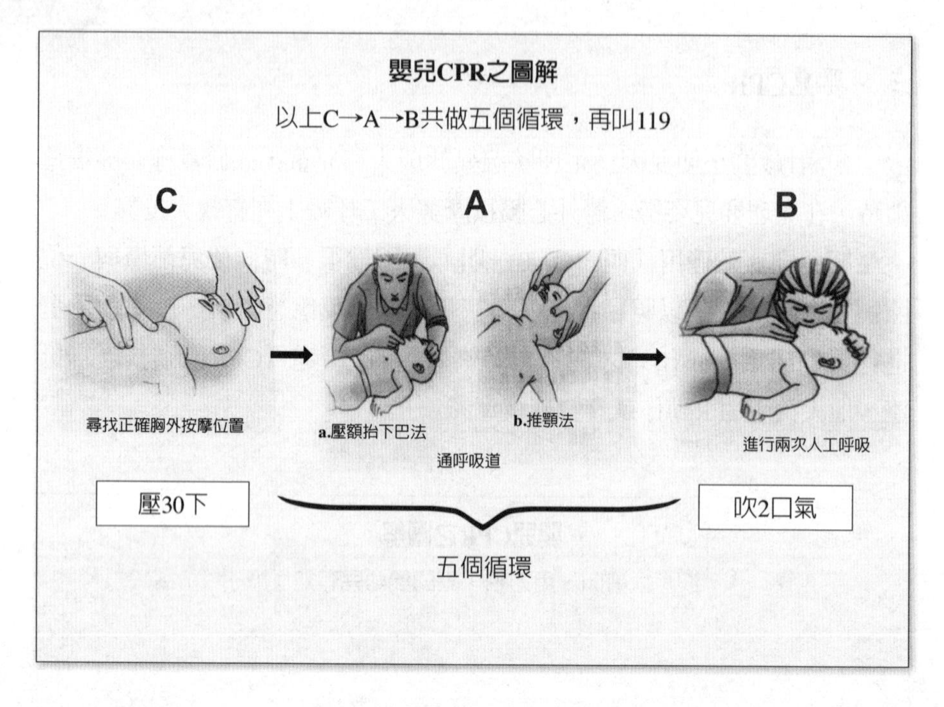
嬰兒CPR之圖解
以上C→A→B共做五個循環，再叫119
C
A
B
尋找正確胸外按摩位置
a.壓額抬下巴法
b.推顎法
通呼吸道
進行兩次人工呼吸
壓30下
吹2口氣
五個循環

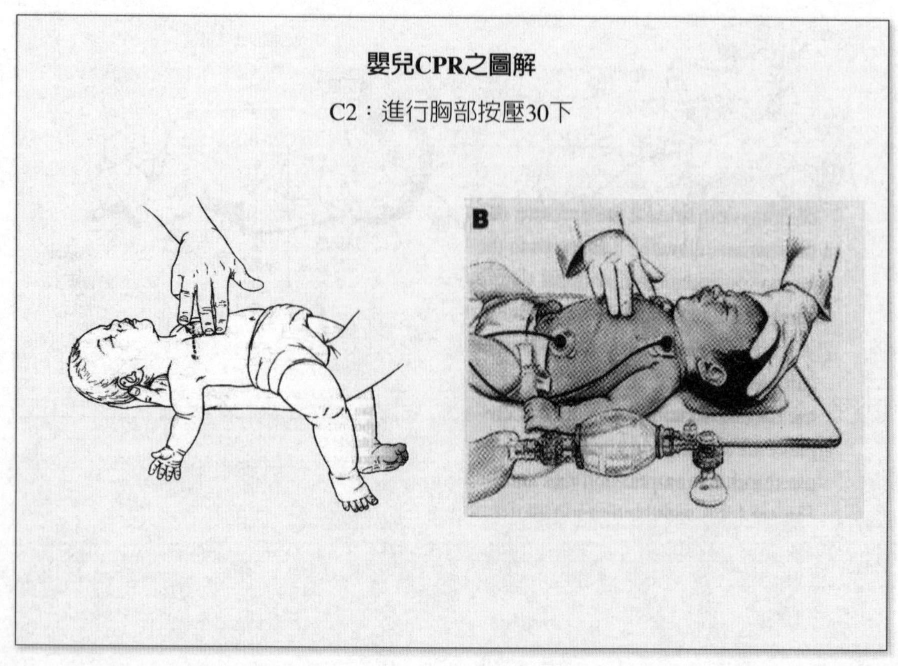
嬰兒CPR之圖解
C2：進行胸部按壓30下
B

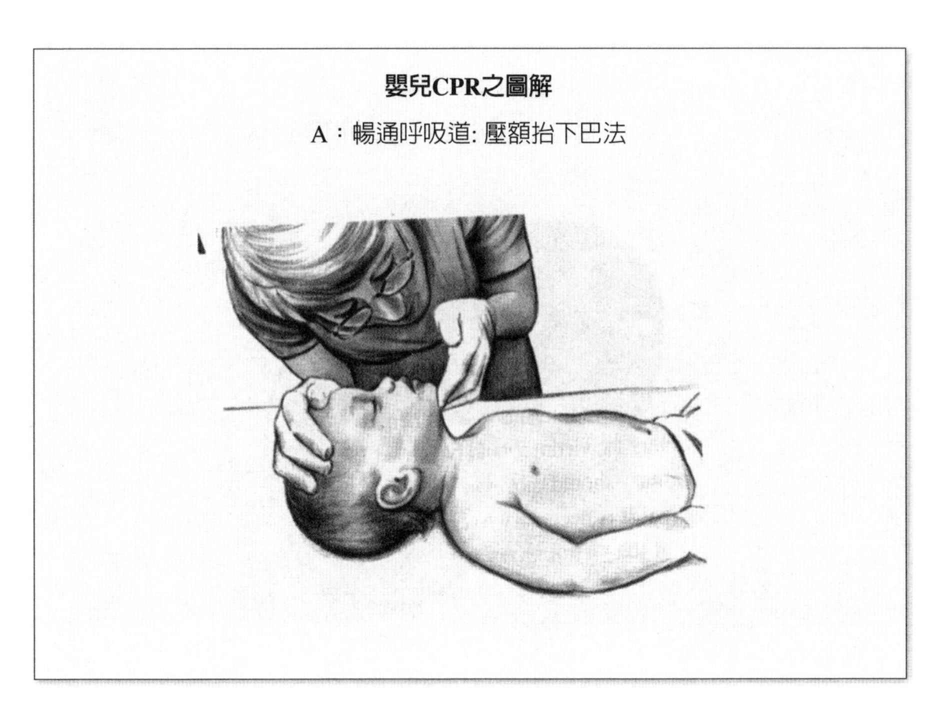
嬰兒CPR之圖解
A：暢通呼吸道: 壓額抬下巴法

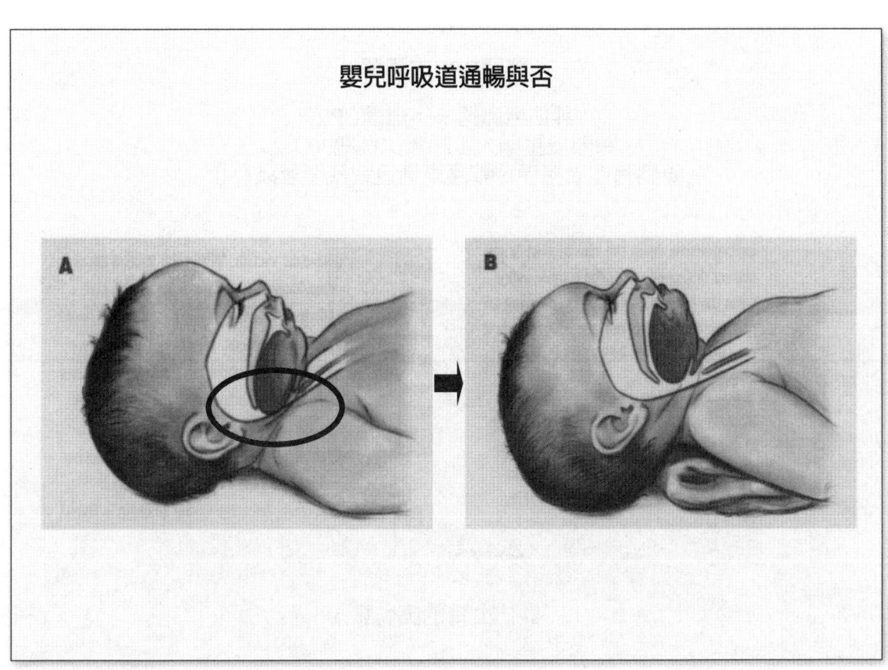
嬰兒呼吸道通暢與否
A
B

嬰兒CPR之圖解

B 2：進行人工呼吸2下（口對口鼻）

嬰兒CPR之圖解

評估無脈搏──➤繼續CPR
胸部按壓與人工呼吸比例為30：2
直到有他人接手、救護車抵達或恢復意識為止

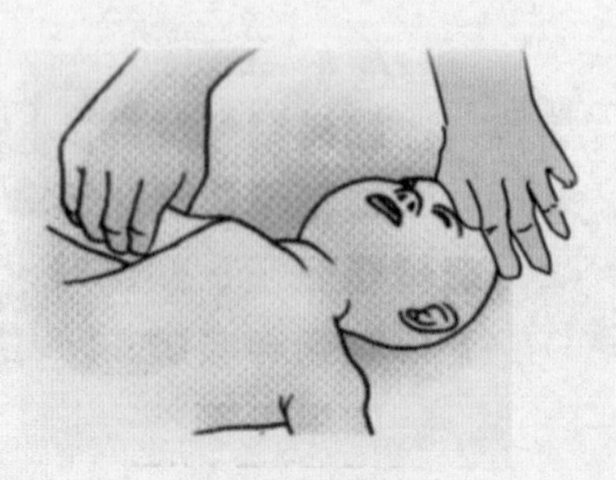

評估上臂的肱動脈

兒童：頸動脈脈搏評估

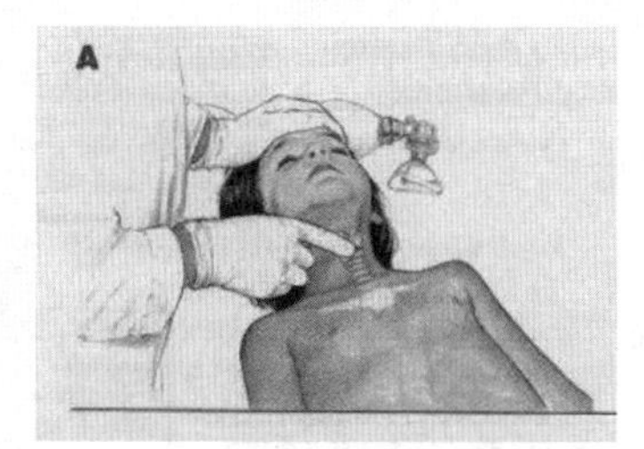

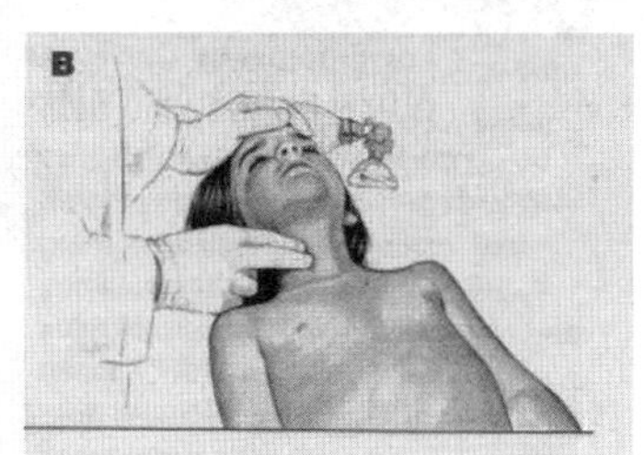

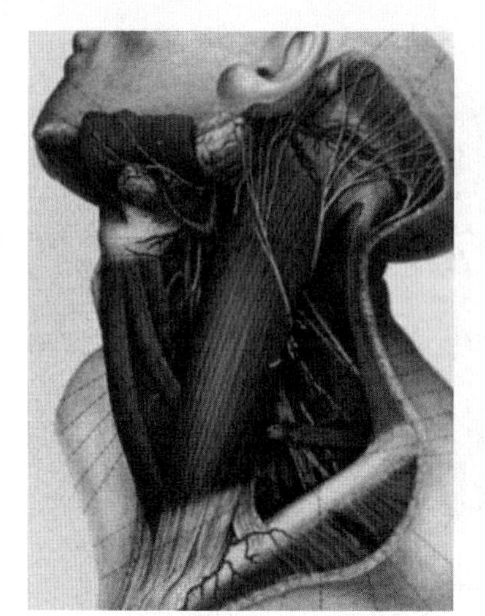

檢查脈搏：嬰兒——肱動脈

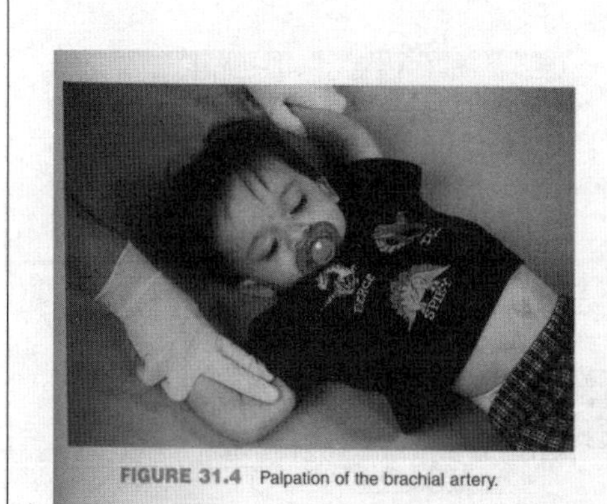

FIGURE 31.4 Palpation of the brachial artery.

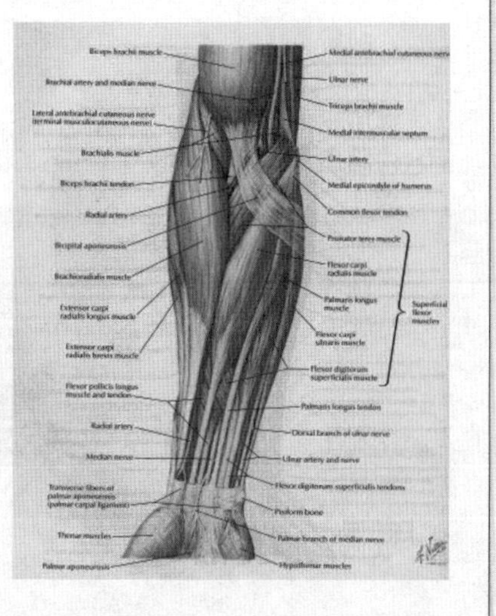

檢查脈搏：嬰兒——股動脈

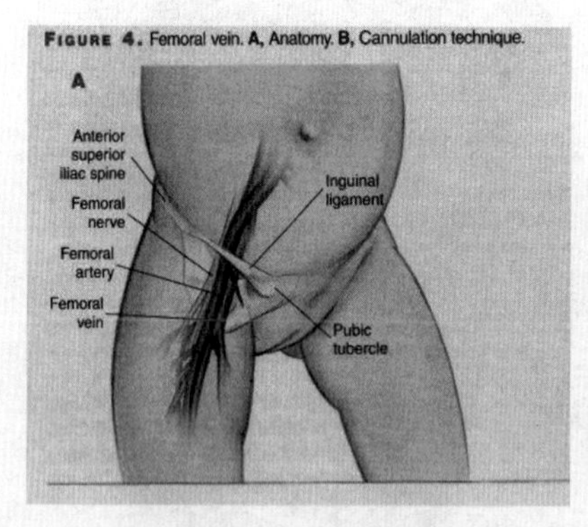

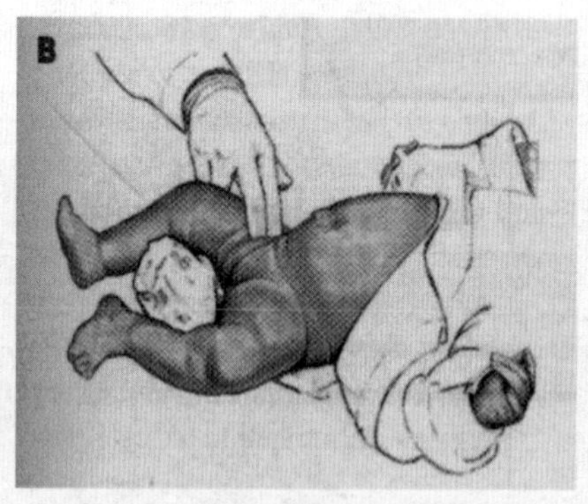

甦醒姿勢

- 適用於神智不清者
- 可防止舌根阻塞呼吸道
- 一旦發生嘔吐，可減少嗆噎

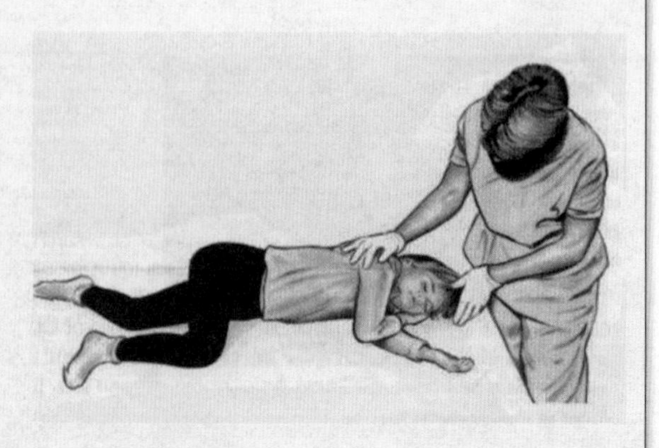

幼教叢書

保母核心課程之訓練教材

編 著 者／黃明發
出 版 者／揚智文化事業股份有限公司
發 行 人／葉忠賢
總 編 輯／閻富萍
特約執編／鄭美珠
地　　址／新北市深坑區北深路三段 260 號 8 樓
電　　話／(02)8662-6826
傳　　真／(02)2664-7633
網　　址／http://www.ycrc.com.tw
E-mail ／service@ycrc.com.tw
ISBN ／978-986-298-240-2
初版一刷／2014 年 1 月
二版一刷／2017 年 1 月
定　　價／新台幣 580 元

本書如有缺頁、破損、裝訂錯誤，請寄回更換

國家圖書館出版品預行編目（CIP）資料

保母核心課程之訓練教材 / 黃明發編著. --
第二版. -- 新北市 : 揚智文化, 2017.01
面 ; 公分. -- (幼教叢書)

ISBN 978-986-298-240-2 (平裝)

1.褓姆 2.托育

523.26 105017208

Note...

Note...

Note...